Questo CD contiene:

01	UNIDADE 1		**27-29**	UNIDADE 9
02-04	UNIDADE 2		**30-32**	UNIDADE 10
05-08	UNIDADE 3		**33-35**	UNIDADE 11
09-13	UNIDADE 4		**33-38**	UNIDADE 12
14-17	UNIDADE 5		**39-41**	UNIDADE 13
18-20	UNIDADE 6		**42-44**	UNIDADE 14
21-23	UNIDADE 7		**45-47**	UNIDADE 15
24-26	UNIDADE 8			

PORTOGHESE
CORSO COMPLETO

www.giunti.it

© 2010 Giunti Editore S.p.A.
Via Bolognese 165 - 50139 Firenze - Italia
Via Borgogna 5 - 20122 Milano - Italia

Prima edizione: marzo 2010

Ristampa					Anno			
7	6	5	4	3	2016	2015	2014	2013

Stampato presso Giunti Industrie Grafiche S.p.A. - Stabilimento di Prato

Maria Cristina Amaral Duarte

PORTOGHESE
CORSO COMPLETO

INTRODUZIONE

La lingua portoghese è oggi, se consideriamo il numero dei parlanti, la settima lingua mondiale. È, dopo l'inglese e lo spagnolo, la terza lingua europea più parlata nel mondo e ha statuto ufficiale in Portogallo (compresi gli arcipelaghi di Madeira e delle Azzorre), Brasile, Angola, Mozambico, Guinea Bissau, Capo Verde, San Tomé e Principe e Timor Est, oltre alle vestigia linguistiche lasciate in piccole comunità in punti diversi del globo, frutto di contatti più o meno prolungati con la presenza portoghese.

Se le statistiche possono non rappresentare fonte di motivazione per l'apprendimento di una lingua, è tuttavia legittimo ricordare che i Paesi di lingua ufficiale portoghese si presentano oggi come un rilevante potenziale economico, interessanti mete turistiche e prolifici spazi di produzione culturale.

Il presente volume potrà, dunque, suscitare l'interesse sia di chi si avvicina al portoghese con obiettivi professionali, sia per chi vi si accosti per finalità turistiche o anche per pura curiosità circa uno o più aspetti delle espressioni culturali di uno di questi Paesi.

Imparare il portoghese è un compito facile per un italiano: se si eccettuano gli aspetti fonetici, che potranno essere all'inizio fonte di qualche problema (il portoghese presenta, infatti, un ventaglio di suoni ben più ampio dell'italiano), le due lingue condividono numerosi similitudini sintattiche e lessicali che risultano dalla comune origine latina. I contatti con altri sistemi linguistici hanno facilitato l'incorporazione nel portoghese di elementi lessicali di etimologia araba, germanica, giapponese, africana ecc., conferendogli una specificità stimolante.

Questo testo è stato concepito come strumento per autoapprendimento e, come tale, si sforza di favorire un approccio autonomo fornendo strumenti autonormativi e autocorrettivi. È suddiviso in tre parti: un insieme di lezioni – che costituisce la porzione più sostanziosa – un'appendice grammaticale e un dizionario di base. La prima e la seconda lezione si strutturano in modo diverso dalle altre: una introduce nozioni base di fonetica e ortografia; l'altra presenta gli articoli definiti e indefiniti e i sostantivi. Dalla lezione 3 alla lezione 15, si muove da un nucleo tematico – una situazione quotidiana o di viaggio – contestualizzata in un dialogo o testo di cui si fornisce la trascrizione fonetica e la traduzione in italiano; in un secondo momento, sono sistematizzate strutture grammaticali, in grado crescente di complessità con esempi tradotti in italiano e, quando possibile, ricorrendo a parallelismi o comparazioni tra la lingua portoghese e quella italiana. Un breve glossario e una contenuta sezione fraseologica del nucleo tematico e dei suoi contenuti linguistici specifici contribuiscono a sistematizzare il lessico e le funzioni linguistiche di maggior rilievo. Al termine di ogni lezione, si potranno verificare la comprensione e la capacità di uso delle nuove strutture attraverso esercizi le cui chiavi di autocorrezione sono fornite al termine del ciclo di lezioni. Nell'appendice si trova una sintesi dei principali contenuti grammaticali della lingua portoghese. Un dizionario portoghese-italiano e italiano-portoghese contempla il lessico di base, fornendo la rispettiva trascrizione fonetica.

Si consiglia di usare tutti gli strumenti menzionati per potere trarre il massimo vantaggio possibile da questo volume, ma si ricorda anche che ulteriori benefici alla conoscenza linguistica potranno derivare dall'ascolto, per esempio, di CD o cassette. Tali mezzi di sempre più larga diffusione potranno infatti facilitare, integrare e anche agevolare il processo di autoapprendimento linguistico, consolidando i rapporti di scambio culturale tra l'Italia e i Paesi di lingua portoghese.

ABBREVIAZIONI UTILIZZATE NEL TESTO			
agg.	aggettivo	loc.	locuzione
autom.	termine automobilistico	m.	maschile
avv.	avverbio	med.	termine medico
card.	cardinale	mus.	termine musicale
colloq.	colloquiale	num.	numerale
cong.	congiunzione	pers.	personale
dim.	dimostrativo	pl.	plurale
f.	femminile	prep.	preposizione
fam.	termine familiare	pron.	pronome
fot.	termine fotografico	r.	riflessivo
i.	intransitivo	rel.	relativo
indef.	indefinito	s.	sostantivo
inter.	interiezione	t.	transitivo
interr.	interrogativo	v.	verbo

PRIMA PARTE
LEZIONI

UNITÀ 1
PRONUNCIA E ORTOGRAFIA

L'alfabeto

L'alfabeto portoghese è composto da 18 consonanti e 5 vocali:

CONSONANTI	B, C, D, F, G, H, J, L, M, N, P, Q, R, S, T, V, X, Z
VOCALI	A, E, I, O, U

Le lettere **k**, **w** e **y** vengono usate soltanto:

• Nella trascrizione di nomi stranieri e i loro derivati:

   Shakespeare – shakespeariano

• In certe abbreviazioni e simboli internazionali:

   kg = quilograma
   w = watt

La pronuncia

La trascrizione fonetica: i criteri adottati

L'alfabeto fonetico internazionale è la convenzione solitamente utilizzata dai dizionari per descrivere i suoni di una lingua, facendo corrispondere ad ogni suono un simbolo specifico. È un alfabeto di facile apprendimento che permette di pronunciare correttamente non solo il portoghese ma qualsiasi lingua, anche sconosciuta. Abbiamo usato in questo testo una versione semplificata corrispondente alla norma del portoghese europeo che comparirà in corsivo. In questa prima Unità, introdurremo ogni lettera dell'alfabeto con i valori fonetici corrispondenti, paragonandoli, quando possibile, all'italiano o alle altre lingue europee più parlate e presentando alcuni esempi e le rispettive trascrizioni fonetiche. Nelle Unità successive verrà sempre fornita la trascrizione fonetica dei dialoghi/testi, che dovranno essere letti ripetutamente a voce alta fino a riuscire ad articolare le parole senza difficoltà.

Nel vocabolario incluso alla fine comparirà la pronuncia di ogni parola.

Le consonanti

Alcune consonanti si pronunciano come in italiano:

B [b]	**barco** [*bàrku*]	(barca)	**árabe**	[*'àrabe*]	(arabo)
D [d]	**dia** [*dia*]	(giorno)	**obrigado**	[*òbrigàdu*]	(grazie)
F [f]	**falar** [*fa'làr*]	(parlare)	**alfândega**	[*àl'fãdega*]	(dogana)
L [l]	**livro** [*livru*]	(libro)	**clima**	[*klima*]	(clima)
T [t]	**tabaco** [*tabàku*]	(tabacco)	**atitude**	[*atitude*]	(atteggiamento)
V [v]	**vale** [*vàle*]	(valle)	**chávena**	[*'ʃàvena*]	(tazza)

Altre invece si pronunciano diversamente:

LETTERA	SUONO E SIMBOLI UTILIZZATI NELLA TRASCRIZIONE FONETICA	ESEMPI
C	Viene pronunciata [k] come nell'italiano c̠aro davanti a **a**, **o**, **u** o consonante.	**caixa** [*kàiʃa*] scatola; **copo** [*kòpu*] bicchiere; **cunhado** [*kuɲàdu*] cognato; **declarar** [*dekla'ràr*] dichiarare
	Viene pronunciata [s], come la "s" italiana, se precede **e** o **i**.	**cancelar** [*kãse'làr*] cancellare; **cigarro** [*sigàRu*] sigaretta
	È muta davanti a **t** o viene pronunciata [**k**], a seconda della parola.	**actor** [*à'tor*] attore; **facto** [*faktu*] fatto
CC	Si pronuncia [s] e si usa soltanto in alcune parole davanti alla lettera **i**.	**seleccionar** [*selèsiu'nàr*] selezionare
Ç	Si usa davanti a **a**, **o** o **u** e si pronuncia [s].	**doença** [*duensa*] malatia; **almoço** [*àlmosu*] pranzo; **açúcar** [*asukàr*] zucchero
CÇ	Si usa in alcune parole davanti a **ão** e viene pronunciata [s] o [ks], a seconda della parola.	**redacção** [*Redà'sãu*] redazione; **colecção** [*kulè'sãu*] collezione; **convicção** [*kõvik'sãu*] convinzione
CH	Viene pronunciata [ʃ] (come l'italiano "sc" davanti a **e** o **i** nelle parole "scendere" e "sci").	**borracha** [*buRàʃa*] gomma; **chapéu** [*ʃa'pèu*] cappello
G	Viene pronunciata [g] (come la "g" italiana in "gamba") davanti a **a**, **o** o **u**.	**gato** [*gàtu*] gatto; **iogurte** [*iògurte*] yogurt; **golfinho** [*golfiɲu*] delfino
	Viene pronunciata [ʒ] (come la "g" nel prestito francese "beige") davanti a **e** o **i**.	**gelado** [*ʒelàdu*] gelato; **girafa** [*ʒiràfa*] giraffa

Nota: "gn" non corrisponde al "gn" italiano, dato che le due consonanti si pronunciano separatamente: **ignóbil** [*ignòbil*] ignobile; **agnóstico** [*a'gnòʃtiku*] agnostico.

LETTERA	SUONO E SIMBOLI UTILIZZATI NELLA TRASCRIZIONE FONETICA	ESEMPI
GU	Davanti a **e** o **i** viene pronunciata [g] o [gu], a seconda della parola.	**guia** [gia] guida; **antiguidade** [ātiguidàde] antichità
	Davanti a **a** o **o** viene pronunciata [gu] (come nell'italiano "guanto" o "guida").	**guardanapo** [guardanàpu] tovagliolo.
H	È muta all'inizio o fine di parola; vedi **ch**, **lh** e **nh**.	**herói** [i'roi] eroe; **ah** à
J	Si pronuncia sempre [ʒ] come la **g** davanti a **e** o **o**, vedi sopra.	**janela** [ʒanèla] finestra; **ajuda** [aʒuda] aiuto
LH	Si pronuncia [λ] (come il suono italiano "gl" della parola "luglio").	**ilha** [iλa] isola; **bacalhau** [baka'λau] baccalà
M	Viene pronunciata [m] (come la "m" italiana) all'inizio di parola o sillaba.	**mapa** [màpa] mappa; **camisa** [kamiza] camicia
	Dopo una vocale, all'interno o in fine di parola, nella stessa sillaba, nasalizza la vocale.	**Setembro** [setembru] settembre; **um** [um] uno; **adequem** [adekuāi] adeguino
N	Viene pronunciata [n] (come la "n" italiana) all'inizio di parola o sillaba.	**negócio** [ne'gòsiu] affare; **rinoceronte** [Rinòserōte]
	Dopo una vocale, all'interno o in fine di parola, nella stessa sillaba nasalizza la vocale.	**doente** [duente] malato; **ninguém** [nin'gāi] nessuno
NH	Si pronuncia [ŋ] (equivale all'italiano "gn" in "bagno").	**Junho** [ʒuŋu] giugno; **montanha** [mōtaŋa] montagna
P	Viene solitamente pronunciata [p] (come in italiano).	**porta** [pòrta]; **ocupar** [òku'pàr] occupare
	Può essere muta davanti a **ç** o **t**.	**concepção** [kōsè'sāu] concezione; **óptico** ['òtiku] ottico
QU	Davanti a **a** e **o** viene pronunciata [ku] (come in italiano).	**quadro** [kuàdru]; **quota** [kuòta]
	Davanti alle vocali **e** e **i** può assumere due suoni diversi: [k], (come "ch" nell'italiano "chiamo") o [ku], a seconda della parola.	**queijo** [kaiʒu] formaggio; **quente** [kente] caldo; **arquitecto** [arkitètu] architetto; **equipa** [ikipa] squadra; **equestre** [ikuèʃtre]; **tranquilo** [trākuilu] tranquillo

LETTERA	SUONO E SIMBOLI UTILIZZATI NELLA TRASCRIZIONE FONETICA	ESEMPI
R	Tra vocali, a fine parola o all'interno di essa ha il suono della r italiana.	**açúcar** [asukàr] zucchero; **irmão** [irmãu] fratello
	All'inizio della parola o dopo **l**, **n** e **s** è più marcata e assomiglia alla "r" francese.	**rapaz** [Rapáʃ] ragazzo; **rio** [Riu] fiume; **honra** [õRa] onore; **melro** [mèlRu] merlo
RR	Viene sempre pronunciata [R].	**carro** [kàRu] macchina; **burro** [buRu] asino
S	All'inizio di parola e dopo **b, l, n, p** e **r** viene pronunciata [s], che è un suono sordo (come quello della "s" italiana).	**sapato** [sapàtu] scarpa; **sumo** [sumu] succo; **absolver** [absòl'vér] assolvere; **pulso** [pulsu] polso; **penso** [pensu] cerotto; **psicólogo** [psi'kòlugu] psicologo; **perseguir** [perse'gir] perseguire
	Viene pronunciata [ʃ] (vedi **ch** sopra) a fine parola e davanti a **c, p** e **t**.	**nós** [nòʃ] noi; **luzes** [luzeʃ] luci; **pesca** [pèʃka]; **respeito** [Reʃpaitu] rispetto; **revista** [Reviʃta] rivista
	Viene pronunciata [ʒ] (vedi **ge** e **gi** sopra) davanti a **b, d, g, m, n, r** e **v**.	**presbitério** [preʒbi'tèriu] presbitero; **desde** [déʒde] da; **rasgar** [Raʒ'gàr] stracciare; **lirismo** [liriʒmu]; **asno** [àʒnu] asino; **Israel** [iʒRa'èl] Israele; **desvio** [deʒviu] deviazione
	Tra due vocali è sonora e viene pronunciata [z].	**casa** [kàza] casa; **pesar** [pe'zàr] pesare

Nota: Quando è in fine di parola e la prima lettera della parola seguente è una vocale, la "s" si legge sempre [z]: "Tens **os**"... [tãiz uʃ...] hai i...

SS	Equivale alla "s" italiana [s].	**osso** [osu]
X	A inizio di parola viene pronunciata [ʃ] (vedi **ch** sopra).	**xarope** [ʃaròpe] sciroppo; **xilofone** [ʃilòfone] xilofono.
	Tra vocali si pronuncia [ʃ] o [s], a seconda della parola.	**taxa** [tàʃa] canone; **lixo** [liʃu] immondizia; **próximo** ['pròsimu] prossimo; **máximo** ['màsimu] massimo
	Tra una **e** a inizio di parola e una consonante, viene pronunciata [ʃ] (vedi sopra **ch**).	**excepto** [eʃsètu] eccetto; **excelente** [eʃselente] eccellente

LETTERA	SUONO E SIMBOLI UTILIZZATI NELLA TRASCRIZIONE FONETICA	ESEMPI
X	Tra una **e** a inizio di parola e una vocale, viene pronunciata [z].	**êxodo** [*'ézudu*] esodo; **exigir** [*ize'ʒir*] esigere; **exercício** [*izer'sisiu*] esercizio
	Viene pronunciata [ks] in alcune parole erudite e in fine di parola.	**axioma** [*aksioma*] assioma; **oxigénio** [*òksi'ʒèniu*] ossigeno; **tórax** [*tòràks*] torace; **fax** [*fàks*]
	Tra una consonante e una vocale viene pronunciata [ʃ] (vedi sopra **ch**).	**enxada** [*enʃàda*] zappa; **texto** [*taiʃtu*] testo
Z	Si pronuncia [z] all'inizio o all'interno della parola.	**alfazema** [*àlfazéma*] lavanda; **zangar** [*zā'gàr*] arrabbiare.
	Si pronuncia [ʃ] a fine parola.	**arroz** [*a'Roʃ*] riso

Nota: In fine di parola seguita da una parola che cominci per vocale si pronuncia [z].

Le vocali

In portoghese, solo la vocale **u** si pronuncia sempre come in italiano. Le altre vocali possono presentare suoni diversi.
La pronuncia delle vocali portoghesi non dipende soltanto dalle lettere che le precedono o le seguono né dalla loro posizione nella frase, ma anche dall'origine della parola o dalla sua evoluzione. Di conseguenza, le regole fornite devono essere intese come orientamenti volti a permettere e facilitare l'apprendimento della pronuncia, e non come regole da applicare rigidamente.

LETTERA	SUONO E SIMBOLI UTILIZZATI NELLA TRASCRIZIONE FONETICA	ESEMPI
A	**È aperta** [à] (come la "a" italiana):	
	– quando è tonica (in certe parole)	**mala** [*màla*] valigia; **imagem** [*imàʒãi*] immagine
	– davanti a *c* muta;	**actriz** [*à'triʃ*] attrice
	– nell'infinito dei verbi della prima coniugazione;	**brincar** [*brin'kàr*] giocare
	– in dittonghi e trittonghi;	**pai** [*pài*] padre
	– quando ha un accento acuto.	**página** [*pàʒina*] pagina
	È semichiusa [a]:	
	– nella prima persona plurale dell'indicativo presente dei verbi regolari della prima coniugazione;	**compramos** [*kõpramuʃ*] compriamo

LETTERA	SUONO E SIMBOLI UTILIZZATI NELLA TRASCRIZIONE FONETICA	ESEMPI
A	– quando è atona; – in certi dittonghi; – quando porta accento circonflesso.	**a** [*a*] la; **prata** [*pràta*] argento **viajar** [*via'ʒàr*] viaggiare **tâmara** ['*tamara*] dattero
E	**È aperta** [*è*] (come la "e" italiana della parola "successo"): – quando porta accento acuto; – quando è tonica (in certe parole).	 **pé** [*pè*] piede; **férias** ['*fèriaʃ*] vacanze **papel** [*pa'pèl*] carta; **serra** [*sèRa*] sega; catena di montagne; **zero** [*zèru*]; **mulher** [*mu'λèr*] moglie, donna
	È media/semichiusa [*é*] (come nell'italiano "fede"): – nell'infinito dei verbi – della seconda coniugazione; – quando è atona (in certe parole); – quando porta accento circonflesso; – quando è tonica (in certe parole).	 **beber** [*be'bér*] bere **emigrante** [*émigrãte*] emigrato **pêssego** ['*pésegu*] pesca, frutto; **mês** [*méʃ*] mese **dedo** [*dédu*] dito; **cotovelo** [*kutuvélu*] gomito
	È molto chiusa [*e*], quasi non si sente: in fine di parola e quando è atona (in certe parole).	**elefante** [*ilefãte*] elefante; **tarde** [*tàrde*] pomeriggio, tardi **feliz** [*fe'liʃ*] felice; **legume** [*legume*]
	È muta a inizio di parola, davanti a **s** + consonante.	**esgrima** [*ʃgrima*] scherma; **esquina** [*ʃkina*] angolo.
	Si pronuncia [*i*] (come la "i" italiana): – a inizio di parola plurisillabica; – davanti a **c, d, f, l, m, n, r** o **x** + vocale, eccetto nel verbo **emigrar** e parole derivate.	**economia** [*ikònumia*]; **edifício** [*ide'fisiu*] edificio; **efeito** [*ifeitu*] effetto; **eléctrico** [*i'lètriku*] elettrico, tram; **emergência** [*imer'ʒensia*] emergenza; **enevoado** [*inevuàdu*] annuvolato; **errado** [*iRàdu*] sbagliato; **exército** [*i'zèrsitu*] esercito
	Si pronuncia come la "**a**" **semichiusa** [*a*] (vedi sopra) in alcune parole davanti a **lh**.	**coelho** [*kuaλu*] coniglio; **vermelho** [*vermaλu*] rosso; **ovelha** [*ovaλa*] pecora; **orelha** [*oraλa*] orecchio

LETTERA	SUONO E SIMBOLI UTILIZZATI NELLA TRASCRIZIONE FONETICA	ESEMPI
I	Si pronuncia [*i*] come in italiano nella maggior parte delle parole. Quando si trova all'interno della parola, nella terzultima sillaba, davanti a **s** o **z**, si pronuncia come una *e* chiusa (vedi sopra).	**ir** [*ir*] andare; **idade** [*idàde*] età; **subir** [*su'bir*] salire; **discutir** [*deʃkutir*] discutere. **piscina** [*peʃsina*]; **vizinho** [*veziɳu*] vicino.
O	**È aperta** [*ò*] (come nell'italiano "porta"): – in alcune parole, quando è atona; – quando porta accento acuto; – in alcune parole, quando è tonica.	**autocarro** [*àutòkàRu*] autobus; **hortaliça** [*òrtalisa*] ortaggio; **omeleta** [*òmelèta*] frittata. **lavatório** [*lava'tòriu*] lavandino; **matrimónio** [*matri'mòniu*]. **bola** [*bòla*] palla; **copo** [*kòpu*] bicchiere.
	È media [*o*] (come la "o" italiana di "cartolina"): – se porta accento circonflesso; – in alcune parole, quando è tonica; – in alcune parole, quando è atona.	**avô** [*a'vo*] nonno; **champô** [*ʃã'po*] shampoo **olho** [*oλu*] occhio; **troco** [*troku*] resto **golfinho** [*golfiɳu*] delfino; **oxalá** [*oʃa'là*] magari.
	Va pronunciata [*u*] (come la "u" italiana): in fine di parola e quando è atona (in alcune parole).	**vestido** [*veʃtidu*] vestito, abito; **sapato** [*sapàtu*] scarpa. **boneca** [*bunèka*] bambola; **borboleta** [*burbuléta*] farfalla.
U	Si pronuncia sempre [*u*] (come in italiano).	**peru** [*peru*] tacchino; **urbano** [*urbanu*].

I suoni nasali

La lingua portoghese è molto ricca di suoni nasali, che possono essere di tre tipi:
- vocali nasali;
- dittonghi nasali;
- trittonghi nasali.

Il suono è nasale quando:
- la vocale/dittongo/trittongo porta il segnale grafico "~" (tilde);
- la vocale/dittongo/trittongo è davanti a **m** o **n** nella stessa sillaba.

VOCALI NASALI PIÙ COMUNI

LETTERA	GRAFIA	ESEMPI
A	ã	irmã [ir'mã] sorella; alemã [ale'mã] tedesca
	am (all'interno o inizio di parola)	campo [kãpu] campagna; gamba [gãba] gambero
	an	elegante [ilegãte]; frango [frãgu] pollo
	âm	lâmpada ['lãpada] lume
E	êm	êmbolo ['embulu] embolo
	em (all'interno o inizio di parola)	lembrar [lem'bràr] ricordare; embrulho [embruλu] pacco
	en/ên	genro [ʒenRu] genero; imprudência [impru'densia] imprudenza
I	im	fim [fĩm] fine; impor [im'por] imporre
	in	inferior [inferi'or] inferiore; intervalo [intervàlu] intervallo
O	om	interromper [inteRõ'pér] interrompere
	on/ôn	fonte [fõte] fontana; cônsul [kõsul] console
U	um	atum [a'tum] tonno; algum [àl'gum] alcuno
	un	funcho [funʃu] finocchio; juntos [ʒuntuʃ] insieme

DITTONGHI NASALI PIÙ COMUNI

GRAFIA	TRASCRIZIONE	ESEMPI
ão/am (a fine parola)	[ãu] è una "a" nasale seguita da "u".	irmão [ir'mãu] fratello; órfão [òrfãu] orfano; viajavam [viaʒàvãu] viaggiavano; compravam [kõpràvãu] compravano
ãe/em (a fine parola)	[ãi] è una "a" nasale seguita da "i".	mãe [mãi] madre; pães [pãiʃ] pani; bem [bãi] bene; jovem [ʒòvãi] giovane
õe	[õi] è una "o" nasale seguita da "i".	limões [li'mõiʃ] limoni; põe [põi] pone/mette

TRITTONGHI NASALI PIÙ COMUNI

GRAFIA	TRASCRIZIONE	ESEMPI
uão/uam (a fine parola)	Va pronunciato [uãu], attraverso il naso.	adequam [adekuãu] adeguano; saguão [sàguãu] androne
uem (a fine parola)	Va pronunciato [uãi], attraverso il naso.	enxaguem [enʃàguãi] risciacquino
uõe (solo in parole plurali)	Va pronunciato [uõi] attraverso il naso.	saguões [sàguõiʃ] androni

L'accento

L'accento grave (`)

Va usato soltanto sulla preposizione **a**, quando articolata con le forme femminili dell'articolo determinativo **a(s)** (vedere Unità 5) o con i dimostrativi **aquele(s), aquela(s)** e **aquilo** (vedere Unità 8).

L'accento acuto (´)

Indica le vocali toniche chiuse **i** e **u: sensível** (sensibile); **baú** (baule);
Indica le vocali toniche aperte **a, e** e **o: fábrica** (fabbrica); **pé** (piede); **cómoda** (cassettone).

L'accento circonflesso (^):

Indica le vocali toniche semichiuse **a, e** e **o: Câmara** (Comune); **fêmea** (femmina); **avô** (nonno).

La tilde (~)

Si usa sulla **a** e sulla **o** per indicare che si tratta di una vocale nasale: **hortelã** (menta); **põe** (pone).
Vale come accento tonico quando la parola non porta un altro accento grafico.

L'accento tonico

Per quanto concerne la sillaba tonica, le parole possono essere:
sdrucciole, quando l'accento cade sulla terzultima sillaba; **piane**, quando l'accento cade sulla penultima sillaba; **tronche**, quando l'accento cade sull'ultima sillaba.

ATTENZIONE!

Nella trascrizione fonetica, la sillaba tonica sarà segnalata da apostrofo:
romã melagrana (*Ru'mã*)
Nelle parole monosillabiche e piane, l'accento <u>non</u> sarà indicato.

Le parole sdrucciole

Sono sempre accentate con **accento acuto**, quando:
• le vocali **a, e**, e **o** sono aperte: **espectáculo** (spettacolo); **prédio** (edificio); **relógio** (orologio);
• le vocali **i** e **u** sono toniche: **fígado** (fegato); **último** (ultimo).
Portano **accento circonflesso** sulla **a, e** ed **o** semichiuse: **lâmina** (lama); **parêntesis** (parentesi); **estômago** (stomaco).

Le parole piane

La maggior parte delle parole portoghesi appartiene a questo gruppo.
Portano l'**accento acuto** quando:
• terminano in **l, n, r** o **x: amável** (amabile); **éden** (eden); **cadáver** (cadavere); **tórax** (torace);
• terminano in **i** o **u**, vocale o dittongo nasale con o senza **s** finale: **júri** (giuria); **lápis** (matita); **oásis** (oasi); **órgão** (organo); **álbum** (album);
• la vocale tonica è **i** o **u** preceduta da vocale con cui <u>non</u> forma dittongo: **suíço** (svizzero); **ruído** (rumore); **peúga** (calzino); **saúde** (salute).
La **i** o la **u** non portano accento:
• quando sono precedute da dittongo o seguite da **l, m, n, r** o **z** appartenente alla stessa sillaba; seguite da **nh: ainda** (ancora); **rainha** (regina);

• sul dittongo **oi**, quando esso è aperto: **jóia** (gioiello);
• quando terminano per dittongo orale: **túnẹis** (gallerie); **ágẹis** (agili); **imóvẹis** (immobili).

Le parole tronche
Portano l'**accento acuto** le parole:
• terminanti in **a**, **e** e **o** aperte: **pá** (pala); **jacaré** (caimano); **pọ́** (polvere);
• terminanti nei dittonghi aperti **ei**, **eu** e **oi** con o senza **s** finale: **chapẹ́u** (cappello); **herọ́i** (eroe); **hotẹ́is** (alberghi);
• plurisillabiche terminanti in **em** e **ens**: **armazẹ́m** (magazzino); **parabẹ́ns** (auguri, complimenti);
• terminanti in **i** o **u** preceduto da un'altra vocale con la quale **non** forma dittongo, con o senza **s** finale: **saí** (uscii); **baụ́** (baule) ma **saịu** (usci); **paụis** (paludi).

ATTENZIONE!

Non vengono accentate la **i** e la **u**:
1. Nelle parole terminanti in **l, m, n, r** o **z**
   – **algum** (alcuno)
   – **funil**
   – **sair** (uscire)
2. Nei dittonghi **iu** e **ui**:
   – **partiu** (è partito); **pauis** (paludi)

Portano l'**accento circonflesso**:
• le parole terminanti in **e** e **o** semichiuse: **lệ** (legge, forma verbale); **avộ** (nonno);
• il verbo **pôr** (non i suoi derivati), per distinguersi dalla preposizione **por**.

L'accento si usa inoltre per motivi di chiarezza nei casi seguenti:
Accento circonflesso:
• sulla prima "e" della terza persona plurale **dell'indicativo presente** dei verbi **ler** (leggere) e **ver** (vedere): **eles lêem** (essi leggono) – **eles vêem** (essi vedono);
• sulla "o" della terza persona singolare del verbo **poder** (potere) al **pretérito perfeito simples**, affinché non si confonda con la forma della stessa persona nell'indicativo presente: **ele pode** (egli può) – **ele pôde** (egli poté/ha potuto);
• sulla "e" nella forma della terza persona plurale dei verbi **vir** (venire) e **ter** (avere) nell'indicativo presente, per distinguerla dalla terza persona singolare: **ele vem** (egli viene) – **eles vêm** (essi vengono); **ele tem** (egli ha) – **eles têm** (essi hanno).
Accento acuto:
• sulla "a" della desinenza della prima persona plurale nel **pretérito perfeito simples** dei verbi della prima coniugazione, per distinguerla dalla forma rispettiva nell'indicativo presente: **falamos** (parliamo) – **falámos** (parlammo/abbiamo parlato);
• in alcune parole omografe: **pára** (forma del verbo **parar**) – **para** (preposizione).

ESERCIZI

1. Accentate graficamente, dove necessario, le seguenti parole (il grassetto indica la sillaba tonica):
1. si**len**cio; 2. i**gre**ja; 3. al**gum**; 4. **ca**fe; 5. **bu**zio; 6. **ma**re; 7. **ma**quina; 8. bi**no**culo; 9. **ti**tulo; 10. ra**po**sa; 11. **fra**gil; 12. con**teu**do; 13. ca**rac**ter; 14. **con**ves; 15. **lin**gua; 16. i**nu**til; 17. **an**sia; 18. **leem**; 19. **bra**ço; 20. **ho**mem; 21. **o**dio; 22. **mus**-culo; 23. **be**be; 24. bam**bu**.

UNITÀ 2
L'ARTICOLO E IL SOSTANTIVO

L'articolo precede sempre il sostantivo cui assegna il genere e il numero.

L'articolo determinativo

	SINGOLARE	PLURALE	ESEMPI
Maschile	o	os	**o carro** (la macchina) **os carros** (le macchine)
Femminile	a	as	**a mala** (la valigia) **as malas** (le valigie)

Per quanto riguarda le forme articolate con le preposizioni **a**, **de**, **em** e **por** vedere le Unità 3, 4, 5 e 14.
Per quanto riguarda l'uso dell'articolo con i possessivi vedere l'Unità 4.
Per quanto riguarda l'uso dell'articolo con le espressioni di tempo vedere l'Unità 5.
Per quanto riguarda l'uso dell'articolo con i nomi propri, i nomi di paesi o regioni vedere l'Unità 3.
Per quanto riguarda l'uso dell'articolo con le espressioni di peso e misura vedere l'Unità 6.
Per quanto riguarda l'uso dell'articolo con la parola "casa" vedere l'Unità 3.

L'articolo indeterminativo

	SINGOLARE	PLURALE	ESEMPI
Maschile	um	uns	**um amigo** (un amico) **uns amigos** (degli/alcuni amici)
Femminile	uma	umas	**uma casa** (una casa) **umas casas** (delle/alcune case)

Le forme plurali equivalgono a "dei", "degli", "delle", "alcuni" e "alcune".

Per quanto riguarda le forme articolate con le preposizioni **de** e **em** vedere le Unità 3 e 4.

Per quanto riguarda l'uso dell'articolo indeterminativo con gli indefiniti **cada**, **certo**, **outro**, **qualquer** e **tal** vedere l'Unità 13.

Il sostantivo

Il genere

Il sostantivo può essere maschile o femminile.

Regola generale: i nomi che terminano in **-o** sono maschili e quelli che terminano in **-a** sono femminili:

o amigo (l'amico)	**a cozinha** (la cucina)
o gato (il gatto)	**a janela** (la finestra)

Fanno eccezione i sostantivi maschili d'origine greca che si riferiscono a cose e che terminano in **-ema** o **-oma**:

o cinema (il cinema)	**o idioma** (l'idioma)
o poema (il poema)	**o aroma** (l'aroma)

E alcuni sostantivi terminanti in **-a**:

o mapa (la mappa)	**o planeta** (il pianeta)
o dia (il giorno)	**o clima** (il clima)

IL MASCHILE

Sono in genere maschili:

REGOLA	ESEMPI
I sostantivi che indicano persone o animali di sesso maschile.	**o João** (Giovanni); **o cão** (il cane); **o padre** (il prete); **o rei** (il re)
I nomi di laghi, sistemi montagnosi, oceani, fiumi e venti.	**o Titicaca** (il Titicaca); **os Alpes** (le Alpi); **o Atlântico** (l'Atlantico); **o Tejo** (il Tago); **o Gregal** (il Grecale)
I mesi e i punti cardinali.	**Junho passado** (giugno scorso); **o Norte** (il Nord)
I nomi di città che provengono da sostantivi comuni maschili.	**o Porto** (Oporto); **o Rio de Janeiro**

IL FEMMINILE

Sono in genere femminili:

REGOLA	ESEMPI
I sostantivi riguardanti persone o animali di sesso femminile.	a **Maria** (Maria); a **cadela** (la cagna); a **rainha** (la regina); a **cabeleireira** (la parrucchiera)
I nomi d'isole in cui la parola "isola" è sottintesa. Eccetto **os Açores** (le Azzorre) che, provenendo da un sostantivo comune maschile, prende questo genere.	a **Córsega** (la Corsica); a **Madeira** (Madeira)
I nomi che terminano in -**agem** Eccetto **personagem** (personaggio) che può essere sia maschile sia femminile.	a **portagem** (il pedaggio); a **imagem** (l'immagine); a **miragem** (il miraggio); a **viagem** (il viaggio)

ATTENZIONE!

I sostantivi che terminano in -**ão** sono:
Maschili quando sono **concreti**:
o balcão (il bancone)
o feijão (il fagiolo)
o algodão (il cotone)
o coração (il cuore)

Femminili quando sono **astratti**:
a razão (la ragione)
a emoção (l'emozione)
a educação (l'educazione)
a opinião (l'opinione)

Eccetto **mão** (mano) che, pur essendo un sostantivo concreto, è di genere femminile.

I sostantivi che terminano in -**e** possono essere maschili o femminili:

o peixe (il pesce)
a árvore (l'albero)
a fome (la fame)
o vale (la valle)

La formazione del femminile

Femminili che provengono dal radicale maschile:

REGOLE	ESEMPI	
	MASCHILE	*FEMMINILE*
I sostantivi che terminano in -o in genere la cambiano in -a.	**arquitecto** (architetto) **médico** (medico)	**arquitecta** (architetto) **médica** (medico)
I sostantivi maschili che terminano in -ão possono cambiare in: -oa -ona -ã.	**patrão** (capo) **comilão** (mangione) **cidadão** (cittadino) **cirurgião** (chirurgo) **irmão** (fratello)	**patroa** (capo) **comilona** (mangiona) **cidadã** (cittadina) **cirurgiã** (chirurgo) **irmã** (sorella)
Eccetto **cão** (cane), **cadela** (cagna); **ladrão** (ladro), **ladra** (ladra); **sultão** (sultano), **sultana** (sultana); **espião** (spia), **espia** (spia); **barão** (barone), **baronesa** (baronessa)		
I sostantivi maschili che terminano in consonante in genere formano il femminile aggiungendo una -a.	**escritor** (scrittore) **cantor** (cantante) **camponês** (contadino)	**escritora** (scrittrice) **cantora** (cantante) **camponesa** (contadina)
Alcuni, in ogni modo, formano il femminile in -iz.	**actor** (attore) **imperador** (imperatore)	**actriz** (attrice) **imperatriz** (imperatrice)
Alcuni sostantivi formano il femminile in -isa, -esa o -essa.	**poeta** (poeta) **abade** (abate) **príncipe** (principe)	**poetisa** (poetessa) **abadessa** (badessa) **princesa** (principessa)

ATTENZIONE!

Alcune forme femminili, benché derivate dal radicale maschile, presentano delle particolarità:

o avô – a avó	il nonno – la nonna
o herói – a heroína	l'eroe – l'eroina
o galo – a galinha	il gallo – la gallina
o frade – a freira	il frate – la suora
o rapaz – a rapariga	il ragazzo – la ragazza
o rei – a rainha	il re – la regina

La "rapariga" portoghese in Brasile diventa "moça"

I sostantivi con un solo genere
Vi sono alcuni sostantivi con una sola forma e un solo genere per entrambi i sessi:

• Alcuni nomi di animali: **a mosca** (la mosca); **o tigre** (la tigre).
Per specificare il sesso si aggiunge **macho** (maschio) o **fêmea** (femmina):

   a baleia macho – a baleia fêmea (la balena maschio – la balena femmina).

• Alcuni nomi riguardanti persone di entrambi i sessi come **o cônjuge** (il coniuge):

   a criança (il bambino/la bambina); **a testemunha** (il testimone); **a pessoa** (la persona); **a vítima** (la vittima).

I sostantivi con due generi

In genere, i sostantivi che terminano in **-e, -nte** e **-ista** e alcuni terminanti in **-a** hanno un'unica forma per il maschile e il femminile. In questi casi si distinguono attraverso il genere dell'articolo:

MASCHILE	FEMMINILE
o intérprete (l'interprete)	**a intérprete** (l'interprete)
o pianista (il pianista)	**a pianista** (la pianista)
o estudante (lo studente)	**a estudante** (la studentessa)
o cliente (il cliente)	**a cliente** (la cliente)
o colega (il collega)	**a colega** (la collega)

Anche il sostantivo **modelo** (modello) ha un'unica forma: **o modelo/a modelo**.

Fanno eccezione:
o elefante – a elefanta (l'elefante – l'elefantessa) ; **o infante – a infanta** (l'infante – l'infanta); **o mestre – a mestra** (il maestro – la maestra); **o monge – a monja** (il monaco – la monaca)

Cambio di significato a seconda del genere

Alcuni sostantivi cambiano di significato a seconda del loro genere:

    o cabeça (il capo, il comandante) – **a cabeça** (la testa)
    o polícia (il poliziotto) – **a polícia** (la polizia)

Le forme femminili che non provengono dal radicale maschile

Alcuni sostantivi presentano forme diverse per il maschile e il femminile:

MASCHILE	FEMMINILE
alfaiate (sarto)	**costureira** (sarta)
boi (bue)	**vaca** (vacca)
cavalo (cavallo)	**égua** (cavalla)
genro (genero)	**nora** (nuora)
homem (uomo)	**mulher** (donna)
marido (marito)	**mulher** (moglie)
pai (padre)	**mãe** (madre)

ATTENZIONE!
Mulher corrisponde sia a "donna" sia a "moglie".

Il numero

Regola	Esempi
Per formare il plurale, si aggiunge -s al singolare.	**chapéu** (cappello)- **chapéus**
I sostantivi terminanti in -m cambiano la consonante finale in -n e aggiungono -s.	**atum** (tonno) – **atuns** **fim** (fine) – **fins**
I sostantivi che terminano in -ão possono cambiare in: -ões-ães; aggiungere una -s al singolare; presentare più di una forma plurale.	**canção** (canzone) – **canções**; **coração** (cuore) – **corações** **cão** (cane) – **cães**; **pão** (pane) – **pães** **mão** (mano) – **mãos**; **órfão** (orfano) – **órfãos**; **irmão** (fratello) – **irmãos** **ancião** (anziano) – **anciãos**, **anciões, anciães**
Quando terminano per -n, -r e -z, i sostantivi formano il plurale aggiungendo -es.	**abdómen** (addome) – **abdómenes** **cor** (colore) – **cores** **rapaz** (ragazzo) – **rapazes**
I sostantivi terminanti in –s, quando tronchi, aggiungono -es al singolare.	**país** (paese) – **países**; **mês** (mese) – **meses**; **português** (portoghese) – **portugueses**
Quando piani, rimangono invariati.	**lápis** (matita) – **lápis**; **oásis** (oasi) – **oásis**
I sostantivi terminanti in -al, -el, -ol e -ul al plurale sostituiscono la consonante finale con -is Eccetto: **mal** (male) – **males**; **cônsul** (console) – **consules**.	**animal** (animale) – **animais**; **papel** (carta) – **papéis**; **lençol** (lenzuolo) – **lençóis**; **paul** (palude) – **pauis**
I sostantivi terminanti in –il, quando tronchi, cambiano la -l in -s; quando piani, sostituiscono la -l per -eis.	**barril** (botte) – **barris** **réptil** (rettile) – **répteis**

I sostantivi con un solo numero

Alcuni sostantivi sono usati soltanto al plurale:
arredores (dintorni); **óculos** (occhiali); **férias** (vacanze).

Alcuni sostantivi sono usati soltanto al singolare (in genere, nomi di metalli e nomi astratti):
ferro (ferro); **ouro** (oro); **paciência** (pazienza).

Alcuni possono avere il plurale, ma cambiano di significato:
ferro (ferro, metallo) – **ferros** (strumenti chirurgici).
Per quanto riguarda il plurale dei sostantivi composti vedere l'Unità 8.

ESERCIZI

1. Inserite l'articolo determinativo:

1. ..... ponte; 2. ..... janela; 3. ..... mapa; 4. ..... vale; 5. ..... carro; 6. ..... ananás; 7. ..... rio; 8. .....cão; 9. .....rapariga; 10. ..... canal; 11. ..... avião; 12. ..... telefone; 13. ..... fim; 14. ..... mão; 15. ..... flor; 16. ..... sistema; 17. ..... garagem; 18. ..... anel; 19. ..... cruz; 20. ..... caracol

2. Inserite l'articolo indeterminativo:

1. ..... exame; 2. ..... mesa; 3. ..... livro; 4. .....chapéu; 5. .....montanha; 6. ..... pessoa; 7. ..... invenção; 8. ..... maçã; 9..... homem; 10..... vez; 11..... rua; 12..... hotel

3. Volgete al plurale gli articoli e sostantivi degli esercizi A e B.

4. Scrivete il femminile:

1. marido; 2. professor; 3. advogado; 4. campeão; 5. avô; 6. genro; 7. galo; 8. cão; 9. actor; 10. ladrão; 11. homem; 12. jornalista

UNITÀ 3
PRIMEIROS CONTACTOS
PRIMI CONTATTI

Dialogo A: situazione formale – *In mensa*

Senhora: Bom dia. Desculpe, o lugar está ocupado?
Bõ dia. Defkulpe, u lu'gàr stà òkupàdu?
Buon giorno. Scusi, questo posto è occupato?

Jorge: Não, não. Pode sentar-se. A senhora é a nova secretária do director, não é?
Nãu, nãu. Pòde sentàrse. A seŋora è a nòva sekre'tària du dirè'tor, nãu è?
No no. Si accomodi. Lei è la nuova segretaria del direttore, non è vero?

Senhora: Não, sou a nova directora financeira. O meu nome é Fernanda Gusmão.
Nãu, so a nòva dirè'tora finãsaira. U méu nome è fernãda guʒ'mãu.
No, sono la nuova direttrice finanziaria. Il mio nome è Fernanda Gusmão.

Jorge: Muito prazer. Eu chamo-me Jorge Gomes e trabalho no controlo dequalidade.
Mũtu pra'zér. Éu 'samume ʒòrʒe gomez i trabàλu nu kõtrolu de kualidàde.
Molto piacere. Mi chiamo Jorge Gomes e lavoro nel controllo qualità.

Dialogo B: situazione informale
Due amici si trovano per strada

Jorge: Olá, Luís. Tudo bem?
Olà, lu'is. Tudu bãi?
Ciao, Luís. Tutto bene?

Luís: Tudo bem. E tu, como estás? Estás bom?
Tudu bãi. I tu, komu s'tàs? s'tàs bõ?
Tutto bene. E tu come stai? Stai bene?

Jorge: **Estou. Um bocado cansado, porque agora trabalho fora de Lisboa e levo todos os dias mais de uma hora a chegar à fábrica de carro.**
sto. Um bu'kàdu kãsàdu, purke agòra trabàλu fòra de liʒ'boa i lèvu toduz us dias mais de uma ora a se'gàr à 'fàbrika de kàRu.
Sì, sto bene, ma sono un po' stanco, perché adesso sto lavorando fuori Lisbona e ogni giorno ci metto un'ora per arrivare alla fabbrica in macchina.

Luís: **O que é que fazes na fábrica?**
U ke è ke fàzes na ' fàbrika?
Cosa fai in fabbrica?

Jorge: **Trabalho no controlo de qualidade. O trabalho é interessante mas cansativo.**
Trabàλu nu kõtrolu de kualidàde. U trabàλu è interesãte mas kãsativu.
Lavoro al controllo qualità. Il lavoro è interessante ma stancante.

Luís: **Desculpa, Jorge! Deixa-me apresentar-te a Silvie, uma amiga minha. Este aqui é o Jorge, um velho colega de escola.**
Deskulpa ʒòrʒe. 'Deisame apresentàrte a sil'vi, uma amiga miɳa. Éste aki è u ʒòrʒe,um vèλu kulèga de skòla.
Scusa, Jorge. Lascia che ti presenti Silvie, un'amica. Questo è Jorge un vecchio compagno di scuola.

Jorge: **Olá, Silvie. És estrangeira? O teu nome não é português, pois não?**
Olà, sil'vi. Èz Etràʒaira? U téu nome nãu è purtu'gés, pois nãu?
Ciao, Silvie. Sei straniera? Il tuo nome non è portoghese, vero?

Silvie: **Sou francesa, mas o meu pai é português.**
So frãséza, maz u méu pài è purtu'gés.
Sono francese, ma mio padre è portoghese.

Luís: **A Silvie estuda português em França.**
A sil'vi studa purtu'géz ãi frãsa.
Silvie studia portoghese in Francia.

Jorge: **A sério? Uma francesa que estuda português? Numa escola de línguas ou na universidade?**
A 'sèriu? Uma frãseza ke studa purtu'gés? 'Numa skòla de linguaz o na universidàde?
Sul serio? Una francese che studia portoghese? In una scuola di lingue o all'università?

Silvie: **Na universidade. Estudo literatura portuguesa, história de Portugal, ...**
Na universidàde. studu literatura purtugésa, s'tòria de purtu'gàl, ...
All'università. Studio letteratura portoghese, storia del Portogallo, ...

Jorge: **E o que é que estás a fazer aqui em Lisboa? Estás de férias?**
I u ke è ke s'tàz a fa'zér aki ãi liʒ'boa? s'tàs de 'fèrias?
E cosa stai facendo qui a Lisbona? Sei in vacanza?

Silvie: **Estou a tirar um curso de português para estrangeiros na Faculdade de Letras.**
s'to a ti'ràr um kursu de purtu'gés para strãʒairus na fakuldàde de létras.
Sto facendo un corso di portoghese per stranieri alla Facoltà di Lettere.

Jorge:	**Que interessante! E estás em casa do Luís?**
	Ke interesãte! I s'tàz ãi kàza du lu'is?
	Che interessante! E stai da Luís?
Silvie:	**Não, estou numa residência para estudantes.**
	Nãu, s'to numa rezi'densia para studãtes.
	No, sono in un ostello per studenti.
Jorge:	**És donde? De Paris?**
	Ès dõde? De pa'ris?
	Di dove sei? Di Parigi?
Silvie:	**Não, moro em Rouen, no Norte de França.**
	Nãu, mòru ãi ru'ã, nu nòrte de frãsa.
	No, abito a Rouen nel Nord della Francia.
Jorge:	**Gosto muito de França. Conheço bem Paris, mas não conheço Rouen. Bom, estou atrasado. Tenho de ir. Espero voltar a ver-te, Silvie. Depois telefono-te, Luís. Podemos encontrar-nos para jantar um dia da próxima semana e tu levas a Silvie. O que é que pensas?**
	Gòstu mũũtu de frãsa. Kuŋésu bãi pa'ris, mas nãu kuŋésu ru'ã. Bõ, s'to atrazàdu. Taŋu de ir. s'pèru vol'tàr a vérte, sil'vi. De'pois tele'fonute, lu'is. Pudémuz enkõtràrnus para ʒã'tàr um dia da 'pròsima semana i tu lèvaz a sil'vi. U ke è ke pensaʃ?
	La Francia mi piace molto. Conosco bene Parigi ma non conosco Rouen. Bene, sono in ritardo. Devo andare. Spero di rivederti, Silvie. Ti telefono dopo, Luís. Possiamo andare a cena un giorno della prossima settimana e tu porta Silvie. Cosa ne pensi?
Luís:	**Boa ideia. Telefona-me então.**
	Boa idaia. Tele'foname en'tãu.
	Buona idea. Telefonami allora.
Jorge:	**Adeus, Silvie. Até breve.**
	Adéus, sil'vi. Atè brève.
	Ciao, Silvie. A presto.
Silvie:	**Tchau.**
	Tsau.
	Ciao.

Elementi grammaticali

I pronomi personali soggetto

SINGOLARE		PLURALE	
eu	io	**nós**	noi
tu	tu	**vós**	voi
ele, ela	egli, ella	**eles, elas**	essi, esse

In portoghese, per riferirsi alla persona a cui si parla, vi sono delle forme chiamate **pronomes de tratamento** che possono sostituire il pronome personale nelle seconde persone sia singolari sia plurali. Per uno straniero, questa è una delle questioni più complesse del portoghese, poiché la scelta del pronome o di un suo sostituto dipende da fattori soggettivi come il grado di intimità tra chi parla o la loro condizione sociale e economica.

LA SECONDA PERSONA SINGOLARE

TU+ verbo nella seconda persona singolare
Corrisponde al pronome tu in italiano e può essere usato come forma di intimità tra: genitori e figli, fratelli, marito e moglie, colleghi di lavoro che siano contemporaneamente quasi coetanei, nonni e nipoti, zii e nipoti, amici.

Le forme sostitutive di TU
Con queste forme il verbo va coniugato alla **terza persona singolare**.

• Você:
più formale di **tu**, viene usata come:
– forma d'uguaglianza di classe sociale, età o gerarchia o di superiorità da un superiore ad un inferiore gerarchico, sociale o d'età;
– forma d'intimità sostitutiva di **tu** in certi strati delle classi sociali alte.

ATTENZIONE!

In Brasile, **você** corrisponde al tu italiano, mentre la forma **tu** viene usata soltanto in alcune regioni.

• O senhor per uomini; **a senhora** per donne sposate; **a menina** per giovani nubili: sono modi formali che vengono solitamente usati quando la persona a cui si parla è sconosciuta:

   O senhor sabe onde fica a Rua do Ouro? Lei sa dov'è la via…?

• O senhor, a senhora + titolo professionale – **o senhor doutor; a senhora engenheira; o senhor presidente; a senhora arquitecta** – va usata soprattutto nei rapporti professionali:

   O senhor doutor dá-me licença que eu entre? Dottore, posso entrare?

• O senhor, a senhora + cognome indica l'assenza di familiarità:

   O senhor Martins conhece a minha filha? Lei conosce mia figlia?

• O/a + nome o cognome indica l'assenza di familiarità:

   O João vive em Lisboa? Lei abita a Lisbona?
   O Marques quer vir tomar un café? Vuole venire a prendere un caffè?

• O/a + parentela è la forma usata nei rapporti di famiglia, nonostante la forma informale **tu** sia abbastanza diffusa:

Il figlio parlando col padre:

O pai já leu este livro? Lei ha già letto questo libro?

LA SECONDA PERSONA PLURALE

VÓS + verbo alla seconda persona plurale

Ormai questo pronome è caduto in disuso, essendo usato soltanto in certe zone del Portogallo e nel discorso religioso e politico. Per precisione grammaticale, in questo testo verrà sempre presentata la forma verbale corrispondente a questo pronome. Tuttavia, si avverte che, nell'uso corrente della lingua, al suo posto si usano i pronomi di sostituzione + verbo alla terza persona plurale.

Le forme sostitutive di VÓS
Dopo queste forme il verbo prende la desinenza della terza persona plurale.

• **Vocês:**
Forma plurale di **tu** e **você**. Corrisponde al voi italiano:

Vocês já conhecem este museu? Voi conoscete già questo museo?

• **Os senhores, as senhoras, …** (vedere le forme usate per la seconda persona singolare):

Os senhores podem dizer-me as horas? Potete dirmi che ore sono?

• **O/a + nome**

O Pedro e o Luís querem beber qualquer coisa? Volete bere qualcosa?

L'OMISSIONE DEL PRONOME

Siccome i pronomi personali soggetto possono essere sottintesi dalla desinenza verbale, come in italiano, spesso vanno omessi:

Pode trazer-me uma garrafa de água, se faz favor? Mi porta una bottiglia d'acqua, per cortesia?

In questo caso la desinenza corrisponde alla terza persona del singolare, per cui si capisce che la forma usata è formale.

Querem um café? Volete un caffè?

ATTENZIONE!
Il pronome della prima persona plurale **nós** può essere sostituito dall'espressione **a gente** + forma verbale della terza persona singolare!

A gente estudou muito para o exame. Abbiamo studiato molto per l'esame.

L'uso dell'articolo determinativo davanti ai nomi di persone

Si usa l'articolo determinativo nella lingua parlata, davanti al primo nome:

A Mariana está doente. Mariana è ammalata.

e davanti a **senhor(a)** (signore, signora) e **menina** (signorina).

Non si usa l'articolo determinativo davanti ai nomi di personaggi famosi:

Camões, Cervantes.

La frase affermativa

In portoghese l'ordine degli elementi della frase è generalmente il seguente:

soggetto + verbo + complemento oggetto + complemento di termine

Eu + tenho + dois irmãos.
Io ho due fratelli.
Nós + entregamos + a chave + ao proprietário.
Noi consegniamo la chiave al proprietario.

Oppure:

soggetto + verbo + predicativo

A Silvie + é + francesa. Silvie è francese.

La frase negativa

La negazione viene, solitamente, espressa attraverso gli avverbi **não** (no), **nunca** (mai), **nem** (né) e **jamais** (mai) collocati davanti al verbo o ausiliare:

soggetto + avverbio di negazione + verbo + predicativo

Eu + não + sou + portuguesa. Io non sono portoghese.

Nunca me levanto tarde. Non mi alzo mai tardi.
O Pedro nem gosta de desporto. A Pedro non piace neanche lo sport.
Nós jamais vamos esquecer este dia. Noi non dimenticheremo mai questo giorno.

La frase interrogativa – I

Ci sono due tipi di interrogativa:

L'INTERROGATIVA TOTALE

Sono le domande prive di pronome o avverbio interrogativo.

In questo tipo d'interrogativa, gli elementi della frase seguono un ordine identico a quello dell'affermativa:

soggetto + verbo + predicativo o complemento

A Luísa + é + casada? Luisa è sposata?

Nella lingua parlata si distinguono dalla frase affermativa perché alla fine della frase la voce ha un'intonazione ascendente.

La risposta affermativa a questo tipo di interrogativa, per esempio alla domanda:

"Eles moram aqui?" "Loro abitano qui?"

si ottiene utilizzando:
• L'avverbio di affermazione **sim** (sì) seguito o preceduto dal verbo della domanda:

Sim, moram. /Moram, sim.

• La (doppia) ripetizione del verbo della domanda:

Moram/Moram, moram.

• L'avverbio **claro** da solo o accompagnato da **que** + verbo della domanda:

Claro. Claro que moram.

La risposta negativa si ottiene utilizzando:
• L'avverbio di negazione **não** (no)

Não, não.

• L'avverbio di negazione accompagnato dal verbo della domanda:

Não, não moram.
Não moram, não.

• L'avverbio **claro** + **que não**.

L'INTERROGATIVA PARZIALE

Sono le domande introdotte da un pronome o avverbio interrogativo.
Il pronome va seguito dalla locuzione **é que** non obbligatoria e dal verbo. Il soggetto è solitamente sottinteso:

Qual (é que) é o teu nome? Qual è il tuo nome?
Onde (é que) moras? Dove abiti?

L'avverbio o il pronome possono anche venire dopo il verbo, tranne quando il pronome è soggetto:

Donde (é que) vens? Da dove vieni?

Oppure:

Vens <u>donde</u>?

L'INTERROGATIVA CON SOGGETTO ESPRESSO

Se si usa la locuzione enfatica, l'ordine è:
Interrogativo + **é que** + soggetto + verbo

O que é que <u>tu fazes</u>?

Senza la locuzione, si verifica l'inversione soggetto – verbo:
Interrogativo + verbo + soggetto

O que <u>fazes tu</u>?

L'INTERROGATIVA CON COMO (COME), O QUE (CHE), QUAL (QUALE), ONDE (DOVE)

• **Como** è un avverbio interrogativo di modo:

<u>Como</u> estão os teus pais? Come stanno i tuoi genitori?

Quando si usa col verbo **chamar-se** (chiamarsi) serve per identificare una persona:

<u>Como</u> se chama o seu amigo? Come si chiama il suo amico?

• **Que** è invariabile.
Può significare "che cosa" ed essere rafforzato dall'articolo determinativo maschile **o**:

<u>O que</u> é que fazes? Che cosa fai?

Quando significa "che specie di" può riferirsi sia a cose sia a persone e non può essere preceduto dall'articolo determinativo:

<u>Que</u> carro é aquele? Che macchina è quella?
<u>Que</u> amigos é que encontraste na rua? Quali amici hai incontrato per strada?

• **Qual** è variabile: **Qual** (singolare) - **Quais** (plurale).
Ha un valore selettivo e può riferirsi sia a cose sia a persone:

<u>Quais</u> são os teus livros? Quali sono i tuoi libri?
<u>Qual</u> é a tua colega de apartamento? Qual è la tua collega di appartamento?
<u>Qual</u> é o seu apelido? Qual è il suo cognome?

• **Onde** indica lo stato in luogo:

<u>Onde</u> é que moras? Dove abiti?
Em Vila Franca de Xira. A Vila Franca de Xira.
<u>Onde</u> é que estudas? Dove studi?
Na Universidade de Coimbra. All'Università di Coimbra.

Lo stato in luogo – I

A una domanda con **onde?** si può rispondere con la preposizione **em:**

> **Onde é que moras/vives?** Dove abiti/vivi?
> **Vivo/moro em Lisboa.** Abito/vivo a Lisbona.
> **Vivo/moro no Porto.** Abito/vivo a Porto.

Nel primo esempio, la preposizione si presenta nella forma semplice. Nel secondo, invece, si trova nella forma articolata con l'articolo determinativo:

em + o = **no**   em + os = **nos**
em + a = **na**   em + as = **nas**

Davanti ai nomi di città solitamente non si usa l'articolo determinativo, tranne quando il toponimo proviene da un sostantivo comune, come **porto** (porto), nel qual caso prende il genere del sostantivo e si usa l'articolo determinativo. Tuttavia, quando nella composizione del toponimo c'è un aggettivo qualificativo o il sostantivo compare nella forma plurale, l'articolo non viene usato:

Ele mora em Vila Viçosa.   **Viçosa** è un aggettivo qualificativo.
Nós moramos em Chaves.   **Chaves:** il toponimo si trova al plurale.

Davanti ai punti cardinali la preposizione compare nella forma contratta:

> **Rouen fica no Norte de França.** Rouen si trova al Nord della Francia.

La preposizione **em** può anche articolarsi con l'articolo indeterminativo:

em + um = **num**
em + uma = **numa**
em + uns = **nuns**
em + umas = **numas**

> **Onde é que trabalhas?** Dove lavori?
> **Trabalho num laboratório.** Lavoro in un laboratorio.
> **Estás em casa do Luís?** Sei da Luís?
> **Não, estou numa residência para estudantes.** No, sono in un ostello per gli studenti.

La parola **casa**, quando non accompagnata da un aggettivo qualificativo, non viene preceduta da articolo:

> **Estou em casa.** Sono a casa.

però:

> **Estou na casa de um amigo.** Sono da un amico.

I nomi di Paesi e regioni vengono di solito preceduti da articolo determinativo:

> **Estudo nos Estados Unidos.**   Studio negli Stati Uniti.
> **Ele vive no Egipto.**   Lui abita in Egitto.
> **Tenho uma casa no Algarve.**   Ho una casa nell'Algarve.

Eccezione:
Portugal (Portogallo), Angola, Moçambique (Mozambico), São Tomé e
Princípe, Cabo Verde (Capo Verde), Timor, Andorra, Macau, Israel (Israele),
Marrocos (Marocco), São Salvador (San Salvador) e Cuba:
Vivo <u>em</u> Portugal.
Ele vive <u>em</u> Marrocos.

Alcuni nomi di Paesi possono comparire senza articolo, specialmente quando retti da preposizione:

Vivo em França.
A França é muito grande. La Francia è molto grande.

Altri Paesi: **Espanha** (Spagna), **Inglaterra** (Inghilterra), e **Itália** (Italia).

L'indicativo presente – I

LA CONIUGAZIONE DEI VERBI REGOLARI

Ci sono tre coniugazioni, come in italiano:

PRIMA CONIUGAZIONE	SECONDA CONIUGAZIONE	TERZA CONIUGAZIONE
"-ar"	"-er"	"-ir"

Alla radice del verbo si aggiungono delle desinenze:

-AR	-ER	-IR
-o	-o	-o
-as	-es	-es
-a	-e	-e
-amos	-emos	-imos
-ais	-eis	-is
-am	-em	-em

PRONOMI PERSONALI	FALAR (PARLARE)	VIVER (VIVERE)	PARTIR (PARTIRE)
eu	fal-**o**	viv-**o**	part-**o**
tu	fal-**as**	viv-**es**	part-**es**
ele, ela	fal-**a**	viv-**e**	part-**e**
nós	fal-**amos**	viv-**emos**	part-**imos**
vós	fal-**ais**	viv-**eis**	part-**is**
eles, elas	fal-**am**	viv-**em**	part-**em**

Trabalho no controlo de qualidade.	Lavoro al controllo della qualità.
Falas muito bem português!	Parli molto bene il portoghese!
Moro/ vivo em Lisboa.	Abito/vivo a Lisbona.
O comboio **parte** daqui a pouco.	Il treno parte tra poco.

Si usa per esprimere:

• Un fatto consueto:

Fazemos meia hora de "jogging" todas as manhãs. Facciamo mezz'ora di "jogging" ogni mattina.

• Un'azione futura:

O congresso **acaba** depois de amanhã. Il congresso finisce dopodomani.

• Un fatto che avviene nel momento in cui si parla:

Escrevo-te sentada à janela. Ti scrivo seduta alla finestra.

• Un'azione o uno stato permanente:

A Terra **gira** à volta do Sol. La Terra gira intorno al Sole.

I VERBI RIFLESSIVI

I verbi riflessivi e i verbi usati in forma riflessiva si coniugano come gli altri verbi, <u>tranne</u> alla prima persona plurale, che perde la **-s** finale quando il pronome va posposto al verbo.
Sulla posizione dei pronomi riflessivi e personali forma di complemento vedere l'Unità 11.
Quando seguono il verbo, i pronomi vengono separati da esso da una lineetta.

SINGOLARE	PLURALE
chamo-**me**	chamam<u>o</u>-**nos**
chamas-**te**	chamai-**vos**
chama-**se**	chamam-**se**

Alle forme **você** e **vocês** corrisponde il pronome riflessivo **se**:

Você lembra-<u>se</u> de mim? Lei si ricorda di me?
Vocês zangam-<u>se</u> facilmente. Voi vi arrabbiate facilmente.

Ecco alcuni dei verbi riflessivi più comuni:

chamar-se	chiamarsi	**levantar-se**	alzarsi
deitar-se	coricarsi	**pentear-se**	pettinarsi
ir-se embora	andarsene	**sentar-se**	sedersi
lavar-se	lavarsi	**preocupar-se**	preoccuparsi
cansar-se	stancarsi	**zangar-se**	arrabiarsi

ATTENZIONE!
Non c'è una corrispondenza assoluta con i verbi riflessivi italiani: **acordar** = svegliarsi; svegliare   **mergulhar** = tuffarsi; tuffare **adormecer** = addormentarsi; addormentare   **parar** = fermarsi; fermare

I VERBI SER (ESSERE) ED ESTAR (ESSERE O STARE)

És estrangeira? Sei straniera?
Este lugar está ocupado? Questo posto è occupato?
Estás bom? Stai bene?

L'indicativo presente

SER (ESSERE)   ESTAR (ESSERE O STARE)

SER (ESSERE)	ESTAR (ESSERE O STARE)
sou	estou
és	estás
é	está
somos	estamos
sois	estais
são	estão

La differenza più importante tra questi due verbi è che **ser** è collegato ad un'idea di essenzialità o permanenza e **estar** a un'idea di transitorietà.

Il verbo **ser** (essere) si usa per denotare:
• Una qualità permanente del soggetto: **ser** + aggettivo

O carro é novo. La macchina è nuova.
O computador é moderno. Il computer è moderno.

• La nazionalità: **ser** + aggettivo di nazionalità

Sou francesa. Sono francese.

• L'origine: **ser de** + paese/città/regione

Sou de Rouen. Sono di Rouen.
És do Alentejo ou do Algarve? Sei dell'Altentejo o dell'Algarve?

• La professione o attività: **ser** + sostantivo

Somos proprietários de um café. Siamo proprietari di un caffè.

• Il complemento di tempo/l'ora: **ser** + ora/giorno della settimana/mese/avverbio di tempo/...

Hoje é domingo. Oggi è domenica.
São duas da manhã. Le due di notte.
A consulta é amanhã. La visita è domani.

• Il complemento di materia e di specificazione: **ser de** + sostantivo indicativo di materia /**ser de** + nome

> **Esta mesa é de plástico.** Questa tavola è di plastica.
> **A esferográfica é do Samuel.** La biro è di Samuel.

• La quantità e/o prezzo: **ser** + indefinito/avverbio di intensità/numerale

> **As preocupações são muitas.** Le preoccupazioni sono molte.
> **Quanto é tudo? São 500 escudos.** Quant'è tutto? Sono 500 escudos.

• La destinazione: **ser para** + pronome personale/nome/sostantivo

> **As flores são para a minha mulher.** I fiori sono per mia moglie.
> **O bilhete é para a Rita.** Il biglietto è per Rita.
> **As cervejas são para nós.** Le birre sono per noi.

• Un'ideologia o religione: **ser** + sostantivo/ **ser de** + sostantivo

> **Eles são de esquerda.** Essi sono di sinistra.
> **Vocês são budistas?** Voi siete buddisti?

• Un rapporto: **ser** + sostantivo

> **A Ana é a minha melhor amiga.** Ana è la mia migliore amica.
> **Somos vizinhos há muitos anos.** Siamo vicini di casa da molti anni.

Il verbo **estar** (essere o stare) si può usare per indicare:

• Uno stato fisico o psicologico transitorio: **estar** + aggettivo

> **O meu primo está doente.** Mio cugino è ammalato.
> **Estou muito contente com a nota do exame.** Sono molto contento/a col voto dell'esame.
> **Como estás? Estou bom, obrigado.** Come stai? Sto bene, grazie.

• Uno stato meteorologico: **estar** + sostantivo/aggettivo

> **Hoje está calor.** Oggi fa caldo.
> **Hoje está bom tempo.** Oggi fa bel tempo.
> **O dia está chuvoso.** Il giorno è piovoso.

• Il complemento di stato in luogo: **estar em** + luogo

> **Logo à noite estás em casa?** Stai in casa stasera?
> **O teu casaco está no armário.** La tua giacca è nell'armadio.

• Uno stato fisico/di salute transitorio: **estar com** + sostantivo, nel qual caso è sinonimo di **ter** (avere)

> **A criança está com febre.** Il bambino/la bambina ha la febbre.

Oppure:

  A criança **tem febre**.

Oppure:

  Estou com sede. Ho sete.
  Tenho sede.

• Una situazione o condizione provvisoria: **estar** + aggettivo/**estar em** + sostantivo

  A loja **está fechada** até às duas. Il negozio è chiuso fino alle due.
  A nossa casa **está em obras**. Ci sono dei lavori di ristrutturazione da noi.
  O meu chefe **está em viagem de negócios**. Il mio capo è in viaggio d'affari.

• Il complemento di tempo e/o data: **estar a/em** (solo per la prima persona plurale)

  Estamos em Janeiro. Siamo a gennaio.
  Hoje **estamos a 22 de Julho**. Oggi è il 22 luglio/Siamo al 22 luglio.

• Il complemento di compagnia: **estar com** + nome/pronome personale/sostantivo

  Ontem estive com eles no café. Ieri sono stato/a con loro al caffè.

I dimostrativi: aggettivi e pronomi

  Este é o Ricardo. Questo è Riccardo.

Gli aggettivi e pronomi dimostrativi hanno le stesse forme:

NUMERO	MASCHILE		FEMMINILE		NEUTRO (INVARIABILE)	
Singolare	este	questo	esta	questa	isto	ciò
Plurale	estes	questi	estas	queste		
Singolare	esse	codesto	essa	codesta	isso	ciò
Plurale	esses	codesti	essas	codeste		
Singolare	aquele	quello	aquela	quella	aquilo	ciò
Plurale	aqueles	quelli	aquelas	quelle		

  Aqueles são os meus pais. Quelli sono i miei genitori.
  O meu prato é **este**? Il mio piatto è questo?

Gli aggettivi dimostrativi precedono il nome con cui concordano in genere e numero:

• **Estes, estas** indica un oggetto o una persona vicino a chi parla.
• **Esses, essas** indica un oggetto o una persona vicino a chi ascolta.
• **Aqueles, aquelas** indica un oggetto o una persona lontano sia da chi parla che da chi ascolta.

Estas flores são muito bonitas. Questi fiori sono molto belli.
Esse CD não é meu. Codesto CD non è mio.
Aqueles pratos são de porcelana. Quei piatti sono di porcellana.

Rinforzo dei dimostrativi

Esta aqui é a Silvie. Questa qui è Silvie.

Per ragioni di chiarificazione o enfasi, si possono rinforzare i dimostrativi con gli avverbi di luogo:

• **Aqui** (qui)

Este livro **aqui** é meu. Questo libro qui è mio.

• **Aí** (lì, costì)

Quanto custa essa cadeira aí? Quanto costa codesta sedia?

• **Ali** (là)

Vou ver aqueles apartamentos ali ao pé da igreja.
Vado a vedere quegli appartamenti là vicino alla chiesa.

Per quanto riguarda l'articolazione della preposizione **a** + **aquele**, vedere l'Unità 8.

I numerali cardinali da 0 a 10

0 **zero**	3 **três**	6 **seis**	9 **nove**
1 **um**	4 **quatro**	7 **sete**	10 **dez**
2 **dois, duas**	5 **cinco**	8 **oito**	

Glossario e fraseologia

Identificazione, nome, occupazione, indirizzo e numero di telefono

nome	*nome*
apelido	*cognome*
bilhete de identidade	*carta d'identità*
passaporte	*passaporto*
carta de condução	*patente*
assinatura	*firma*
residência	*residenza*
morada	*indirizzo*
código postal	*codice postale*

rua	via; strada
estrada	via; strada
avenida	viale
praça	piazza

telefone	telefono
número de telefone	numero di telefono

AS PROFISSÕES	LE PROFESSIONI
o agricultor	l'agricoltore
o bombeiro	il pompiere
o camionista	il camionista
o canalizador	l'idraulico
o cientista	lo scienziato
o condutor	l'autista
o contabilista	il ragioniere
o dentista	il dentista
a doméstica/a dona-de-casa	la casalinga
o economista	l'economista
o electricista	l'elettricista
o empregado bancário	il bancario
o empregado de balcão	il commesso
o empregado de mesa	il cameriere
o empresário	l'imprenditore
o enfermeiro	l'infermiere
o engenheiro	l'ingegnere
o estudante	lo studente
o governador civil	il prefetto
o guia turístico	la guida
a hospedeira	l'hostess
o jardineiro	il giardiniere
o jogador de futebol /o futebolista	il calciatore
o jornalista	il giornalista
o marinheiro	il marinaio
o médico	il medico
o modelo	il modello
o operário	l'operaio
o padeiro	il panettiere; il fornaio
o padre	il prete
o pedreiro	il muratore
o piloto	il pilota
o poeta	il poeta
o polícia	il poliziotto

o político	il politico
o presidente da Câmara	il sindaco
o professor	l'insegnante; il professore
o realizador de cinema	il regista
o soldado	il soldato
o taxista	il tassista
o tradutor	il traduttore
o veterinário	il veterinario

LOCAIS DE TRABALHO | LUOGHI DI LAVORO

fábrica	fabbrica
escritório	ufficio
oficina	officina
empresa	ditta
loja	negozio

Fraseologia

Forme di saluto:

INFORMALE	FORMALE	
Olá! Ciao!	Bom dia Buon giorno	
	Boa tarde Buona sera	
	Boa noite Buona sera	

Boa noite corrisponde sia a "buona sera" sia a "buona notte" e si usa come forma di saluto anche in ora tarda e come forma di congedo, quando si va a letto.

Chiedere informazioni sullo stato di salute:

INFORMALE		FORMALE
Tudo bem? Tutto bene?		**Como está?** Come sta?
Que tal? Como estás? Come stai?		

Risposte: **Bem, obrigado/a**. Bene, grazie
                  (**Obrigado** per il maschile. **Obrigada** per il femminile).
                  Vai-se andando. Non c'è male.

Forme di congedo: **Até logo**. A dopo./A più tardi.
                  Até já. A tra poco.
                  Até breve./Até qualquer dia. A presto.
                  Adeus. Arrivederci.
                  Adeusinho. Arrivederci (fam.).

Ringraziare:	**Muito obrigado/a.**
	Obrigadinha(fam.).
Risposte:	**De nada.** Di niente.

Informazioni personali

Identificarsi:

O meu nome é Jorge Gomes. Il mio nome è Jorge Gomes.
Chamo-me Jorge Gomes. Mi chiamo Jorge Gomes.

Chiedere l'identificazione:

Como se chama? Come si chiama?
Como te chamas? Come ti chiami?
Qual é o seu/teu nome? Qual è il suo/tuo nome?

Identificare un'altra persona:

Esta aqui é a Silvie. Questa qui è Silvie.
Queria apresentar-te/lhe a Silvie. Vorrei presentarti/Le Silvie.

Risposte:

Muito prazer./Muito gosto. Molto piacere.

Chiedere notizie sulla professione:

O que é que o senhor faz? Lei che cosa fa?
O que é que tu fazes? Tu che cosa fai?
Qual é a sua/tua profissão? Qual è la sua/tua professione?

Dare notizie sulla professione:

Eu sou estudante. Io sono studente.
Ele/ela é enfermeira. Lui/lei è infermiere.
Nós somos operários. Noi siamo operai.

Informare sul luogo di lavoro:

Eu trabalho num escritório. Io lavoro in un ufficio.
Ele trabalha numa loja. Lui lavora in un negozio.
Eles trabalham em casa. Loro lavorono in casa.
Eu estudo inglês. Io studio inglese.
Ela serve à mesa num restaurante. Lei serve a tavola in un ristorante.
Nós escrevemos para um jornal. Noi scriviamo per un giornale.

Dare delle informazioni sullo stato civile:

Sou casado(a)/solteiro(a)/divorciado(a)/viúvo(a).
Sono sposato(a)/single/divorziato(a)/vedovo(a).

Chiedere il luogo di residenza:

> **Onde é que mora/moras? Onde é que vive/vives?**
> Dove abita/abiti?/Dove vive/vivi?

Informare sul luogo di residenza:

> **Moro em Lisboa**. Abito a Lisbona.
> **Moro no Porto**. Abito a Porto.

Informare sull'indirizzo e numero di telefono:

> **A minha morada é.../Moro na rua...** Il mio indirizzo è.../Abito in via...
> **O meu número de telefone é...** Il mio numero di telefono è...

Esercizi

1. Completate con il presente indicativo:

1. O filme (começar) .... às oito horas.
2. Nós (jantar) .... sempre muito cedo.
3. Amanhã eu (assinar) .... o contrato.
4. O Paulo (escrever) .... à namorada todos os dias.
5. A loja (abrir) .... aos sábados à tarde.
6. Vocês (conhecer) .... o meu primo Henrique?
7. (Tu/chamar-se) .... Célia?
   Não, (chamar-se) .... Zélia.
8. O comboio (partir) .... da plataforma dois.
9. (eu/almoçar) .... sempre na cantina da faculdade.
10. Vocês (beber) .... uma coca-cola?

2. Completate con i verbi SER o ESTAR:

1. O clima do Algarve .... bom, mas hoje ....feio.
2. Onde .... (tu)? .... na cozinha a fazer o almoço.
3. Hoje .... domingo e por isso as lojas .... fechadas.
4. Que dia .... hoje? .... a 3 de Abril.
5. Já .... tarde e (eu) .... cansado.
6. O centro comercial .... novo e .... aberto até à meia-noite.
7. Ele .... doente, mas .... com pouca febre.
8. Nós .... americanos, mas .... muito contentes por vivermos em Portugal.
9. As chávenas que .... de porcelana ....no louceiro da sala.
10. A estante que .... no escritório .... muito bonita e prática.

3. Rispondete affermativamente alle domande, secondo l'esempio:

Gostas de ouvir música? Gosto.

1. Estás bom?
2. Vocês são de Viseu?
3. Moras aqui?
4. Eles estudam História?
5. És arqueólogo?
6. Vocês vivem em Portugal?
7. O filme começa às 9?

4. Completate con i pronomi riflessivi:

1. Nós preocupamo-.............. com o futuro dos nossos filhos.
2. Eu interesso-.............. por astronomia.
3. Tu levantas-.............. cedo ou tarde?
4. Normalmente os meus filhos deitam-.............. logo depois do jantar.
5. Quer sentar-.............., D. Marília?
6. Vocês informam-.............. sobre o horário dos comboios, está bem?

5. Fate delle domande: a) formali; b) informali:

Estou bem, obrigado.
a. Como (é que) está? b. Como (é que) estás?

1. Sou carpinteiro.
2. Moro em Évora.
3. Chamo-me Fátima.
4. Sou de Rimini.
5. A minha morada é Avenida Fontes Pereira de Melo, 50.

6. Rispondete alle domande usando l'informazione in neretto:

O que é que eles fazem? **advogados**
Eles são advogados.
1. Donde é que és? **Angola**
2. Qual é a vossa nacionalidade? **cabo-verdianos**
3. Qual é a profissão do Simão? **mecânico**
4. Eles são portugueses? **brasileiros**
5. Onde é que vocês vivem? **Canadá**
6. Tu és estudante? **professor**

7. Completate con la preposizione EM nelle forme semplici o articolate:

1. Eu moro .... Coimbra, ... centro de Portugal.
2. O Rui vive .... Madeira e o irmão dele .... Açores.
3. A Fernanda trabalha .... hospital.

4. Moro .... Estados Unidos há cinco anos.
5. Sou dona-de-casa; por isso, trabalho .... casa.
6. .... Porto come-se muito bem.
7. O Fabrizio vive .... Roma, mas nasceu .... França.
8. A Maria João está de férias .... Filipinas.

8. Volgete al plurale:

1. essa carta
2. aquele homem
3. esta igreja
4. este aquecedor
5. aquela canção
6. esse camião
7. aquele postal
8. essa árvore

9. Rispondete alle domande:

1. Como é que se chama?
2. Qual é a sua profissão?
3. Onde é que mora?
4. Onde é que trabalha?
5. Qual é o seu número de telefone?

UNITÀ 4
EM CASA DA SILVIE
DA SILVIE

Silvie: **Entra, Luís! Como vai isso?**
Entra, lu'is! Komu vài isu?
Entra, Luís! Come vanno le cose?

Luís: **Vai-se andando. E tu?**
Vàise ãdãdu. I tu?
Non c'è male. E tu?

Silvie: **Estou óptima. Sabes que gosto muito de Lisboa e que me sinto aqui muito bem. Vem, quero apresentar-te as minhas meus colegas de casa.**
s'to 'òtima. Sàbes ke gòstu mũitu de liʒ'boa i ke me sintu a'ki mũitu bãi. Vãi, kèru aprezentàrte as miɲas kulègas de kàza.
Sto benissimo. Sai che Lisbona mi piace molto e che sto molto bene qui. Vieni, voglio presentarti alle mie colleghe d'appartamento.

Luís: **Onde é que estão?**
Õde è ke s'tãu?
Dove sono?

Silvie: **O Sven, o meu colega sueco, de momento não está. Está na faculdade a ter uma aula de laboratório de línguas. A Sara e a Tricia estão a estudar no quarto. Vou chamá-las.**
U Sven, u méu kulèga suèku, de mumentu nãu s'tà. s'tà na fakuldàde a tér uma àula de labura'tòriu de 'linguas. A sàra i a trisa s'tãu a stu'dàr nu kuàrtu. Vo samàlas.
Sven, il mio collega svedese, adesso non c'è. È in facoltà; ha una lezione nel laboratorio di lingue. Sara e Tricia stanno studiando in camera. Vado a chiamarle.

Silvie: **Este é o Luís, o meu amigo português.**
Éste è u lu'is, u méu amigu purtu'gés.
Questo è Luís, il mio amico portoghese.

Sara: **Olá. Eu sou a Sara e esta é a Tricia.**
Òlà. Éu so a sàra i èsta è a trisa.
Ciao. Io sono Sara e questa è Tricia.

Luís: **Muito prazer. Qual de vocês é israelita?**
           Mũitu pra'zér. Kuàl de vò'sés è iʒraèlita?
           Molto piacere. Chi di voi è israeliana?
Sara: **Eu. A Tricia é canadiana.**
           Éu. A trisa è kanadiana.
           Io. Tricia è canadese.
Luís: **Donde é que és?**
           Dõde è ke ès?
           Di dove sei?
Tricia: **Duma cidadezinha ao pé de Toronto.**
           Duma sidàdeziŋa àu pè de turõtu.
           Di una cittadina vicino a Toronto.
Luís: **Tenho uma tia que mora lá. É casada com um americano e têm dois filhos. De vez em quando vêm cá passar umas férias. Os meus primos, infelizmente, já falam muito mal português.**
           Taŋu uma tia ke mòra là. È kazàda kõ um amerikanu i tãiãi dois fiλus. De véz ãi kuãdu vãi kà pa'sàr umas 'férias. Us méus primus, infeliʒmente ʒà fàlãu muitu màl purtu'gés.
           Ho una zia che abita là. È sposata con un americano e hanno due figli. Ogni tanto vengono qui in vacanza. I miei cugini, purtroppo, ormai parlano molto male il portoghese.
Tricia: **É natural. Provavelmente em casa só falam inglês. Mas é uma pena.**
           È natu'ràl. Pruvàvèlmente ãi kàza sò fàlãu in'glés. Maz è uma péna.
           È naturale. Probabilmente in casa parlano soltanto inglese. Ma è un peccato.
Silvie: **Pois é. Vou mostrar-te o meu quarto, Luís.**
           Poiz è. Vo mustràrte u méu kuàrtu, lu'is.
           È vero. Ti faccio vedere la mia camera da letto.
Luís: **Então até qualquer dia!**
           En'tãu atè kuàl'kèr dia.
           Allora a presto.

Silvie: **É aqui. É logo o primeiro.**
           È a'ki. È lògu u primairu.
           È qui. È subito la prima.
Luís: **E o quarto do lado? De quem é?**
           I u kuàrtu du làdu? De kãi è?
           E la camera accanto? Di chi è?
Silvie: **Da Tricia e da Sara. Dormem as duas no mesmo quarto.**
           Da trisa i da sàra. Dòrmãi as duas nu méʒmu kuàrtu.
           Di Tricia e Sara. Dormono tutte e due nella stessa camera.
Luís: **São muito simpáticas as tuas amigas. O teu quarto é fantástico! Muito grande, luminoso, e os móveis são muito giros.**
           Sãu mũitu sim'pàtikaz as tuaz amigas. U téu kuàrtu è fã'tàstiku. Mũitu grãde, luminozu, i us mòveis sãu mũitu ʒirus.
           Sono molto simpatiche le tue amiche. La tua camera è fantastica! Molto grande, luminosa, ed i mobili sono molto belli.
Silvie: **Também gosto muito. Às vezes é difícil encontrar um quarto bom nu-**

ma cidade estrangeira. Não se sabe onde procurar, os preços frequentemente são altos e raramente as residências para estudantes são no centro.

Tã'bãi gòstu mũũtu . Às vézez è difisil enkõ'tràr um kuàrtu bõ numa sidàde stranȝaira. Nãu se sàbe õde pròku'ràr, us présus frekuentemente sãu àltuz i ràramente as rezi'densias para studãtes sãu nu sentru.

Anche a me piace molto. A volte è difficile trovare una bella camera in una città straniera. Non si sa dove cercare, i prezzi sono spesso alti e gli ostelli per studenti raramente sono in centro.

Luís: **Que sorte a tua!**
Ke sòrte a tua!
Sei stata proprio fortunata!

Elementi grammaticali

Esprimere la frequenza

Le forme più comuni per esprimere la frequenza sono l'uso:
• del verbo **costumar** + infinito

    Eu <u>costumo vir</u> a este restaurante.   Io vengo di solito in questo ristorante.

• di avverbi/locuzioni avverbiali di frequenza

sempre	sempre
quase sempre	quasi sempre
nem sempre	non sempre
nunca	mai
quase nunca	quasi mai
muitas vezes	molto spesso
poucas vezes	poco spesso
de vez em quando	ogni tanto
raramente	raramente
frequentemente	frequentemente
com frequência	con frequenza
regularmente	regolarmente
todos os dias	ogni giorno
todas as manhãs	ogni mattina
todas as tardes	ogni pomeriggio
diariamente	giornalmente
semanalmente	settimanalmente
mensalmente	mensilmente
numeral + **vezes** + **por** + unità di misura di tempo	
uma vez por mês	una volta al mese
três vezes por semana	tre volte la settimana

In genere possono essere collocati prima o dopo il verbo, eccetto **sempre** e **nunca**:
• **Sempre** cambia significato davanti al verbo:

> **Sempre com[raste esse livro?** Dunque hai comprato questo libro?
> **Deito-me sempre antes da meia-noite.** Vado sempre a letto prima di mezzanotte.

• **Nunca** precede sempre il verbo, tranne quando è accompagnato dall'avverbio di negazione **não**, nel qual caso va collocato dopo il verbo:

> **Nunca faço ginástica.** Non faccio mai ginnastica.

Oppure:

> **Não faço nunca ginástica.**

Gli aggettivi qualificativi

L'aggettivo qualificativo concorda in genere e numero col sostantivo che qualifica.

IL GENERE

Le regole per la formazione del femminile sono identiche a quelle per la formazione del sostantivo:

FORMAZIONE DEL FEMMINILE: REGOLE	MASCHILE	FEMMINILE
L'aggettivo maschile che termina in -o, al femminile cambia questa vocale in –a.	alto caro amargo (amaro)	alta cara amarga
Gli aggettivi maschili terminanti in -a, -ar, -e, -l, -m, -or (quando indicano il grado comparativo), -s e -z rimangono **invariati** al femminile. Eccetto **espanhol/espanhola** (spagnolo/spagnola).	agrícola (agricolo) exemplar (esemplare) quente (caldo) fiel (fedele) comum (comune) melhor (migliore) simples (semplice) feliz (felice)	agrícola exemplar quente fiel comum melhor simples feliz
L'aggettivo maschile terminante in -ão forma il femminile in -ã o -ona.	alemão (tedesco) comilão (mangione)	alemã comilona
Quando termina in -eu con e chiusa, l'aggettivo forma il femminile in -eia. Eccetto **judeu – judia** (giudeo; ebreo) Quando la e di -eu è **aperta**, il femminile viene formato in -oa.	europeu (europeo) ilhéu (isolano)	europeia ilhoa

FORMAZIONE DEL FEMMINILE: REGOLE	MASCHILE	FEMMINILE
Quando terminano in **–u, -ês** e **–or**, gli aggettivi formano il femminile aggiungendo una **-a**. Eccetto **hindu** (indu), **zulu**, i comparativi (vedi sopra, regola 2) e **cortês** (cortese), che rimangono invariati.	**nu** (nudo) **português** (portoghese) **encantador** (incantevole)	**nua** **portuguesa** **encantadora**
Gli aggettivi **bom** e **mau** presentano delle forme irregolari.	**bom** **mau**	**boa** **má**

IL PLURALE

Le regole per la formazione del plurale dell'aggettivo qualificativo sono identiche a quelle seguite per formare il plurale del sostantivo (vedere l'Unità 2).
Negli aggettivi composti solo l'ultimo elemento volge alla forma plurale:
o partido social-democrata (il partito socialdemocratico) – **os partidos social-democratas.**
Fanno eccezione:
• **Surdo-mudo** (sordomuto) che al plurale diventa **surdos-mudos**;
• Gli aggettivi indicanti un colore, che rimangono invariati quando il secondo componente è un sostantivo:
o vestido azul-bebé (il vestito celeste) – **os vestidos azul-bebé**

I possessivi: pronomi e aggettivi

I pronomi e aggettivi possessivi hanno le stesse forme:

É a <u>nossa</u> casa. È la nostra casa.
A casa é <u>nossa.</u> La casa è nostra.

I possessivi concordano in genere e numero col nome che indica l'oggetto posseduto; diversamente dall'italiano le forme della terza persona singolare e plurale sono identiche:

	SINGOLARE MASCHILE/FEMMINILE		PLURALE MASCHILE/FEMMINILE	
Eu	**meu, minha**	mio, mia	**meus, minhas**	miei, mie
Tu	**teu, tua**	tuo, tua	**teus, tuas**	tuoi, tue
Ele, ela	**seu, sua**	suo, sua	**seus, suas**	suoi, sue
Nós	**nosso, nossa**	nostro, nostra	**nossos, nossas**	nostri, nostre
Vós/vocês	**vosso, vossa**	vostro, vostra	**vossos, vossas**	vostri, vostre
Eles, elas	**seu, sua**	loro	**seus, suas**	loro

Al pronome di sostituzione della seconda persona singolare **você** corrispondono i possessivi di terza persona **seu(s)** e **sua(s)**.

Per evitare l'ambiguità causata da questa coincidenza e precisare il possessore, le forme della terza persona possono essere sostituite da forme genitive:

dele(s)   de você
dela(s)   do(a) senhor(a)

che vengono posposte al sostantivo:

O seu telefone = o telefone dele	Il suo telefono.
O seu telefone = o telefone dela	Il suo telefono.
O seu telefone = o telefone deles	Il loro telefono.
O seu telefone = o telefone delas	Il loro telefono.

Gli aggettivi possessivi

Generalmente gli aggettivi possessivi precedono il sostantivo con cui concordano in genere e numero:

O **nosso** dicionário. Il nostro dizionario.
A **nossa** professora de inglês. La nostra insegnante d'inglese.
Os **nossos** sapatos. Le nostre scarpe.
As **nossas** férias. Le nostre vacanze.

Come in italiano, gli aggettivi possessivi sono in genere preceduti da articoli determinativi:

A **minha** mala. La mia valigia.

Diversamente dall'italiano, questa regola si applica anche ai nomi di parentela:

O **teu** pai. Tuo padre.
O **vosso** irmão. Vostro fratello.

Gli articoli determinativi possono, tuttavia, essere omessi nel linguaggio letterario o molto formale:

Sua vida foi aventureira. La sua vita fu avventurosa.

Gli aggettivi possessivi possono essere posposti al sostantivo quando quest'ultimo:
• Non viene accompagnato dall'articolo determinativo:

Espero notícias **tuas** em breve. Aspetto tue notizie quanto prima.

• È preceduto dall'articolo indeterminativo:

Um amigo **meu**. Un mio amico.

• È preceduto da aggettivo dimostrativo:

Recebi **esta** carta **sua** anteontem. Ho ricevuto questa sua lettera l'altro ieri.

• È preceduto da numerale:

Três tios **meus**. Tre miei zii.

• È preceduto da aggettivo indefinito:

Alguns colegas meus. Alcuni miei colleghi.

I pronomi possessivi

Seguono sempre il sostantivo.
L'uso dell'articolo determinativo davanti ad un pronome possessivo comporta un cambiamento semantico:

Este caderno é meu. Questo quaderno è mio
(rafforza l'idea di possesso).

Este caderno é o meu. Questo quaderno è il mio.
(l'oggetto posseduto si distingue da altri della stessa specie che non appartengono alla stessa persona).

La domanda va fatta con il pronome interrogativo **De quem?** (Di chi?):

De quem é o quarto do lado? Di chi è la camera accanto?
É da Tricia e da Sara.

Il verbo più comune per indicare il possesso è il verbo **ter** (avere) che è un verbo irregolare:

TER

Singolare	tenho
	tens
	tem
Plurale	temos
	tendes
	têm

Tenho vários animais em casa. Ho vari animali in casa.
A Susana não tem irmãos. Susanna non ha fratelli.
Não temos tempo a perder. Non abbiamo tempo da perdere.

Il moto da luogo

Donde (Da/Di dove)
Per chiedere la provenienza o l'origine si usa l'interrogativo **donde?**

Donde é que é a Silvie? Di dove è Silvie?
É de Rouen. È di Rouen.
Donde é que vem a palavra "azeite"? Da dove viene la parola "azeite"?
Vem do árabe. Dall'arabo.

Nella risposta si usa la preposizione **de** nella forma semplice o nelle forme articolate con l'articolo determinativo (corrispondenti all'italiano della, delle, del, dei, degli) o indeterminativo:

de + o = **do**	de + um = **dum**
de + a = **da**	de + uma = **duma**
de + os = **dos**	de + uns = **duns**
de + as = **das**	de + umas = **dumas**

> **Venho _duma_ cidadezinha ao pé de Toronto.**
> Vengo da una cittadina vicino a Toronto.

Esprimere un'azione in corso

Per descrivere un'azione in svolgimento nel momento in cui si parla si usa **estar a** + infinito che corrisponde alla struttura italiana "stare + gerundio":

> **Agora não posso falar contigo, _estou a jantar_.**
> Adesso non posso parlare con te, sto cenando.
> **O que é que _estás a fazer_ aqui?** Che cosa stai facendo qui?
> **_Estou a tirar_ um curso de português para estrangeiros.**
> Sto facendo un corso di portoghese per stranieri.

Si osservi la differenza tra:
Estou a tirar um curso de português. Azione in svolgimento: **estar a** + infinito
e
Estudo português na universidade. Azione consueta: indicativo presente

ATTENZIONE!
Nella variante brasiliana, la struttura usata per esprimere un'azione in corso è più simile a quella italiana: **estar** + gerundio

> **Agora não posso falar contigo, _estou jantando_.**

Glossario e fraseologia

Identificazione (nazionalità, origine, famiglia, gusti personali); carattere; apparenza; casa

PAESE	NAZIONALITÀ (MASCHILE)
África do Sul	***sul-africano*** *sudafricano*
Alemanha	***alemão*** *tedesco*
Argélia	***argelino*** *algerino*
Argentina	***argentino*** *argentino*
Bélgica	***belga*** *belga*
Bulgária	***búlgaro*** *bulgaro*

Canadá	canadiano canadese
China	chinês cinese
Cuba	cubano cubano
Dinamarca	dinamarquês danese
Egipto	egípcio egiziano
Espanha	espanhol spagnolo
Estados Unidos	norte-americano nordamericano
França	francês francese
Grécia	grego greco
Hungria	húngaro ungherese
Índia	indiano indiano
Inglaterra	inglês inglese
Irão	iraniano iraniano
Iraque	iraquiano iracheno
Israel	israelita israeliano
Itália	italiano italiano
Japão	japonês giapponese
Marrocos	marroquino marocchino
México	mexicano messicano
Noruega	norueguês norvegese
Peru	peruano peruviano
Polónia	polaco polacco
Rússia	russo russo
Suécia	sueco svedese
Suíça	suíço svizzero
Turquia	turco turco
Venezuela	venezuelano enezuelano

PAESI DI LINGUA PORTOGHESE   NAZIONALITÀ (MASCHILE)

Angola	angolano angolano
Brasil	brasileiro brasiliano
Cabo-Verde	cabo-verdiano capo verdiano
Guiné	guineense guineano
Moçambique	moçambicano mozambicano
São Tomé e Príncipe	são-tomense/são-tomeense
Timor Leste	timorense timorense

FAMÍLIA   FAMIGLIA

pai/mãe	padre/madre
pais	genitori
filho(a)	figlio/figlia

irmão/irmã	fratello/sorella
primo/a	cugino/a
avô/avó	nonno/a
neto/a	nipote di nonno
sobrinho/a	nipote di zio
cunhado/a	cognato/a
genro/nora	genero/nuora
sogro/a	suocero/a
marido/mulher	marito/moglie

CARÁCTER — CARATTERE

amável	gentile
antipático	antipatico
calmo	tranquillo
ciumento	geloso
divertido	divertente
eficiente	efficiente
esquisito	strano
estúpido	stupido
falador	chiacchierone
honesto	onesto
infantil	infantile
nervoso	nervoso
preguiçoso	pigro
sensível	sensibile
simpático	simpatico
sincero	sincero

APARÊNCIA — APPARENZA

bonito/feio	bello/brutto
alto/baixo	alto/basso
gordo/magro	grasso/magro

CABELO:
comprido/curto/liso/encaracolado/ondulado/louro/ruivo/castanho/preto/grisalho/escuro/claro
CAPELLI:
lunghi/corti/lisci/a ricci/ondulati/biondi/rossi/castani/neri/brizzolati/scuri/chiari

bigodes	baffi
barba	barba

CASA

prédio	*palazzo*
edifício	*edificio*
andar	*piano; appartamento*
apartamento	*appartamento*
vivenda	*villa*
cave	*cantina*
rés-do-chão	*pianterreno*
senhorio/inquilino	*padrone di casa/inquilino*
hall	*ingresso*
quarto	*camera da letto*
sala	*soggiorno*
sala de jantar	*sala da pranzo*
cozinha	*cucina*
casa de banho	*bagno*
sótão	*sottotetto*
varanda	*balcone*
janela	*finestra*
porta	*porta*
garagem	*garage*
jardim	*giardino*
elevador	*ascensore*
escada	*scala*

MÓVEIS E ELECTRODOMÉSTICOS MOBILI E ELETTRODOMESTICI

mesa	*tavola*
cadeira	*sedia*
caixote do lixo	*pattumiera*
sofá	*divano*
armário	*armadio*
estante	*libreria*
quadro	*quadro*
alcatifa	*moquette*
tapete	*tappeto*
cama	*letto*
mesa de cabeceira	*comodino*
cómoda	*cassettone*
roupeiro	*guardaroba*
candeeiro	*lampadario*
colchão	*materasso*
cobertor	*coperta*
almofada	*cuscino*

espelho	specchio
forno	*forno*
frigorífico	*frigorifero*
máquina de lavar roupa	*lavatrice*
máquina de lavar loiça	*lavastoviglie*
aspirador	*aspirapolvere*
televisor	*televisore*
ferro de engomar	*ferro da stiro*
rádio	*radio*
aparelhagem	*stereo*
vídeo	*videoregistratore*

Fraseologia

Informazioni personali

Chiedere la nazionalità:

Qual é a sua/tua nacionalidade? Qual è la sua/tua nazionalità?
De que nacionalidade é/és? Di che nazionalità è/sei?

Informare sulla nazionalità:

Eu sou português/portuguesa. Io sono portoghese.
Ele/ela é italiano/a. Egli/ella è italiano/a.

Dare delle informazioni sull'origine:

Donde é que é /és? Di dove è/sei?
Sou do Algarve. Sono dell'Algarve.
De Nova Iorque. Di New York.
Do Norte de Portugal. Del Nord del Portogallo.

Informare sulla famiglia:

Tenho um irmão/duas irmãs. Ho un fratello/due sorelle.
O meu marido é jornalista. Mio marito è giornalista.
A minha mãe é advogada. Mia madre è avvocato.
O meu irmão mora em Braga. Mio fratello abita a Braga.

Chiedere sui gusti personali:

O que é que gostas de fazer? Che cosa ti piace fare?
Do que é que gostas? Che cosa ti piace?
Gosta/Gostas de ler? Le/ti piace leggere?
Gosta/Gostas de música? Le/ti piace la musica?

Dare delle informazioni sui gusti personali:

Gosto muito de ir ao cinema. Mi piace molto andare al cinema.
Não gosto nada de chuva. Non mi piace per niente la pioggia.

Descrivere una persona:

Como é que ela/ele é? Com'è lei/lui?
Ele/ela é alto/baixo/simpático/inteligente/...
Lui/lei è alto/basso/simpatico/intelligente/...
Eu peso ... quilos. Peso ... chili.
Eu meço um metro e setenta. /Tenho um metro e setenta.
Sono alto/a un metro e settanta.

Casa

Chiedere delle informazioni su una casa/appartamento:

Onde é que fica a casa/o apartamento? Dov'è la casa/l'appartamento?
Quanto é que é a renda? Quant'è l'affitto?
Quantas assoalhadas tem? Quante camere ha?
Quantas casas de banho tem? Quanti bagni ha?
Tem garagem/jardim/...? C'è il garage/giardino/...?

ESERCIZI

1. Rispondete alle seguenti domande con un'espressione di frequenza:

Com que frequência...
1. vai jantar fora?
2. come peixe?
3. vai ao cabeleireiro/barbeiro?
4. usa o computador?
5. vê televisão?
6. lê o jornal?
7. faz um piquenique?

2. Completate con i possessivi, secondo il modello:

O *meu* apartamento é no quarto andar. (eu)
1. A .... escola fica no centro? (vocês)
2. Esta esferográfica é .... (eu)
3. O .... pai trabalha numa fábrica têxtil. (nós)
4. Qual é o .... lugar? (tu)
5. Qual é a .... profissão? (o senhor)
6. O .... carro é amarelo? (a senhora)
7. As .... férias duram dois meses. (nós)
8. A mala é ....? (tu)

3. Trasformate le frasi secondo il modello:

Eles têm uma filha. **É a filha deles.**
1. É a cadela da Maria. É ....
2. Estes são os amigos da Luísa e da Teresa. São ....
3. É o dinheiro do José. É ....
4. O Rui é o marido da Célia. É ....
5. Conheço a família do António e do Paulo. Conheço ....

4. Completate con l'aggettivo di nazionalità:

O relógio da Suíça. **O relógio suíço.**
1. O bailarino de Espanha.
2. O gulache da Hungria.
3. A praia do Brasil.
4. As igrejas de Itália.
5. Os cossacos da Rússia.
6. Os desertos da Argélia.
7. Os bazares de Marrocos.
8. A actriz dos Estados Unidos.
9. A neve da Suécia.
10. O computador do Japão.

5. Completate con il Paese:

O castelo escocês. **O castelo da Escócia.**
1. A pirâmide egípcia.
2. Os chocolates belgas.
3. O templo grego.
4. A muralha chinesa.
5. As mulheres holandesas.
6. O poeta português.
7. A rainha inglesa.
8. O café turco.
9. A sereia dinamarquesa.
10. O queijo francês.

6. Completate con la forma femminile dell'aggettivo:

1. O leão feroz; a chita ....
2. O amigo leal; a amiga ....
3. O lápis verde; a esferográfica ....
4. O homem inglês; a mulher ....
5. O carro novo; a bicicleta ....
6. O estudante inteligente: a estudante ....
7. O quadro moderno; a casa ....
8. O filme bom; a peça de teatro ....
9. O bebé comilão; a gata ....
10. O artista espanhol; a cidade ....

7.   Volgete al plurale:

1. A cerimónia oficial
2. O compositor alemão
3. O marinheiro português
4. A viagem barata
5. O lápis azul
6. O exercício simples
7. O fogão eléctrico
8. A flor seca
9. A chávena antiga
10. O lençol maior

8.   Volgete al singolare:

1. Os sofás cómodos
2. As saias justas
3. As cadeiras partidas
4. Os livros policiais
5. Os feijões brancos
6. As casas abandonadas
7. Os jantares amigáveis
8. Os cães ferozes
9. As crianças sensíveis
10. Os tratamentos eficazes

9.   Completate con la perifrasi verbale ESTAR + infinito:

O meu irmão (estudar) Direito em Paris.
está a estudar.
1. Os alunos (aprender) .... a falar português.
2. (Tu/arrumar) .... o teu quarto?
3. Agora eu (ver) .... o telejornal.
4. A Inês (tomar) .... banho. Não pode atender o telefone.
5. Neste momento os meus gatos (dormir) .... Costumam dormir toda a tarde.
6. A Filipa e eu (preparar) .... uma viagem a Marrocos.

10.   Completate con le preposizioni DE e EM nella forma semplice o articolata:

1. Os meus tios vivem .... Canadá, mas são .... uma cidade a Norte do Porto.
2. Neste momento estou a trabalhar .... loja de artigos de desporto.
3. És .... Bragança ou .... Vila Real?
4. Eles são .... Lisboa, mas neste momento estão a estudar .... Universidade .... Algarve.
5. Moro .... Setúbal, mas trabalho .... Palmela.
6. Estamos de férias .... Sul .... França.

UNITÀ 5
RELAÇÕES SOCIAIS: UM CONVITE
RAPPORTI SOCIALI: UN INVITO

Susana: **Estou?**
ʃ'to?
Pronto?

Jorge: **Sim, boa noite. Podia falar com a Susana? Fala o Jorge.**
Sim, boa noite. Pudia fa'làr kõ a suzana? Fàla u ʒòrʒe.
Sì, buona sera. Potrei parlare con Susanna? Sono Jorge.

Susana: **Ah, viva! Sou eu. Não reconheci a tua voz. Então como é que isso vai?**
À, viva! So éu. Nãu rekuɲe'si a tua vòʃ. En'tãu komu è ke isu vai?
Ah, salve, sono io. Non avevo riconosciuto la tua voce. Allora come stai?

Jorge: **Tudo OK. Ando na vida do costume: casa trabalho, trabalho casa. Queria saber o que é que fazes no dia 20 à noite.**
Tudu okai. Ãdu na vida du kuʃtume: kàza trabàʎu, trabàʎu kàza. Keria sa'bér u ke è ke fàzeʃ nu dia vinte à noite.
Tutto OK. Faccio le solite cose: casa lavoro, lavoro casa. Volevo sapere che cosa fai la sera del 20?

Susana: **Quando é que é dia 20?**
Kuãdu è ke è dia vinte?
Quando è il 20?

Jorge: **Na próxima quarta.**
Na 'pròsima kuàrta.
Il prossimo mercoledì.

Susana: **Deixa-me ver na minha agenda. Hoje estamos a catorze e é sexta. Na quarta não faço nada de especial. Tenho uma consulta no dentista de manhã e à tarde vou ao centro fazer umas compras. Porquê? Qual é a tua ideia?**
'Daiʃame vér na miɲa aʒenda. Oʒe ʃtamuʃ a katorze i è saiʃta. Na kuàrta nãu fàsu nàda de ʃpesi'àl. Taɲu uma kõsulta nu dentiʃta de ma'ɲã i à tàrde vo àu sentru fa'zér umaʃ kõpraʃ. Pur'ké? Kuàl è a tua idaia?
Lasciami guardare nella mia agendina. Oggi è il quattordici ed è venerdì. Mercoledì non faccio niente di speciale. Ho una visita dal denti-

sta la mattina e nel pomeriggio vado in centro a fare un po' di spese. Perché? Cosa hai in mente?

Jorge: **Vinte de Novembro não te diz nada? Faço anos, já não te lembras?**
Vinte de nuvembru nãu te diʃ nàda? Fàsu anuʃ, ʒà nãu te lembraʃ?
Venti di novembre non ti dice niente?
È il mio compleanno, non ti ricordi più?

Susana: **O quê? Fazes anos? Quantos?**
U ké? 'Fàzez anuʃ? Kuãtuʃ?
Cosa? Compi gli anni? Quanti?

Jorge: **Vinte e cinco. Estou a organizar um jantar com os amigos mais chegados. Depois do jantar vamos a um *pub* ou até minha casa beber um copo, ouvir música. Queres vir?**
Vinte i sinku. ʃ'to a òrgani'zàr um ʒã'tàr kõ uz amiguʃ maiʃ ʃegàduʃ. De'poiʃ du ʒã'tàr vamuz a um pub o atè miŋa kàza be'bér um kòpu, o'vir muzika. Kèreʃ vir?
Venticinque. Sto organizzando una cena con gli amici più intimi. Dopo cena andiamo in un pub o da me a bere un bicchiere e ad ascoltare musica. Vuoi venire?

Susana: **Claro! Quem é que vai?**
Klàru! Kãi è ke vai?
Certo! Chi viene?

Jorge: **A Ana já confirmou, mas a irmã dela, a Patrícia, não pode, porque tem um exame no dia seguinte. Vais conhecer também a Silvie, uma francesa amiga do Luís que ele vai levar ao jantar.**
A Ana ʒà kõfir'mo, maz a ir'mã dèla, a pa'trisia, nãu pòde, purke tãi um izame nu dia seginte. Vàiʃ kuŋe'sér tã'bãi a sil'vi, uma frãséza amiga du lu'iʃ ke éle vài le'vàr au ʒã'tàr.
Anna ha già confermato, ma sua sorella, Patrícia, non può perché ha un esame il giorno dopo. Conoscerai anche Silvie, una francese amica di Luís che lui porterà a cena.

Susana: **Aonde é que vamos?**
Aõde è ke vamuʃ?
Dove andiamo?

Jorge: **A um restaurante no Bairro Alto, aonde eu costumo ir.**
A um Reʃtàurãte nu bàiRu àlto, aõde éu kuʃtumu ir.
In un ristorante del Bairro Alto dove vado di solito.

Susana: **Não é muito chique, pois não? Posso ir vestida normalmente?**
Nãu è mũitu ʃike, poiʃ nãu? Pòsu ir veʃtida normàlmente?
Non è molto chic, vero? Posso indossare abbigliamento informale?

Jorge: **Podes estar à vontade: é do tipo familiar, com comida caseira e bastante em conta.**
Pòdez eʃ'tàr à võtàde: è du tipu famili'àr, kõ kumida kazaira i baʃtãte ãi kõta.
Puoi stare tranquilla: è del genere familiare, con cucina casalinga e abbastanza a buon mercato.

Susana: **Está bem. Então como é que fazemos?**
ʃ'tà bãi. En'tãu komu è ke fazémuʃ?
Va bene. Allora come facciamo?

Jorge: **Passo por tua casa às sete para te apanhar, certo? Vamos no meu carro e depois apanhamos a Ana às sete e meia. O Luís e a Silvie vão ter ao restaurante.**

Pàsu pur tua kàza àſsète para te apa'ŋàr, sèrtu? Vamuſnu méu kàRu i de'poiſapaŋamuz a ana àſsète i maia. U lu'iſi a sil'vi vãu tér kono-ſku au reſtaurãte.

Passo da te alle sette a prenderti, va bene? Andiamo con la mia macchina e dopo andiamo da Anna alle sette e mezzo. Luís e Silvie ci raggiungono al ristorante.

Susana: **Então toca à campainha que eu desço.**

En'tãu tòka à kãpa'iŋa ke éu déſsu.

Allora suona il campanello che io scendo.

Jorge: **Fica combinado. Telefona-me se houver algum problema.**

Fika kõbinàdu. Tele'foname se ovèr àl'gum prubléma.

D'accordo. Telefonami se c'è qualche problema.

Susana: **Não há-de haver problema nenhum. Até quarta. E obrigadinha pelo convite.**

Nãu àde avér prubléma ne'ŋum. Atè kuàrta. I òbrigadiŋa pélu kõvite.

Non ci sarà nessun problema. A mercoledì. E grazie per l'invito.

Elementi grammaticali

L'indicativo presente – II

I VERBI CON CAMBI ORTOGRAFICI

$$C \rightarrow Ç \qquad G \rightarrow J \qquad GU \rightarrow G$$

I verbi della seconda e terza coniugazione, le cui radici finiscono in **-c**, **-g**, e **-gu**, cambiano queste lettere in **-ç**, **-j** e **-g** davanti a **-a** o **-o**, per esigenze fonetiche:

descer (scendere)	**eu desço**
reagir (reagire)	**eu reajo**
erguer (alzare)	**eu ergo**

I VERBI IRREGOLARI

Oltre ai verbi **ser** e **estar** (vedere l'Unità 3) ve ne sono altri che presentano delle irregolarità.

I verbi con cambio di vocale nella radice

Alcuni verbi mutano la vocale della radice soltanto nella prima persona singolare:

servir (servire)	**eu sirvo**	(E → I)
dormir (dormire)	**eu durmo**	(O → U)

Come **servir** si comportano i seguenti verbi:
aderir (aderire); **competir** (competere); **despir** (svestire, togliere); **ferir** (ferire);
mentir (mentire); **preferir** (preferire); **referir** (riferire); **seguir** (seguire); **sentir**
(sentire); **sugerir** (suggerire); **vestir** (vestire).

Come **dormir** si comportano i seguenti verbi:
cobrir (coprire); **descobrir** (scoprire); **engolir** (inghiottire); **tossir** (tossire).

Alcuni verbi cambiano la **-u** della radice in **-o** nella seconda e terza persona singolare e nell'ultima plurale:
consumir (consumare) – **tu consomes, ele/ela consome, eles consomem.**

Come **consumir** si comportano i seguenti verbi:
cuspir (sputare); **fugir** (scappare); **sacudir** (scuotere); **subir** (salire).

I verbi con altri tipi d'irregolarità
I verbi che finiscono in **-ear** inseriscono una **-i** dopo la **-e** in tutte le persone singolari e nell'ultima plurale:

PASSEAR (PASSEGGIARE)

eu passeio	nós passeamos
tu passeias	vós passeais
ele passeia	eles passeiam

Alcuni verbi terminanti in **-iar** cambiano la -i in **-ei** in tutte le persone singolari e
nell'ultima plurale:

ODIAR (ODIARE)

eu odeio	nós odiamos
tu odeias	vós odiais
ele odeia	eles odeiam

Come **odiar** (odiare) si comportano i seguenti verbi:
ansiar (desiderare, causare angoscia); **incendiar** (incendiare);
mediar (mediare); **remediar** (rimediare).

I verbi che finiscono in **-uzir** non presentano la desinenza **-e** nella terza persona
singolare:
conduzir condurre – **ele/ela conduz; introduzir** introdurre – **ele/ela introduz.**

Alcuni verbi cambiano la consonante della radice nella prima persona singolare,
mentre restano regolari nelle altre persone:

pedir (chiedere)	**eu peço**	(D → Ç)
ouvir (ascoltare)	**eu ouço/oiço**	(V → Ç)
medir (misurare)	**eu meço**	(D → Ç)
perder (perdere)	**eu perco**	(D → C)
poder (potere)	**eu posso**	(D → SS)

Sono irregolari i seguenti verbi:

Prima coniugazione:

DAR (DARE)

Eu dou	Nós damos
Tu dás	Vós dais
Ele dá	Eles dão

Seconda coniugazione:

DIZER (DIRE)	FAZER (FARE)	LER (LEGGERE)	PÔR (PORRE/METTERE)	QUERER (VOLERE)
digo	faço	leio	ponho	quero
dizes	fazes	lês	pões	queres
diz	faz	lê	põe	quer
dizemos	fazemos	lemos	pomos	queremos
dizeis	fazeis	ledes	pondes	quereis
dizem	fazem	lêem	põem	querem

SABER (SAPERE)	TER (AVERE)	TRAZER (PORTARE)	VER (VEDERE)
sei	tenho	trago	vejo
sabes	tens	trazes	vês
sabe	tem	traz	vê
sabemos	temos	trazemos	vemos
sabeis	tendes	trazeis	vedes
sabem	têm	trazem	vêem

Terza coniugazione:

IR (ANDARE)	VIR (VENIRE)	SAIR (USCIRE)	CAIR (CADERE)
vou	venho	saio	caio
vais	vens	sais	cais
vai	vem	sai	cai
vamos	vimos	saímos	caímos
ides	vindes	saís	caís
vão	vêm	saem	caem

Il futuro – I

Per indicare un'azione certa nel futuro si può usare:

• L'indicativo presente:

> **Na quarta-feira de manhã tenho uma consulta no dentista.** Mercoledì mattina ho una visita dal dentista.

• La perifrasi verbale **ir** + infinito:

O Luís vai conhecer a Silvie. Luís conoscerà Silvie.
O Luís vai levar uma amiga francesa ao jantar. Luís porterà un'amica francese a cena.

Queste strutture vanno spesso accompagnate da:

• Avverbi/locuzioni avverbiali indicativi di futuro:

Logo Più tardi, ma nello stesso giorno.
Amanhã Domani.
Depois de amanhã Dopodomani.
Amanhã de manhã/à tarde/à noite Domani mattina/pomeriggio/sera.
Logo à tarde/à noite Questo pomeriggio/stasera.

• Unità di misura di tempo + **que vem**:

Na semana que vem La prossima settimana.
No mês que vem Il prossimo mese.

• **No(a) próximo(a)** + unità di misura di tempo:

Na próxima semana La prossima settimana.
No próximo mês Il prossimo mese.

• **Para** + unità di misura di tempo:

Para a semana Nella prossima settimana.
Para o ano Nel prossimo anno.

• **Daqui a** + unità di misura di tempo:

Daqui a dois dias Tra due giorni.

• **De hoje a** + unità di misura di tempo:

De hoje a um mês Un mese da oggi.

• **Dentro de** + unità di misura di tempo:

Dentro de uma ora Tra un'ora.

Esta noite vai haver um jantar medieval no castelo.
Stasera ci sarà una cena medievale al castello.
Para a semana fazemos a mudança da casa.
La prossima settimana facciamo il trasloco.
O campeonato do mundo de esgrima terá lugar daqui a um mês.
Il campionato del mondo di scherma avrà luogo tra un mese.

Per quanto riguarda l'uso dell'indicativo futuro vedere l'Unità 9.

I numerali

I CARDINALI DA 11 A 1 000 000

LE DECINE

11 onze	18 dezoito	40 quarenta
12 doze	19 dezanove	50 cinquenta
13 treze	20 vinte	60 sessenta
14 catorze	21 vinte e um	70 setenta
15 quinze	22 vinte e dois	80 oitenta
16 dezasseis	30 trinta	90 noventa
17 dezassete		

Da 20 a 99 si usa la congiunzione **e** tra le decine e l'unità:

LE CENTINAIA

100 cem	500 quinhentos
101 cento e um	600 seiscentos
110 cento e dez	700 setecentos
200 duzentos	800 oitocentos
300 trezentos	900 novecentos
400 quatrocentos	

Da 100 a 999 si usa la congiunzione **e** tra le centinaia e le decine e tra le decine e l'unità.
Il numerale **cem** cambia in **cento** quando accompagnato da decine o unità:
120 – cento e vinte
107 – cento e sete

LE MIGLIAIA

1 000 mil	2 000 dois mil
1 001 mil e um	10 000 dez mil
1 100 mil e cem	100 000 cem mil
1 110 mil cento e dez	1 000 000 um milhão
1 200 mil e duzentos	

Non si usa la congiunzione **e** tra le migliaia e le centinaia a meno che il numerale finisca con un centinaio con due zero:
1 100 mil e cem.
Il numerale **milhão** ha la forma plurale **milhões.**

ATTENZIONE!
I numerali cardinali sono invariabili, tranne **um** (uno), **dois** (due) e le centinaia dopo **duzentos** (duecento) che, diversamente dall'italiano, variano in genere: **um** copo (un bicchiere); **uma** aldeia (un villaggio) **dois** armários (due armadi); **duas** fotografias (due foto) **duzentos** homens (duecento uomini); **duzentas** pessoas (duecento persone)

GLI ORDINALI DAL 1° AL 100°

1° primeiro	8° oitavo	50° quinquagésimo
2° segundo	9° nono	60° sexagésimo
3° terceiro	10° décimo	70° septuagésimo
4° quarto	11° décimo primeiro	80° octogésimo
5° quinto	20° vigésimo	90° nonagésimo
6° sexto	30° trigésimo	100° centésimo
7° sétimo	40° quadragésimo	

Variano in genere e numero:

o primeiro homem (il primo uomo)	os primeiros passos (i primi passi)
a primeira palavra (la prima parola)	as primeiras experiências (le prime esperienze)

Esiste anche il numerale ordinale **primo,** usato soltanto nei seguenti casi:
• Nome di parentela:
primo (cugino) – **prima** (cugina).
• Aggettivo in parole composte:
obra-prima (capolavoro); **matéria-prima** (materia prima).

Si usano i cardinali per i giorni del mese, tranne che per il primo giorno:
primeiro de Maio oppure **um de Maio**   primo maggio,
dois de Maio due maggio

La nozione di tempo

I GIORNI DELLA SETTIMANA

a segunda-feira lunedì	
a terça-feira	martedì
a quarta-feira	mercoledì
a quinta-feira	giovedì
a sexta-feira	venerdì
o sábado	sabato
o domingo	domenica

I MESI

Janeiro	gennaio	**Julho**	luglio
Fevereiro	febbraio	**Agosto**	agosto
Março	marzo	**Setembro**	settembre
Abril	aprile	**Outubro**	ottobre
Maio	maggio	**Novembro**	novembre
Junho	giugno	**Dezembro**	dicembre

LE STAGIONI

a Primavera la primavera	o Outono l'autunno
o Verão l'estate	o Inverno l'inverno

I giorni della settimana vengono espressi con i numerali ordinali + **feira**, tranne **terça-feira** (martedì), **sábado** (sabato) e **domingo** (domenica).

La parola **feira** può essere omessa.

LE PREPOSIZIONI DI TEMPO

PREPOSIZIONE	USO	ESEMPI
EM	Festività, articolata con l'articolo determinativo.	**No Natal a família reúne-se.** (Per Natale la famiglia si riunisce). **Vou ao estrangeiro na Páscoa.** (Vado all'estero per Pasqua).
	Anni, nella forma semplice.	**Em 1500 Pedro Álvares Cabral descobriu o Brasil.** (Nel 1500 Pedro Álvares Cabral scoprì il Brasile).
	Data, quando viene impiegata la parola "dia".	**As aulas começam no dia 7 de Outubro.** (Le lezioni cominciano il sette ottobre).
	Stagioni, nella forma articolata con l'articolo determinativo.	**No Verão os dias são mais compridos.** (D'estate i giorni sono più lunghi).
	Mesi, nella forma semplice.	**O Franco e a Maria Grazia casaram-se em Agosto.** (Franco e Maria Grazia si sono sposati ad agosto).
	Secoli, nella forma articolata con l'articolo determinativo.	**Lisboa foi destruída por um terramoto no século XVIII.** (Lisbona fu distrutta da un terremoto nel settecento).
ENTRE... E (tra...e)		**Entre as 19 e as 8 da manhã o departamento permanece fechado.** (Tra le ore 19 e le ore 8 il dipartimento rimane chiuso).
A	Date, nella forma semplice.	**Ele faz anos a 24 de Setembro.** (Lui compie gli anni il 24 settembre).

Preposizione	Uso	Esempi
A	Ore, nella forma articolata con l'articolo determinativo.	**O comboio parte ao meio-dia.** (Il treno parte a mezzogiorno). **Encontramo-nos às três em ponto.** (C'incontriamo alle tre in punto). **As lojas fecham à uma.** (I negozi chiudono all'una).
POR VOLTA DE/CERCA DE (intorno a/verso)	Indica la prossimità temporale.	**Por volta do meio-dia começou a nevar.** (Verso mezzogiorno ha cominciato/cominciò a nevicare).
DE...A (da... a)	Indica la durata. È aperto.	**O museu está aberto de terça a domingo.** (Il museo dal martedì alla domenica).

Ecco le forme articolate della preposizione **a**:

a + o = **ao**
a + a = **à**
a + os = **aos**
a + as = **às**

ATTENZIONE!

I giorni della settimana vanno preceduti da "a" o "em" nelle loro forme articolate, comportando un cambiamento di significato:
a + azione consueta   **em** + azione unica
À segunda-feira não trabalho. Il lunedì non lavoro.
Na segunda-feira tenho de telefonar à minha tia. Lunedì devo telefonare a mia zia.

L'ORA

Per chiedere l'ora si usa la formula **Que horas são?** (Che ore è/sono?) sempre al plurale.
L'ora viene data con i numerali cardinali.
Si risponde col verbo **ser** al singolare o al plurale. Diversamente dall'italiano, non si usa l'articolo determinativo davanti al numerale, tranne quando esso va preceduto da preposizione:

> **É uma hora em ponto.** È l'una in punto.
> **São duas horas.** Sono le due.
> **Ao meio-dia a cidade fica deserta.** A mezzogiorno la città rimane deserta.

In genere, si usa **meio-dia** (mezzogiorno) per riferirsi alle ore 12 e **meia-noite** (mezzanotte) per riferirsi alle ore 24.

Tra l'ora e i minuti si usa:
• Fino alla mezz'ora, la congiunzione **e**:

> **três e dez** tre e dieci.
> **cinco e vinte** cinque e venti.

• Dopo la mezz'ora:
– la parola **menos**:

> **quatro menos cinco** quattro meno cinque.
> **dez menos vinte e cinco** dieci meno venticinque.

– **ser/faltar** + minuti + **para** + articolo determinativo + ora:

> **São/Faltam cinco minutos para as quatro = são quatro menos cinco.**
> Sono le quattro meno cinque.
> **São/faltam vinte e cinco para as dez = são dez menos vinte e cinco.**
> Sono le nove e trentacinque.

Come in italiano, in genere si sostituisce l'espressione **trinta minutos** (trenta minuti) con **meia** (mezza):

> **seis e meia** sei e mezza.

Allo stesso modo, si sostituisce **quinze minutos** (quindici minuti) con **um quarto** (un quarto):

> **sete e um quarto** sette e un quarto.

L'ora ufficiale suddivide la giornata in 24 ore, mentre nell'uso quotidiano si preferisce la suddivisione in 12 ore, usando **da manhã** (mattina), **da tarde** (pomeriggio) e **da noite** (sera) per precisione:

> **São três da tarde.** Sono le tre del pomeriggio.
> **São nove da noite.** Sono le nove di sera.

Si usa comunque **da manhã** per riferirsi alle ore tra mezzanotte e mezzogiorno:

> **São duas da manhã.** Sono le due di notte.
> **São sete da manhã.** Sono le sette di mattina.

LA DATA

La data viene indicata con i numeri cardinali per i giorni e gli anni, tranne che per il primo del mese, per il quale si usa solitamente l'ordinale.

Si chiede:

> **Que dia é hoje?** Che giorno è oggi?
> **A quantos estamos hoje?** Quanti ne abbiamo oggi?

Si risponde:

• **Hoje é** + giorno della settimana/data.

   Hoje é segunda-feira. Oggi è lunedì.
   Hoje são dois de Fevereiro. Oggi è il due febbraio.

• **Hoje estamos a** + data.

   Hoje estamos a cinco de Agosto. Oggi è il cinque agosto.

L'articolo determinativo non va usato davanti al giorno.

La preposizione **de** va sempre usata tra il giorno e il mese e tra questo e l'anno:

   22 de Julho de 1962

La data può essere preceduta dal sostantivo **dia** (giorno):

   No dia 23 tenho de ir buscar o meu primo ao aeroporto. Il 23 devo andare a prendere il mio cugino all'aeroporto.

La frase interrogativa – II: l'interrogativa retorica

Quando l'interrogativa retorica è affermativa:
• Si ripete il verbo della domanda ma nella forma negativa:

   Gostas de esparguete, <u>não gostas</u>? Ti piacciono gli spaghetti, non è vero?

• Si aggiunge l'espressione **não é verdade**:

   Gostas de esparguete, <u>não é verdade</u>?

• Si aggiunge il verbo **ser** nello stesso tempo del verbo della premessa e nella forma negativa:

   Gostas de esparguete, <u>não é</u>?

Quando l'interrogativa retorica è negativa:
• Si aggiunge la locuzione **pois não**:

   <u>Não vais</u> ver aquela exposição, <u>pois não</u>? Non andrai a vedere quella mostra, vero?

Gli avverbi interrogativi

• **Quando?** (Quando?):

   Quando (é que) é dia 20? Quand'è il venti?
   Amanhã. Domani.

• **Aonde?** (Dove?)

>**Aonde é que vamos?** Dove andiamo?
>**A um restaurante.** In un ristorante.

• **Por que/Porque?** (Perché?):

>**Porque é que não telefonaste?** Perché non hai telefonato?

La differenza tra **por que** e **porque** è che si usa la prima di queste forme davanti a sostantivo.

>**Por que razão há greve?** Per quale ragione c'è lo sciopero?

ATTENZIONE!

Porque, come **o que** e tutti gli interrogativi che includono **que**, sono <u>atoni</u> all'inizio della frase e <u>tonici</u> quando usati alla fine o in frasi ellittiche, nel qual caso portano accento circonflesso.
O que é que compraste? = **Compraste o quê?**
Cosa hai comprato?
Porque é que chegaste atrasado? = **Chegaste atrasado porquê?**
Perché sei arrivato in ritardo?
Não posso ir convosco.
Non posso andare con voi.
Porquê?
Perché?

Il pronome interrogativo QUEM? (Chi?)

È invariabile e si riferisce solo a persone:

>**Quem é que deixou a porta aberta?** Chi ha lasciato la porta aperta?

In frasi con il verbo **ser**, può avere anche funzione plurale:

>**Quem são os candidatos à eleição?** Chi sono i candidati all'elezione?

Il moto a luogo – I

La domanda di moto a luogo si fa con l'avverbio interrogativo **aonde?** (vedere sopra):

>**Aonde é que eles foram no sábado à noite?** Dove sono andati sabato sera?

Nella risposta, i verbi **ir** (andare), **vir** (venire) e **voltar** (tornare) possono essere retti dalle seguenti preposizioni:
• **A**, quando l'intenzione implicita è di una permanenza corta, per esempio con i nomi di negozi o di servizi pubblici:

>**Vamos ao cinema?** Andiamo al cinema?
>**A Sara foi à farmácia comprar um xarope.** Sara è andata in farmacia a comprare uno sciroppo.
>**Tenho de ir ao banco.** Devo andare in banca.
>**Na quarta-feira vou ao dentista.** Mercoledì vado dal dentista.

• **Para**, quando l'intenzione implicita è di permanenza lunga, per esempio il posto di lavoro, un viaggio lungo di vacanze o di studio:

> **No ano que vem ela vai para os Estados Unidos estudar.** Il prossimo anno lei andrà a studiare negli Stati Uniti.
> **Estou cansada. Vou para a cama.** Sono stanca. Vado a letto.
> **Ela vai para o trabalho de carro.** Lei va a lavorare in macchina.

Si osservi la differenza tra le frasi seguenti:

> **Vamos para casa.**
> **Vamos a casa.**

Nel primo esempio, si vuol affermare che, per ora, si pensa di rimanere in casa. Nel secondo, invece, c'è l'intenzione implicita di uscire di nuovo.
A volte la differenza tra l'uso di una di queste preposizioni è piuttosto soggettiva:

> **Nas férias vou ao Brasil.** Durante le vacanze vado in Brasile.

Oppure:

> **Nas férias vou para o Brasil.**

La preposizione **para** esiste solo nella forma semplice; la preposizione **a** può contrarsi con l'articolo determinativo.

Glossario e fraseologia

Rapporti sociali

convite	*invito*
convidado	*ospite*
convidar	*invitare*
encontro	*incontro, appuntamento*
encontrar-se com	*incontrarsi con*
marcar um encontro	*fissare un appuntamento*
oferecer	*regalare/offrire*
visitar	*visitare*

Fraseologia

Identificarsi al telefono:

> **Fala o Miguel./É o Miguel.** Sono Miguel.

Rispondere al telefono:

> **Estou sim./Está sim.** Pronto.

Invitare:

> **Queres/quer ir jantar fora/ir ao cinema/ao teatro/...?** Vuoi/vuole andare fuori a cena/andare al cinema/andare al teatro/...?
> **Vamos passear/ver uma exposição/...?** Andiamo a fare una passeggiata/vedere una mostra/...?
> **O que é que achas/acha de ir a um bar?** Cosa pensi/pensa di andare in un bar?
> **Apetece-te/lhe ir à praia?** Ti/Le va di andare al mare?

Accettare un invito:

> **Com todo o prazer** (formale). Volentieri.
> **Com muito gosto** (formale). Volentieri.
> **Está bem** (informale). Va bene.
> **Claro.** Certo.
> **De acordo.** D'accordo.

Rifiutare un invito:

> **Gostava muito mas não posso.** Mi piacerebbe, ma non posso.
> **Lamento, mas não posso.** Mi dispiace, ma non posso.
> **Tenho muita pena mas não posso.** Mi dispiace molto, ma non posso.

Chiedere una giustificazione:

> **Porque é que não podes vir?** Perché non puoi venire?

Giustificarsi:

> **Tenho de/que estudar.** Devo studiare.
> **Estou doente.** Sono ammalato/a.

Mettersi d'accordo:

> **Onde é que nos encontramos?** Dove c'incontriamo?
> **A que horas é que nos encontramos/me vens buscar?** A che ora c'incontriamo/ vieni a prendermi?
> **Encontramo-nos em frente ao cinema/à porta do restaurante/em minha casa...** C'incontriamo davanti al cinema/davanti al ristorante/da me/...
> **Está combinado.** D'accordo.

Chiedere l'ora:

> **Que horas são?** Che ora è/che ore sono?

Rispondere:

> **São dez horas.** Sono le dieci.
> **É meia-noite.** È mezzanotte.

Informare su orari:

> **O filme começa às oito.** Il film comincia alle otto.

Situare nel tempo:

Na Páscoa come-se borrego. A Pasqua si mangia l'agnello.

Chiedere l'età:

Quantos anos tens/tem? Quanti anni hai/ha?
Que idade tens/tem? Qual è la tua età?

Rispondere:

Tenho 25 anos. Ho venticinque anni.

Esprimersi sul futuro

Amanhã não tenho aulas. Domani non ho lezione.
Vou pagar a renda depois de amanhã. Vado a pagare l'affitto dopodomani.

ESERCIZI

1. Completate con il presente indicativo dei verbi tra parentesi:

1. Ao domingo à tarde (eu/passear) .... pelo campo ou (dormir) .... a sesta.
2. O João (dizer) .... que (ele/trazer) .... os discos para a festa.
3. Eu não (ouvir) .... o que tu (estar) .... a dizer. (tu/poder) .... repetir?
4. Vocês (vir) .... connosco ao cinema amanhã à noite ou (ter) .... outros planos?
5. Nós (pôr) .... a mesa enquanto vocês (fazer) .... a salada.
6. Eles (ler) .... o jornal ou (ver) .... televisão depois do trabalho.
7. Ele (subir) .... pelas escadas, quando (querer) .... fazer exercício.
8. Na próxima semana (eu/dar) .... uma conferência em Londres.
9. (Eu/ter) .... de me despachar, se não (perder) .... a aula.
10. Eu não (saber) .... a que horas (vir) .... trabalhar amanhã.

2. Completate il paragrafo sul quotidiano di una persona alla prima persona singolare:

(1. Gostar) .... de me levantar cedo para fazer tudo calmamente. Depois do duche (2. preparar) .... o pequeno-almoço para toda a família. O meu marido (3. dar) .... banho aos miúdos e (4. vestir) ....-os. O nosso filho mais novo (5. ir) .... para a escola na carrinha que o (6. vir) .... buscar às oito e meia. O meu marido e eu (7. levar) .... o outro para o infantário às nove. (8. Chegar) .... ao escritório cerca das nove e meia, (9. abrir) .... o correio, (10. escrever) .... as respostas no computador. Enfim, (11. ser) .... assim o trabalho de uma secretária. O meu marido (12. costumar) .... passar para me apanhar ao fim da tarde, por volta das seis e meia.

(13. Tomar) .... um aperitivo juntos, (14. ir) .... buscar os miúdos e (15. voltar) .... todos para casa. Enquanto os nossos filhos (16. ver) .... televisão, o meu marido e eu (17. arrumar) .... a cozinha e (18. fazer) .... o jantar do dia seguinte. As crianças (19. deitar-se) .... cedo e nós (20. ficar) .... ainda um pouco mais em pé, (21. ouvir) .... música e (22. conversar) ....

3. Completate con l'espressione di futuro IR + infinito:

1. Nas próximas férias nós (passear) .... para o estrangeiro.
2. (Tu/ficar) .... em casa no fim-de-semana?
3. Vocês (visitar) .... o João? Ele está no hospital.
4. A tua irmã (continuar) .... a ter aulas de canto?
5. (Eu/começar) .... a conduzir mais devagar.
6. Achas que eles (aparecer) .... na festa sem serem convidados?

4. Scrivete in lettere i seguenti numeri:

1. 45	6. 226.937	11. 12.575
2. 123	7. 87	12. 462
3. 592	8. 15	13. 10
4. 2.671	9. 1.139	14. 6
5. 15.389	10. 4.268	15. 1

5. Completate con le preposizioni temporali A, EM, DE... A e DE nelle forme semplici o articolate:

1. O filme começa .... nove e meia e acaba .... meia-noite.
2. .... domingos não tenho paciência para ficar em casa.
3. Faço anos .... dia 23 de Abril.
4. A faculdade está aberta .... segunda .... sábado.
5. ....1945 acaba a segunda guerra mundial, depois de seis anos de conflito.
6. O festival de cinema começa .... segunda semana de Março.
7. ....Setembro os dias já são mais curtos e o tempo mais frio.
8. Amanhã .... manhã vou ao médico.
9. Hoje estamos .... 25 de Janeiro.
10. .... quarta-feira tenho exame de História.
11. .... séculos XV e XVI os portugueses eram grandes marinheiros.

6. Scrivete le seguenti date:

1. Il giorno del vostro compleanno
2. Il giorno di Natale
3. Il primo giorno di primavera
4. L'ultimo giorno d'autunno

7. Rispondete alle domande con l'orario tra parentesi:

A que horas ....
fecham as lojas? (7.00). **As lojas fecham às 7 horas.**
1. Vais para a cama? (24.00)
2. Nos encontramos? (6.15)
3. Começa a aula? (11.30)
4. É a consulta no dentista? (12.00)
5. Parte o avião? (8.40)
6. Acaba o filme? (9.00)
7. Chega o Nuno? (10.45)

8. Completate le frasi con gli interrogativi ONDE, DONDE, AONDE, QUEM, DE QUEM, QUANDO e PORQUE:

1. .... é que está o teu carro? Está na rua a seguir.
2. .... é que vai connosco? O João e a Manuela.
3. .... é que vem este tambor? Da Argentina.
4. .... é que nos tornamos a ver? Na próxima semana.
5. .... é que vamos depois do jantar? A minha casa.
6. .... é que estudas línguas? Porque gostava de ser tradutora.
7. .... é que são estes brincos? São meus.

UNITÀ 6
NO RESTAURANTE
AL RISTORANTE

Dialogo A

Empregado: **Já escolheram?**
ʒà ʃkuλérãu?
Avete già scelto?

Luís: **Eu queria sopa de tomate e depois linguadinhos fritos.**
Eu keria sopa de tumàte i de'poiʃ linguadiŋuʃfrituʃ.
Io vorrei una crema di pomodoro e dopo una porzione di sogliole fritte.

Ana: **Eu estou a pensar comer um bife com batatas fritas.**
Éu ʃto a pen'sàr ku'mér um bife kõ batàtaʃfritaʃ.
Io stavo pensando di mangiare una bistecca con le patatine.

Jorge: **Para mim é uma sopa de amêijoas para começar. Há aquele lombo de porco óptimo com puré de maçã?**
Para mim è uma sopa de a'maiʒ uaʃpara kume'sàr. À akéle lõbu de porku 'òtimu kõ pu'rè de ma'sã?
Per me una zuppa di vongole per cominciare. C'è quel lombo di maiale ottimo con il puré di mela?

Empregado: **Hoje não há. Só à segunda-feira. Mas há um bacalhau no forno que está muito bom. É um dos pratos do dia.**
Oʒe nãu à. Sò à segundafaira. Maz à um baka'λàu nu fornu ke ʃ'tà mũũtu bõ. È um duʃ pràtuʃ du dia.
Oggi non c'è. Solo il lunedì. Però c'è del baccalà al forno che è molto buono. È uno dei piatti del giorno.

Jorge: **Pode ser então o bacalhau. Adoro bacalhau no forno.**
Pòde sér en'tãu u baka'λàu. Adòru baka'λàu nu fornu.
Allora va bene il baccalà. Adoro il baccalà al forno.

Susana: **Podem ser dois. Eu também vou comer bacalhau.**
Pòdãi sér doiʃ. Éu tã'bãi vo ku'mér baka'λàu.
Allora due. Anch'io mangerò il baccalà.

Empregado: **Muito bem. Então quantos bacalhaus são? Dois?**
Mũũtu bãi. En'tãu kuãtuʃ baka'λauʃ sãu? Doiʃ?
Molto bene. Allora quanti baccalà sono? Due?

Jorge: **Podia trazer, por favor, qualquer coisa para petiscarmos? Tu, Silvie, o que é que vais comer?**

Pudia tra'zér, pur fa'vor, kuàl'kèr koiza para petiſkàrmuſ? I tu, sil'-vi?U ke è ke vaiſ ku'mér?

Potrebbe portarci, per favore, qualche stuzzichino per uno spuntino? Tu, Silvie, cosa mangi?

Silvie: **Estou um pouco indecisa. É que não gosto muito de bacalhau. Mas apetecia-me comer peixe ou marisco.**

ſ'to um poku indesiza. È ke nãu gòſtu mũitu de baka'λàu. Maz apete'siame ku'mér paiſe o mariſku.

Sono un po' indecisa perché non mi piace molto il baccalà. Avrei voglia di mangiare pesce o frutti di mare.

Susana: **Não te podes ir embora sem provares um prato de bacalhau! É o prato mais tipicamente português...**

Nãu te pòdez ir embòra sãi pruvàreſum pràtu de baka'λàu! È u pràtu màiſ tipikamente purtu'géſ...

Non puoi partire senza assaggiare un piatto di baccalà! È il piatto portoghese più tipico...

Jorge: **Por que não pedes os crepes de camarão ou o arroz de marisco? São ambos excelentes.**

Pur ke nãu pèdez uſ krèpeſ de kama'rãu o u a'Roſ de marisku? Sãu ãbuz eſselenteſ.

Perché non prendi le crêpes di gamberetti o il risotto ai frutti di mare? Sono tutti e due eccellenti.

Silvie: **Como é que é o arroz de marisco?**

Komu è ke è u a'Roſ de marisku?

Com'è il risotto ai frutti di mare?

Empregado: **É arroz com tomate e uma mistura de mariscos: gambas, amêijoas, lagosta ...E é ligeiramente picante.**

È a'Roſ kõ tumàte i uma miſtura de mariſkus: gãbaſ, a'maiӡ uaſ, lagoſta... I è liӡairamente pikàte.

È un risotto con pomodoro e un misto di frutti di mare: gamberi, vongole, aragosta... Ed è leggermente piccante.

Silvie: **Então é isso que eu vou querer.**

En'tãu è isu ke éu vo krér.

Allora prendo quello.

Empregado: **Deseja uma entrada?**

Dezaӡa uma entràda?

Desidera un antipasto?

Silvie: **Obrigada, está bem assim.**

Òbrigàda, ſ'tà bãi asim.

No, grazie, va bene così.

Empregado: **E para beber? Água, vinho?**

I para be'bér? 'Àgua, viɳu?

Da bere? Acqua, vino?

Jorge: **É melhor pedirmos uma garrafa de branco bem geladinho, não acham? Com peixe é o que vai melhor. Queríamos um "João Pires" e uma garrafa de meio litro de água natural.**

È me'λòr pedirmuz uma gaRàfa de brāku bāi ʒeladiŋu, nãu àʃãu?
Kõ paiʃe è u ke vai me'λòr. Ke'riamuz um ʒuāu pireʒ i uma gaRàfa
de maiu litru dàgua naturàl.
È meglio se prendiamo una bottiglia di vino bianco ben gelato, vero? Con il pesce è quello che ci vuole. Vorremmo un "João Pires" e
una bottiglia da mezzo litro d'acqua a temperatura ambiente.

Empregado: Com gás ou sem gás?
Kõ gàʃ o sāi gàʃ?
Naturale o gasata?

Jorge: Sem.
Sāi.
Naturale.

Dialogo B

Jorge: Que tal o arroz, Silvie?
Ke tàl u a'Roʃ, sil'vi?
Com'è il risotto, Silvie?

Silvie: É realmente delicioso.
È rialmente delisioʒu.
È veramente delizioso.

Susana: O nosso bacalhau também está muito bom, não está?
U nòsu baka'λàu tābāi ʃtà mũũtu bõ, nãu ʃtà?
Anche il nostro baccalà è molto buono, vero?

**Jorge: É verdade. Este restaurante é melhor do que aquele onde jantá-
mos o ano passado nos meus anos. E, além disso, é menos caro.**
È verdàde. Éʃte reʃtaurāte è me'λòr du ke akéle õde ʒātàmuz u anu
pasàdu nuʃ méuz anuʃ. I, à'lāi disu, è ménuʃ káru.
È vero. Questo ristorante è migliore di quello dove abbiamo cenato
l'anno scorso il giorno del mio compleanno. E, inoltre, è meno caro.

Luís: Proponho um brinde ao aniversariante. À tua Jorge. Parabéns!
Prupoŋu um brinde au aniversariāte. À tua, ʒòrʒe. Para'bāiʃ!
Propongo un brindisi al festeggiato. Alla tua, Jorge. Auguri!

Todos: Tchim, tchim.
tʃin, tʃin.
Cin, cin.

Jorge: Obrigado por terem vindo. À vossa! Hum, este vinho branco...
Òbrigàdu pur térāi vindu. À vòsa! Um, éʃte viŋu brāku...
Grazie di essere venuti. Alla vostra. Hmm, questo vino bianco...

**Susana: Ainda há vinho? Não costumo beber, mas hoje está a saber-me
bem.**
Ainda à viŋu? Nãu kuʃtumu be'bér, maz oʒe ʃtà a sabérme bāi.
C'è ancora del vino? Di solito non bevo ma oggi ...

Jorge: Quem é que vai querer sobremesa?
Kãi è ke vai ke'rér sobreméʒa?
Chi vuole un dessert?

Luís:	Eu não.
	Éu nãu.
	Io no.
Silvie:	Eu também não. Já comi demais.
	Éu tã'bãi nãu. ӡà kumi de'màiʃ.
	Neanch'io. Ho già mangiato troppo.
Susana:	O que é que aconselhas?
	U ke è ke akõsaλaʃ?
	Cosa consigli?
Jorge:	A especialidade deles é o arroz doce. É uma delícia. E tens de ver a tarte de maçã e canela. É tão boa como o arroz doce.
	A ʃpesialidàde déleʃ è u a'Roʃ dose. È uma de'lisia. I tãiʃ de vér a tàrte de ma'sã i kanèla. È tãu boa komu u a'Roʃ dose.
	La loro specialità è il riso dolce. È una delizia. E devi provare la torta di mela e cannella. È buona quanto il riso dolce.
Susana:	Eu quero o arroz doce.
	Éu kèru u a'Roʃ dose.
	Io voglio il riso dolce.
Empregado:	É só um arroz doce, então? E quantos cafés?
	É sò um a'Roʃ dose, en'tãu? I kuãtuʃ ka'fèʃ?
	Allora soltanto un riso dolce? E quanti caffè?
Jorge:	Cinco e a conta, se faz favor.
	Sinku i a kõta, se fàʃ favor.
	Cinque e il conto, per favore.

Elementi grammaticali

Esprimere l'esistenza

L'esistenza o inesistenza si esprime solitamente con il verbo **haver** (esserci) usato nella forma impersonale (terza persona singolare):

> **Há lombo de porco?** C'è il lombo di maiale?
> **Há batatas fritas?** Ci sono delle patatine?

Quando è preceduto dagli ausiliari **ir**, **dever**, **poder** ecc., forma con essi una locuzione impersonale:

> **Deve haver muita gente no centro a esta hora.**
> Ci deve essere molta gente in centro a quest'ora
> (vedi sintassi del verbo **haver**, Unità 12).

L'infinitivo pessoal – I

Diversamente dall'italiano, in portoghese l'infinito può prendere desinenze nelle tre persone plurali e nella seconda singolare:

	Levar	**Querer**	**Ouvir**	**Desinenze**
eu	levar	querer	ouvir	–
tu	levares	quereres	ouvires	**-es**
ele	levar	querer	ouvir	–
nós	levarmos	querermos	ouvirmos	**-mos**
vós	levardes	quererdes	ouvirdes	**-des**
eles	levarem	quererem	ouvirem	**-em**

Até teres a certeza, não o acuses! Finché non sei/sarai sicuro, non accusarlo!
É melhor pedirmos ajuda a alguém. È meglio chiedere aiuto a qualcuno.

Oltre ai casi che vedremo nella lezione seguente, questo tempo, "l'infinitivo pessoal", va usato:
• Dopo le preposizioni **sem**, **para**, **por**, **até** e **ao** (forma contratta di **a + articolo determinativo**, che ha un significato temporale corrispondente a "quando"):

Sem: **Conseguimos andar de bicicleta sem usarmos as mãos.**
          Riusciamo ad andare in bicicletta senza usare le mani.
Para **Para acabarem o trabalho precisaram de mais uma semana.**
          Per finire il lavoro hanno avuto bisogno di un'altra settimana.
Até   **Até a Primavera chegar, as árvores não têm folhas.**
          Finché la primavera non arriverà, gli alberi non avranno foglie.
Por   **Usámos fósforos por não termos isqueiro.**
          Abbiamo usato fiammiferi perché non avevamo un accendino.
Ao   **Ao descobrir a verdade, fiquei muito desiludida.**
          Quando scoprii la verità, rimasi molto delusa.

• Dopo espressioni impersonali:

É difícil reconhecermos os nossos erros.
È difficile riconoscere i nostri errori.
É impossível descobrires onde ele está escondido.
È impossibile che tu scopra dove lui è nascosto.

In portoghese le due forme dell'infinito possono a volte essere usate indifferentemente, dato che la differenza tra loro è spesso stilistica piuttosto che grammaticale. La forma coniugata dell'infinito è obbligatoria solo per due ragioni:
• Quando il soggetto non è chiaro e dalla desinenza dipende la sua identificazione. Vediamo la differenza tra le frasi seguenti:

Ao chegarmos à fronteira, a polícia apareceu.
Quando arrivammo/Nell'arrivare al confine, comparve la polizia.
Ao chegar à fronteira, a polícia apareceu.
Arrivando al confine, comparve la polizia.

Nella prima frase, si deve usare la desinenza perché il soggetto del verbo **chegar** e del verbo **aparecer** sono diversi. Senza la desinenza, come nel secondo esempio, la frase diventa dubbia: chi arriva al confine? Io? Una terza persona? La polizia?

• Quando il soggetto è espresso:

Até tu encontrares uma casa, podes ficar aqui comigo.
Finché non troverai una casa, puoi rimanere qui con me.

La quantità

L'interrogativo **quanto** (quanto) si usa per chiedere:

• Il prezzo:

Quanto é um bife com batatas fritas? Quant'è una bistecca con le patatine?

• La quantità:

Quantas semanas faltam para o baptizado do teu filho? Quante settimane
mancano al battesimo di tuo figlio?

È un interrogativo variabile, che si accorda in genere e numero con il sostantivo:

MASCHILE	FEMMINILE
quanto/quantos	quanta/quantas

Quanto açúcar queres? Quanto zucchero vuoi?
Quanta farinha leva o bolo? Quanta farina c'è nella torta?
Quantos cafés são? Quanti sono i caffè?
Quantas pessoas estavam presentes? Quante persone erano presenti?

Nella risposta si usano degli avverbi e delle locuzioni avverbiali di quantità:

• **Pouco**	Poco.	• **Bastante**	Abbastanza.
• **Muito**	Molto.	• **Quase**	Quasi.
• **Tanto/Tão**	Tanto/Così.	• **Demasiado/Demais**	Troppo.
• **Mais**	Più.	• **Quanto**	Quanto.
• **Menos**	Meno.	• **Mais ou menos**	Più o meno.
• **Todo**	Tutto.		

O restaurante é bastante barato. Il ristorante è abbastanza a buon mercato.
Bebi quase um litro de água. Ho bevuto quasi un litro d'acqua.
Queres mais um copo de vinho? Vuoi ancora un bicchiere di vino?

TÃO/TANTO

• **Tão** si usa davanti ad aggettivi o ad altri avverbi, nelle frasi esclamative:

Este bacalhau está tão bom! Questo baccalà è così buono!
Não comas tão depressa! Non mangiare così veloce!

• **Tanto** si usa dopo i verbi:

Ele bebe tanto! Lui beve tanto!

Tanto può anche essere usato come indefinito, nel qual caso è variabile (vedere l'Unità 13):

> **Nunca tinha visto tanta gente.** Non avevo mai visto tanta gente.
> **Há tantos anos que sonhava com este dia!** Da quanti anni sognavo questo giorno!

Per quanto riguarda l'uso di **tão** nelle forme comparative, vedere la comparazione, in questa Unità.

DEMASIADO/DEMAIS

• **Demasiado** va usato davanti all'aggettivo o dopo il verbo:

> **As ruas são demasiado estreitas.** Le strade sono troppo strette.
> **Ele fuma demasiado.** Lui fuma troppo.

• **Demais** non viene mai usato davanti ad un aggettivo, ma può sostituire **demasiado** in posizione postverbale:

> **Ele fuma demais.** Lui fuma troppo.

Demais può anche essere usato dopo un altro avverbio, un aggettivo, un sostantivo:

> **Eles comem depressa demais.** Loro mangiano troppo veloce.
> **Estes sapatos são caros demais.** Queste scarpe sono troppo care.
> **Ela tem dinheiro demais.** Lei ha troppi soldi.

MAIS

> **O bife é mais duro.** La bistecca è più dura.
> **Queres mais um prato de sopa?** Vuoi ancora un piatto di zuppa?
> **Deseja mais alguma coisa?** Desidera qualcos'altro?

ESPRESSIONI DI MISURA E QUANTITÀ

Le misure più usate per esprimere la quantità sono:
• Per il peso **quilo** (chilo) e **grama** (grammo).
• Per i liquidi **litro** (litro).
• Per la quantità **dúzia** (dozzina), invece di **doze** (dodici).
• Per indicare la metà **meio** e **meia**.

> **Um litro de água.** Un litro d'acqua.
> **Meio litro de cerveja.** Mezzo litro di birra.
> **Uma dúzia de ovos.** Una dozzina di uova.
> **Meia dúzia de rebuçados.** Mezza dozzina di caramelle.
> **Um quilo(grama) de cebolas.** Un chilo di cipolle.
> **Meio quilo de cenouras.** Mezzo chilo di carote.

Cem gramas de fiambre. Un etto di prosciutto cotto.
Duzentos gramas de ervilhas. Due etti di piselli.

Si possono anche usare come misure:

• **Um copo** (un bicchiere) - **uma garrafa** (una bottiglia):

    de água (di acqua), **leite** (di latte), **vinho** (di vino), ...

• **Uma lata** (un barattolo):

    de tomate pelado (di pelati), **de feijões** (di fagioli), ...

• **Uma caixa** (una scatola):

    de fósforos (di fiammiferi)

• **Um pacote** (una confezione):

    de leite (di latte), **esparguete** (di spaghetti), **farinha** (di farina), **arroz** (di riso), ...

• **Uma colher** (un cucchiaio):

    de açúcar (di zucchero), **farinha** (di farina), ...

La comparazione – I

Come in italiano, in portoghese l'aggettivo qualificativo e alcuni avverbi possono presentarsi in due gradi: **il comparativo** e **il superlativo**.

IL COMPARATIVO

Il comparativo ha diversi gradi.

• Comparativo di maggioranza:
mais + aggettivo/avverbio + **que** o **do que**

    As casas do centro são mais caras (do) que as da periferia. Le case in centro sono più care di quelle di periferia.
    Os físicos sabem mais de matemática (do) que a maioria das pessoas. I fisici se ne intendono di matematica più della maggioranza delle persone.

• Comparativo di minoranza:
menos + aggettivo/avverbio + **que** o **do que**

    Lisboa é menos fria (do) que Nova Iorque. Lisbona è meno fredda di New York.
    Hoje em dia corro menos (do) que antigamente. Oggi corro meno di prima.

Nel comparativo di maggioranza e minoranza, quando il secondo termine di paragone è un verbo, si usa sempre **do que**:

    Ela é mais nova do que parece. Lei è più giovane di quanto sembra.

• Comparativo di uguaglianza:

tão + aggettivo/avverbio + **como** o **quanto**

> **O bolo é tão bom como/quanto o pudim.** La torta è buona come il budino.
> **Ela não cozinha tão bem como /quanto pensa.** Lei non cucina bene come pensa.

> Diversamente dall'italiano, quando il secondo termine di paragone è un pronome personale, va sempre usato il pronome personale soggetto:
> **A Sara é menos alta do que tu.**   Sara è meno alta di te.

Alcuni **aggettivi/avverbi** sono **irregolari** nel **comparativo di maggioranza**:

AGGETTIVO/AVVERBIO	COMPARATIVO DI MAGGIORANZA
bom/bem buono/bene	**melhor** migliore
mau/mal cattivo/male	**pior** peggiore
grande grande	**maior** maggiore
pequeno piccolo	**menor** minore

> **O vinho tinto é melhor do que o branco.** Il vino rosso è migliore del bianco.
> **É pior mentir do que dizer a verdade.** È peggio mentire che dire la verità.
> **A cama do nosso quarto é maior.** Il letto della nostra camera è più grande.
> **O risco é menor indo de camboio.** Il rischio è più piccolo andando in treno.

Si preferisce l'uso della forma analitica del comparativo di maggioranza di **pequeno**:

> **Esta cozinha é mais pequena do que a da casa antiga.**
> Questa cucina è più piccola di quella della vecchia casa.

La frase complessa: le congiunzioni – I

• Congiunzione coordinante copulativa **e** (e):

> **Eu queria sopa de tomate e linguadinhos fritos.** Io vorrei una crema di pomodoro e sogliole fritte.

• Congiunzione coordinante disgiuntiva **ou** (o):

> **Apetecia-me comer peixe ou marisco.** Avrei voglia di mangiare pesce o frutti di mare.

• Congiunzione coordinante avversativa **mas** (ma/però):

> **Não há lombo mas há bacalhau.** Non c'è il lombo ma c'è il baccalà.

• **Mas sim** corrisponde a "bensì":

> **Vamos para férias não na segunda mas sim na terça.** Andiamo in vacanza non lunedì bensì martedì.

Glossario e fraseologia

Pasti e alimenti

PASTI

o pequeno-almoço	colazione	o lanche	merenda
o almoço	pranzo	o jantar	cena

FRUTTA

alperce	albicocca	manga	mango
ameixa	prugna	melancia	anguria
ananás	ananas	melão	melone
banana	banana	morango	fragola
cereja	ciliegia	nêspera	nespola
figo	fico	pêra	pera
laranja	arancia	pêssego	pesca
limão	limone	tangerina	mandarino
maçã	mela	uvas	uva

CARNE

bife	bistecca	galinha	gallina
borrego	agnello	leitão	maialino
coelho	coniglio	peru	tacchino
costeletas	costine	porco	maiale
fígado	fegato	salsichas	salsicce
frango	pollo	vaca	vacca

PESCE

atum	tonno	pescada	merluzzo
bacalhau	baccalà	polvo	polpo
choco	seppia	robalo	branzino
dourada	orata	salmão	salmone
espadarte	pesce spada	sardinha	sardina
linguado	sogliola	tamboril	coda di rospo
lulas	calamari	truta	trota

FRUTTI DI MARE

amêijoa	vongola	mexilhão	cozza
camarão	gamberetto	sapateira	granchio
lagosta	aragosta		

VERDURE E ORTAGGI

abóbora	zucca	**cebola**	cipolla
alface	lattuga	**cenoura**	carota
alho	aglio	**couve**	cavolo
alho-francês	porro	**ervilhas**	piselli
batatas	patate	**tomate**	pomodoro

BEVANDE

água	acqua	**leite**	latte
água com gás	acqua gasata	**limonada**	limonata
água sem gás	acqua naturale	**sumo**	succo
cerveja	birra	**vinho tinto**	vino rosso
coca-cola	coca cola	**vinho branco**	vino bianco

CAFFÈ

bica	caffè	**galão**	caffelatte
café	caffè	**garoto**	caffè macchiato
carioca de café	caffè lungo	**italiana**	caffè normale
chá	tè		

MODO DI PREPARARE/CUCINARE (CONFEZIONARE) IL CIBO

assar	arrostire	**guisar**	stufare
cozer	bollire, lessare	**grelhar**	grigliare
estufar	stufare	**panar**	impanare
fritar	friggere		

CONTORNI

arroz	riso	**massa**	pasta
batatas cozidas	patate lesse	**ovo**	uovo
batatas fritas	patatine	**salada**	insalata
esparguete	spaghetti		

AGGETTIVI RELATIVI AL CIBO

amargo	amaro	**morno**	tiepido
doce	dolce	**picante**	piccante
fresco	fresco	**quente**	caldo
frio	freddo	**salgado**	salato
insonso	insipido		

U̲n̲ ̲p̲a̲s̲t̲o̲ ̲n̲o̲r̲m̲a̲l̲e̲ ̲è̲ ̲c̲o̲m̲p̲o̲s̲t̲o̲ ̲d̲i̲:̲

aperitivo	*aperitivo*	*acompanhamento*	*contorno*
entrada	*antipasto*	*salada*	*insalata*
sopa	*zuppa; crema*	*sobremesa*	*dessert*
prato principal	*il secondo*		

Fraseologia

Ordinare:

Queria um bife com batatas fritas. Vorrei una bistecca con le patatine.
Para mim é um pudim de ovos. Per me un budino d'uova.
Podia trazer a ementa, por favor? Potrebbe portare il menu, per cortesia?
É/era uma salada russa. Vorrei un'insalata russa.

Chiedere un'opinione:

Que tal está o arroz de marisco? Com'è il risotto ai frutti di mare?
Como está a caldeirada? Com'è la zuppa di pesce?

Esprimere un'opinione:

Está uma delícia! È una delizia.
Está muito bom. È molto buono.
Está salgado. È salato.

Fare una proposta:

Proponho um brinde ao aniversariante. Propongo un brindisi al festeggiato.

Chiedere un'informazione:

Podia explicar-me como é o bacalhau com natas? Mi potrebbe spiegare com'è il baccalà alla panna?

Informare sui piatti del giorno:

Há bacalhau no forno. C'è baccalà al forno.
Não há lombo de porco. Non c'è lombo di maiale.

Fare un brindisi:

À tua saúde! Alla tua!
À vossa! Alla vostra!
Tchin, tchin. Cin, cin.

Comparare:

O vinho tinto é melhor do que o branco. Il vino rosso è migliore del bianco.

Este restaurante não é tão caro como os outros da zona. Questo ristorante non è caro come gli altri della zona.
Gosto menos de peixe do que de carne. Mi piace meno il pesce che la carne.

Indicare la sequenza:

Primeiro queria uma sopa de amêijoas. Prima vorrei una zuppa alle vongole.
A seguir queria peixe assado no forno. Poi vorrei del pesce al forno.

Chiedere il conto:

Podia trazer a conta, por favor? Potrebbe portare il conto, per favore?
Era a conta, por favor. Il conto, per favore.

Chiedere il prezzo:

Quanto é um quilo de nêsperas? Quant'è un chilo di nespole?
Quanto custa meio quilo de carne picada? Quanto costa mezzo chilo di carne macinata?
A como são as cerejas? Quanto vengono le ciliegie?

Chiedere la quantità:

Quantos ovos quer? Quante uova vuole?

Informare sulla quantità:

Quero dois ovos/um litro de leite. Vorrei due uova/un litro di latte.
Bebo pouco vinho. Bevo poco vino.

Fare gli auguri:

Parabéns. Auguri/Complimenti (per il compleanno; per un esame superato)
Boa sorte. In bocca al lupo.
Bom fim-de-semana. Buon fine settimana.
Boas férias. Buona vacanza.
Diverte-te/divirta-se/divirtam-se. Buon divertimento.

ESERCIZI

1. Completate con il comparativo di maggioranza degli aggettivi/avverbi tra parentesi:

1. O café fica .... da minha casa do que da tua. (longe)
2. Este primeiro-ministro é .... o anterior. (bom)
3. Neste cinema a última sessão é .... no outro. (cedo)
4. No supermercado a comida é .... no mercado. (barato)
5. Os sapatos que comprei para o meu filho este mês são .... os anteriores. (grande)

6. A situação económica do país é .... eu pensava! (mau)

7. Amanhã podemos ir a Sintra. É .... Évora. (perto)

2. Completate con TÃO o TANTO:

1. Não conduzas .... depressa! Pode ser perigoso.

2. Ele gosta .... de música que gasta uma fortuna em discos.

3. Está .... fumo aqui dentro que me vou embora.

4. Tu és .... bom actor que um dia vais ser famoso.

5. Que cão .... inteligente!

6. Tenho .... sono! Acho que vou para a cama.

3. Coniugate all'infinito personale i verbi tra parentesi:

1. Não te vás embora sem me (avisar) ....

2. Pedi-lhes para vocês (estar) .... presentes, porque tenho uma notícia importante para dar.

3. Até nós (concluir) .... as obras, as crianças vão ter de dormir em casa dos avós.

4. Ao (perceber) .... que a polícia os perseguia, os ladrões renderam-se.

5. É impossível vocês (ir) .... a essa exposição. Os bilhetes estão esgotados há vários meses.

6. É melhor tu não (sair) .... hoje, porque podes piorar.

7. O César e a irmã não podem comer açúcar por (ser) .... diabéticos.

4. Fate delle domande con l'interrogativo QUANTO, QUANTA, QUANTOS, QUANTAS, secondo l'esempio:

Tenho dois irmãos. **Quantos irmãos é que tens?**

1. Um quilo de bananas custa 2 Euros.

2. Este ananás pesa meio quilo.

3. Na turma de português há vinte e cinco alunos.

4. No casamento vão estar 100 convidados.

5. Conheço cinco capitais europeias.

6. Bebo pouca água por dia.

5. Scrivete alcune righe sulle vostre abitudini alimentari:

O que é que come/bebe ao pequeno-almoço/ao almoço/ao jantar?

Ao pequeno-almoço como… e bebo…

Ao almoço…

Ao jantar…

UNITÀ 7
DEPOIS DO ENCONTRO
IL GIORNO DOPO

No dia seguinte, Jorge fala com Carlos, um amigo, sobre a sua festa de anos.
Il giorno dopo, Jorge parla con Carlos, un amico, della sua festa di compleanno.

Carlos: **Jorge! Há quanto tempo não te via!**
ʒòrʒe! À kuãtu tempu nãu te via!
Jorge! Da quanto tempo non ti vedevo!

Jorge: **Há uns meses. Desde o fim de Agosto. Parece-me que a última vez que nos encontrámos foi no Verão, numa esplanada da Expo.**
À unʃ mézeʃ. Dézde u fim de agoʃtu. Pa'rèseme ke a 'ultima véʃ ke nuz enkõtràmuʃ foi nu ve'rãu, numa ʃplanàda da aiʃpo.
Da alcuni mesi. Dalla fine d'agosto. Mi sembra che l'ultima volta che ci siamo visti sia stata d'estate, in una terrazza dell'Expo.

Carlos: **O que é que tens feito?**
U ke è ke tãiʃ faitu?
Che cosa mi racconti?

Jorge: **Mudei de emprego. Agora estou a trabalhar no controlo de qualidade de uma empresa que fica na estrada entre Cascais e Sintra.**
Mudai demprégu. Agòra ʃto a traba'làr nu kõtrolu de kualidàde duma empréza ke fika na ʃtràda entre kaʃ'kàiz i sintra.
Ho cambiato lavoro. Adesso sto lavorando nel controllo qualità per una ditta che sta sulla strada tra Cascais e Sintra.

Carlos: **Desde quando?**
Dézde kuãdu?
Da quando?

Jorge: **Há cerca de dois meses.**
À sérka de doiʃ mézeʃ.
Da circa due mesi.

Carlos: **Então é por isso que andamos desencontrados. Também nunca mais vi a Ana. E tu?**
En'tãu è pur isu ke ãdamuʃ dezenkõtràduʃ. Tã'bãi nunka maiʃ vi a ana. I tu?
Ecco perché non ci siamo più visti. Non ho più visto neanche Ana. E tu?

Jorge: **Estive com ela ontem. Fiz anos e fui jantar fora com ela e mais uns amigos.**
ʃtive kõ èla õtāi. Fiz anuʃ i fui ʒã'tàr kõ èla i maiz unz amiguʃ.
Sono stato con lei ieri. Ho compiuto gli anni e sono andato a cena con lei e altri amici.

Carlos: **Que saudades da Ana! Há tempos vi-a na rua, mas não tivemos tempo para conversar. E que tal o jantar? Divertiram-se?**
Ke saudàdeʃ da ana! À tempuʃ via na Rua, maʃ nãu tivèmuʃ tempu para kõver'sàr. I ke tàl u ʒã'tàr? Diver'tirāuse?
Quanto mi manca Ana. Tempo fa l'ho incontrata per strada, però non abbiamo avuto il tempo di parlare. E com'è andata la cena? Vi siete divertiti?

Jorge: **Comemos e bebemos lindamente. Depois de jantarmos fomos ainda a um bar e estivemos na conversa até quase à meia-noite.**
Kumémuz i bebémuʃ lindamente. De'poiʃ de ʒãtármuʃ fomuz ainda a um bàr i ʃtivèmuʃ na kõvèrsa atè kuàze à maianoite.
Abbiamo mangiato e bevuto benissimo. Dopo cena siamo andati in un bar e abbiamo chiacchierato quasi fino a mezzanotte.

Carlos: **Eu cheguei hoje do Algarve. Houve um estágio em Tavira e por isso fiquei lá toda a semana e só hoje é que vim de boleia com um colega. Ouve, e que tal irmos tu, a Ana e eu ao cinema? Já viste aquele filme sobre a vida de Oscar Wilde?**
Éu ʃegai oʒe du àlgàrve. Ove um ʃ'tàgiu ãi tavira i pur isuʃi'kai là toda a semana i sò oʒe è ke vim de bulaia kõ um kulèga. Ove, i ke tàl irmuʃ tu, a ana i éu àu sinéma? ʒà viʃte akéle filme sobre a vida de òskar uàilde?
Io sono tornato oggi dall'Algarve. C'è stato uno stage a Tavira e perciò ci sono rimasto tutta la settimana e soltanto oggi un collega mi ha dato un passaggio. Senti, cosa dici di andare al cinema tu, Ana ed io? Hai già visto quel film sulla vita di Oscar Wilde?

Jorge: **Ainda não.**
Ainda nãu.
Non ancora.

Carlos: **Podíamos ir vê-lo amanhã à noite. É sexta-feira e não precisamos de nos preocupar com as horas. Depois do filme íamos até minha casa e podíamos comer uns bolinhos deliciosos que trouxe do Algarve.**
Pudiamuz ir vélu àma'ɳã à noite. È saiʃta feira i nãu presizamuʃ de nuʃ prioku'pàr kõ az òraʃ. De'poiʃ du filme iamuz atè miɳa kàza i pu'diamuʃ ku'mér unʃ buliɳuʃ delisiòzuʃ ke trose du àlgàrve.
Potremmo andare a vederlo domani sera. È venerdì e non abbiamo preoccupazioni di orario. Dopo il film potremmo andare a casa mia e mangiare dei buonissimi dolcetti che ho portato dall'Algarve.

Jorge: **Onde é que está o filme?**
Õde è ke ʃtà u filme?
Dov'è il film?

Carlos: **Naquele cinema que fica ao lado da pastelaria onde costumávamos encontrar-nos à noite.**
Nakéle sinéma ke fika àu làdu da paʃtelaria õde kuʃtu'màvamuʃ enkõtràrnuz à noite.

In quel cinema accanto alla pasticceria dove ci incontravamo solitamente la sera.

Jorge: **Então é melhor tu telefonares à Ana e fazeres o convite directamente. A casa dela é perto daí.**

Entãu è me'λòr tu telefunàrez à ana i fazérez u kõvite dirètamente. A kàza dèla è pèrtu da'i.

Allora è meglio che telefoni ad Ana e le fai l'invito direttamente. Casa sua è lì vicino.

Carlos: **Está bem. No caso de não poderes ir, telefona à Ana ou a mim.**

ʃtà bãi. Nu kàzu de nãu pudérez ir telefona à ana o a mim.

Va bene. Nel caso in cui non possa venire, chiama me o Ana.

Jorge: **De acordo. Até amanhã.**

De akordu. Até àma'ηã.

D'accordo. A domani.

Elementi grammaticali

Il passato – I

Per esprimere un'azione conclusa nel passato si usa il "Pretérito Perfeito Simples" dell'indicativo, che rende sia il passato remoto sia il passato prossimo italiani.

I VERBI REGOLARI

Nei verbi regolari, alla radice si aggiungono le seguenti desinenze:

-AR	-ER	-IR
-ei	-i	-i
-aste	-este	-iste
-ou	-eu	-iu
-ámos	-emos	-imos
-astes	-estes	-istes
-aram	-eram	-iram

CANTAR (CANTARE)	VENDER (VENDERE)	PARTIR (PARTIRE)
cant-**ei**	vend-**i**	part-**i**
cant-**aste**	vend-**este**	part-**iste**
cant-**ou**	vend-**eu**	part-**iu**
cant-**ámos**	vend-**emos**	part-**imos**
cant-**astes**	vend-**estes**	part-**istes**
cant-**aram**	vend-**eram**	part-**iram**

Encontrámo-nos à porta do cinema. Ci siamo incontrati/incontrammo davanti al cinema.
Ontem ao jantar comemos e bebemos muito bem. Ieri a cena abbiamo mangiato e bevuto molto bene.
O comboio partiu atrasado. Il treno è partito/partì in ritardo.

> Ricordiamo che nella prima coniugazione la prima persona del plurale va accentata sulla **a** della desinenza, affinché non si confonda con la corrispondente forma verbale all'indicativo presente.

I VERBI CON DELLE IRREGOLARITÀ

I verbi della prima coniugazione le cui radici finiscono per **-c, -ç** e **-g** cambiano queste consonanti in **-qu, -c** e **-gu**, sempre che siano davanti a una **-e**:

ficar (rimanere)	**eu fiquei**	(C – QU)
começar (cominciare)	**eu comecei**	(Ç – C)
apagar (spegnere)	**eu apaguei**	(G – GU)

> Altri verbi irregolari come quelli sopra sono: **fabricar** (fabbricare); **publicar** (pubblicare); **indicar** (indicare); **abraçar** (abbracciare); **almoçar** (pranzare); **alcançar** (raggiungere); **entregar** (consegnare); **jogar** (giocare); **julgar** (giudicare).

I VERBI TERMINANTI IN -AIR

Questi verbi si coniugano come segue:

CAIR (CADERE)	SAIR (USCIRE)
caí	saí
caíste	saíste
caiu	saiu
caímos	saímos
caístes	saístes
caíram	saíram

O totobola saiu a um jogador do Norte de Portugal.
Il totocalcio è stato vinto da un giocatore del Nord del Portogallo.

IL VERBO HAVER

Il verbo **haver** (esserci), come verbo impersonale, presenta soltanto la forma della terza persona singolare **houve**:

Ontem houve um incêndio num armazém perto do porto.
Ieri c'è stato un incendio in un magazzino vicino al porto.

I VERBI AUSILIARI TER, SER ED ESTAR

TER (AVERE)	SER (ESSERE)	ESTAR (STARE)
tive	fui	estive
tiveste	foste	estiveste
teve	foi	esteve
tivemos	fomos	estivemos
tivestes	fostes	estivestes
tiveram	foram	estiveram

Tive uma reunião antes do almoço. Ho avuto una riunione prima di pranzo.
Ele foi presidente de um clube de futebol. Lui è stato presidente di un club di calcio.
Estivemos em casa toda a tarde. Siamo stati a casa tutto il pomeriggio.

Il verbo **ir** (andare) in questo tempo si coniuga come **ser** (vedere sopra):

O Pedro foi a Faro em trabalho. Pedro andò a Faro per lavoro.
O dia foi muito cansativo. Il giorno fu molto stancante.

La stessa coincidenza si verifica in tutti i tempi derivati dal **pretérito perfeito** (indicativo trapassato e congiuntivo imperfetto e futuro). Il contesto chiarisce di quale verbo si tratta.

GLI ALTRI VERBI IRREGOLARI

DAR (DARE, REGALARE)	CABER (ENTRARE, STARCI)	DIZER (DIRE)	FAZER (FARE)	PODER (POTERE)	PÔR (PORRE)
dei	coube	disse	fiz	pude	pus
deste	coubeste	disseste	fizeste	pudeste	puseste
deu	coube	disse	fez	pôde	pôs
demos	coubemos	dissemos	fizemos	pudemos	pusemos
destes	coubestes	dissestes	fizestes	pudestes	pusestes
deram	couberam	disseram	fizeram	puderam	puseram

QUERER (VOLERE)	SABER (SAPERE)	TRAZER (PORTARE)	VER (VEDERE)	VIR (VENIRE)
quis	soube	trouxe	vi	vim
quiseste	soubeste	trouxeste	viste	vieste
quis	soube	trouxe	viu	veio
quisemos	soubemos	trouxemos	vimos	viemos
quisestes	soubestes	trouxestes	vistes	viestes
quiseram	souberam	trouxeram	viram	vieram

Ele disse que já vinha. Egli disse/ha detto che veniva subito.
Eles quiseram desistir do exame. Loro hanno pensato di rinunciare all'esame.
Vim no carro de um amigo. Venni/sono venuto con la macchina di un amico.

Gli avverbi e le locuzioni avverbiali di tempo passato

Il passato è spesso accompagnato dai seguenti avverbi o locuzioni avverbiali che esprimono un'azione passata:

* **Ontem**   Ieri.
* **Ontem de manhã**   Ieri mattina.
* **Anteontem**   L'altro ieri.
* **Ontem à noite/tarde**   Ieri sera/pomeriggio.

* **No(a)** + unità di misura di tempo + **passado(a)**:

  na semana passada/na passada semana la settimana scorsa.
  no mês passado/etc. il mese scorso/ecc.

* **Em** + dimostrativo **aquele** + espressione di tempo:

  naquele dia/mês/ano in quel giorno/mese/anno
  naquela segunda-feira quel lunedì

* **Há** + periodo di tempo/**Desde** + momento nel tempo:

Há corrisponde sia a "da" sia a "fa".

Desde corrisponde sia a "da" sia a "da quando".

– **Há** + indicativo presente.
Indica il periodo di tempo trascorso tra il passato e il presente e corrisponde a "da" in italiano:

  Estudamos português há pouco tempo. Studiamo portoghese da poco.

– **Há** + **pretérito perfeito** dell'indicativo.
Esprime un'azione compiuta nel passato e corrisponde all'italiano "fa":

  O Vasco partiu para Macau há dois dias. Vasco è partito per Macau due giorni fa.

* Se, invece, ci riferiamo al momento dell'inizio di un'azione nel passato, usiamo **desde** (da, da quando) + un'espressione indicativa di un momento preciso nel passato (una data, un'ora, ecc.):

  Ele trabalha desde os doze anos. Lui lavora da quando aveva dodici anni.
  Estou a fazer dieta desde Março. È da marzo che sto facendo la dieta.

* Quando collocate all'inizio della frase, le espressioni temporali con **há** e **desde** vengono seguite da **que**:

  Desde o Verão que não o vejo. È dall'estate che non lo vedo.

Há muito tempo que estou à espera do resultado do concurso. È da molto che aspetto il risultato del concorso.

Gli avverbi di tempo JÁ e AINDA

JÁ

• Nelle frasi interrogative traduce "già":

Já compraste o jornal? Hai già comprato il giornale?
Eles já trocaram de carro? Hanno già cambiato macchina?

• Nelle frasi affermative, corrisponde a "ormai" o "già":

Ela já lavou a loiça. Lei ha già lavato i piatti.
Não vou sair. Já é tarde. Non esco più. Ormai è tardi.

• Nelle frasi negative significa "più":

Já não fumo. Non fumo più.
Já não trabalha há vários anos. É reformado. Non lavora più da anni. È in pensione.

• In certe frasi può anche significare "subito":

O almoço está pronto? É pronto il pranzo?
Vou fazê-lo já. Lo preparo subito.

AINDA (ANCORA)

Ainda tenho de fazer os trabalhos de casa. Devo ancora fare i compiti.

L'infinitivo pessoal – II

Oltre ai casi che abbiamo visto nell'Unità precedente, questa forma va spesso usata dopo le locuzioni **depois de** (dopo che), **antes de** (prima che), **apesar de** (nonostante) e **no caso de** (nel caso in cui):

Depois de jantarmos fui para casa.
Dopo che abbiamo cenato, sono andato a casa.
Antes de fazerem o exame paguei-lhes um curso em Inglaterra.
Prima di fare l'esame, ho pagato loro un corso in Inghilterra.
No caso de precisares de um tradutor, eu conheço um que te posso indicar.
Nel caso in cui tu abbia bisogno di un traduttore, io conosco uno che ti posso indicare.
Foi tomar banho, apesar de não saber nadar.
È andato a fare il bagno nonostante non sapesse nuotare.

All'uso di questo tempo dopo queste locuzioni si applicano le regole presentate nell'Unità precedente.

Il verbo FICAR (essere/stare/restare)

Può indicare:

• Cambio di stato fisico, psicologico o economico:

Ficámos muito contentes com esta notícia. Siamo rimasti molto contenti di questa notizia.
Ficou doente, porque saiu sem casaco. Si è ammalato perché è uscito senza la giacca.
Ganhando a lotaria ficaram ricos. Vincendo la lotteria sono diventati ricchi.

• Posizione:

Lisboa fica na costa atlântica. Lisbona è sulla costa atlantica.
A perfumaria fica ao lado da igreja. La profumeria è accanto alla chiesa.

• Permanenza:

No domingo fiquei em casa todo o dia. Domenica sono rimasto/a a casa tutto il giorno.
Fica aqui. Eu volto já. Rimani qui. Io torno subito.

• Rinvio:

Hoje não posso sair convosco. Fica para outro dia. Oggi non posso uscire con voi. Sarà per un altro giorno.

• Giudizio estetico:

Esse chapéu cinzento fica-te muito bem. Quel cappello grigio ti sta molto bene.

I pronomi personali complemento di termine: le forme atone

I pronomi personali complemento di termine, quando **non preceduti da preposizione,** presentano le forme seguenti:

Singolare	1° persona **me**	Plurale	1° persona **nos**
	2° persona **te**		2° persona **vos/lhes**
	3° persona **lhe**		3° persona **lhes**

O Fernando telefonou-me ontem à noite. Fernando mi ha telefonato ieri sera.
Ofereceram-nos um ramo de flores à chegada ao aeroporto. Ci hanno regalato un mazzo di fiori all'arrivo all'aeroporto.

Al pronome **de tratamento você** (vedere l'Unità 3) corrisponde la forma della terza persona singolare:

Senhor Mateus, já lhe entregaram a encomenda? Signor Mateus, Le hanno già consegnato il pacco?

La frase complessa – II: le congiunzioni coordinanti conclusive

Sono delle congiunzioni che servono ad indicare conclusione o conseguenza rispetto alla frase che le precede:

• **Pois**	Allora, dunque.
• **Logo**	Allora, dunque.
• **Portanto**	Quindi, pertanto.
• **Por conseguinte**	Di conseguenza.
• **Assim/então**	Allora.
• **Por isso**	Perciò; per quello.

Já não moro aqui em Lisboa. É por isso que nunca mais nos vimos.
Non abito più qui a Lisbona. Perciò non ci siamo più visti.

Logo, **portanto** e **por conseguinte** non hanno una posizione fissa, cioè, vanno collocate a seconda del ritmo e intonazione della frase:

Estou doente. <u>Por conseguinte</u>, não vou trabalhar.
Estou doente. Não vou trabalhar, <u>por conseguinte</u>.
Sono ammalato. Di conseguenza non vado a lavorare.

Pois non va mai collocato all'inizio, bensì dopo uno degli elementi della frase cui appartiene:

Fomos, <u>pois</u>, à procura da cabina mais próxima.
Siamo dunque andati in cerca della cabina più vicina.

Le altre congiunzioni possono essere collocate sia all'inizio sia dopo uno degli elementi della frase:

Perdemos o autocarro. <u>Assim</u>, decidimos apanhar um táxi.
Perdemos o autocarro. Decidimos, <u>assim</u>, apanhar um táxi.
Abbiamo perso l'autobus. Allora abbiamo deciso di prendere un taxi.

Glossario e fraseologia

Lavoro e professione

Luogo di lavoro (vedere l'Unità 3)	
Professioni (vedere l'Unità 3)	

AGGETTIVI QUALIFICATIVI

interessante	interessante	*agradável*	gradevole
monótono	monotono	*desagradável*	sgradevole
difícil	difficile	*perigoso*	pericoloso
fácil	facile	*cansativo*	stancante

PAGA

ganhar/receber	guadagnare	reforma	pensione
ordenado	stipendio	salário	salario

ORGANIZZAZIONE DEL LAVORO

chefe	capo	feriado	festivo
colega	collega	horário	orario
director	direttore	sindicato	sindacato

Fraseologia

Esprimersi su avvenimenti del passato:

Ontem fui ao cinema. Ieri sono andato/a al cinema.

Fomos jantar fora há alguns dias. Siamo andati fuori a cena alcuni giorni fa.
Tive um estágio em Tavira. Ho frequentato uno stage a Tavira.

Esprimere la sequenza:

Primeiro comemos um cozido. Depois provámos várias sobremesas. Prima abbiamo mangiato un bollito. Dopo abbiamo assaggiato vari dessert.

Esprimere l'anteriorità:

Antes de ir para a cama bebo um copo de leite. Prima di andare a letto bevo un bicchiere di latte.

Esprimere la posteriorità:

Depois de vermos o filme conversámos um pouco. Dopo aver visto il film abbiamo chiacchierato un po'.

Esprimere la durata:

Estou à espera do autocarro há vinte minutos. È da venti minuti che sto aspettando l'autobus.
Ele é casado ha pouco tempo. È da poco che lui è sposato.

Esprimersi sul tempo trascorso:

Há uns anos vi um concerto nesta sala. Alcuni anni fa ho visto un concerto in questa sala.

Desde Maio que não chove. Non piove fin da maggio.
Desde quando (é que) és vegetariano? Da quando è che sei vegetariano?
Há quanto tempo (é que) deixaste de fumar? Da quanto tempo hai smesso di fumare?

ESERCIZI

1. Coniugate al "pretérito perfeito simples" i verbi regolari tra parentesi:

1. Susana, (perceber) .... o exercício?
   Não, não (perceber) .... nada.
2. (Comprar) .... o jornal, Sara?
   Não, não (encontrar) .... nenhum quiosque aberto.
3. Filipe e Rui, (comer) .... o gelado que estava no congelador?
   Nós? Nem pensar. Nem sequer (abrir) .... a porta do frigorífico.
4. O que é que tens? Estás cansado? - Sim, hoje (trabalhar) .... imenso,
   (passar) .... todo o dia no escritório.
5. O Bruno (sentir-se) .... mal porquê?
   (Comer) .... demais, como de costume.
6. Ontem (nós/descansar) .... imenso! (Dormir) .... até às 3 da tarde.
   E não (almoçar) ....?

2. Coniugate al "pretérito perfeito simples" i verbi irregolari tra parentesi:

1. (Haver) .... algum problema na reunião?
   Os clientes (pôr) .... muitos obstáculos à nossa proposta.
2. (Tu/sair) .... ontem à tarde?
   Não, (eu/ficar) .... a pôr a casa em ordem.
3. (Tu/ver) .... a Sofia?
   Não, hoje ela não (vir) .... à escola.
4. (Vocês/dizer) .... à Marta que preciso de falar com ela?
   Ainda não (estar) .... com ela esta semana.
5. (Tu/saber) .... que eles se vão casar?
   A Paula (dizer) ....-me que foi convidada.
6. Os senhores (trazer) .... as propostas para o anúncio?
   Infelizmente (nós/ter) .... alguns contratempos.
7. (Tu/ir) .... àquela parte da cidade? Como (ter) .... coragem?
   (Eu/querer) .... ver como vivem aquelas pessoas.
8. (Eles/ser) .... muito eficientes como administradores.
   É verdade. (Eles/fazer) .... um óptimo trabalho.
9. (Eu/dar) .... uma desculpa para não ir.
   E não (ter) .... vergonha de mentir?
10. (Vocês/vir) .... a correr? Estão a suar!
    Não (querer) .... vir de carro, porque está muito trânsito.

3. Completate con HÁ o DESDE:

1. .... criança sempre quis ser cabeleireira.
2. Comecei a estudar português .... cinco meses.
3. Fui a Paris .... cinco anos. .... essa altura nunca mais lá voltei.
4. Vivo em Lisboa .... o ano passado.
5. .... o Verão chove todos os dias sem parar.
6. .... dois dias que ando a ler um romance, mas ainda só li 50 páginas.

4. Traducete in portoghese:

1. Il campionato è già finito?
2. Loro non hanno ancora deciso dove vogliono vivere.
3. Non si sanno ancora i risultati delle elezioni.
4. Ormai l'inverno è finito.
5. Sono rimasti preoccupati quando sentirono la notizia.
6. Siamo rimasti molto delusi dello spettacolo.
7. L'ufficio è vicino a casa mia.

5. Coniugate i verbi tra parentesi all'infinito personale:

1. No caso de tu (poder) .... acompanhar-me, digo ao meu marido que ele pode ir trabalhar.
2. Apesar de nós (estar) .... com pressa, ainda temos tempo para concluir este assunto.
3. Põe esta carta no correio antes de (tu/voltar) .... para casa.
4. Depois de eles (escolher) .... o melhor candidato, comunicaram a decisão a todos.
5. Apesar de nós (ter) .... mais idade, temos mais resistência do que os jogadores mais novos.
6. No caso de vocês (querer) .... participar no piquenique, basta (telefonar) .... na véspera a confirmar.

6. Completate coi pronomi personali complemento di termine (forme atone):

1. Encontrei o Filipe e perguntei-.............. se está livre no sábado.
2. Ricardo e Nuno, ontem telefonámos-.............., mas vocês não estavam em casa.
3. Estudei muito para o exame, mas parece-.............. que vou chumbar.
4. Apetece-.............. ouvir música ou preferes ver televisão?
5. Senhor Figueiredo, a minha secretária disse-.............. que temos uma reunião amanhã de manhã?
6. Os nossos novos clientes encomendaram-.............. uma quantidade enorme de material de escritório.

UNITÀ 8
ANTES DO FILME
PRIMA DEL FILM

Carlos: **Porque é que o Jorge não veio?**
Purke è ke u ʒòrʒe nãu vaiu?
Perché non è venuto Jorge?

Ana: **Telefonou-me quando eu ia a sair de casa e disse-me que tinha que fazer não sei o quê esta noite. Mas pediu-me para te dizer que depois fala contigo.**
Telefunome kuãdu éu ia a sa'ir de kàza i diseme ke tiɲa ke fa'zér nãu sai u ké èʃta noite. Maʃ pediume para te di'zér ke de'poiʃ fàla kõtigu.
Mi ha telefonato quando stavo per uscire e mi ha detto che doveva fare non so che cosa stasera. Mi ha chiesto di dirti che ti parlerà dopo.

Carlos: **Perguntaste-lhe quando é que ia de férias?**
Pergun'tàʃteλe kuãdu è ke ia de'fèriaʃ?
Gli hai chiesto quando andrà in vacanza?

Ana: **Perguntei. Parece que é lá para o fim do mês.**
Pergun'tai. Parèse ke è là para u fim du méʃ.
Sì. Sembra verso la fine del mese.

Carlos: **Preferias ver um filme de acção, um policial ou o da sala 3 sobre a vida de Oscar Wilde?**
Preferiaʃ vér um filme de à'sãu, um pulisi'àl o u da sàla tréʃ sobre a vida de òʃkàr uailde?
Preferisci un film di azione, un poliziesco o quello che danno alla sala 3 sulla vita di Oscar Wilde?

Ana: **O sobre Oscar Wilde. Não me apetece ver coisas violentas ou que metam medo. Vamos antes ver uma coisa mais calma. Já há montes de tempo que não venho ao cinema.**
U sobre òʃkàr uailde. Nãu me apetèse vér koizas viulentaz o ke métãu médu. Vamuz ãteʃ vér uma koiza màiʃ kàlma. ʒà à mõteʃ de tempu ke nãu vaɲu au sinéma.
Quello su Oscar Wilde. Non mi va di vedere delle cose violente o che facciano paura. Andiamo piuttosto a vedere una cosa più tranquilla. È da un sacco di tempo che non vado al cinema.

Carlos: **Como sou sócio da Cinemateca, venho ao cinema com alguma frequência. Há pouco tempo fizeram uma retrospectiva do cinema da *nouvelle vague* com verdadeiras obras-primas. E também vou muito àquele cinema perto da minha casa onde fazem reposições.**

Komu so sòsio da sinématèka, vaŋu au sinéma kõ àlguma freku'en-sia. À poku tempu fizèrãu uma rètròspètiva du sinéma da nuvèle vàge kõ verdadeiraz òbraʃ primaʃ. I tã'bãi vo muitu àkéle sinéma pèrtu da miŋa kàza onde fàzãi repuzi'sõiʃ.

Siccome sono socio della cineteca, vado al cinema molto spesso. Poco tempo fa c'è stata una retrospettiva del cinema della nouvelle vague con dei veri capolavori. E vado anche molto spesso a quel cinema vicino a casa mia dove fanno seconde visioni.

Ana: **É melhor despacharmo-nos. O filme deve estar quase a começar.**

È me'λòr deʃpa'ʃàrmunuʃ. U filme dève ʃtàr a kumesàr.

Dobbiamo sbrigarci. Il film sta per cominciare.

Carlos: **São dois bilhetes para a sala 3, por favor. Para a plateia.**

Sãu doiʃ beλétes para a sàla tréʃ, pur favor. Para a plataia.

Due biglietti per la sala 3, per favore. Platea.

Empregado da bilheteira: **Só há bilhetes para as três primeiras filas. Mas no balcão há bastantes lugares.**

Sò à beλéteʃ para as tréʃ primairaʃ filaʃ. Maʃ nu bàl'kãu à baʃtãteʃ lugàreʃ.

In platea ci sono soltanto dei biglietti per le tre prime file. Ma in galleria c'è posto dovunque.

Carlos: **Arranja-nos então dois para o balcão?**

ARãӡanuʃ en'tãu doiʃ para u bà'lkãu?

Può darci due biglietti per la galleria?

Empregado da bilheteira: **É um conto e seiscentos.**

È um kõtu i saiʃsentuʃ.

Sono mille e seicento escudos.

Depois do filme – Dopo il film

Carlos: **Gostei imenso do filme. Já há muito tempo que não via um filme tão bom.**

Guʃ'tai imensu du filme. ӡà à mũtu tempu ke nãu via um filme tãu bõ.

Il film mi è piaciuto moltissimo. Era da molto che non vedevo un film così bello.

Ana: **É verdade, foi lindíssimo. Não sabia nada sobre a vida de Oscar Wilde.**

È verdàde, foi lin'disimu. Nãu sabia nàda sobre a vida de òskàr uailde.

È vero, è stato bellissimo. Non sapevo niente sulla vita di Oscar Wilde.

Carlos: **Era uma personagem fascinante. Não fazia ideia de que ele tinha estado preso. Sabes que o actor principal é o mesmo que fazia de mordomo numa série que dava na televisão ao domingo?**

Èra uma persunàʒãi faſsinãte. Nãu fazia ideia de ke éle tiŋa ſtàdu prézu. Sàbeſ ke u àtor prinsi'pàl è u méʒmu ke fazia de murdomu numa sèri ke dàva na televi'zãu àu du'mingu?

Era un personaggio affascinante. Non sapevo che fosse stato in prigione. Sai che l'attore principale è lo stesso che faceva il maggiordomo in una serie televisiva della domenica?

Ana: **Qual deles: o mais gordo, que fazia de Wilde, ou o outro?**

Kuàl déleſ: u màiſ gordu, ke fazia de uailde, o u otru?

Quale di loro: il più grasso, che faceva Wilde o l'altro?

Carlos: **O mais gordo. Não costumavas ver essa série? Era divertidíssima. A personagem principal era um aristocrata inglês que tinha este mordomo muito "snob"...**

U màiſ gordu. Nãu kustumàvaſ vér èsa sèri? Èra diverti'disima. A persunàʒãi prinsi'pàl èra um ariſtukràta in'gléſ ke tiŋa éſte murdomu mũũtu snòb...

Quello più grasso. Non lo vedevi di solito questo programma? Era molto divertente. Il personaggio principale era un aristocratico inglese che aveva questo maggiordomo molto *snob*...

Ana: **Lembro-me vagamente. O mordomo ia a reuniões com outros mordomos, não era?**

'Lembrume vàgamente. U murdomu ia a riuniõiſ kõ otruſ murdomuſ, nãu èra?

Mi ricordo vagamente. Il maggiordomo andava a delle riunioni con altri maggiordomi, vero?

Carlos: **Era, era. Dantes havia umas séries mais engraçadas na televisão. Agora é tudo bastante banal e pouco interessante. Que tal darmos uma volta?**

Èra èra. Dãtez avia umaſ sèriſ màiſ engrasàdaſ na televi'zãu. Agòra è tudu baſtãte banàl i poku interesàte. Ke tàl dàrmuz uma vòlta?

Sì. Una volta c'erano alcuni programmi piuttosto divertenti in TV. Adesso è tutto abbastanza banale e poco interessante. Andiamo a fare due passi?

Ana: **Desculpa, mas é tardíssimo e amanhã tenho de me levantar cedo. Vou mas é dormir. Fica para outro dia.**

Deſkulpa, maz è tar'disimu i àma'ŋã taŋu de me levan'tàr sédu. Vo maz è durmir. Fika para otru dia.

Scusa ma è tardissimo e domani devo alzarmi presto. Vado a dormire. Sarà per un'altra volta.

Elementi grammaticali

Il passato – II

Per esprimere un'azione consueta nel passato, una descrizione o una narrazione nel passato, si usa:

• **Costumar** (imperfetto dell'indicativo) + infinito:

Ao domingo ele costumava tratar do jardim. La domenica lui solitamente si occupava del giardino.

• Il **pretérito imperfeito do indicativo** (l'imperfetto dell'indicativo):

A personagem principal da série era um aristocrata inglês. Il personaggio principale della serie era un aristocratico inglese.
Dantes havia umas séries mais engraçadas na televisão. Una volta c'erano delle serie piuttosto divertenti in TV.

L'**imperfetto** si usa anche per:
• Indicare un'azione che si stava svolgendo nel passato quando ne avvenne un'altra. L'azione continua va espressa con l'imperfetto e quella che l'interrompe con il **pretérito perfeito simples**:

Fazia o jantar, quando ouviu a campainha. Preparava (stava preparando) la cena, quando sentì il campanello.
Eu ainda dormia, quando o despertador tocou. Io dormivo ancora, quando la sveglia suonò.

In questo caso, l'imperfetto può essere sostituito dalla perifrasi verbale **estar** (imperfetto) + **a** + infinito:

Estava a chover, quando o avião aterrou. Pioveva/stava piovendo, quando l'aereo è atterrato.

• Indicare due azioni che si svolgevano contemporaneamente nel passato spesso collegate da espressioni temporali come **enquanto** (mentre):

Enquanto lia o livro, assinalava as partes mais interessantes. Mentre leggeva il libro, segnalava i brani più interessanti.

• Esprimere in forma cortese *il desiderio* e *la volontà* (imperfetto di cortesia) in sostituzione del condizionale presente:

Preferia ir ver o filme da sala 3. Preferirei andare a vedere il film della sala 3.
Podia dizer-me as horas, por favor? Mi potrebbe dire che ore sono, per cortesia?

• Esprimere l'ipotesi, come sostituto del condizionale presente (vedere l'Unità 13).

Quando esprime la consuetudine nel passato, questo tempo è spesso accompagnato da espressioni come **dantes/antigamente** (una volta), **nessa altura/nesse tempo** (in quel tempo), **sempre** (sempre), o qualsiasi altra espressione che esprime l'idea di ripetizione o abitudine.

I VERBI REGOLARI

Questo tempo deriva dalla radice dell'indicativo presente alla quale si aggiungono le seguenti desinenze:

LAVAR (LAVARE)	VENDER (VENDERE)	PARTIR (PARTIRE)
lav-**ava**	vend-**ia**	part-**ia**
lav-**avas**	vend-**ias**	part-**ias**
lav-**ava**	vend-**ia**	part-**ia**
lav-**ávamos**	vend-**íamos**	part-**íamos**
lav-**áveis**	vend-**íeis**	part-**íeis**
lav-**avam**	vend-**iam**	part-**iam**

Si osservi che:
- nella seconda e terza coniugazioni, le desinenze sono identiche;
- le desinenze della prima e terza persona singolare sono le stesse in tutte e tre le coniugazioni.

I VERBI IRREGOLARI

Sono irregolari in questo tempo quattro verbi:

PÔR (METTERE, PORRE)	SER (ESSERE)	TER (AVERE)	VIR (VENIRE)
punha	era	tinha	vinha
punhas	eras	tinhas	vinhas
punha	era	tinha	vinha
púnhamos	éramos	tínhamos	vínhamos
púnheis	éreis	tínheis	vínheis
punham	eram	tinham	vinham

La comparazione – II: il superlativo

IL SUPERLATIVO RELATIVO

Esprime un'idea di superiorità o inferiorità di un elemento rispetto a tutti gli altri che presentano la stessa qualità:
Si forma anteponendo all'aggettivo **mais** (più) o **menos** (meno):

> **Esta é a ponte mais comprida da Europa.** Questo è il ponte più lungo d'Europa.

L'elemento di paragone è espresso da un complemento introdotto da varie preposizioni, tra cui la più comune è **de**, oppure da una **locuzione relativa**:

> **O desporto mais caro do mundo.** Lo sport più caro del mondo.
> **A mais bonita entre as concorrentes.** La più bella tra le concorrenti.
> **O livro menos interessante que li.** Il libro meno interessante che ho letto.
> **O meio de transporte mais rápido é o avião.** Il mezzo più veloce è l'aereo.

IL SUPERLATIVO ASSOLUTO

Il superlativo assoluto può essere:

• Analitico: **avverbio di intensità + aggettivo/avverbio**

   A cidade é extraordinariamente suja. La città è straordinariamente sporca.
   Esta notícia é muito triste. Questa notizia è molto triste.

• Sintetico: **aggettivo/avverbio + suffisso -íssimo**

   original + íssimo = originalíssimo

A questa regola si aggiungono altre più specifiche:

REGOLA	ESEMPI
L'aggettivo/avverbio terminante in vocale la perde, quando si aggiunge il suffisso.	**alto** (alto) – **altíssimo** **famoso** (famoso) – **famosíssimo** **rápido** (veloce) – **rapidíssimo** **muito** (molto) – **muitíssimo**
La sillaba finale **-vel** diventa **-bilíssimo**.	**amável** (amabile) – **amabilíssimo** **agradável** (gradevole) – **agradabilíssimo**
La **-z** finale diventa **-císsimo**.	**feliz** (felice) – **felicíssimo**
Quando finisce in **-co**, l'aggettivo/avverbio cambia questa sillaba in **-qu** e aggiunge il suffisso **-íssimo**.	**rico** (ricco) – **riquíssimo** **porco** (sporco) – **porquíssimo**
Alcuni aggettivi prendono la forma latina.	**amargo** (amaro) – **amaríssimo**; **amigo** (amico) – **amicíssimo** **antigo** (antico) – **antiquíssimo**; **cruel** (crudele) – **crudelíssimo** **doce** (dolce) – **dulcíssimo**; **fiel** (fedele) – **fidelíssimo** **frio** (freddo) – **frigidíssimo**; **geral** (generale) – **generalíssimo** **nobre** (nobile) – **nobilíssimo**; **pessoal** (personale) – **personalíssimo** **sábio** (saggio) – **sapientíssimo**; **simples** (semplice) – **simplicíssimo/simplíssimo**
Alcuni aggettivi aggiungono i suffissi **-imo** e **-rimo**, anch'essi d'origine latina.	**célebre** (celebre) – **celebérrimo** **pobre** (povero) – **paupérrimo** **fácil** (facile) – **facílimo** **difícil** (difficile) – **dificílimo**

Gli aggettivi **bom** (buono), **mau** (cattivo), **grande** (grande) e **pequeno** (piccolo) presentano delle forme irregolari:

GRADO 0	ASSOLUTO SINTETICO	RELATIVO
bom	óptimo	o melhor
mau	péssimo	o pior
grande	máximo	o maior
pequeno	mínimo	o menor

Si può usare **o mais pequeno** anziché **o menor**.
Máximo e **mínimo** possono essere sostituiti dalle forme regolari **grandíssimo** e **pequeníssimo**.
Gli avverbi **bem** (bene) e **mal** (male) presentano al superlativo assoluto sintetico le forme **optimamente** e **pessimamente**:

> **Os ensaios da ópera correram optimamente.** Le prove dell'opera sono andate benissimo.
> **Ele escreve pessimamente: dá erros tremendos.** Lui scrive malissimo: fa degli errori tremendi.

I pronomi personali complemento di termine: le forme toniche

Quando preceduti da preposizione, questi pronomi sono tonici:

Singolare	1° persona **mim**
	2° persona **ti**
	3° persona **ele, ela**

Plurale	1° persona **nós**
	2° persona **vós**
	3° persona **eles, elas**

> **Entre nós há uma grande amizade.** Tra di noi c'è una grande amicizia.
> **Não confio em ti.** Non mi fido di te.

A **você** e **vocês** corrispondono rispettivamente **si** e **vós** o **vocês**:

> **Doutor Guerra, é um telefonema para si.**
> Dottor Guerra, è una telefonata per Lei.

> **Esse é um problema entre vós/vocês. Resolvam-no como quiserem.**
> Questo è un problema tra di voi. Risolvetelo come volete.

DOPO LA PREPOSIZIONE COM (CON)

Quando è preceduto dalla preposizione **com**, il pronome personale si presenta così:

Pronome personale soggetto	Pronome personale complemento dopo la preposizione COM
eu	comigo
tu	contigo
você	consigo
ele, ela	com ele, com ela
nós	connosco
vós	convosco
eles, elas	com eles, com elas

Vamos ao cinema. Querem vir connosco? Andiamo al cinema. Volete venire con noi?

Encontrou-se comigo antes de tomar uma decisão. Si è incontrato con me prima di prendere una decisione.

Falámos com ele para tentar convencê-lo a mudar de ideia. Abbiamo parlato con lui per provare a convincerlo a cambiare idea.

Si può anche usare le forme **com nós** e **com vós**, quando il pronome va rafforzato da **outros, mesmos, próprios, todos, ambos** o qualsiasi numerale:

Falou com nós todos antes do jogo. Parlò con tutti noi prima della partita.

Le preposizioni A e EM + il dimostrativo AQUELE (AQUELA, ...)

La preposizione **a**, oltre a poter essere contratta con l'articolo determinativo, può anche articolarsi con **aquele** (nella forma maschile, femminile, neutra e plurale):

a + aquele = **àquele**
a + aquela = **àquela**
a + aqueles = **àqueles**
a + aquelas = **àquelas**
a + aquilo = **àquilo**

L'articolazione va segnalata dall'uso dell'accento grave:

Dei àquela rapariga o bilhete que escreveste. Ho dato a quella ragazza il biglietto che hai scritto.

No domingo fui àquele museu de que me falaste. Domenica sono andato/a a quel museo di cui mi hai parlato.

Anche la preposizione **em** può essere articolata con questi dimostrativi:

em + aquele = **naquele**
em + aquela = **naquela**
em + aqueles = **naqueles**
em + aquelas = **naquelas**
em + aquilo = **naquilo**

Pensaste naquilo que te disse? Hai pensato a quello che ti ho detto?
Naquele dia o céu estava cinzento. Quel giorno il cielo era grigio.

Il plurale dei sostantivi composti

La formazione del plurale dei sostantivi composti segue queste regole:

REGOLA	ESEMPI
Se il sostantivo è composto da due parole scritte attaccate senza una lineetta, il plurale si forma come quello dei sostantivi semplici.	**pontapé** (calcio) **pontapés** **malmequer** (pratolina) **malmequeres**
Se il sostantivo è formato da due nomi collegati da una preposizione, solo il primo prende la forma del plurale.	**chapéu-de-sol** (ombrellone) **chapéus-de-sol**
Se il primo elemento è un verbo o parola invariabile ed il secondo un sostantivo o aggettivo, solo il secondo volge al plurale.	**guarda-chuva** (ombrello) **guarda-chuvas** **recém-nascido** (appena nato) **recém-nascidos** **abaixo-assinado** (sottoscritto) **abaixo-assinados**
Se entrambi i termini sono nomi o il primo è un sostantivo e il secondo un aggettivo, i due elementi volgono alla forma plurale.	**couve-flor** (cavolfiore) **couves-flores** **obra-prima** (capolavoro) **obras-primas**

La frase complessa III: le congiunzioni/locuzioni coordinanti avversative

Sono congiunzioni/locuzioni che uniscono due elementi o due frasi in contrapposizione fra loro:

• **Mas/porém**	Ma, però.
• **Todavia**	Tuttavia.
• **No entanto/contudo**	Tuttavia, però.

Mas compare obbligatoriamente a inizio frase:

Pensava desligar o telemóvel, mas esqueci-me.
Pensavo di spegnere il telefonino, ma mi dimenticai.

Le altre congiunzioni/locuzioni possono trovarsi in inizio di frase o dopo uno dei suoi elementi:

Os avós dele eram franceses. Ele, no entanto, não fala francês.
I suoi nonni erano francesi. Lui, però, non parla francese.

Glossario e fraseologia

Svago: cinema, teatro e televisione

TELEVISIONE

apresentador	*conduttore*
boletim meteorológico	*meteorologia*
canal	*canale*
concurso	*quiz*
desenhos animados	*cartoni animati*
notícias	*notizie*
programa	*programma, trasmissione*
publicidade	*pubblicità*
telejornal	*telegiornale*

CINEMA/TEATRO

balcão	*galleria*
banda sonora	*colonna sonora*
bilheteira	*biglietteria*
comédia	*commedia*
desempenhar (um papel)	*interpretare un ruolo*
filme	*film*
filme de terror	*film dell'orrore*
filme de ficção científica	*film di fantascienza*
filme de "cowboys"	*western*
filme histórico	*film storico*
filme de animação	*film di animazione*
peça	*opera teatrale*
personagem	*personaggio*
plateia	*platea*
realizador	*regista*
representar	*recitare*

Fraseologia

Parlare dei programmi televisivi:

O (que é) que dá hoje na televisão? Che cosa c'è oggi in tivù?
A que horas (é que) dá o concurso? A che ora c'è il quiz?
Em que canal (é que) dá o filme? Su quale canale c'è il film?
Gosto de concursos/programas infantis. Mi piacciono i quiz/i programmi per bambini.

Descrivere il passato:

> **Costumava brincar aos polícias e ladrões.** Solitamente giocava a guardie e ladri.
> **Ia muitas vezes ao circo.** Andavo molto spesso al circo.
> **Antigamente não havia tanta poluição.** Prima non c'era tanto inquinamento.

Comparare:

> **Este actor é famosíssimo.** Quest'attore è famosissimo.
> **Hoje está muito frio.** Oggi fa molto freddo.
> **Ela é a melhor cozinheira que eu conheço.** Lei è la migliore cuoca che conosco.

Esprimere opposizione:

> **Apesar de ser famoso é muito modesto.** Nonostante sia famoso è molto modesto.
> **Vou muito ao cinema, mas vou pouco ao teatro.** Vado molto spesso al cinema, ma vado poco al teatro.

ESERCIZI

1. Coniugate all'indicativo imperfetto i seguenti verbi regolari:

1. Antigamente as pessoas (trabalhar) .... mais horas por dia.
2. Durante a guerra (nós/ouvir) .... as notícias pela rádio, pois não (haver) .... televisão.
3. Os meus avós (fazer) .... 10 quilómetros a pé todos os dias.
4. No início do século poucas mulheres (optar) .... por ter uma profissão.
5. Eu (costumar) .... brincar na rua, porque (preferir) .... a vida ao ar livre.
6. Dantes os carros (andar) .... muito mais devagar.
7. As pessoas (ler) .... mais, mas quase não (ir) .... de férias.
8. Eu (vestir) .... sempre calças, porque não (gostar) .... de saias.

2. Coniugate all'indicativo imperfetto i seguenti verbi irregolari:

1. (Tu/ser) .... uma criança introvertida ou (ter) .... muitos amigos?
2. Nós (vir) .... muitas vezes à cidade de propósito para comprar o jornal.
3. Eu nunca (pôr) .... nenhum problema.
4. Ela (ter) .... irmãos ou (ser) .... filha única?
5. Eu (ter) .... um cão chamado Sultão.
6. Vocês (ser) .... bons alunos ou (ter) .... más notas?
7. Eles nunca (vir) .... ao cinema, porque (ser) .... longe da casa deles.

3. Completate con il superlativo assoluto sintetico degli aggettivi/avverbi tra parentesi:

1. Ele tem pouco dinheiro, mas a família dele é (rico) ....
2. Apesar de ser famosa em todo o mundo, ela é uma pessoa (simples) ....
3. Tenho que me ir embora. Já é (tarde) ....
4. São (célebre) .... algumas frases de Oscar Wilde.
5. Estou (cansado)............. Hoje trabalhei mais de doze horas.
6. É (fácil) .... fazer uma mudança de casa. Basta contactar uma empresa especializada.
7. Estas cadeiras são (confortável) .... Onde é que as compraste?
8. Deve ser um monumento (antigo) ...., mas o seu estado de conservação é muito bom.
9. O seu ex-patrão deu (bom) .... referências a seu respeito.
10. Devido ao (mau) .... estado das estradas, o número de acidentes é assustador.

4. Completate con i pronomi personali complemento di termine: ME/MIM; TE/TI; ecc.:

1. Carla, este livro é para ....
2. Meus senhores, pedia-............. mais uns minutos de paciência.
3. Quando fiz anos ofereceram-............. um laboratório em miniatura.
4. Já falaste com a Irene? - Telefonei-............., mas ela não estava.
5. O meu chefe disse-............. que sem .... não sabia o que fazer.
6. Os nossos pais prometeram-............. que nas férias vamos a Portugal.
7. O Miguel não veio. Esperámos por .... mais de uma hora para nada.

5. Completate con la preposizione COM e il pronome personale:

1. Gosto muito do Samuel , mas acho que não conseguiria trabalhar ....
2. Elsa, pode vir ao meu gabinete? Precisava de falar ....
3. Os engenheiros russos que convidámos para o projecto vão ficar a trabalhar .... até meados de Setembro.
4. Ficou muito irritado ...., porque lhe disse que o achava preguiçoso.
5. Vocês vão sair já? Então saio ....
6. Estamos surpreendidos .... próprios. Não nos tinha passado pela cabeça que eles aceitassem a nossa proposta.
7. Encontrei a Marina por acaso no centro comercial e acabei por passar quase toda a tarde ....
8. O que é que se passa ...., Joana? Parece que estás com a cabeça no ar!

6. Volgete al plurale:

1. amor-perfeito; 2. saca-rolhas; 3. lua-de-mel; 4. aguardente; 5. arco-íris; 6. ferrovia; 7. bicho-de-conta; 8: ouriço-caixeiro

UNITÀ 9
PREPARATIVOS PARA FÉRIAS
PRIMA DELLE VACANZE

Susana: **Já decidiste para onde é que vais nas férias?**
ʒà desidiʃte para õde è ke vàiʃnaʃ 'fèriaʃ?
Hai già deciso dove vai in vacanza?

Jorge: **Estou a pensar ir até ao Brasil.**
ʃto a pen'sàr ir atè au brazil.
Sto pensando di andare in Brasile.

Susana: **E o bilhete? Já o compraste?**
I u beʎéte? ʒà u kõpràʃte?
E il biglietto? L'hai già comprato?

Jorge: **Vou comprá-lo amanhã. Ainda tenho que ir a algumas agências de viagens para perguntar preços, mas espero que não seja demasiado caro.**
Vo kõpràlu àma'ɲã. Ainda taɲu ke ir a àlgumaʃa'ʒensiaʃde viàʒãiʃpara pergun'tàr présuʃ, maz eʃpèru ke nãu saʒa demaziàdu kàru.
Vado a comprarlo domani. Devo ancora andare in qualche agenzia di viaggi a chiedere dei prezzi, ma spero che non sia troppo caro.

Susana: **Porque é que não falas com o Carlos? Uma prima dele trabalha numa agência e pode ser que te consiga arranjar um bilhete mais barato.**
Purke è ke nãu fàlaʃ kõ u kàrluʃ? Uma prima déle trabàʎa numa a'ʒensia i pòde sér ke te kõsiga aRã'ʒàr um beʎéte màiʃbaràtu.
Perché non parli con Carlos? Una sua cugina lavora in un'agenzia di viaggi e magari ti troverà un biglietto ad un prezzo più basso.

Jorge: **Se calhar é isso mesmo que vou fazer. De qualquer forma queria vê-lo antes de me ir embora. Assim aproveito e mato dois coelhos de uma cajadada.**
Se ka'ʎàr è isu mézmu ke vo fa'zér. De kuàl'kèr fòrma keria vélu ãteʃde me ir embòra. Asim apruveito i màtu doiʃkuaʎuʃduma kaʒadàda.
Forse è quello che farò. Anche perché vorrei vederlo prima di partire. Così prendo due piccioni con una fava.

Susana: **E o alojamento? Onde é que vais ficar?**

I u aluʒamentu? Õde è ke vaiʃ fi'kàr?

E l'alloggio? Dove andrai?

Jorge: **Talvez fique em casa de uns conhecidos de uns tios meus no Rio de Janeiro. A minha tia disse que lhes ia telefonar para saber se eles não se importam.**

Ta'lvéʃ fike ãi kàza dunʃ kuŋesiduʃ dunʃ tiuʃ méuʃ nu Riu de ʒanairu. A miŋa tia dise ke λezia telefu'nàr para sa'bér se éles nãu se impòrtãu.

Forse andrò da alcuni conoscenti dei miei zii a Rio de Janeiro. Mia zia ha detto che telefonerà loro per sapere se non ci sono problemi.

Susana: **E tu não te importas de ir para casa de pessoas apesar de não as conheceres?**

I tu nãu te impòrtaʃ de ir para kàza de pesoaʃ ape'zàr de nãu aʃ kuŋe-séreʃ?

E non ti dà fastidio soggiornare in casa di persone che non conosci?

Jorge: **Os meus tios conhecem-nos há anos e dizem que são muito disponí-veis e simpáticos.**

Uʃ méuʃ tiuʃ ku'ŋèsãinuʃ à anuz i dizãi ke sãu mũutu diʃpunivaiʃ i simpà-tikuʃ.

I miei zii li conoscono da anni e dicono che sono molto disponibili e gentili.

Susana: **Estará bom tempo no Rio agora? Já não posso com esta chuva. Há não sei quantas semanas que chove quase todos os dias.**

ʃta'rà bõ tempu nu Riu agòra? ʒà nãu pòsu kõ èʃta ʃuva. À nãu sei kuã-taʃ semanaʃ ke ʃòve kuàze toduz uʃ diaʃ.

Ci sarà bel tempo a Rio? Non ce la faccio più con questa pioggia. È da non so quante settimane che piove quasi tutti i giorni.

Jorge: **É provável que esteja bastante melhor do que aqui. Menos frio, cer-tamente. Também não admira: agora lá estão no Verão. Oxalá esteja um calor de rachar e que eu possa ir à praia e apanhar um belo bronzeado. A minha tia disse-me que o apartamento destes amigos é pertíssimo de Copacabana.**

Oʃa'là ʃtaiʒa um kalor de Ra'ʃàr i ke éu pòsa ir à praia i apa'ŋàr um bèlu bronziàdu. A miŋa tia 'diseme ke u apartamentu déʃtez amiguz è per'tisimu de kòpakabana.

È probabile che sia molto migliore di qua. Meno freddo sicuramente. Non è da meravigliarsi. Adesso là è estate. Spero che ci sia un caldo da morire e che io possa andare al mare e prendere una bella abbronzatura. Mia zia mi ha detto che l'appartamento di questi amici è vicinissimo a Copacabana.

Susana: **Que inveja! Quem me dera ir também. Será que não me podes levar dentro da tua mala?**

Ke invèʒa! Kãi me dèra ir tã'bãi. Serà ke nãu me pòdeʃ le'vàr dentru da tua màla?

Che invidia! Magari potessi venire anch'io. Non potresti portarmi nella tua valigia?

Jorge: **Depois, conto-te como foi.**

De'poiʃ kõtute komu foi.

Dopo ti racconto com'è andata.

Elementi grammaticali

Il congiuntivo

Il congiuntivo è il modo dell'incertezza, del dubbio, dell'eventualità o dell'irrealtà:

> **Pode ser que a prima dele te consiga um bilhete mais barato.**
> Può darsi che sua cugina ti trovi un biglietto ad un prezzo più basso.
> **Talvez fique em casa de uns conhecidos.** Forse andrò a casa di conoscenti.

IL CONGIUNTIVO PRESENTE (PRESENTE DO CONJUNTIVO)

Si ottiene dalla radice della prima persona singolare dell'indicativo presente:

CANTAR (CANTARE)	VENDER (VENDERE)	PARTIR (PARTIRE)
cant-**e**	vend-**a**	part-**a**
cant-**es**	vend-**as**	part-**as**
cant-**e**	vend-**a**	part-**a**
cant-**emos**	vend-**amos**	part-**amos**
cant-**eis**	vend-**ais**	part-**ais**
cant-**em**	vend-**am**	part-**am**

> La seconda e la terza coniugazione presentano delle desinenze uguali.

Dato che la prima persona singolare dell'indicativo presente mostra spesso delle irregolarità, il congiuntivo presente le mantiene in tutte le persone. Per esempio:

VERBO	1° PERSONA SINGOLARE	RADICE
ouvir	ouço/oiço	ouç-
dormir	durmo	durm-
seguir	sigo	sig-
pôr	ponho	ponh-

Quindi, nel congiuntivo presente questi verbi si coniugano:

OUVIR (SENTIRE)	DORMIR (DORMIRE)	SEGUIR (SEGUIRE)	PÔR (METTERE)
ouça	durma	siga	ponha
ouças	durmas	sigas	ponhas
ouça	durma	siga	ponha
ouçamos	durmamos	sigamos	ponhamos
ouçais	durmais	sigais	ponhais
ouçam	durmam	sigam	ponham

Não acredito que ouças o que estou a dizer com a música no máximo.
Non credo che tu senta quello che sto dicendo con la musica al massimo volume.
Talvez durmamos no comboio, se houver "couchettes".
Forse dormiremo sul treno, se ci saranno delle cuccette.

Sono **irregolari**:

Dar (DARE)	Estar (ESSERE, STARE)	Querer (VOLERE)	Saber (SAPERE)	Ser (ESSERE)	Ir (ANDARE)
dê	esteja	queira	saiba	seja	vá
dês	estejas	queiras	saibas	sejas	vás
dê	esteja	queira	saiba	seja	vá
dêmos	estejamos	queiramos	saibamos	sejamos	vamos
deis	estejais	queirais	saibais	sejais	vades
dêem	estejam	queiram	saibam	sejam	vão

È anche irregolare il verbo **haver** (esserci) che nella forma impersonale fa **haja** al congiuntivo presente.

Il congiuntivo presente si usa:
Dopo le espressioni impersonali (all'indicativo presente) seguite da **que**:

É importante que te apresentes pontualmente.
È importante che ti presenti puntualmente.

ATTENZIONE!

Le stesse espressioni possono essere seguite da "infinito pessoal" nel caso in cui non vi sia la congiunzione **que** (vedere l'Unità 6).

Altri verbi che possono essere seguiti da **que + congiuntivo**: **desejar** (desiderare), **agradecer** (ringraziare), **lamentar** (lamentare), **recear** (temere), **pedir** (chiedere), **querer** (volere), **preferir** (preferire), **exigir** (esigere), **proibir** (proibire), **sentir** (sentire), **sugerir** (suggerire).

Dopo verbi che esprimono il desiderio, l'ordine, il dubbio, la possibilità, la proibizione o un sentimento:

• Desiderio:
Espero que o comboio não saia atrasado.
Spero che il treno non parta in ritardo.

• Ordine:
Exigimos que nos tratem com respeito.
Esigiamo di essere trattati rispettosamente.

• Dubbio:

Duvido que ele se lembre de apagar o gás.
Dubito che lui si ricordi di spegnere il gas.

• Possibilità:

Pode ser que o supermercado ainda esteja aberto.
Può darsi che il supermercato sia ancora aperto.

In portoghese si usano spesso delle espressioni di dubbio o desiderio seguite da congiuntivo come **Quem me dera que**, **Tomara que**, **Oxalá** e **Deus queira que**, traducibili in italiano da espressioni come "magari" o "speriamo che", e **talvez** (forse).

Oxalá não haja nenhum problema. Speriamo che non ci sia nessun problema.
O romancista talvez publique um livro ainda este ano. Il romanziere forse pubblicherà un libro anche quest'anno.
Tomara que o médico diga que não tenho nada de grave. Speriamo che il medico dica che non ho niente di grave.
Deus queira que o meu clube vença a final do campeonato. Magari la mia squadra vincesse la finale del campionato.

A **differenza dell'italiano**, i verbi che esprimono opinione vanno coniugati con *l'indicativo* nelle *proposizioni affermative* e con il *congiuntivo* nelle *proposizioni negative*:

Penso que domingo é um bom dia para organizar um almoço de família.
Penso che domenica sia un buon giorno per organizzare un pranzo di famiglia.
Não pensamos que o concerto valha a pena. Non pensiamo che il concerto valga la pena.

Questo tempo si usa anche dopo alcune congiunzioni o locuzioni subordinanti, quando esprime un'azione eventuale nel presente o nel futuro. E in particolare lo troviamo:
• Nelle frasi condizionali (vedere l'Unità 14):

Caso recebas um telefonema para mim, toma nota do recado. Se dovessi ricevere una telefonata per me, prendi nota del messaggio.

• Nelle frasi concessive (vedere l'Unità 10):

Embora saiba que tenho razão, não vou teimar com ele. Nonostante io sappia che ho ragione, non voglio insistere con lui.

• Nelle frasi finali (vedere l'Unità 15):

Proibem a entrada a estranhos para que ninguém possa roubar a fórmula. Proibiscono l'ingresso agli estranei perché nessuno possa rubare la formula.

• Nelle frasi temporali (vedere l'Unità 12):

Apanha a roupa, antes que chova. Ritira il bucato prima che cominci a piovere.

Il futuro - II: futuro semplice indicativo (futuro simples do indicativo)

La forma del verbo è costituita dall'infinito + desinenze:

PARAR (FERMARE)	ESCREVER (SCRIVERE)	OUVIR (UDIRE)	DESINENZE
parar-**ei**	escrever-**ei**	ouvir-**ei**	**-ei**
parar-**ás**	escrever-**ás**	ouvir-**ás**	**-ás**
parar-**á**	escrever-**á**	ouvir-**á**	**-á**
parar-**emos**	escrever-**emos**	ouvir-emos	**-emos**
parar-**eis**	escrever-**eis**	ouvir-**eis**	**-eis**
parar-**ão**	escrever-**ão**	ouvir-**ão**	**-ão**

Sono **irregolari**:
• **Fazer** (fare)   Farei.
• **Trazer** (portare)   Trarei.
• **Dizer** (dire)   Direi.

Questo tempo si usa per:
• Indicare fatti certi o probabili che devono avvenire dopo il momento in cui si parla:

Amanhã o Presidente fará uma comunicação ao país.
Domani il Presidente farà una comunicazione al Paese.

• Esprimere l'incertezza, la possibilità, il dubbio o una supposizione rispetto ad un fatto futuro:

Estará calor no Rio de Janeiro? Farà caldo a Rio de Janeiro?
A que horas chegará o avião? A che ora arriverà l'aereo?

• Esprimere una supposizione o probabilità nel presente:

Oiço um ruído lá fora. Será com certeza a chuva a cair no telhado.
Sento un rumore fuori. Sarà sicuramente la pioggia che cade sul tetto.

• Esprimere un ordine, un desiderio o una supplica:

Farás o que eu te digo. Farai quello che ti dico.

Se si vuole esprimere un dubbio rispetto ad un fatto passato, presente o futuro, si può anche usare la struttura:

será que + verbo principale coniugato all'indicativo:

Será que eles foram para fora no fim-de-semana? Saranno andati via per il fine settimana? (fatto passato).
Será que ela gosta de mim? Sarà che le piaccio? (fatto presente).
Será que vai chover? Pioverà? (fatto futuro)

Come abbiamo visto nell'Unità 5, per indicare un'azione futura immediata o prossima si usa spesso la perifrasi verbale: **ir + infinito**.

Lo stesso vale per esprimere l'intenzione di realizzare un'azione nel futuro, nel qual caso si usa la perifrasi verbale: **haver** + preposizione **de** + infinito (vedere l'Unità 12).

I verbi impersonali

Oltre al verbo **haver** (quando significa "esistere"), vi sono altri verbi impersonali, cioè verbi usati solo alla terza persona singolare. Tra questi, il gruppo più importante è quello dei verbi che descrivono i fenomeni atmosferici o naturali:

alvorecer	albeggiare	**nevar**	nevicare
amanhecer	farsi giorno	**relampejar**	lampeggiare
anoitecer	farsi notte	**saraivar**	grandinare
chover	piovere	**trovejar**	tuonare
chuviscar	piovigginare	**ventar**	tirar vento

> **Em Portugal só neva nas zonas altas.**
> In Portogallo non nevica che ad alta quota.
> **Quando anoiteceu, ele ainda não tinha voltado.**
> Quando si fece notte, lui non era ancora tornato.

Alcuni verbi che esprimono necessità, convenienza o sensazioni, quando retti da preposizioni, sono usati come impersonali:

> **Chega de problemas!** Basta con i problemi!

I pronomi personali complemento oggetto

Quando sono complemento oggetto, i pronomi personali prendono le forme seguenti:

Singolare	1° persona **me**
	2° persona **te**
	3° persona **o** (masch.); **a** (femm.)

Plurale	1° persona **nos**
	2° persona **vos**
	3° persona **os** (masch.); **as** (femm.)

Il pronome personale complemento oggetto è sempre atono.
Le forme della prima e seconda persona singolare e della prima e seconda plurale sono uguali alle forme atone rispettive del pronome personale complemento di termine (vedere l'Unità 7).
A **você** corrispondono le forme di terza persona singolare e a **vocês** quelle della seconda e terza plurale.

LE FORME DELLA TERZA PERSONA SINGOLARE E PLURALE

Quando precede il verbo, il pronome si presenta con le forme **o, a, os, as** (vedere l'Unità 11):

Quando é que o viste? Quando l'hai visto?
Não as percebi. Non le ho capite.

Quando va posposto al verbo, la sua forma dipende dalla lettera finale di esso:

REGOLA	ESEMPI
Se la forma verbale termina per **-r, -s** o **-z**, queste consonanti vanno omesse e il pronome si presenta **lo, la, los, las**. Lo stesso succede alla parola invariabile **eis** (ecco) che diventa **ei-lo** (eccolo).	**É difícil vê-los juntos.** (È difficile vederli insieme.) **Escreve-las à mão ou no computador?** (Le scrivi a mano o al computer?) **Ele fá-lo sem qualquer problema.** (Lui lo fa volentieri.)
Se la forma verbale finisce per **dittongo nasale**, il pronome diventa **no, na, nos, nas**.	**Eles venderam-nas a um vizinho.** (Loro le hanno vendute ad un vicino di casa.) **Põe-no no armário.** (Mettilo nell'armadio). **Elas protegem-no demasiado.** (Loro lo proteggono troppo.)
Se la forma verbale finisce per **vocale** o **dittongo orale**, il pronome mantiene le forme **o, a, os, as**.	**Conheço-o há mais tempo que tu.** (Lo conosco da più tempo di te.) **Escreveu-a num papel.** (L'ha scritta su un pezzo di carta.)

Le forme verbali in cui la **-r, -s** o **-z** finale sia caduta portano **accento acuto** sulla **a** e sulla **e aperta** e portano **accento circonflesso** sulla **e chiusa** e sulla **o chiusa**:

Podes dá-lo a uma criança. Puoi darlo ad un bambino.
Vamos sabê-lo dentro de dias. Lo sapremo tra alcuni giorni.

Presentano delle particolarità le seguenti forme:
Il verbo **querer** (volere) alla terza persona singolare.
Ela quer os brincos. = Ela quere-os. Lei vuole gli orecchini. = Lei li vuole.
Il verbo **ter** (avere/tenere) alla seconda persona singolare:
Tu tens o meu passaporte. = Tu tem-lo. Tu hai il mio passaporto. = Tu ce l'hai.

Gli avverbi in -MENTE

Un grande numero di avverbi si ottengono aggiungendo il suffisso **-mente** alla forma femminile dell'aggettivo.

Quando l'aggettivo è accentato, l'avverbio perde l'accento:

> **amável**   amavel**mente**
> **confortável** confortavel**mente**

Gli avverbi **bem** e **mal** presentano nel superlativo assoluto sintetico rispettivamente le forme **optimamente** e **pessimamente** (vedere l'Unità 8):

> **Come-se optimamente no restaurante do hotel.**
> Si mangia benissimo nel ristorante dell'albergo.
> **Ela canta pessimamente, mas está convencida que é uma grande cantora.**
> Lei canta malissimo, ma è convinta di essere una grande cantante.

Questi avverbi sono per lo più di modo, ma si possono anche trovare in altre categorie:
• Avverbi di dubbio: **possivelmente/provavelmente** (probabilmente).
• Avverbi di modo: **rapidamente** (rapidamente); **eficientemente** (efficientemente).
• Avverbi di ordine: **primeiramente** (per primo); **finalmente** (infine).
• Avverbi di tempo: **ultimamente** (ultimamente).
• Avverbi di affermazione: **realmente** (realmente); **certamente** (certamente); **seguramente** (sicuramente); **efectivamente** (effettivamente).

Quando in una frase due o più avverbi in **-mente** modificano la stessa parola, solo l'ultimo aggettivo prende il suffisso, a meno che l'intenzione sia enfatica.

Glossario e fraseologia

Vacanze, alloggio e clima

ALOJAMENTO	ALLOGGIO
caravana	*camper*
diária	*diaria*
hotel	*albergo*
meia pensão	*mezza pensione*
parque de campismo	*campeggio*
pensão	*pensione*
pensão completa	*pensione completa*
piscina	*piscina*
pousada	*albergo/ostello*
pousada da juventude	*ostello della gioventù*
quarto individual/de casal	*camera singola/doppia*
reservar	*prenotare*
residencial	*residence*
roulotte	*roulotte*
tenda	*tenda*

CLIMA

abafado	afoso	**melhorar**	migliorare
aguaceiro	acquazzone	**neve**	neve
arrefecer	rinfrescare	**nevoeiro**	nebbia
calor	caldo	**nublado**	nuvoloso
céu	cielo	**nuvem**	nuvola
chover	piovere	**piorar**	peggiorare
chuva	pioggia	**quente**	caldo
chuviscar	piovigginare	**relâmpago**	lampo
encoberto	coperto	**trovão**	tuono
frio	freddo	**trovejar**	tuonare
geada	brina	**trovoada**	temporale con tuoni
humidade	umidità	**vento**	vento
húmido	umido		

Fraseologia

Chiedere informazioni sull'alloggio:

Onde (é que) fica o hotel/a pensão/...? Dov'è l'albergo/pensione/..?
O quarto tem duche/banho/ar condicionado/..? La camera ha doccia/bagno/aria condizionata/...?
O pequeno-almoço está incluído no preço? La colazione è inclusa nel prezzo?
Quanto é (que é) a meia-pensão? Quant'è la mezza pensione?

Chiedere informazioni sul clima/tempo:

Como é (que é) o clima dos Açores? Com'è il clima delle Azzorre?
Está frio nesta altura do ano? Fa freddo in questo periodo dell'anno?
Qual é (que é) a temperatura média nesta altura do ano? Qual è la temperatura media in questo periodo dell'anno?
Está a chover? Sta piovendo?

Esprimere il dubbio/la probabilità:

Será que no Rio de Janeiro está calor? Sarà caldo a Rio de Janeiro?
Talvez fique em casa de uns amigos. Forse andrò da amici.
Se calhar vou de comboio. Forse vado in treno.
É possível que vá a Londres. È possibile che vada a Londra.
Provavelmente fico em casa. Probabilmente rimango in casa.

Chiedere informazioni sulle vacanze:

Aonde (é que) vais nas férias? Dove vai in vacanza?
Com quem (é que) vais de férias? Con chi vai in vacanza?
Quanto tempo (é que) vais ficar na Madeira? Quanto tempo rimarrai a Madera?

Esprimere desiderio/speranza:

> **Espero que o tempo esteja bom.** Spero che il tempo sia buono.
> **Deus queira que não me percam a bagagem.** Speriamo che non mi perdano il bagaglio.
> **Tomara que o quarto tenha ar condicionado.** Speriamo che la camera abbia aria condizionata.

ESERCIZI

1. Completate con il congiuntivo presente dei verbi tra parentesi:

1. Não é provável que tu (ouvir) .... o que se passa na sala de entrevistas com a porta fechada.
2. Talvez nós (fazer) .... uma viagem pelo Norte, quando o tempo estiver melhor.
3. O João tem tanto tempo livre que é provável que (ler) .... mesmo três livros por semana.
4. É possível que as fábricas de celulose (ser) .... responsáveis pela poluição dos rios.
5. O ministro dos negócios estrangeiros duvida que o país (perder) .... algo com o novo tratado.
6. Está previsto que os jogadores (partir) .... para um estágio na Suécia no mês que vem.
7. É impossível que o Luís (vir) .... no avião das seis.
8. Os alunos duvidam que o professor (cumprir) .... a promessa de os passar a todos.
9. Os trabalhadores exigem que a empresa lhes (dar) .... garantias de que não haverá despedimentos.
10. Preciso que (tu/ir) .... à farmácia buscar estes medicamentos.

2. Completate le frasi esclamative e dubitative con il congiuntivo presente:

1. Tomara que o tempo se (manter) .... quente.
2. Oxalá a viagem (correr) .... bem!
3. Deus queira que a Luísa e o Paulo (conseguir) .... encontrar a mala!
4. Quem me dera que o exame (ser) .... fácil!

3. Completate con il futuro semplice dei verbi tra parentesi:

1. (Nós/fazer) .... o possível para lhes proporcionarmos uma estadia agradável.
2. Amanhã (chover) .... em todo o país, e as zonas mais a Norte (sofrer) .... uma descida de temperatura acentuada.
3. Daqui a três dias (sair) .... o resultado do concurso.
4. (Tu/poder) ....: dar-me uma mão? Não consigo fazer isto sozinho.

5. Os vários presidentes (trazer) .... uma comitiva que os (acompanhar) .... durante a viagem.
6. Garanto-lhe que (ficar) .... rico e nunca mais (ter) .... de trabalhar.
7. O que (dizer) .... ele da novidade que tens para lhe dar?

4. Sostituite le parole in grassetto dal pronome personale della terza persona (singolare o plurale) adeguato:

1. Meus senhores, tirem os vossos passaportes e mostrem **os vossos passaportes** ao oficial da alfândega.
2. Não vemos os vizinhos de cima muitas vezes, mas costumamos ouvir **os vizinhos**.
3. Viste a minha saia azul?
Vi **a tua saia azul** e pus **a tua saia azul** na gaveta da cómoda.
4. Pega no pacote da farinha e põe **o pacote** no armário,por favor.
5. Convida o Tó e traz **o Tó** contigo ao jantar.
6. Comprei o jornal e vou ler **o jornal** no autocarro.
7. Eles receberam o dinheiro e puseram **o dinheiro** no banco imediatamente.
8. Vamos buscar a encomenda e entregamos **a encomenda** na morada indicada.
9. Gosto muito destas calças e por isso uso **estas calças** com muita frequência.
10. Comprámos um sofá e pusemos **o sofá** na sala.

5. Completate con il pronome personale complemento oggetto adeguato:

1. Ontem vi o Alexandre. Ele também .... viu, mas virou a cara.
2. O seu nome não é Joana Figueiredo? Parece que .... conheço.
3. Senhor Soares, ainda bem que .... encontro! Precisava de falar consigo.
4. Ana e Cátia, não .... ouvi chegar! Já aqui estavam há muito tempo?
5. Desculpa se .... acordei, Susana, mas já é meio-dia.
6. Temos muita consideração por eles pois ajudam-.............. sempre que precisamos.

6. Sostituite le parole in grassetto con un avverbio in -MENTE:

1. Oferecem-se **de sua própria vontade** para trabalhar num campo de refugiados.
2. Do alto da torre da igreja vê-se **muito bem** a cidade e arredores.
3. As pessoas que ficaram desalojadas devido ao terramoto poderão voltar **de novo** para as suas casas.
4. Os contrabandistas costumavam passar a fronteira **em segredo**.
5. Para falar **com sinceridade**, acho que as coisas não vão mudar.
6. Se queres fazer esse passeio, é melhor vestires-te **com conforto**.

UNITÀ 10
NA AGÊNCIA DE VIAGENS
ALL'AGENZIA DI VIAGGI

Jorge: **Boa tarde. Gostava de falar com a D. Josefa Figueira, se faz favor. Diga-lhe que venho da parte de um primo. O meu nome é Jorge Gomes.**
Boa tàrde. Guſtàva de fa'làr kõ a dona ʒuʒèfa figaira. 'Digaλe ke vaηu da pàrte dum primu. U méu nome è ʒòrʒe gòmeſ.
Buona sera. Vorrei parlare con la signora Josefa Figueira, per cortesia. Vengo da parte di un suo cugino. Il mio nome è Jorge Gomes.

Empregada da agência: **É só um momento. Vou chamá-la.**
È sò um mumentu. Vo ſamàla.
Solo un attimo. Vado a chiamarla.

Josefa: **Boa tarde, como está? O Carlos falou-me em si. Disse-me que estava interessado em saber os preços das viagens para o Brasil.**
Boa tàrde, komu ſtà? U kàrluſ falome ãi si. 'Diseme ke ſtàva interesàdu ãi sa'bér uſ présuſ daſ viàʒãiſ para u brazil.
Buona sera, come sta? Carlos mi ha parlato di Lei. Mi ha detto che è interessato ai prezzi dei viaggi per il Brasile.

Jorge: **É verdade.**
È verdàde.
È vero.

Josefa: **Estava a pensar ir de avião, suponho? Imagine que acabei de vender umas passagens para o Rio mas de navio.**
ſtàva a pen'sàr ir de aviãu, supoηu? Imaʒine ke aka'bai de ven'dér umaſ pasàʒãis para u Riu maſ de naviu.
Stava pensando di andarci in aereo, credo? Perché ho appena venduto alcuni biglietti per Rio via mare.

Jorge: **Deve ser fantástico. Mas, além de não ter tempo, enjoo a andar de barco. E embora seja mais caro, o avião é muito mais rápido e cómodo.**
Dève sér fã'tàſtiku. Maſ, àlãi de nãu tér tempu, enʒou a ã'dàr de bàrku. I embòra saiʒa màiſ kàru, u aviãu è mũtu màiſ 'Ràpidu i 'kòmudu.

Deve essere fantastico. Però, oltre a non avere il tempo, soffro il mal di mare. E nonostante sia più caro, l'aereo è molto più veloce e comodo.

Josefa: **Hoje em dia há pouco quem vá de navio, mas também há quem prefira. Os transatlânticos são óptimos, durante o cruzeiro há muitas actividades e passatempos para os passageiros. Diga-me lá: prefere ir em classe turística ou executiva?**

Oʒe ãi dia à poku kãi và de naviu, maʃ tã'bãi à kãi prefira. Uʃ trãʒa'tlãtikuʃ sãu 'òtimuʃ, durãte u kruzeiru à mũtaʒ atividàdez i pàsatempuʃ para uʃ pasaʒairuʃ. 'Digame là: prefère ir ãi klàse tu'riʃtika o izekutiva?

Oggi ci sono poche persone che vanno in nave, però ancora c'è chi lo preferisce. I transatlantici sono ottimi e durante la crociera c'è la possibilità di divertimenti e passatempi per i passeggeri. Ma mi dica, preferisce la classe turistica o la business?

Jorge: **Há uma grande diferença de preços?**

À uma grãde diferensa de présuʃ?

E la differenza di prezzo è molto grande?

Josefa: **Uma diferença considerável: em turística o bilhete fica-lhe por metade. Deixe-me ver: um voo Lisboa - Rio de Janeiro… são cento e vinte contos mais taxas e tem obrigatoriamente de passar lá um fim-de-semana.**

Uma diferensa kõsideràvel: ãi tu'riʃtika u beλéte' fikaλe pur metàde. 'Daiʃeme vér: um vou liʒboa – Riu de ʒanairu… Sãu sentu i vinte kõtuʃ màiʃ tàʃaʃ i tãi obrigatòriamente de pa'sàr là um fim de semana.

C'è una grossa differenza: in turistica paga la metà. Mi lasci vedere: un volo Lisbona – Rio de Janeiro…costa centoventi mila "escudos" più tasse e deve rimanere in Brasile un fine settimana.

Jorge: **Quanto a isso não há problema. Acho que vou ficar umas duas semanas. Há lugares para dia dois de Dezembro?**

Kuãtu a isu nãu à prubléma. Àʃu ke vo fi'kàr umaʃ duaʃ semanaʃ. À lugàreʃ para dia doiʃ de dezembru?

Per questo non c'è nessun problema. Penso che rimarrò circa due settimane. Ci sono dei posti per il due di dicembre?

Josefa: **Dois de Dezembro? É domingo, não é ?Há ainda muitos lugares. E em que dia é que está a pensar voltar?**

Doiʃ de dezembru? È dumingu, nãu è? À ainda mũtuʃ lugàreʃ. I ãi ke dia è ke ʃtà a pen'sàr vòl'tàr?

Il primo di dicembre? È una domenica, non è vero? Ci sono ancora molti posti. E in quale giorno pensa di tornare?

Jorge: **Dezasseis ou dezassete, tanto faz.**

Dezasaiz o dezasète, tãtu fàʃ.

Il sedici o il diciassette: è lo stesso.

Josefa: **Então vamos fazer uma reserva para dezasseis. Está bem assim?**

En'tãu vamuʃ fa'zér uma Reʒèrva para dezasaiʃ. ʃtà bãi asim?

Allora facciamo una prenotazione per il sedici. Va bene così?

Jorge: **Para mim está perfeito. Quando é que posso vir buscar o bilhete?**

Para mim ʃtà perfaitu. Kuãdu è ke pòsu vir buʃ'kàr u beλéte?

Per me è perfetto. Quando posso venire a prendere il biglietto?

Josefa:	**A emissão costuma demorar cerca de três dias. Assim que eu tiver o bilhete, telefono-lhe. É mais fácil para mim, porque pode haver algum atraso e não queria que viesse cá para nada. Diga-me só mais uma coisa: vai ter alguém à sua espera, quando chegar ao Rio? É que se quiser, também lhe podemos tratar do "transfer".**

A imi'sãu kuʃtuma demu'ràr sérka de tréʃ diaʃ. Asim ke éu ti'vèr u beʎéte, tele'fonuʎe. È màiʃ fàsil para mim, purke pòde a'vér àl'gum atràzu i nãu keria ke vièse kà para nàda. 'Digame sò màiz uma koiza: vai tér àl'gãi à sua ʃpèra, kuãdu ʃe'gàr au Riu? È ke, se k'izèr, tã'bãi ʎe pudémuʃ tra'tàr du trãʃ'fèr.

Per l'emissione del biglietto di solito ci vogliono circa tre giorni. Appena l'avrò, Le telefono, perché può darsi che ci sia un ritardo e non vorrei che venisse qui per nulla. Ancora un'altra cosa: ci sarà qualcuno ad aspettarLa, quando sarà arrivato a Rio? Perché se vuole, possiamo anche occuparci del transfer.

Jorge:	**Penso que sim. As pessoas em casa de quem vou ficar vão-me buscar. Contudo, se houver algum problema, digo-lhe.**

Pensu ke sim. Aʃ pesoaz ãi kàza de kãi vo fi'kàr vãume buʃ'kàr. Kõtudu, se o'vèr à'lgum prubléma, 'diguʎe.

Penso di sì. Le persone da cui andrò vengono a prendermi. Comunque, se ci sarà qualche problema, glielo faccio sapere.

Josefa:	**Ah, e não se esqueça do passaporte! Tem-no em dia?**

À, i nãu se ʃkésa du pàsapòrte! Tãinu ãi dia?

E non dimentichi il passaporto! È valido?

Jorge:	**Tenho sim. Já me certifiquei.**

Taŋu sim. ʒà me sertifi'kai.

Sì, ce l'ho. Ho già controllato.

Elementi grammaticali

Il congiuntivo futuro semplice – I (futuro do conjuntivo simples – I)

Per uno studente di lingua italiana questo è, probabilmente, uno dei tempi più difficili da capire e usare, visto che non c'è una corrispondenza diretta con nessuna struttura conosciuta a cui fare riferimento.

Il congiuntivo futuro, che ha una forma semplice e una composta, a volte si traduce in italiano con l'indicativo presente, ma in certi contesti può anche corrispondere all'indicativo futuro.

Dal confronto tra il modo indicativo e il modo congiuntivo che abbiamo fatto nell'Unità precedente risulta che il congiuntivo è il modo dell'eventualità, soggettività e incertezza, mentre l'indicativo è il modo dell'oggettività e della certezza.

Di conseguenza, il congiuntivo futuro indica l'eventualità nel futuro e non la certezza o l'intenzione rispetto al futuro.

È un tempo derivato dal tema del "pretérito perfeito" dell'indicativo. Il tema si ottiene togliendo la desinenza alla seconda persona del singolare o alla prima del plurale. A questo tema vanno aggiunte delle desinenze.

PRETÉRITO PERFEITO		TEMA	DESINENZE
Lavar (lavare)	lava(ste) lavá(mos)	lava	-r -res -r -rmos -rdes -rem
Fazer (fare)	fize(ste) fize(mos)	fize	
Vir (venire)	vie(ste) vie(mos)	vie	

LAVAR	FAZER	VIR
lavar	fizer	vier
lavares	fizeres	vieres
lavar	fizer	vier
lavarmos	fizermos	viermos
lavardes	fizerdes	vierdes
lavarem	fizerem	vierem

Visto che le desinenze del futuro congiuntivo sono uguali a quelle dell'infinito personale, in verbi come **lavar**, che è regolare al "pretérito perfeito", le forme coincidono in questi due tempi.

	INFINITIVO PESSOAL	FUTURO DO CONJUNTIVO
Lavar (lavare)	lavar	lavar
	lavares	lavares
	lavar	lavar
	lavarmos	lavarmos
	lavardes	lavardes
	lavarem	lavarem

In questo caso, il contesto ci permette di distinguere qual è il tempo usato:

Para apanhares o comboio das seis tens de te levantar cedo.
Per prendere il treno delle sei ti devi alzare presto (infinitivo pessoal).
Se não apanhares o comboio das seis, levo-te de carro.
Se non riesci a prendere il treno delle sei, ti porto/porterò in macchina (futuro do conjuntivo).

Nei verbi che al **pretérito perfeito** sono irregolari, le forme dei due tempi sono diverse:

	Infinitivo pessoal	Futuro do conjuntivo
Querer (volere)	eu querer	eu quiser
Ver (vedere)	eu ver	eu vir
Ser (essere)	eu ser	eu for
Ir (andare)	eu ir	eu for
Ter (avere)	eu ter	eu tiver

Dato che i verbi **ser** e **ir** sono uguali nel **pretérito perfeito**, anche nel congiuntivo futuro mantengono quest'identità.

Il congiuntivo futuro si usa per esprimere l'eventualità in frasi subordinate avverbiali temporali e condizionali.

Frasi subordinate temporali + futuro do conjuntivo

Queste frasi vanno introdotte da congiunzioni/locuzioni temporali come **quando** (quando), **assim que/logo que** (non appena), **enquanto** (finché), **sempre que/todas as vezes que** (ogni volta che):

> **Quando souberes o preço do bilhete, diz-me.**
> Quando saprai il prezzo del biglietto, dimmelo.
> **Assim que houver um dia quente, levo os miúdos à piscina.**
> Non appena ci sarà un giorno caldo, porterò i bimbi in piscina.
> **Não deixo de trabalhar, enquanto me sentir com força.**
> Non smetterò di lavorare, finché avrò la forza.
> **Sempre que for ao Porto, vou tomar um café ao "Majestic".**
> Ogni volta che andrò a Porto, andrò a prendere un caffè al "Majestic".

Mentre la frase **subordinata** richiede il **congiuntivo futuro**, nella proposizione **principale** si usa l'**indicativo** (presente o futuro) oppure l'**imperativo**.

Frase principale	Frase subordinata
Continuo a votar em branco, (Continuerò a votare scheda bianca,)	**enquanto os governantes não forem honestos.** (finché i governanti non diventeranno onesti.)
indicativo (presente o futuro) o imperativo	**congiuntivo futuro**

La frase complessa – IV: esprimere la condizione. Periodo ipotetico – I

Frasi subordinate condizionali + futuro do conjuntivo

Si usa questo tempo nel periodo ipotetico della realtà in frasi subordinate introdotte dalla congiunzione **se**, per indicare un'ipotesi certa e reale. Nella frase **principale** si può usare l'**indicativo** (presente o futuro) o l'**imperativo**.

FRASE PRINCIPALE	PERIODO IPOTETICO
Vou contigo, (Vengo con te,)	**se prometeres que não voltas tarde.** (se mi prometti che non torni tardi.)
indicativo (presente o futuro) o imperativo	**se + congiuntivo futuro**

Se tivermos sorte, podemos ganhar este concurso.
Se saremo fortunati, possiamo vincere questo quiz.
Escrevam-me um postal de Paris, se se lembrarem.
Scrivetemi una cartolina da Parigi, se vi ricorderete.

L'infinitivo pessoal – III

Vediamo tutti i casi in cui si usa l'infinito personale:

USO DELL'INFINITIVO PESSOAL	ESEMPI
Nelle frasi finali dopo **para** (per) e **a fim de** (affinché).	**Telefonámos-lhe para sabermos se estava melhor.** (Le/gli abbiamo telefonato per sapere se stava meglio.)
Nelle frasi concessive dopo **apesar de** e **a despeito de** (malgrado, nonostante).	**Apesar de conhecermos a história, não percebemos o filme.** (Nonostante conoscessimo la storia, non abbiamo capito il film.)
Nelle frasi causali introdotte da **por causa de** (a causa di), **por** (per, perché, dato che) e **devido a** (dovuto a).	**Somos discriminados por causa de sermos objectores de consciência.** (Siamo discriminati perché siamo obiettori di coscienza.) **Por estarmos lá quando houve o tiroteio, fomos interrogados pela polícia.** (Perché c'eravamo quando c'è stata la sparatoria, siamo stati interrogati dalla polizia.) **Não vamos de férias devido a termos pouco tempo.** (Non andiamo in vacanza dato che abbiamo poco tempo.)
Nelle frasi temporali introdotte da **ao**.	**Ao chegarem à fronteira, aperceberam-se de que não levavam o passaporte.** (Quando arrivarono al confine, si accorsero che non avevano il passaporto.)
Nelle frasi consecutive introdotte da **daí** (quindi, di conseguenza).	**Gostamos de animais. Daí pertencermos à WWF.** (Amiamo gli animali. Di conseguenza apparteniamo al WWF.)

Nelle frasi condizionali introdotte da **no caso de** (nel caso in cui).	**No caso de quereres vir connosco, telefona-nos.** (Nel caso in cui volessi venire con noi, telefonaci.)
Dopo la preposizione **sem** (senza).	**Não te vás embora sem apagares a luz.** (Non andare via senza spegnere la luce.)
Dopo espressioni **impersonali.**	**É impossível chegarmos a horas.** (È impossibile che arriviamo in orario.) **É melhor vestires um casaco.** (Sarebbe meglio se vestissi una giacca.) **Foi difícil encontrarem um lugar para estacionar.** (È stato difficile per loro trovare parcheggio.)
Dopo l'interrogativa con **Que tal?**, usata per dare suggerimenti.	**Que tal irmos hoje ao teatro?** (E se andassimo a teatro?) **Que tal convenceres o teu pai a emprestar-te o carro?** (E se convincessi tuo padre a prestarti la macchina?)
Quando il soggetto va espresso da un sostantivo, tra un ausiliare causativo – **deixar** (lasciare), **mandar** (ordinare), **fazer** (fare) e i loro sinonimi – o sensitivo – **ver** (vedere), **ouvir** (udire), **sentir** (sentire) e i loro sinonimi – e l'infinito.	**O treinador mandou os jogadores correrem.** (L'allenatore ordinò ai giocatori di correre.) **Ele ouviu os pais dizerem que se iam divorciar.** (Egli sentì i genitori che dicevano di voler divorziare.)

I pronomi relativi

I pronomi relativi possono essere variabili o invariabili:

INVARIABILI	VARIABILI
que (che, cui)	**o qual/os quais** (il quale/i quali)
quem (chi, che, il/la quale; i/le quali)	**a qual/as quais** (la quale/le quali)
onde (dove)/**aonde** (dove)	**cujo/cujos** (il cui, i cui)
	cuja/cujas (la cui, le cui)
	quanto/quantos/quantas (quanto/quanti/quante)

I PRONOMI RELATIVI INVARIABILI

• Que
Si può riferire sia a persone sia a cose:

O homem que está sentado à nossa frente usa peruca.

L'uomo che è seduto davanti a noi usa il parrucchino.
O cão que me mordeu não estava vacinado.
Il cane che mi morse non era vaccinato.

Que è preceduto dall'articolo **o** quando l'antecedente è una frase o l'indefinito **tudo** (tutto). In questo caso equivale rispettivamente a "il che" e "tutto quello/ciò che":

Comemos muita fruta e legumes, o que é bom para a saúde.
Mangiamo molta frutta e verdure, il ché è buono per la salute.
Fizemos tudo o que tínhamos prometido.
Abbiamo fatto tutto quello che avevamo promesso di fare.

• Quem
Si riferisce solo a persone.
Va collocato all'inizio della frase quando non ha un antecedente:

Quem o conheceu, diz que era inteligentíssimo. Chi l'ha conosciuto, dice che era intelligentissimo.

In questo caso può essere sostituito da **aquele que** (quello/colui che), **aquela que** (quella/colei che), **aqueles que** (coloro i quali, coloro che) o **aquelas que** (coloro le quali):

Aquela que vai com um vestido branco até aos pés é a noiva.
Quella che indossa il vestito bianco lungo fino ai piedi è la sposa.
Aqueles que quiserem acordar às 7 horas, liguem o despertador.
Coloro che si vogliono svegliare alle 7 devono puntare la sveglia.

Va preceduto da qualsiasi preposizione quando ha un antecedente:

O empresário para quem fiz este trabalho tem outras empresas.
L'imprenditore per cui ho fatto questo lavoro ha altre ditte.
A pessoa de quem estás a falar é um amigo meu.
La persona di cui stai parlando è un mio amico.

• Onde /Aonde
Può fungere da relativo quando è un complemento di luogo:

A igreja onde (em que) nos casámos já não existe.
La chiesa dove (nella quale) ci sposammo non esiste più.

I PRONOMI RELATIVI VARIABILI

• O qual (a qual, os quais, as quais)
Ha gli stessi antecedenti di **que** e va spesso preceduto da preposizione/locuzione.
Dopo le preposizioni monosillabiche **a**, **com**, **de**, **em** e **por** si usa preferibilmente il pronome relativo **que**:

A casa em que vivemos foi construída no início do século. La casa dove abitiamo fu costruita all'inizio del secolo.
A música de que mais gosto é o fado. La musica che più mi piace è il "fado".

Dopo le altre preposizioni/locuzioni si preferisce usare **o qual, a qual, os quais, as quais**:

> **A janela <u>através da qual</u> entrava a luz dava para o jardim.**
> La finestra attraverso la quale entrava la luce dava sul giardino.
> **O assunto <u>sobre o qual</u> discutimos já está encerrado.**
> L'argomento sul quale abbiamo litigato ormai è chiuso.

Il pronome **que**, con un antecedente sostantivo, può essere sostituito da **o qual, a qual, os quais, as quais**, quando la frase relativa contiene informazioni accessorie:

> **A Madeira, a qual foi descoberta pelos portugueses, fica no oceano Atlântico.**
> Madera, la quale fu scoperta dai portoghesi, è nell'oceano Atlantico.
> **As calças aos quadrados, as quais me costumavam estar apertadas, agora estão-me largas.** I pantaloni a quadri, i quali mi stavano stretti, adesso mi stanno larghi.

• **Cujo (cuja, cujos, cujas)**
Indica possesso e corrisponde all'italiano "il/la/i/le cui" o "del/della quale" e "dei/delle quali".
Concorda in genere e numero con l'oggetto posseduto:

> **Os jovens cujas habilitações forem adequadas podem concorrer a este lugar.**
> I giovani i cui titoli siano adeguati possono concorrere a questo posto.
> **A casa cujo telhado caiu com a chuva vai ser demolida.** La casa il cui tetto è caduto per la pioggia sarà demolita.

Può essere preceduto da qualsiasi preposizione:

> **Este escritor, em cuja obra este tema é evidente, é um dos mais importantes do nosso país.** Questo scrittore, nella cui opera è evidente questo soggetto, è uno dei più importanti del nostro Paese.

• **Quanto (quantos/quantas)**
È un relativo quando l'antecedente è **tudo** (tutto ciò che), **todos** (tutti quelli che) o **todas** (tutte quelle che):

> **Tudo quanto te disse é verdade.** Tutto ciò che ti ho detto è vero.
> **Já não considero meus amigos todos quantos não me apoiaram.**
> Non ritengo più come amici tutti quelli che non mi hanno appoggiato.

L'uso del congiuntivo presente dopo pronomi relativi
I pronomi relativi possono reggere sia l'indicativo sia il congiuntivo (presente o futuro). Si usa il **congiuntivo presente** in frasi subordinate relative il cui **antecedente** è **indeterminato**. Nella frase principale il verbo si presenta all'indicativo (presente o futuro) o all'imperativo:

> **Conheces alguém <u>que fale</u> chinês?** Conosci qualcuno che parli cinese?
> **Vamos para um hotel <u>onde haja</u> piscina.** Andiamo in un albergo dove ci sia la piscina.

In entrambi gli esempi, l'antecedente è indeterminato: nel primo caso, non si sa chi parla cinese, nel secondo quale sia l'albergo.

Per i pronomi relativi + congiuntivo futuro vedere l'Unità 11.

La frase complessa – V: le concessive

La frase concessiva indica un fatto contrario a quello espresso nella frase principale.
Solitamente viene costruita secondo il seguente schema:
congiunzioni/locuzioni + congiuntivo (presente, imperfetto o trapassato)

Le congiunzioni utilizzate per le concessive sono:

* **Embora**   Benché, sebbene.
* **Ainda que**   Benché.
* **Se bem que**   Sebbene.
* **Apesar de que**   Benché, malgrado.
* **Mesmo que**   Anche se.
* **Conquanto**   Sebbene, nonostante.

> **Vou votar contra a proposta, ainda que esteja de acordo com ele.**
> Voterò contro la proposta, benché sia d'accordo con lui.
> **Embora não tenha animais, acho que devem ser tratados com respeito.**
> Sebbene non abbia degli animali, penso che devono essere trattati con rispetto.
> **Mesmo que tivesse dinheiro, não compraria aquele casaco.**
> Anche se avessi i soldi, non comprerei quella giacca.

Le congiunzioni/locuzioni concessive **embora, ainda que, conquanto** e **se bem que** possono essere seguite da:

* Gerundio: **Embora <u>estando</u> doente, foi trabalhar.**
                       Pur essendo ammalato, andò a lavorare.
* Participio passato: **Embora <u>esgotado</u>, continuou a correr.**
                       Benché esaurito, continuò a correre.
* Aggettivo: **Embora <u>doente</u> foi trabalhar.**
                       Sebbene ammalato, andò a lavorare.
* Preposizioni: **Embora <u>com</u> febre foi trabalhar.**
                       Nonostante la febbre, andò a lavorare.
* Avverbi: **Fala inglês, embora <u>mal</u>.**
                       Parla inglese, anche se male.

Le locuzioni + Infinito

Le seguenti locuzioni richiedono l'infinito (personale o impersonale):

apesar de/ a despeito de/ não obstante   malgrado, nonostante

Apesar de ser filho único, não é egoísta. Nonostante sia figlio unico, non è egoista.
Decidiu ser actor de cinema, a despeito de saber que é uma profissão difícil. Ha deciso d'essere attore di cinema, nonostante sapesse che è un mestiere difficile.

LA LOCUZIONE PREPOSITIVA **APESAR DE** + NOME

Apesar do nevoeiro, os aviões continuam a aterrar. Malgrado la nebbia, gli aerei continuano ad atterrare.

Per la frase concessiva con **por mais que**, ecc, vedere l'Unità 12.

Glossario e fraseologia

Vacanze e trasporti

aeroporto	*aeroporto*
atraso	*ritardo*
autocarro	*autobus*
avião	*aereo*
carruagem	*carrozza*
chegada	*arrivo*
classe turística/executiva	*classe turistica/business*
comboio	*treno*
couchette	*cuccetta*
eléctrico	*tram*
estação	*stazione*
iate	*yacht*
ida e volta	*andata e ritorno*
linha	*binario*
metropolitano	*metropolitana*
partida	*partenza*
praça de táxis	*stazione di taxi*
vagão-restaurante	*vagone ristorante*
voo	*volo*

Fraseologia

Chiedere informazioni sui mezzi di trasporto:

A que horas (é que) parte o expresso para o Porto? A che ora parte l'espresso per Porto?
De que linha (é que) parte o comboio para Faro? Da quale binario parte il treno per Faro?

Quanto tempo (é que) leva a chegar a Lagos?
Quanto ci vuole per arrivare a Lagos?
É preciso fazer reserva? Bisogna prenotare?

Prenotare:

Queria marcar o regresso para dia 2. Vorrei prenotare il ritorno per il due.
Vou a 27 e volto a 30. Parto il 27 e torno il 30.

Fare richieste in una stazione:

Queria um bilhete (de ida e volta) para o Algarve, se faz favor.
Vorrei un biglietto di andata e ritorno per l'Algarve.

Fare richieste ad un tassista:

Podia levar-me ao aeroporto? Potrebbe portarmi all'aeroporto?
É para o centro. In centro.

Esprimere l'eventualità (futuro):

Quando chegar ao Rio, vou directamente para casa de uns amigos.
Quando arriverò a Rio, andrò direttamente da amici.
Se tiver tempo, vou ver esse museu. Se avrò tempo, andrò a vedere quel
museo.
Sempre que puder, dou-te notícias. Tutte le volte che potrò, ti darò notizie.

Esprimere opposizione:

**Embora goste de passar férias no estrangeiro, também não me importo
de ficar em casa.** Anche se mi piace fare le ferie all'estero, non mi dispiace
restare a casa.
Mesmo não sabendo falar inglês, consigo comunicar. Anche se non so
parlare inglese, riesco a comunicare.

Specificare:

A viagem que fizemos o ano passado foi muito interessante.
Il viaggio che abbiamo fatto l'anno scorso è stato molto interessante.
As pessoas com quem vou ficar são uns amigos dos meus tios.
Le persone da cui andrò sono degli amici dei miei zii.

ESERCIZI

1. Completate le seguenti frasi temporali con il congiuntivo futuro:

1. Quando nós (fazer) .... um piquenique, convidamos-te de certeza.
2. Logo que o meu filho (nascer) ...., telefono a todos os amigos e paren-
tes.
3. Vem ver-me, sempre que (tu/poder) ....

4. Quando (haver) .... um bom filme no cinema, vamos vê-lo juntos.
5. Estamos prontos a discutir o assunto, quando eles (querer) ....
6. Sempre que eu (vir) .... cá, telefono-te para nos encontrarmos.
7. Todas as vezes que (tu/ter) .... um problema, conta comigo.

2.   Completate le frasi condizionali con il congiuntivo futuro:

1. Se nós (poupar) .... dinheiro, podemos ir de férias para um país exótico.
2. Se tu não (lavar) .... o vidro do carro, daqui a pouco não consegues ver o caminho.
3. Se vocês (ir) .... a Londres, não se esqueçam de ir ver o parlamento.
4. Se as jóias não (aparecer) ...., temos de participar à polícia.
5. A salada fica melhor, se tu (pôr) .... um fio de azeite.
6. O miúdo pode brincar mais à vontade, se tu o (levar) .... ao parque.
7. Ele tem mais resistência, se (fazer) .... um pouco de exercício.

3.   Volgete al futuro indicativo i verbi della proposizione principale dell'esercizio precedente (tranne la frase numero 3).

4.   Coniugate i verbi tra parentesi al futuro congiuntivo o all'infinito personale:

1. Quando os teus pais (vir) .... visitar-nos, vou fazer esta receita de bacalhau.
2. Apesar de nós (ser) .... os seus melhores clientes, não teve qualquer consideração por nós.
3. Pusemos uma pedra sobre o assunto, depois de (ver) .... que a culpa não era dele.
4. Se tu (ser) .... bonzinho, o Pai Natal dá-te muitos presentes.
5. Para (poder) .... visitar o país, tivemos de pedir um visto antes.
6. Antes de (tu/tomar) .... uma decisão, pensa nos prós e nos contras.
7. Até tu me (dizer) .... o que ele te contou, não te deixo em paz.
8. Para (ter) .... uma autorização de residência, tiveram de provar que tinham emprego.
9. Recomeço a minha vida normal, logo que o médico me (dar) .... alta.
10. Enquanto (viver) .... aqui, vamos ter de aturar o barulho dos vizinhos.

5.   Trasformate le seguenti frasi concessive usando le congiunzioni/locuzioni tra parentesi:

1. Ainda que prefira a literatura inglesa, também costumo ler autores portugueses. (apesar de)
2. Trabalho mais de oito horas por dia. No entanto, nunca recebo horas extraordinárias. (embora)
3. É proibido estacionar nesta rua. Porém, as pessoas continuam a fazê-lo. (ainda que)

4. Ele sabe que não vai ser reeleito, mas continua a não fazer nada. (conquanto)
5. Tenho confiança no novo governo; apesar disso, não concordo com a política cultural. (se bem que)

6.   Trasformate le frasi seguenti usando APESAR DE + infinito personale secondo il modello:

Já é Inverno, mas continua a estar calor.
Apesar de já ser Inverno, continua a estar calor.

1. Não gostamos de fado, mas gostávamos de ir a uma casa de fado.
2. Estava muito cansado, mas ainda voltou a sair depois do jantar.
3. A luz é fraca, mas ainda consigo ler.
4. Vocês falam mal dele, mas depois saem todos juntos.
5. Tu sabes a verdade, mas fazes de conta que não.

7.   Completate con pronomi relativi:

1. Ainda não revelámos as fotografias .... tirámos nas férias.
2. O parque .... ele leva o cão fica fora da cidade.
3. A empresa com .... fizemos o contrato faliu.
4. Os passageiros .... viajarem sem bilhete apanham uma multa.
5. Aquele é o novo modelo daquela marca de carros em .... anúncio aparece uma actriz famosa.
6. Vamos participar naquele concurso hípico em .... os prémios são excelentes.
7. O homem com .... ela vive já foi casado uma vez.
8. A agência através da .... ele arranjou emprego é muito eficiente.

8.   Completate le frasi relative con il congiuntivo presente dei verbi tra parentesi:

1. Apetece-me ver um filme que me (deixar) .... bem-disposta.
2. Vamos procurar um lugar onde (estar) .... menos gente.
3. Tenho de encontrar um emprego que (ser) .... compatível com os horários dos meus filhos.
4. Conheces alguma escola onde (haver) .... aulas de dança?
5. Procuro um livro que (explicar) .... a origem da vida.
6. A empresa procura empregados que (ter) .... experiência no ramo.
7. Há alguém que (querer) .... ficar com o meu bilhete?
8. O restaurante quer uma pessoa que (saber) .... cozinhar comida japonesa.

UNITÀ 11
PERGUNTANDO O CAMINHO
INFORMAZIONI SUL PERCORSO

Jorge: **Desculpe. Por aqui vou bem para o centro?**
Deſkulpe. Pur aki vo bãi para u sentru?
Mi scusi. Di qua vado bene per il centro?

Transeunte: **Quer ir a pé ou de ônibus?**
Kèr ir a pè o de 'onibuſ?
Vuole andare a piedi o in autobus?

Jorge: **Preferia ir a pé, se não fosse demasiado longe.**
Preferia ir a pè, se nãu fose demaziàdu lõʒe.
Preferirei andare a piedi, se non fosse troppo lontano.

Transeunte: **Não é que por aqui vá mal, mas talvez fosse melhor ter virado um pouco mais acima. Conhece alguma coisa da cidade?**
Nãu è ke pur aki và màl, maſ tàl'véſ fose me'ʎòr tér viràdu um poku maiz asima. Kuŋèse àlguma koiza da sidàde?
Non è che sia sbagliato, ma forse sarebbe stato meglio se avesse girato un po' più su. Conosce la città?

Jorge: **De facto não. É a primeira vez que aqui estou.**
De fàktu nãu. È a primeira vèſ ke aki ſto.
Veramente no. È la prima volta che vengo.

Transeunte: **Já tinha percebido pela pronúncia que é português. Está aqui de férias?**
ʒà tiŋa persebidu péla pru'nunsia ke è purtu'géſ. ſtà aki de 'fèriaſ?
Avevo già capito dalla pronuncia che è portoghese. È qui in vacanza?

Jorge: **Estou aqui em turismo.**
ſto aki ãi turiſmu.
Sono qui per turismo.

Transeunte: **Espero que goste. Eu estive em Portugal há meia dúzia de anos. Fui a Lisboa, ao Porto, a Coimbra... Alugámos um carro, eu e a minha mulher, e passámos quase três semanas vendo lugares maravilhosos. E depois todo o mundo é muito gentil.**
ſpèru ke gòſte. Éu ſtive ãi purtu'gàl à maia 'duzia de anuſ. Fui a liʒboa, au portu, a kuimbra... Alugàmuz um kàRu, eu i a miŋa mu'ʎèr,

*i pasàmuʃkuàze tréʃsemanaʃvendu lugàreʃmaraviλòzuʃ. I de'poiʃ
todu u mundu è mũũtu ʒentil.*

Spero che Le piaccia. Io sono stato in Portogallo sei anni fa. Andai
a Lisbona, Porto, Coimbra... Noleggiammo una macchina, mia moglie ed io e passammo quasi tre settimane ammirando posti meravigliosi. E poi tutti sono molto gentili.

Jorge: **Os brasileiros também. Tenho sido muito bem recebido por toda a gente. E o Rio é uma maravilha.**

*Uʃbrazilairuʃtã'bãi. Taŋu sidu mũũtu bãi Resebidu pur toda a ʒen-
te. I u Riu è uma maraviλa.*

Anche i brasiliani. Tutti mi hanno accolto molto bene. E Rio è una
città meravigliosa.

Transeunte: **É mesmo. Tem um mapa? Então mostre-mo, por favor. Ora
então vamos lá ver: está a ver aqui esta praça? Nós estamos na
primeira paralela à esquerda. Siga sempre em frente até ao primeiro cruzamento e depois vire na terceira à direita. Mais à
frente vai encontrar uma praça com uma estátua. Quando chegar aí o melhor é perguntar de novo.**

*È méʒmu. Tãi um màpa? En'tãu 'mòʃtremu, purfavor. Òra en'tãu va-
muʃ là vér: ʃtà a vér aki èʃta pràsa? Nòz eʃtamuʃ na primaira pa-
ralèla à ʃkérda. Siga sempre ãi frente atè àu primairu kruzamentu i
de'poiʃ vire na tersaira à diraita. Maiz à frente vai enkõ'tràr uma
pràsa kõ uma ʃtàtua. Kuãdu ʃegàr a'i u meλòr è pergun'tàr de novu.*

È vero. Ha una mappa? Me la faccia vedere, per favore. Allora vediamo: vede qui questa piazza? Noi siamo sulla prima parallela a sinistra. Vada sempre dritto fino al primo incrocio e dopo giri a destra.
Più avanti troverà una piazza con una statua. Arrivando lì sarà meglio chiedere di nuovo.

Jorge: **É que eu não vou exactamente para aí. É só uma referência. Fiquei de me encontrar com uns amigos em frente de um cinema
que fica para esses lados.**

*È ke éu não vo izàtamente para a'i. È sò uma refe'rensia. Fi'kai de
me enkõ'tràr kõ unz amiguz ãi frente de um sinéma ke fika para éseʃ
làduʃ.*

È che io non vado esattamente là. È soltanto un riferimento. Ho un
appuntamento con degli amici davanti a un cinema che si trova da
quelle parti.

Transeunte: **Ah, já podia ter dito. Já sei qual é o cinema. Se quiser chegar
mais depressa, há até um caminho mais curto. Eu vou para esses lados e posso acompanhá-lo. E pelo caminho vamos falando
do Brasil, de Portugal e de todas as coisas que pode fazer aqui
no Rio.**

*À, ʒà pu'dia tér ditu. ʒà sei kuàl è u sinéma. Se ki'zèr ʃe'gàr màiʃ
deprèsa, à atè um kamiŋu màiʃ kurtu. Éu vo para éseʃ làduʃ i pòsu
akõpaŋàlu. I pélu kamiŋu vamuʃfalãdu du brazil, de purtu'gàl i de
todaz aʃ koizaʃ ke pòde fa'zér a'ki nu Riu.*

Ah, allora so qual è il cinema. Se vuole arrivarci prima, c'è anche
una strada più corta. Io vado da quelle parti e posso accompagnar-

La. E per strada parliamo del Brasile, del Portogallo e di tutte le cose che può fare qui a Rio.

Jorge: **Pode ir comigo? É muito simpático da sua parte.**
Pòde ir kumigu? È müütu sim'pàtiku da sua pàrte.
Può venire con me? È molto gentile da parte sua.

Elementi grammaticali

L'Imperativo

Come in italiano, l'imperativo si usa per dare consigli, istruzioni, suggerimenti, or-
dini o per fare richieste. Di conseguenza, si trova spesso in ricette, istruzioni di fun-
zionamento di una macchina, spiegazioni di un esercizio fisico o notizie su un percorso, come nel dialogo di questa Unità:

Esquece aquilo que ele te fez! Dimentica quello che lui ti ha fatto. (*consiglio*)
Bate os ovos com a farinha. Sbatti le uova con la farina. (*istruzione*)
Carregue no botão verde e rode o manípulo para a direita.
Prema il pulsante verde e giri la maniglia verso destra (*istruzione d'uso di
una macchina*).
Vá sempre em frente até ao cruzamento. Vada sempre dritto fino all'incro-
cio (*indicazione stradale*).
Encolham a barriga e não dobrem as costas. Tirate in dentro la pancia e
non piegate la schiena (*istruzione per l'attività fisica*).

L'IMPERATIVO AFFERMATIVO

L'imperativo affermativo presenta forme proprie soltanto per le seconde persone
singolare e plurale **tu** e **vós**.
Queste forme derivano dalle corrispondenti forme dell'indicativo presente alle
quali va tolta la **-s** finale:

		INDICATIVO PRESENTE	IMPERATIVO AFFERMATIVO
Vir (venire)	tu	vens	vem
	vós	vindes	vinde
Ler (leggere)	tu	lês	lê
	vós	ledes	lede
Pôr (porre)	tu	pões	põe
	vós	pondes	ponde

I verbi **dizer** (dire), **fazer** (fare), **trazer** (portare) e quelli che terminano per **–uzir**,
come **traduzir** (tradurre) perdono la **e** nella seconda persona singolare:
Dizer → diz (anziché "dize")   **Trazer → traz** (anziché "traze")
Fazer → faz (anziché "faze")   **Traduzir → traduz** (anziché "traduze")

Dato che la seconda persona plurale **vós**, come già detto, è caduta in disuso, al suo posto si usa **vocês** + forma verbale della **terza persona plurale del congiuntivo presente**:

Venham!   Venite!
Leiam!   Leggete!
Ponham! Ponete!

Per tutte le altre persone (tranne la prima e la terza singolare, inesistenti in questo tempo) si usano le forme corrispondenti del congiuntivo presente. Col pronome de tratamento **você** si usa la forma verbale della terza persona singolare:

		SALTAR (SALTARE)	VER (VEDERE)	ABRIR (APRIRE)
Singolare	2° persona (você)	salte	veja	abra
Plurale	1° persona	saltemos	vejamos	abramos
	3° persona	saltem	vejam	abram

Faça de conta que não lhe disse nada! Faccia finta che non Le ho detto niente.
Por favor, diga ao senhor Ferreira que queria falar com ele. Per favore, dica al signor Ferreira che vorrei parlare con lui.

L'imperativo affermativo di **ser** è irregolare nella seconda persona del singolare e del plurale:
• seconda persona singolare: **sê**
• seconda persona plurale: **sede**

L'IMPERATIVO NEGATIVO

Le forme dell'imperativo negativo sono tutte uguali alle forme corrispondenti del congiuntivo presente:

		APAGAR (SPEGNERE)	PÔR (PORRE)	IR (ANDARE)
Singolare	2° persona (tu)	Não apagues	Não ponhas	Não vás
	2° persona (você)	Não apague	Não ponha	Não vá
Plurale	1° persona	Não apaguemos	Não ponhamos	Não vamos
	2° persona	Não apagueis	Não ponhais	Não vades
	3° persona	Não apaguem	Não ponham	Não vão

La posizione del pronome

In genere, il pronome personale soggetto è usato in questo tempo solo per motivi di enfasi, nel qual caso va posposto alla forma verbale.

• Nei verbi riflessivi: nella forma affermativa, il pronome va posposto al verbo:

> **Sente-se!** Si sieda!

• Nella forma negativa, precede il verbo:

> **Não te preocupes!** Non preoccuparti!
> **Não se zanguem!** Non vi arrabbiate!

Il congiuntivo futuro – II (futuro do conjuntivo)

Oltre ai casi studiati nell'Unità precedente, va osservato che questo tempo si usa anche per esprimere un'azione eventuale nel futuro in frasi relative, dopo:
• **Quem, onde, aonde/para onde**, quando l'antecedente a cui si riferisce non è espresso:

> **Quem souber a verdade deve contá-la.** Chi sa la verità deve raccontarla.
> **Pode/poderá participar na maratona quem tiver os tempos mínimos exigidos.** Può/potrà partecipare alla maratona chi avrà i tempi minimi richiesti.
> **Vou/irei para onde estiver menos gente.** Andrò dove ci sarà meno gente.
> **Ficamos/ficaremos onde o alojamento for mais barato.** Andremo dove l'alloggio sarà meno costoso.

• **Que**, quando l'antecedente è espresso:

> **O concorrente que tiver mais pontos vai à final.** Il concorrente che avrà il punteggio più alto andrà in finale.
> **Os alunos que quiserem sair do exame mais cedo têm de o fazer meia hora antes do fim.** Gli studenti che vorranno uscire dall'esame prima dovranno farlo mezz'ora prima della fine.

Nella proposizione principale il verbo è all'indicativo (presente o futuro) o all'imperativo:

FRASE PRINCIPALE	FRASE RELATIVA
Dá-se uma recompensa (Si offre una ricompensa)	**a quem encontrar este cão.**(a chi troverà questo cane.)
Guarda a terrina (Riponi la zuppiera)	**onde houver espaço.** (dove c'è spazio.)
indicativo (presente o futuro) o imperativo	**congiuntivo futuro**

Il gerundio (gerúndio)

Il gerundio solitamente sottolinea la durata o la ripetizione di un'azione. Si presenta in due forme: il **gerúndio simples** (gerundio semplice) e il **gerúndio composto** (gerundio composto).

Il gerundio semplice

Si ottiene togliendo la **-r** finale all'infinito e aggiungendo **-ndo**:

lavar   lava-**ndo**
comer   come-**ndo**
partir   parti-**ndo**

Esprime un'azione in corso, che può essere anteriore, simultanea o posteriore a quella del verbo della proposizione principale.

• Quando è collocato all'inizio del periodo, esprime un'azione anteriore:

Chegando a casa, tirou o casaco. Arrivando a casa, si è tolto la giacca.

• Accanto al verbo principale di norma esprime un'azione contemporanea:

Olhava-o chorando. Lo guardava piangendo.
Ele estuda ouvindo música. Lui studia ascoltando la musica.

• Posposto alla proposizione principale indica un'azione posteriore:

Fugiram dali, saltando de cidade para cidade.
Scapparono di lì, fuggendo di città in città.

Il gerundio può inoltre esprimere:

• Modo:

Escrevo pondo a cabeça de lado.
Scrivo mettendo la testa di fianco.

• Causa:

Tendo dores de cabeça, decidiu ficar em casa.
Avendo mal di testa, decise di rimanere in casa.

• Condizione (vedere l'Unità 14):

Só criando áreas protegidas se poderá travar a extinção de algumas espécies.
Soltanto creando aree protette si potrà arrestare l'estinzione di alcune specie.

• Concessione (vedere l'Unità 10):

Embora não estando preparado para o exame, tentou fazê-lo na mesma.
Benché non fosse preparato per l'esame, lo fece lo stesso.

Il gerundio può essere accompagnato dagli ausiliari **estar**, **andar**, **ir** e **vir**, formando con essi delle perifrasi verbali:

• **Estar + gerundio**: indica un'azione in svolgimento. Si usa di più nella variante brasiliana (vedere l'Unità 4). Nel portoghese del Portogallo si preferisce la perifrasi **estar a + infinito**.
• **Ir + gerundio**: indica la durata di un'azione che si realizza progressivamente o per tappe:

> **Vamos comendo enquanto eles não chegam.**
> Cominciamo a mangiare aspettando che loro arrivino.
> **Os convidados iam chegando de automóvel.**
> Gli ospiti cominciavano ad arrivare in automobile.

• **Ir (imperfetto indicativo) + gerundio**: oltre al significato espresso al punto precedente, può anche significare **quase** (quasi):

> **Íamos caindo por causa daquele buraco = Quase caímos por causa daquele buraco.** Siamo quasi caduti a causa di quel buco.

• **Vir + gerundio**: indica un'azione che è cominciata prima e che continua:

> **Vinham chegando os carros.** Le macchine cominciavano ad arrivare.
> **O dia vinha nascendo.** Il giorno stava sorgendo.

Il moto a luogo e lo stato in luogo – II

GLI AVVERBI E LE LOCUZIONI AVVERBIALI DI LUOGO

Per dare delle indicazioni stradali, vi sono alcune espressioni utili che indicano moto a luogo o stato in luogo:

• **Abaixo**:
– Quando significa "giù", va sempre preceduto dall'avverbio **mais**:

> **Mais abaixo vai encontrar uma praça.** Più giù troverà una piazza.

– Può anche essere collocato dopo un sostantivo, col significato "giù per":

> **Andava rua abaixo à procura de uma farmácia.** Andava giù per la strada in cerca di una farmacia.

• **Acima** (su) è l'opposto di **abaixo**.

• **Adiante** (avanti):

> **Mais adiante há um teatro.** Più avanti c'è un teatro.

• **Atrás** (dietro) è l'opposto di **adiante**.

• **Dentro** (dentro):

> **Estou cá dentro.** Sono qua dentro.

• **Fora** (fuori) è l'opposto di **dentro**.

• **Perto** (vicino):

    A estação fica perto daqui. La stazione è qui vicina.

• **Longe** (lontano) è l'opposto di **perto.**

• **Ali** (lì):

    O hotel que procura fica ali. L'albergo che sta cercando è lì.

• **Aqui** (qui):

    Aqui há poucos divertimentos. Qui ci sono pochi divertimenti.

• **Á direita/à esquerda** (a destra/a sinistra):

    À direita vão encontrar um edifício renascentista. A destra troverete un palazzo rinascimentale.

• **Em frente** (dritto).

LE PREPOSIZIONI DI LUOGO

Per indicare lo stato in luogo e il moto a luogo si usano anche delle preposizioni e locuzioni prepositive:

PREPOSIZIONI	ESEMPI
EM (in, su): indica posizione sia all'interno sia in contatto con.	**O jantar está na mesa.** (La cena è in tavola.) **Deixei o livro em casa.** (Ho lasciato il libro a casa.) **Sente-se nessa cadeira.** (Si sieda su quella sedia.)
ENTRE (tra, fra): indica posizione tra due limiti.	**Ponham a estante entre a porta e a janela.** (Mettete la libreria tra la porta e la finestra.) **Podes sentar-te entre o meu primo e o teu marido.** (Puoi sederti tra mio cugino e tuo marito.)
SOBRE (su): indica posizione in contatto con.	**Sobre o piano havia uma jarra com flores.** (Sul pianoforte c'era un vaso con dei fiori.)
A (in, a)	(vedere l'Unità 5)
PARA (in, a)	(vedere l'Unità 5)
AO LADO DE (accanto a)	**Ao lado da jaula dos leões estava a jaula dos macacos.** (Accanto alla gabbia dei leoni c'era la gabbia delle scimmie.)

PREPOSIZIONI	ESEMPI
ATRÁS DE (dietro)	**Atrás do altar encontra-se um quadro famoso.** (Dietro l'altare si trova un quadro famoso.)
À FRENTE DE (davanti a)	**Há um mercado à frente da minha casa.** (C'è un mercato davanti a casa mia).
DEBAIXO DE (sotto)	**O gato está escondido debaixo da cama.** (Il gatto è nascosto sotto il letto.)
EM CIMA DE (su): indica posizione in contatto con.	**Esqueceste-te das chaves em cima da cómoda.** (Hai lasciato le chiavi sul cassettone.)
DENTRO DE (in): indica posizione all'interno	**Dentro do forno está um frango assado.** (Nel forno c'è un pollo arrosto.) Ma si potrebbe dire anche **no forno está um frango assado**
FORA DE (fuori)	**Fora de casa estão cinco graus negativos.** (Fuori casa ci sono cinque gradi sotto zero.)
POR CIMA DE (sopra)	**Vou pendurar o quadro por cima da mesa de cabeceira.** (Appendo il quadro sopra il comodino.)
EM REDOR DE / À VOLTA DE EM TORNO DE (intorno a)	**Todos os directores estavam sentados à volta da mesa.** (Tutti i direttori erano seduti intorno al tavolo.)
ATÉ (fino a): indica avvicinamento ad un limite. In genere va accompagnato dalla preposizione **a**.	**Foi até ao jardim fumar um cigarro.** (È andato in giardino a fumare una sigaretta.)
CONTRA (contro)	**Ao fazer a curva o carro foi bater contra um muro.** (In curva, la macchina è andata contro un muro.)
DE (da): indica origine.	(vedere l'Unità 4)
DESDE (da): intensivo di **de**, indica il punto di partenza.	**Há dezenas de praias desde o Algarve até ao Minho.** (Ci sono decine di spiagge dall'Algarve al Minho.)
PERTO DE / AO PÉ DE (vicino a)	**Mesmo ao pé da nossa casa há um lar para idosos.** (Proprio vicino a casa nostra c'è una casa di riposo per anziani.)
POR (per): indica il moto per luogo.	**Passeou pela cidade até ao anoitecer.** (Passeggiò per la città fino all'imbrunire.)

I pronomi personali: i pronomi articolati

I pronomi articolati si formano seguendo lo schema riportato sotto:

pronomi personali complemento di termine + pronomi personali complemento oggetto.

Quando compaiono due pronomi atoni in una stessa proposizione, essi possono essere articolati:

me + o = **mo**	me + a = **ma**	me + os = **mos**	me + as = **mas**
te + o = **to**	te + a = **ta**	te + os = **tos**	te + as = **tas**
lhe + o = **lho**	lhe + a = **lha**	lhe + os = **lhos**	lhe + as = **lhas**
nos + o = **no-lo**	nos + a = **no-la**	nos + os = **no-los**	nos + as = **no-las**
vos + o = **vo-lo**	vos + a = **vo-la**	vos + os = **vo-los**	vos + as = **vo-las**
lhes + o = **lho**	lhes + a = **lha**	lhes + os = **lhos**	lhes + as = **lhas**

Mostro-lhe o relógio. Le/gli faccio vedere l'orologio.
Mostro-lho. Glielo faccio vedere.
Damos-te uma pulseira. Ti regaliamo un braccialetto.
Damos-ta. Te lo regaliamo.
Fazem-nos uma pergunta. Ci fanno una domanda.
Fazem-no-la. Ce la fanno.

ATTENZIONE!

Nel portoghese del Brasile, queste forme non sono usate nella lingua parlata e anche nel linguaggio letterario sono considerate un po' artificiali.

LA POSIZIONE DEI PRONOMI

I pronomi atoni (sia i pronomi personali forma di complemento oggetto e complemento di termine sia i pronomi riflessivi) possono trovarsi in tre posizioni:
• prima del verbo;
• all'interno del verbo (vedere l'Unità 14);
• dopo il verbo (vedere l'Unità 9).

Si trovano <u>dopo il verbo</u>:
• Nelle frasi subordinanti, coordinanti, dichiarative non enfatiche:

Vi o Zé e disse-<u>lhe</u> adeus. Vidi Zé e lo salutai.

• Nelle frasi interrogative non introdotte da un pronome o avverbio interrogativo:

Apresentas-<u>me</u> a tua amiga? Mi presenti la tua amica?

In questa posizione il pronome va sempre separato dal verbo da una lineetta.

Si trovano <u>prima del verbo</u>:
• Nelle proposizioni che contengono una parola negativa: **não, nunca, jamais, nada, ninguém**, ecc:

Não <u>lhe</u> contes nada até teres a certeza. Non raccontargli niente finché non sarai sicuro/a.
Nunca <u>nos</u> esquecemos de fechar a porta à chave antes de sair. Non ci dimentichiamo mai di chiudere la porta a chiave prima di uscire.

• Quando il soggetto della proposizione contiene aggettivi e pronomi indefiniti o il numerale **ambos**:

> **Alguém o viu ontem à noite?** Qualcuno l'ha visto ieri sera?
> **Ambos se levantaram antes do despertador tocar.** Entrambi si sono alzati prima che la sveglia suonasse.

• Nelle frasi introdotte da interrogativi:

> **Quando (é que) a puseste a arranjar?** Quando l'hai portata a riparare?
> **Quem (é que) o levou ao hospital?** Chi l'ha portato all'ospedale?

• Nelle frasi esclamative:

> **Que Deus te oiça!** Che Dio ti ascolti!

• Nelle frasi subordinate:
– Oggettive:

> **Sei que te viram ontem ao pé da estação.**
> So che ti hanno visto ieri vicino alla stazione.

– Relative:

> **O homem que a assaltou já foi apanhado.**
> L'uomo che l'ha rapinata è già stato preso.

– Finali:

> **Vai inscrever-se num curso de inglês de modo a que o promovam.**
> Si iscrive ad un corso d'inglese, affinché lo promuovano.

– Causali:

> **Vamos viver para os Estados Unidos, dado que nos dão boas condições de trabalho.** Andiamo a vivere negli Stati Uniti, dato che ci danno buone condizioni di lavoro.

– Temporali:

> **Logo que o vir, recomendo-lhe que entre em contacto contigo.**
> Non appena lo vedrò, gli raccomanderò di mettersi in contatto con te.

– Condizionali:

> **Eu ponho a carta no correio, se a escreveres já.**
> Imbuco la lettera, se la scrivi subito.

– Concessive:

> **Foi despedido ainda que o patrão o protegesse.**
> Fu licenziato nonostante il capo lo proteggesse.

– Consecutive:

O bebé chora tanto que os vizinhos o ouvem.
Il bebè piange tanto che i vicini lo sentono.

• Quando il verbo è preceduto da alcuni avverbi o espressioni avverbiali **bem, mal, já, ainda, sempre, só, talvez** e **oxalá:**

Talvez te possa acompanhar a casa, se me telefonarem da oficina.
Forse ti posso accompagnare a casa, se mi telefonano dall'officina.
Os teus pais ainda te continuam a dar só 500 escudos de semanada?
I tuoi genitori continuano a darti soltanto 500 "escudos" di paghetta?
Acabei a tradução e já a entreguei à dactilógrafa.
Ho finito la traduzione e l'ho già consegnata alla dattilografa.

• Dopo le preposizioni/locuzioni che richiedono l'infinito: **para, sem, até, por, apesar de, no caso de:**

Fui de propósito a Faro para o ver. Sono andato a Faro apposta per vederlo.
Não te vás embora sem te despedires de mim.
Non andartene senza salutarmi.
Apesar de o desprezar, não o hostiliza.
Nonostante lo disprezzi, non l'osteggia.

• Nelle frasi alternative con **ou… ou, quer… quer, nem… nem** (vedere l'Unità 13):

Nem me acompanhou a casa nem me telefonou depois.
Non mi accompagnò a casa né mi telefonò dopo.

• Dopo la locuzione enfatica **é que:**

Vocês é que o estragaram por lhe darem tantos mimos.
Siete stati voi a rovinarlo per averlo viziato troppo.

LA POSIZIONE DEL PRONOME NELLE PERIFRASI VERBALI

Tranne i casi in cui il pronome si colloca davanti al verbo (vedere sopra), nelle perifrasi verbali all'infinito il pronome può collocarsi sia dopo il verbo ausiliare sia
dopo il verbo principale; quest'ultima posizione è la più usuale:

Vai-me buscar um binóculo! = Vai buscar-me um binóculo! Vai a prendermi un cannocchiale.
**Comprei este livro e tenho de o ler para segunda = Comprei este livro e
tenho de lê-lo para segunda.** Ho comprato questo libro e lo devo leggere
per lunedì.

Lo stesso vale per le perifrasi verbali del/col gerundio:

**Ia-me explicando o que estávamos a ver. = Ia explicando-me o que está-
vamos a ver.** Mi spiegava quello che stavamo vedendo.

Quando l'infinito è retto dalla preposizione **a**, il pronome va collocato dopo il verbo principale:

Já não somos casados, mas continuamos a ver-nos com frequência.
Non siamo più sposati ma continuiamo a vederci con frequenza.

Nelle perifrasi verbali in cui il verbo principale è al participio passato il pronome va collocato dopo l'ausiliare:

Têm-no vigiado, desde que o consideram suspeito.
Lo stanno controllando da quando lo considerano sospetto.

ATTENZIONE!
Nel portoghese del Brasile il pronome va solitamente collocato prima del verbo, anche nei casi in cui non ci siano parole che raccomandino tale posizione.

Glossario e fraseologia

CITTÀ

banco	*banca*	*mercado*	*mercato*
bar	*bar*	*mercearia*	*drogheria*
correio	*posta*	*monumento*	*monumento*
discoteca	*negozio di dischi; discoteca*	*ourivesaria*	*oreficeria*
estádio	*stadio*	*papelaria*	*cartoleria*
farmácia	*farmacia*	*pavilhão desportivo*	*palasport*
florista	*fioraio*	*peixaria*	*pescheria*
igreja	*chiesa*	*perfumaria*	*profumeria*
hospital	*ospedale*	*pronto-a-vestir*	*pret-a-porter*
joalharia	*gioielleria*	*quiosque*	*edicola*
lavandaria	*lavanderia*	*sapataria*	*negozio di scarpe*
livraria	*libreria*	*supermercado*	*supermercato*
loja de móveis	*negozio di mobili*	*talho*	*macelleria*

Fraseologia

Chiedere informazioni sul percorso:

Como (é que) se vai para o hospital? Come si va all'ospedale?
Qual (é que) é o caminho mais curto para o centro?
Qual è la strada più corta per il centro?
Por aqui vou bem para a Avenida da Liberdade?
Di qua vado bene per la Avenida da Liberdade?

Dare informazioni sul percorso:

Vá sempre em frente. Vada sempre dritto.
Vire à direita/à esquerda. Giri a destra/a sinistra.
Atravesse a rua. Attraversi la strada.
Contorne a igreja. Giri attorno alla chiesa.

Situare:

A livraria fica na esquina da rua ... com a rua ... La libreria è all'angolo della strada ... con la strada ...
A biblioteca fica depois do cruzamento. La biblioteca è dopo l'incrocio.
Ao lado do café há uma sapataria. Accanto al caffè c'è un negozio di scarpe.
Há uma drogaria entre a florista e a peixaria. C'è una ferramenta tra il fioraio e il pescivendolo.

Chiedere dell'esistenza di negozi/monumenti/...:

Há alguma farmácia perto daqui? C'è una farmacia qui vicino?
Onde (é que) é o supermercado mais próximo?
Dov'è il supermercato più vicino?
Onde (é que) posso comprar um bilhete de autocarro?
Dove posso comprare un biglietto per l'autobus?

Esercizi

1. Completate le seguenti istruzioni con l'imperativo affermativo (seconda persona singolare VOCÊ):

Antes de comprar um bilhete (1. ir) .... a várias agências de viagens e (2. comparar) .... preços. (3. comprar) .... o bilhete com pelo menos duas semanas de antecedência e (4. verificar) .... se tem todos os documentos necessários. (5. fazer) .... a vacina contra a malária e (6. levar) .... consigo medicamentos básicos para qualquer emergência. (7. Pôr) .... na sua bagagem um bom protector solar, pois as temperaturas costumam ser altas.

2. Completate con l'imperativo affermativo seconda persona singolare TU e seconda persona plurale VOCÊS:

1. (Trazer) .... calçado confortável e roupa prática.
2. (Chegar) .... meia hora antes da partida.
3. (Preparar) .... um pequeno lanche.
4. (Fazer) .... o que for pedido pelo professor acompanhante.
5. (Tomar) .... apontamentos.
6. (Manter-se) .... sempre junto do grupo.

3. Scrivete all'imperativo negativo le seguenti istruzioni stradali, usando la forma di cortesia VOCÊ e la forma plurale VOCÊS:

1. (Não atravessar) .... fora da passadeira.
2. (Não ultrapassar) .... pela direita.
3. (Não estacionar) .... em cima do passeio.
4. (Não se esquecer) .... de pôr o cinto de segurança.
5. (Não se distrair) ....

4. Scrivete il verbo tra parentesi al congiuntivo futuro:

1. A partir de agora só podem circular os carros que (ter) .... um dispositivo anti-poluição.
2. Os motociclistas que (ser) .... apanhados sem capacete serão multados.
3. Quem (saber) .... onde se esconde o criminoso deve denunciá-lo imediatamente.
4. Paramos para jantar, onde (haver) .... refeições quentes.
5. Corta todos os anúncios que (pedir) .... vendedores com experiência.
6. Entrega-se a carteira a quem (provar) .... ser o seu proprietário.
7. Só tem direito a desconto de sócio quem (trazer) .... o respectivo cartão.

5. Trasformate la parte in grassetto usando il gerundio:

1. **Começa a encher** o porta-bagagens, enquanto eu trago as malas para a porta.
2. **Quase pus** o pé dentro daquela poça!
3. **Se se construir** uma nova cadeia, resolve-se o problema de sobrelotação.
4. **Como tenho** vertigens, não ando de montanha-russa.
5. **Ao chegar** ao fim da rua, vai encontrar uma oficina.

6. Trasformate le frasi sostituendo la parte in grassetto con pronomi personali:

O presidente do clube entregou **a taça ao capitão de equipa**.
O presidente **entregou-lha**.

1. Mostrei **ao polícia a carta de condução**.
2. Ela ainda não nos devolveu **a tenda de campismo**.
3. Emprestei **a um vizinho os meus patins**.
4. Vão-me mandar **os livros que encomendei** pelo correio.
5. Espero que ela vos conte **o resultado do encontro**.
6. Pode explicar-nos de novo **a diferença entre estas duas frases**?

7. Completate le frasi scrivendo il pronome (personale o riflessivo) al posto giusto e facendo le trasformazioni necessarie alla forma verbale:

1. Tiraram a jarra do armário e .... puseram .... em cima da mesa.
2. Digam ao João que preciso de falar com ele a próxima vez que .... virem ....

3. Deixei a carteira em cima do balcão, mas quando voltei já lá não .... encontrei ....

4. Acendeu um cigarro, mas .... apagou .... logo em seguida.

5. Sabemos que moram pessoas no andar de baixo; porém, nenhum de nós .... conhece ....

6. Mete o gato numa gaiola e .... traz .... contigo no fim-de-semana.

7. A persiana estava estragada, não estava? Quem é que .... consertou ....?

8. O tempo tem estado ameno. Oxalá .... mantenha .... assim!

9. A costureira já acabou as cortinas. Vou .... pendurar .... imediatamente.

10. Arrumámos a varanda e .... varremos ....

UNITÀ 12
UMA CARTA DO ESTRANGEIRO
UNA LETTERA DALL'ESTERO

Rio de Janeiro, 5 de Dezembro de 2000
Rio de Janeiro, 5 dicembre, 2000

Queridos tios,
Keriduʃ tiuʃ,
Cari zii,
Que maravilha é esta cidade! Tinham razão. Já muita gente me tinha dito que o Rio era lindíssimo mas, como se costuma dizer, é preciso "ver para crer".
Ke maraviλa è èʃta sidàde! Tiŋāu ra'zāu. ȝà muita ȝente me tiŋa ditu ke u Riu èra lin'disimu maʃ, komu se kuʃtuma di'zér, è presizu vér para krér.
Che meraviglia questa città! Avevate ragione. Molta gente mi aveva già detto che Rio era bellissima ma, come si suol dire, bisogna vedere per credere.
Estas têm sido umas férias inesquecíveis. Os vossos amigos têm sido extremamente hospitaleiros: quando cheguei, já tinham preparado um programa intensíssimo. Nunca me deixam sozinho: enquanto os pais trabalham, os filhos (a Teresa e o Maurício) acompanham-me a todo o lado e, por isso, tenho visto coisas que o turista "normal" se calhar não vê. Por mais que lhes diga que não é preciso acompanharem-me, não consigo convencê-los a não perderem tanto tempo comigo.
Èʃtaʃ tāiāi sidu umaʃ 'fèriaʃ ineʃkèsivaiʃ. Uʃ vòsuz amiguʃ tāiāi sidu ʃtrémamente òʃpitalairuʃ: kuādo ʃe'gai ȝà tiŋāu preparàdu um prugrama inten'sisimu. Nunka me daiʃāu sòziŋu: enkuātu uʃ pàiʃ trabàλāu, uʃ fiλuʃ (a teréza i u maurisiu) akō'paŋāume a todu u làdu i, pur isu, taŋu viʃtu koizaʃ ke u turiʃta nòr'màl se ka'λàr nāu vé. Pur màiʃ ke λeʃ diga ke nāu è presizu akōpa'ŋàrāime, nāu kōsigu kōvenséluʃ a nāu perdérāi tātu tempu kumigu.
Si sta rivelando una vacanza indimenticabile. I vostri amici sono molto ospitali: quando sono arrivato, avevano già preparato un programma molto intenso. Non mi lasciano mai da solo: mentre i genitori lavorano i figli (Teresa e Maurizio) mi accompagnano ovunque e, perciò, vedo delle cose che il turista "normale" forse non vede. Per quanto dica loro che non c'è bisogno che vengano con me, non riesco a convincerli a non perdere tanto tempo.

Temos estado sempre no Rio, onde temos visitado lugares deslumbrantes. Estou cada vez mais fascinado por esta cidade e pela cultura brasileira. Nunca tinha visto uma cidade com pessoas de tantas raças. Todos os dias temos feito passeios por lugares idílicos – do Corcovado a cidade é tão bonita que parece irreal. É com certeza um dos mais belos lugares do mundo. Nunca tinha comido tanta fruta tropical (tanta que provavelmente terei de fazer dieta quando chegar a Portugal). De um modo geral, tenho tido sorte com o tempo, à parte um chuvisco de vez em quando.

Témuz eſtàdu sempre nu Riu, õde témuſ vizitàdu lugàreſ deſlumbràteſ. ſto kada véſ màiſ faſsinàdu pur èſta sidàde i péla kultura brazileira. Nunka tiŋa viſtu uma sidàde kõ pesoaſ de tātaſ ràsaſ. Toduz uſ diaſ témuſ faitu pasaiuſ pur lugàrez i'dilikus – du kurkuvàdu a sidàde è tāu bunita ke parèse iRial. È kõ sertéza um duſ maiſ bèluſ lugàreſ du mundu. Nunka tiŋa kumidu tāta fruta trupi'kàl (tāta ke pruvàvèlmente te'rai de fa'zér dièta kuãdu ſe'gàr a purtu'gàl). Dum mòdu ʒe'ràl, taŋu tidu sòrte kõ u tempu, à pàrte um ſuviſku de véz ãi kuãdu.

Siamo sempre stati a Rio, dove abbiamo visitato luoghi meravigliosi. Sono sempre più affascinato da questa città e dalla cultura brasiliana. Non avevo mai visto una città con persone di tante razze. Ogni giorno facciamo delle passeggiate in luoghi idillici – dal Corcovado la città è così bella che sembra irreale. È sicuramente uno dei più bei posti al mondo. Non avevo mai mangiato tanti frutti tropicali (tanti che probabilmente dovrò stare a dieta quando sarò tornato in Portogallo). In genere, sono stato fortunato con il tempo, tranne qualche piovischio ogni tanto.

Amanhã vamos a Angra dos Reis. Tinha pensado ir a S. Paulo; acabei, contudo, por mudar de ideias, pois não teria tempo para ver bem a zona do Rio. Quanto menos tempo perder a ver outras cidades melhor vejo o Rio. De qualquer forma, hei-de voltar ao Brasil um dia: um dos meus sonhos era ir ao Nordeste ou ao Norte e subir o Rio Amazonas, parando nas várias cidades que ficam ao longo do rio. Quando voltar, havemos de nos encontrar para vos mostrar as fotografias e trocarmos impressões.

Àma'ŋã vamuz a ãgra duſ raiſ. Tiŋa pensàdu ir a sãu pàulu; aka'bai, kõtudu, pur mu'dàr didaiaſ, poiſ nãu teria tempu para vér bãi a zona du Riu. Kuãtu ménuſ tempu per'dér a vér otraſ sidàdeſ, me'λòr vaiʒu u Riu. De kuàl'kèr fòrma, aide vòl'tàr au brazil um dia: um duſ méuſ soŋuz èra ir àu nòrdèſte ou àu nòrte su'bir u amazonaſ, parãdu naſ 'vàriaſ sidàdeſ ke fikãu àu lõgu du Riu. Kuãdu vòl'tàr, avémuſ de nuz enkõ'tràr para vuſ muſ'tràr aſ futugrafiaſ i trukàrmuz impresõiſ.

Domani andiamo a Angra dos Reis. Avevo pensato di andare a San Paolo; alla fine, però, ho cambiato idea, perché non avrei avuto il tempo di vedere bene la zona di Rio. Meno tempo perdo a vedere altre città meglio vedo Rio. In ogni modo, tornerò in Brasile un giorno: uno dei miei sogni sarebbe di andare al Nord-Est o al Nord e risalire il Rio delle Amazzoni, fermandomi nelle varie città che ci sono lungo il fiume. Quando tornerò, ci dobbiamo incontrare per farvi vedere le foto e scambiarci le impressioni.

Até então, um abraço do vosso sobrinho amigo,
Atè en'tãu, um abràsu du vòsu subriŋu amigu,
In attesa d'incontrarci, un abbraccio da vostro nipote

JORGE

Elementi grammaticali

Il pretérito perfeito composto do indicativo

In italiano non c'è un tempo verbale corrispondente a questo. Mentre la forma semplice del **pretérito perfeito** esprime un'azione compiuta nel passato, la forma composta di questo tempo va usata per esprimere un'azione che ha inizio nel passato, si ripete fino al presente e non è conclusa. L'enfasi di questo tempo è nella continuità e nella ripetizione.

> Si osservi la differenza tra le seguenti frasi:
> **A última vez que fui ao banco, não tive oportunidade de falar com o gerente.** L'ultima volta che andai in banca non ebbi l'opportunità di parlare con il direttore. (*pretérito perfeito simples*)
> **Nas últimas semanas não tenho tido tempo para nada.** Nelle ultime settimane non ho avuto tempo per niente. (*pretérito perfeito composto*)
> Nella prima frase, l'azione è cominciata e finita in un momento preciso nel passato.
> Nel secondo esempio, invece, l'enfasi è sul fatto che qualche giorno fa non avevo tempo e ancora non ne ho. L'uso di avverbi/locuzioni avverbiali come **nas últimas semanas** (nelle ultime settimane), **ultimamente** (ultimamente), **nos últimos tempos** (negli ultimi tempi) rafforza questo aspetto temporale del verbo.

Questo tempo si forma nel seguente modo:

indicativo presente di **ter** + participio passato del verbo principale

tenho	
tens	
tem	**+ comprado/vendido/produzido**
temos	
tendes	
têm	

Tenho lido muitas notícias sobre a nova estação orbital.
Ho letto molte notizie sulla nuova stazione orbitale.
Temos feito todo o possível para o ajudar.
Abbiamo fatto tutto il possibile per aiutarlo.

IL PARTICIPIO PASSATO

Si forma sostituendo la **-r** dell'infinito dal suffisso **-do**:

cantar - canta-**do**   comer - comi-**do**   partir - parti-**do**

Nei verbi della seconda coniugazione la **vocale della radice** diventa **i** per influenza della terza coniugazione:

beber - beb-**ido**   fornecer - fornec-**ido**

Alcuni verbi presentano dei participi irregolari, il più delle volte molto simili alle forme italiane:

INFINITO	PARTICIPIO PASSATO
dizer	dito
escrever	escrito
fazer	feito
ver	visto
pôr	posto
abrir	aberto
cobrir	coberto
vir	vindo

Anche i verbi derivati da questi presentano forme irregolari:

depor - **deposto**
encobrir - **encoberto**

Il participio è usato con gli ausiliari **ter** e **haver** per formare i tempi composti nella forma attiva e, a differenza dell'italiano, rimane invariato:

> **Eu tinha-a visto uns dias antes.** Io l'avevo vista qualche giorno prima.
> **Tenho-os encontrado na faculdade.** Li ho incontrati in facoltà.

Per l'uso del participio passato nella passiva, vedere l'Unità 14.

L'indicativo trapassato (pretérito mais-que-perfeito do indicativo)

Il trapassato presenta due forme, una semplice e una composta, entrambe usate per esprimere:
• un'azione nel passato già conclusa prima di un'altra;
• un fatto avvenuto in un passato indefinito.

IL TRAPASSATO SEMPLICE

Va formato con il tema del **pretérito perfeito** a cui si aggiungono delle desinenze che sono uguali per tutte e tre le coniugazioni:

LIMPAR (PULIRE)	ESCREVER (SCRIVERE)	ABRIR (APRIRE)	DESINENZE
limpa-**ra**	escreve-**ra**	abri-**ra**	-**ra**
limpa-**ras**	escreve-**ras**	abri-**ras**	-**ras**
limpa-**ra**	escreve-**ra**	abri-**ra**	-**ra**
limpá-**ramos**	escrevê-**ramos**	abrí-**ramos**	-**ramos**
limpá-**reis**	escrevê-**reis**	abrí-**reis**	-**reis**
limpa-**ram**	escreve-**ram**	abri-**ram**	-**ram**

Chegara cedo, comprara o jornal e sentara-se à espera. Era arrivato presto, aveva comprato il giornale e si era seduto ad aspettare.
Tivera melhor sorte que o pai. Aveva avuto più fortuna del padre.

Questa forma si limita all'**uso letterario** e va solitamente sostituita dalla forma composta nell'uso corrente. È comunque abbastanza comune nella lingua parlata in frasi esclamative di forma fissa, in genere indicative di desiderio:

Quem me dera+ infinito: **Quem me dera ter idade para fazer isso!** Magari avessi l'età per fare questo.
Quem me dera que + congiuntivo: **Quem me dera que tu pudesses vir!** Magari tu potessi venire!
Tomara que + congiuntivo: **Tomara que ele chegue!** Speriamo che lui arrivi!

IL TRAPASSATO COMPOSTO

Si forma con:
imperfetto di **ter o haver** + participio passato

tinha (havia)	
tinhas (havias)	
tinha (havia)	
tínhamos (havíamos)	**+ comprado/vendido/traduzido**
tínheis (havíeis)	
tinham (haviam)	

Si usa sia nella lingua scritta sia nella lingua parlata:

Nunca tinha estado no Rio de Janeiro. Non ero mai stato/a a Rio de Janeiro.
Quando chegámos, os nossos amigos já tinham preparado tudo. Quando arrivammo, i nostri amici avevano già preparato tutto.

La comparazione – III

LA COMPARAZIONE PROGRESSIVA

Per esprimere quest'idea si usa:
• **Cada vez** + comparativo di maggioranza:

Ele está cada vez mais gordo. Egli sta diventando sempre più grasso.
A vida está cada vez mais cara. La vita è sempre più cara.
A qualidade do ar está cada vez pior. La qualità dell'aria è sempre peggiore.

• **Cada vez mais/cada vez menos** (sempre di più/sempre di meno):

Gosto cada vez mais de roupa prática. L'abbigliamento pratico mi piace sempre di più.

Preocupamo-nos cada vez menos com coisas supérfluas.
Ci preoccupiamo sempre di meno delle cose superflue.

Le congiunzioni proporzionali

Queste congiunzioni e locuzioni esprimono un valore di comparazione o contrasto
rispetto alla frase principale:

	mais	sostantivo + verbo	mais
	menos	o verbo	menos
Quanto +	melhor	o aggettivo + verbo	melhor
	pior	verbo "ser" + sostantivo	pior
	maior		maior

Quanto mais nos aproximamos do cume maior é o frio.
Più ci avviciniamo alla cima più maggiore è il freddo.
Quanto melhor é o hotel mais se paga pelo serviço.
Migliore è l'albergo più si paga per il servizio.
Quanto mais rápido é o transporte mais depressa se chega ao destino.
Più veloce è il mezzo di trasporto più rapidamente si arriva a destinazione.

Sia nella frase principale sia nella subordinata, le forme atone dei pronomi vanno
anteposte al verbo:

Quanto menos <u>se</u> lê menos <u>se</u> sabe. Meno si legge meno si sa.

I tempi verbali sono i seguenti:

FRASE PRINCIPALE	FRASE SUBORDINATA
Quanto melhor é o computador, (Migliore è il computer,)	**mais rápido é.** (più è rapido.)
Quanto mais sal puseres na comida, (Quanto più sale metterai nel cibo,)	**pior te faz/fará.** (peggio ti farà.)
indicativo (presente o imperfetto) o congiuntivo futuro	**indicativo (presente, imperfetto o futuro)**

La frase complessa – VI: le consecutive

LE CONGIUNZIONI E LE LOCUZIONI SUBORDINANTI CONSECUTIVE

Indicano la conseguenza di ciò che le precede:
• **De forma que/De maneira que**   cosicché/talché
• **De modo que**   in modo che/cosicché

Richiedono il verbo all'indicativo:

> **Fez as compras durante a semana, de maneira que no sábado não teve de ir ao supermercado.** Ha fatto la spesa durante la settimana, cosicché sabato non è dovuto andare al supermercato.
>
> **Não ia preparado para o tempo frio, de modo que teve que comprar um casaco.** Non era preparato per il tempo freddo cosicché ha dovuto comprarsi una giacca.

Oltre alle locuzioni sopra, si può usare la congiunzione **que** abbinata agli avverbi **tão/tanto/tal** presenti nella frase principale:

• **Tão** + aggettivo:

> **Ela é tão inteligente que entrou para a universidade aos 16 anos.** Lei è così intelligente che è entrata all'università a 16 anni.

• **Tão** + avverbio:

> **Falas tão depressa que ninguém te entende.** Parli così veloce che nessuno ti capisce.

• Verbo + **tanto... que**:

> **Eles sabem tanto de física que foram contratados pela NASA.** Loro sono tanto esperti in fisica che sono stati assunti dalla NASA.

• **Tanto, tanta, tantos, tantas** + sostantivo + **que**:

> **Tu tens tanto dinheiro que não sabes onde gastá-lo.** Tu hai tanti soldi che non sai dove spenderli.

• **Um/uma** + **tal** + sostantivo + **que** oppure **um/uma** + sostantivo + **tal** + **que**:

> **Tem uma tal sorte que já ganhou duas vezes a lotaria.** Ha una tale fortuna che ha già vinto la lotteria due volte.
>
> **Tenho uma fome tal que era capaz de comer dois bifes.** Ho una fame tale che potrei mangiarmi due bistecche.

• Verbo + **de tal modo/forma/maneira** + **que**:

> **Fuma de tal maneira que gasta uma fortuna em cigarros.** Fuma tanto che spende una fortuna in sigarette.
>
> **Choveu de tal modo que as casas ficaram inundadas.** Ha piovuto tanto che le case sono state inondate.

• **De tal modo/forma/maneira** + aggettivo + **que**:

> **Ele é de tal forma simpático que ninguém é capaz de lhe dizer que não.** Lui è talmente simpatico che nessuno è capace di dirgli di no.

Le concessive – II

Oltre alle congiunzioni/locuzioni che abbiamo visto precedentemente (Unità 10), un altro processo per esprimere la concessiva è l'uso di:

• **Por mais/ menos/muito/pouco + que** + congiuntivo (presente o imperfetto):

Por mais que estudasse tinha sempre más notas. Per quanto studiasse aveva sempre dei brutti voti.

Por muito que corras, já não apanhas o autocarro. Per quanto corra, non riesci più a prendere l'autobus.

• **Por mais/menos/ muito(s)/muita(s)/ pouco(s)/pouca(s)** + sostantivo o aggettivo + **que** + congiuntivo (presente o imperfetto):

Por muitos problemas que tenha, ele está sempre bem-disposto. Per quanti problemi abbia, lui è sempre di buonumore.

Por mais cansado que estivesse, era sempre o último a parar. Per quanto fosse stanco, era sempre l'ultimo a fermarsi.

La frase temporale

LE FRASI SUBORDINATE CONGIUNZIONALI

antes que	prima che
depois que	dopo che
até que	finché
desde que	da quando
enquanto	mentre, finché
assim que/logo que	non appena
mal/apenas	appena
sempre que/cada vez que	ogni volta che
quando	quando

A differenza dell'italiano, molte congiunzioni/locuzioni temporali possono reggere sia l'indicativo sia il congiuntivo, a seconda che esprimano una situazione reale o ipotetica:

INDICATIVO (AZIONE REALE E CERTA)	CONGIUNTIVO (AZIONE EVENTUALE E INCERTA NON ANCORA AVVENUTA)
Assim que o vi, dei-lhe a boa nova. (Appena l'ho visto gli ho dato la buona notizia.)	**Assim que for meia-noite, começam a ouvir-se os foguetes.** (Appena sarà mezzanotte, cominceranno a sentirsi i fuochi d'artificio.)

INDICATIVO (AZIONE REALE E CERTA)	CONGIUNTIVO (AZIONE EVENTUALE E INCERTA NON ANCORA AVVENUTA)
Quando o cão ladra, ela espreita a ver quem é. (Quando il cane abbaia, lei guarda per vedere chi è.)	**Por favor, passe esta carta no computador, quando puder.** (Per cortesia, trascriva questa lettera al computer, non appena avrà tempo.)
Ouve rádio enquanto toma banho. (Sente la radio mentre fa il bagno.)	**Enquanto fores pequeno, não podes ficar em casa sozinho.** (Finché sarai piccolo, non potrai rimanere a casa da solo.)
Assusto-me sempre que oiço passos na rua. (Mi spavento ogni volta che sento dei passi per strada.)	**Conta comigo sempre que tiveres um problema.** (Conta su di me ogni volta che avrai un problema.)
Depois que fiz o serviço militar, casei-me. (Dopo avere fatto il servizio militare, mi sposai.)	**Depois que tiveres posto a mesa, apaga o lume do fogão.** (Dopo che avrai apparecchiato la tavola, spegni il fuoco della cucina.)

La locuzione **antes que** richiede sempre il congiuntivo (presente, imperfetto o trapassato):

> **Vai-te embora, antes que comece a chover.**
> Vattene, prima che cominci a piovere.
> **Fugiu do país, antes que tivessem descoberto o crime.**
> Scappò dal paese prima che avessero scoperto il crimine.

In alternativa si può usare **antes de** + infinito (personale o impersonale):

> **Antes de acabarmos (antes que acabemos) a reunião, temos de tomar uma decisão.** Prima di finire la riunione, dobbiamo prendere una decisione.

Invece di **depois que** e **até que** si può usare:
• **Depois de** + infinito (personale o impersonale).
• **Até** + infinito (personale o impersonale).

> **Depois de comer(es) o chocolate, deves lavar os dentes.**
> Dopo che avrai mangiato il cioccolato, devi lavarti i denti.
> **Não se deitou até os filhos chegarem.**
> Non si è coricato finché i figli non sono arrivati.

La locuzione **desde que** richiede sempre l'indicativo:

> **Desde que foi eleito presidente da companhia, tornou-se autoritário.**
> Da quando è stato eletto presidente della compagnia, è diventato autoritario.

Questa locuzione può anche avere un valore condizionale (vedere l'Unità 14).
Il participio può essere usato per indicare che un'azione è anteriore ad un'altra:

> **Escrito o relatório, entregou-o ao chefe. = Depois que escreveu o relatório, entregou-o ao chefe. = Depois de ter escrito o relatório, entregou-o ao chefe.** Dopo aver scritto la relazione, l'ha consegnata al capo.

Per i valori temporali del gerundio, vedere l'Unità 11.

I diminutivi e gli accrescitivi

In portoghese si possono formare diminutivi e accrescitivi aggiungendo delle desinenze al sostantivo, all'aggettivo, alla radice di un verbo o ad altre parole invariabili.

DIMINUTIVI

SOSTANTIVO	FORMA DIMINUTIVA	SUFFISSO
cão (cane)	cãozinho	-(z)inho
casa (casa)	casinha	-inha
	casebre	-ebre
rapaz (ragazzo)	rapazinho	-inho
papel (carta)	papelucho	-ucho
rua (strada)	ruela	-ela
velho (vecchio)	velhote	-ote(a)
chuva (pioggia)	chuvisco	-isco

Altre parole diminutive:
só (solo) **sozinho** (soletto) (*aggettivo*)
devagar (piano) **devagarinho** (pianino) (*avverbio*)
adeus (addio) **adeusinho** (parola invariabile)
obrigado (grazie) **obrigadinho** (parola invariabile)

ACCRESCITIVI

SOSTANTIVO	FORMA ACCRESCITIVA	SUFFISSO
homem (uomo)	homenzarrão	-(z)arrão
gato (gatto)	gatarrão	-arrão
carro (automobile)	carrão	-ão
boca (bocca)	bocarra	-arra
corpo (corpo)	corpanzil	-anzil

Il suffisso accrescitivo più usato è **-ão**:

Estou há um tempão à espera dele. È da un sacco di tempo che l'aspetto.
Podes meter tudo nesse caixotão. Puoi mettere tutto in codesto scatolone.

Altre parole accrescitive:
grande (grande) grandalhão (*aggettivo*)
solteiro (scapolo) solteirão (*aggettivo*)

Il suffisso accrescitivo e diminutivo può anche avere un valore dispregiativo o vezzeggiativo.

La sintassi del verbo HAVER

Questo verbo può indicare:
• Esistenza (vedere l'Unità 6)

Ainda há queijo? C'è ancora del formaggio?

• Il tempo trascorso (vedere l'Unità 7)

Emigrou para os Estados Unidos há vinte anos.
Emigrò negli Stati Uniti vent'anni fa.

In questi due casi è impersonale.

Accompagnato dalla preposizione **de + infinito** va coniugato in tutte le persone ed esprime l'intenzione di fare un'azione in un tempo futuro indefinito.

Le forme verbali monosillabiche vanno separate dalla preposizione da una lineetta:

hei-**de**	
hás-**de**	
há-**de**	**+ infinito**
havemos **de**	
haveis **de**	
hão-**de**	

Hei-de convencê-lo a ficar mais uns dias.
Lo convincerò a rimanere qualche giorno in più.
Um destes dias havemos de levar as crianças ao jardim zoológico.
Uno di questi giorni dobbiamo portare i bambini allo zoo.

In questo caso, è spesso accompagnato da espressioni temporali come **um dia** (un giorno), **qualquer dia** (uno di questi giorni), **um destes dias** (uno di questi giorni).

Glossario e fraseologia

Servizi e Ambiente

SERVIZI

carta	*lettera*	*envelope*	*busta*
carta registada	*raccomandata*	*indicativo*	*prefisso*
carteiro	*postino*	*lista telefónica*	*elenco telefonico*
correio	*posta*	*remetente*	*mittente*
destinatário	*destinatario*	*selo*	*francobollo*
encomenda	*pacco*	*telegrama*	*telegramma*

AMBIENTE: PAESAGGIO

areia	*sabbia*	*natureza*	*natura*
arredores	*dintorni*	*paisagem*	*paesaggio*
bairro	*quartiere*	*península*	*penisola*
colina	*collina*	*periferia*	*periferia*
deserto	*deserto*	*planície*	*pianura*
floresta	*foresta*	*praia*	*spiaggia*
ilha	*isola*	*rio*	*fiume*
lago	*lago*	*serra*	*catena di montagne*
mar	*mare*	*vale*	*valle*
montanha	*montagna*	*zona/região*	*regione*

AMBIENTE: AGGETTIVI

barulhento	*rumoroso*	*poluído*	*inquinato*
calmo/sossegado	*tranquillo*	*saudável*	*salutare*
limpo	*pulito*	*sujo*	*sporco*

Fraseologia

Per cominciare e finire una lettera:

Queridos tios Cari zii (informale)
Caros amigos Cari amici (informale)
Exmo. Senhor Egregio Signore (formale)
Beijinhos. Baci. (informale)
Um abraço. Un abbraccio.
Cumprimentos. Saluti.
Com os melhores cumprimentos. Cordiali saluti (formale).

Comparare:

Ele está cada vez mais alto. Lui è sempre più alto.
Gosto cada vez menos de comida picante.
Il cibo piccante mi piace sempre di meno.

Descrivere un'azione iniziata nel passato ma non compiuta:

Nos últimos tempos tenho tido muitos problemas.
Negli ultimi tempi ho avuto molti problemi.
Desde que cheguei, o tempo tem estado bom.
Da quando sono arrivato/a il tempo è stato buono.

Esprimere un'intenzione:

Havemos de organizar um jantar com os amigos.
Dobbiamo organizzare una cena con gli amici.

Esprimere la conseguenza:

> **O tempo está tão quente que dormimos sem cobertores.**
> Il tempo è così caldo che dormiamo senza coperte.
> **A fruta aqui é muito boa. Daí que eu coma fruta todos os dias.**
> La frutta qui è molto buona. Perciò mangio frutta tutti i giorni.

Esprimere l'anteriorità:

> **Nunca tinha ido a Paris.** Non ero mai stato/a a Parigi.
> **Eles já tinham preparado um programa para mim.**
> Loro avevano già preparato un programma per me.

Comunicare alla posta:

> **Queria um selo para Portugal.** Vorrei un francobollo per il Portogallo.
> **Podia dar-me um impresso para uma carta registada?**
> Mi potrebbe dare un modulo per una raccomandata?
> **Queria mandar uma encomenda para França.**
> Vorrei spedire un pacco in Francia.

ESERCIZI

1. Scrivete il verbo tra parentesi al PRETÉRITO PERFEITO (semplice o composto):

1. Todo este mês (estar) .... muito frio. Esperemos que no próximo mês a temperatura suba.
2. (Eu/ter) .... insónias, desde que (começar) .... a Primavera.
3. (Nós/desfazer-se) .... do carro, quando nos mudámos para o centro.
4. Já (tu/assinar) .... o contrato?
5. Ultimamente eles não (ver) .... televisão, mas (ler) .... o jornal para se manterem a par das notícias.
6. Os comerciantes desta zona (ter) .... grandes prejuízos desde a abertura do centro comercial.
7. Como o fecho da porta (estragar-se) ...., (eu/ter) .... de chamar um serralheiro.
8. (Haver) .... muitos assaltos nesta zona, desde que (deixar) .... de haver guarda-nocturno.

2. Scrivete il verbo tra parentesi al a) PRETÉRITO MAIS-QUE-PERFEITO semplice b) PRETÉRITO MAIS-QUE-PERFEITO composto:

1. O padeiro (acabar) .... de fazer o pão, quando cheguei à padaria.
2. Vocês não (dizer) .... que vinham? Ficámos à vossa espera até às oito!
3. Ele já (ser) .... candidato por duas vezes, mas só desta vez é que conseguiu ganhar a eleição.
4. Nós nunca (estar) .... tão perto de uma estrela de cinema.
5. Segundo uma denúncia, o cúmplice (estacionar) .... atrás do banco.

6. O carrossel já (dar) .... várias voltas, quando se aperceberam que o motor estava a falhar.
7. A polícia veio bater à nossa porta, porque os vizinhos (queixar-se) .... de barulhos estranhos.

3. Trasformate le frasi usando TANTO QUE, TANTO(S)/TANTA(S)... QUE e TÃO... QUE, secondo il modello:

Ele tem muita sorte. Nunca é apanhado a copiar.
Ele tem tanta sorte que nunca é apanhado a copiar.

1. Tenho um pé muito grande. Tenho muita dificuldade em encontrar o meu número.
2. A vida dele foi muito movimentada. Hoje não consegue estar muito tempo no mesmo sítio.
3. Temos muitas coisas para vos contar. Não sabemos por onde começar.
4. Ele lê muito. Já precisa de usar óculos.
5. Os interessados são muitos. Vão ter de abrir uma outra turma.
6. Perdeu muito dinheiro ao jogo. Teve de hipotecar a casa.

4. Trasformate le frasi usando POR MAIS/MENOS/MUITO/POUCO + aggettivo o sostantivo + QUE, secondo il modello:

Faz muito frio. Ele anda sempre de manga curta.
Por muito frio que faça, ele anda sempre de manga curta.

1. Ele pratica desporto. Continua a ser pouco ágil.
2. Nós escrevemos-lhes muitas cartas. Não nos respondem a nenhuma.
3. A gasolina aumenta. As pessoas não deixam de andar de carro.
4. Ele é necessário no escritório. Uma vez por semana tem de ir à fábrica.
5. Eles vão ver as casas da zona. Nenhuma lhes agrada.

5. Trasformate le frasi usando POR MAIS/MENOS/MUITO/POUCO QUE:

Importo-me. Ele faz sempre o que quer.
Por muito que me importe, ele faz sempre o que quer.

1. Falo muito. Ninguém me ouve.
2. Como pouquíssimo. Não consigo perder peso.
3. Eu quero muito. Não o convenço a pedir-te desculpa.
4. Os preços baixam. Os quadros dele continuam a ser caros.
5. Eu carrego no botão de alarme. Não aparece ninguém para abrir a porta do elevador.

6. Trasformate le frasi, secondo l'esempio:

Chove mais. As águas sobem.
Quanto mais chove/chover, mais as águas sobem.

1. As uvas são melhores. O vinho é melhor.
2. As feridas são mais graves. O tempo de recuperação é maior.
3. Os Invernos são rigorosos. Morrem mais sem-abrigo nas cidades.
4. As crianças são mais pequenas. Aprendem línguas com mais facilidade.
5. A alimentação é pior. O desenvolvimento da críança é mais lento.
6. Investe-se na carreira. Tem-se menos tempo para outras coisas.

7. Completate le seguenti frasi temporali con il verbo tra parentesi al modo e tempo adeguati:

1. Comovo-me sempre que (ouvir) .... esta sonata de Beethoven.
2. Assim que (nós/ter) .... a resposta, comunicamos-lha.
3. Desde que (eu/saber) .... que eles vinham cá dar um concerto, não descansei enquanto não comprei o bilhete.
4. Passa cá por casa, quando (voltar) .... do cinema.
5. Depois de (ver) .... a exposição, fomos tomar um café juntos.
6. Enquanto (ser) .... difícil estacionar aqui, a praia vai ter pouca gente.
7. Quando (nós/ter) .... o outro carro, andávamos sempre na oficina.
8. Tenho de falar com o juiz, antes que a audiência (começar) ....

UNITÀ 13
NUMA LOJA DE ROUPA
IN UN NEGOZIO DI ABBIGLIAMENTO

Jorge:	**Boa tarde.**
	Boa tàrde.
	Buona sera.
Empregado:	**Boa tarde. Se precisar de ajuda é só dizer. Esteja à vontade.**
	Boa tàrde. Se presi'zàr de aʒuda è sò di'zér. ʃtaʒa à võtàde.
	Se ha bisogno di aiuto basta dirmelo. Faccia con comodo.
Jorge:	**Na montra está um casaco castanho em "tweed". Importava-se que o experimentasse?**
	Na mõtra ʃtà um kazàku kaʃtaɲu ãi tu'id. Impur'tàvase ke u ʃprimentàse?
	In vetrina c'è una giacca marrone di tweed. La posso provare?
Empregado:	**Claro que não. Só que, como é o último, tenho de tirar o que está na montra. É só um momento.**
	Aqui tem. A cabina fica ali ao fundo à esquerda. Qualquer coisa que precise, pode chamar-me.
	Klàru ke nãu. Sò ke, komu è u 'ultimu, taɲu de ti'ràr u ke ʃtà na mõtra. È sò um mumentu. Aki tãi. A kàbina fika a'li àu fundu à ʃkérda.
	Kuà'lkèr koiza ke presize, pòde ʃamàrme.
	Sì, certo. Siccome è l'ultima, devo prendere proprio quella che c'è in vetrina. Solo un attimo. Eccola. Il camerino è lì in fondo a sinistra. Se ha bisogno, può chiamarmi.
Empregado:	**Então, como é que lhe fica?**
	En'tãu, komu è ke ʎe fika?
	Allora, come Le sta?
Jorge:	**Gosto muito do modelo, mas a cor não é exactamente o que eu queria. Se fosse possível, gostava de ver o mesmo modelo em azul ou cinzento claro.**
	Gòʃtu mũitu du mudélu, maz a kor nãu è izàtamente u ke éu keria. Se fose pusivèl, guʃtàva de vér u meʒmu mudélu ãi azul o sinzentu klàru.
	Il modello mi piace molto, ma il colore non è quello che volevo io.

Se fosse possibile, mi piacerebbe vedere lo stesso modello in blu o grigio chiaro.

Empregado: **O castanho há em vários tamanhos. O azul e o cinzento parece-me que não. Veste o 42 não é?**

U kaʃtaŋu à ãi 'vàriuʃ tamaŋuʃ. U azul i u sinzentu pa'rèseme ke nãu. Vèʃte u kuarenta i doiʃ, nãu è?

Il marrone c'è in varie misure. Il blu e il grigio, mi pare di no. Veste la 42, non è vero?

Jorge: **É sim.**

È sim.

Sì.

Empregado: **Lamento imenso mas já não há nenhum nem em azul nem em cinzento claro. Porque é que não prova o beige? Talvez lhe ficasse bem. E além disso é uma cor neutra que fica bem com tudo. Este aqui é elegantíssimo, já viu? Clássico, discreto.**

Lamentu imensu maʃ ʒà nãu à ne'ŋum nãi ãi azul nãi ãi sinzentu klàru. Purke è ke nãu pròva u bèʒe? Tàl'véʃ λe fikàse bãi. I alãi disu è uma kor néutra ke fika bãi kõ tudu. Éʃte aki è ilegà'tisimu, ʒà viu? 'Klàsiku, diʃkrètu.

Mi dispiace molto ma non ce n'è più né in blu né in grigio chiaro. Perché non prova quello in beige? Forse Le andrebbe bene. E inoltre è un colore neutro che va bene con tutto. Questo qua è elegantissimo. Classico, discreto.

Jorge: **E o preço? É o mesmo do outro?**

I u présu? È u méʒmu du otru?

Ed il prezzo? È lo stesso dell'altro?

Empregado: **Está tudo com um desconto de cinquenta por cento. Deixe-me ver... Até é ligeiramente mais barato: quer um quer outro custam cinquenta euros, já com o preço de saldo.**

ʃtà tudu kõ um deʃkõtu de sinkuenta pur sentu. 'Daiʃeme vér ...atè è liʒairamente màiʃ baràtu: kèr um kèr otru kuʃtãu sinkuenta éuruʃ ʒà kõ u présu de sàldu.

Scontiamo tutto al cinquanta per cento. Aspetti un attimo... è perfino leggermente più a buon mercato: sia l'uno sia l'altro costano cinquanta euro già a prezzo di saldo.

Jorge: **Tinha razão. Gosto muito do beige. Mas as mangas estão-me um bocado compridas. Precisava que mas encurtassem.**

Tiŋa razãu. Gòʃtu mũutu du bèʒe. Maz aʃ mãgaz eʃtãume um bukàdu kõpridaʃ. Presizàva ke maz enkurtàsãi.

Aveva ragione. Il beige mi piace molto. Ma le maniche sono troppo lunghe. Avrei bisogno che me le accorciaste.

Empregado: **Claro, não tem problema nenhum.**

Klàru, nãu tãi prubléma ne'ŋum.

Certo, non c'è nessun problema.

Jorge: **Mas dava-me jeito que estivesse pronto amanhã de manhã. Acha que é possível?**

Maʃ 'dàvame ʒaitu ke ʃtivèse prõtu àma'ŋã de ma'ŋã. Àʃa ke è pusivèl?

Mi farebbe comodo se fosse pronto per domani mattina. Pensa che sia possibile?

Empregado: **As nossas costureiras conseguem fazer o trabalho no próprio dia. É tudo ou deseja mais alguma coisa? Um pulôver, uns sapatos?**

Aʃ nòsaʃ kuʃturairaʃ kõsègãi fazér u trabàλu nu 'pròpriu dia. È tudu o deza3a màiz àlguma koiza? Um pulover, unʃ sapàtuʃ?

Le nostre sarte riescono a fare il lavoro per il giorno stesso. È tutto o desidera altro? Una maglia, delle scarpe?

Jorge: **Não não. Não é mais nada, obrigado.**

Nãu nãu. Nãu è màiʃ nàda, òbrigàdu.

No. Basta così, grazie.

Empregado: **Tem aqui o talão. Amanhã tem de o trazer para levantar o casaco. Se não se importasse, pagava na caixa. E mais uma vez obrigado e boa tarde.**

Tãi aki u ta'lãu. Àma'ŋã tãi de u tra'zér para levan'tàr u kazàku. Se nãu se impurtàse, pagàva na kàiʃa. I màiz uma véʃ òbrigàda i boa tàrde.

Ecco lo scontrino. Domani lo deve portare per prelevare la giacca. Per favore, paghi alla cassa. Grazie di nuovo e arrivederci.

Elementi grammaticali

Il congiuntivo imperfetto (pretérito imperfeito do conjuntivo)

L'imperfetto deriva dal tema del **pretérito perfeito** indicativo cui si aggiungono delle desinenze uguali per tutte e tre le coniugazioni:

LIMPAR (PULIRE)	LER (LEGGERE)	OUVIR (SENTIRE)	DESINENZE
limpa-**sse**	le-**sse**	ouvi-**sse**	-**sse**
limpa-**sses**	le-**sses**	ouvi-**sses**	-**sses**
limpa-**sse**	le-**sse**	ouvi-**sse**	-**sse**
limpá-**ssemos**	lê-**ssemos**	ouví-**ssemos**	-**ssemos**
limpá-**sseis**	lê-**sseis**	ouví-**sseis**	-**sseis**
limpa-**ssem**	le-**ssem**	ouvi-**ssem**	-**ssem**

Si usa negli stessi casi del presente congiuntivo, quando il verbo della frase principale è all'indicativo passato, imperfetto o trapassato:
• Dopo espressioni impersonali + **que**:

Era bom que conseguisses aquele emprego.
Sarebbe bello se riuscissi ad avere quel lavoro.

• Dopo verbi che esprimono l'ordine, il desiderio, la volontà, ecc.:

O meu pai pediu-me que fosse ao banco fazer um depósito.
Mio padre mi ha chiesto di andare in banca a fare un versamento.

• In frasi subordinate:
– Concessive:

Ainda que estivesse de férias, continuava a trabalhar.
Nonostante fosse in vacanza, continuava a lavorare.

– Finali, dopo **a fim de que** e **para que** (affinché):

Fecharam a escola a fim de que as eleições se pudessem realizar.
Chiusero la scuola, affinché si potessero effettuare le elezioni.

– Consecutive:

Falou mais devagar de modo que o pudessem compreender.
Ha parlato più piano cosicché lo potessero capire.

• Dopo l'avverbio **talvez**, quando esso è davanti al verbo:

Talvez fosse melhor não saíres. Forse sarebbe meglio che non uscissi.

La frase complessa – VII: esprimere la condizione
Periodo ipotetico – II

Si usa il congiuntivo imperfetto nel **periodo ipotetico della possibilità**, per esprimere una condizione che, benché **immaginaria o ipotetica**, può ancora avvenire. Nella frase principale si usa il condizionale presente o, a differenza dell'italiano, l'imperfetto indicativo:

FRASE PRINCIPALE	PERIODO IPOTETICO
Iria/ia visitá-lo, (Andrei a visitarlo)	**se soubesse onde mora.** (se sapessi dove abita.)
Seríamos/éramos mais felizes, (Saremmo più felici)	**se não fôssemos tão ambiciosos.** (se non fossimo così ambiziosi.)
condizionale presente **o indicativo imperfetto**	**se + congiuntivo imperfetto**

Il condizionale presente (condicional simples)

Il condizionale è un tempo poco usato in portoghese: è spesso sostituito dall'indicativo imperfetto. Si ottiene con l'infinito + desinenze uguali per le tre coniugazioni:

LEMBRAR (RICORDARE)	PROMETER (PROMETTERE)	ABRIR (APRIRE)	DESINENZE
lembrar-**ia**	prometer-**ia**	abrir-**ia**	-**ia**
lembrar-**ias**	prometer-**ias**	abrir-**ias**	-**ias**
lembrar-**ia**	prometer-**ia**	abrir-**ia**	-**ia**
lembrar-**íamos**	prometer-**íamos**	abrir-**íamos**	-**íamos**
lembrar-**íeis**	prometer-**íeis**	abrir-**íeis**	-**íeis**
lembrar-**iam**	prometer-**iam**	abrir-**iam**	-**iam**

Fanno eccezione:
dizer (dire) diria **fazer** (fare) faria **trazer** (portare) traria

Questo tempo si usa:
• Per esprimere l'incertezza o il dubbio rispetto ad un fatto passato:

> **Teria talvez vinte anos quando a conheci.**
> Avrò avuto forse vent'anni quando l'ho conosciuta.

• Per esprimere sorpresa o indignazione, in frasi interrogative e esclamative:

> **Quem diria que ela ainda viria a ser famosa!**
> Chi l'avrebbe detto che lei sarebbe stata famosa!

• Nel periodo ipotetico della possibilità (vedere sopra).

La frase complessa – VIII: esprimere la causa

La nozione di causa può essere espressa con **congiunzioni/locuzioni causali + verbo all'indicativo**:

porque	perché
porquanto	per quanto
como	siccome
pois que/já que/ uma vez que	poiché
visto como/visto que	visto che
dado que	siccome, dato che
posto que	dato che

> **Os operários ficaram desempregados, uma vez que a fábrica faliu.**
> Gli operai sono rimasti disoccupati, dato che la fabbrica falli.
> **Como estamos atrasados, é melhor andarmos mais depressa.**
> Siccome siamo in ritardo, è meglio se camminiamo più velocemente.
> **Não comprei o quadro, porque era demasiado caro.**
> Non ho comprato il quadro perché era troppo caro.

Una frase subordinata introdotta da **porque** deve sempre venire dopo la principale, mentre una frase introdotta da **como** viene sempre prima della principale:

> **Venderam a casa, <u>porque</u> não tinham dinheiro para a pagar.**
> Vendettero la casa, perché non avevano i soldi per pagarla.
> **<u>Como</u> não tinham dinheiro para pagar a casa, venderam-na.**
> Siccome non avevano i soldi per pagare la casa, la vendettero.

Vi sono anche delle **preposizioni/locuzioni di causa**:

por	per
por causa de/visto/devido a/dado	a causa di

Queste locuzioni possono essere seguite da:
• Verbo all'infinito (personale o impersonale):

Ficou constipado por andar à chuva. Si è raffreddato per aver camminato
sotto la pioggia.
**Não temos tempo para nos divertirmos, por causa de trabalharmos todo
o dia.** Non abbiamo tempo da divertirci perché lavoriamo tutto il giorno.

• Un sostantivo:

Devido à greve dos maquinistas hoje não há comboios.
A causa dello sciopero dei macchinisti oggi non ci sono treni.
**Dado o mau estado das estradas torna-se perigoso fazer a viagem de au-
tomóvel.** A causa dello stato disagevole delle strade diventa pericoloso fare
il viaggio in macchina.

I dimostrativi – II

I pronomi dimostrativi vengono sostituiti dall'articolo determinativo davanti:
• Al relativo **que**:

Podia mostrar-me o que está na montra?
Potrebbe farmi vedere quello che è in vetrina?

• Alla preposizione **de**:

Preferes a saia de veludo ou a de algodão?
Preferisci la gonna di velluto o quella di cotone?

Le congiunzioni e le locuzioni coordinanti disgiuntive

Quer... quer	sia... sia
Seja... seja	sia... sia
Já... já	sia... sia
Nem... nem	né... né
Ora... ora	ora... ora
Ou... ou	o... o

Como é que vão para os Açores? – Ou vamos de avião ou vamos de navio.
Come andate alle Azzorre? – O andiamo in aereo o in nave.
Não é nem simpático nem prestável. Non è né simpatico né disponibile.

Quer...quer regge il congiuntivo:

Quer chova quer faça sol, ele vai fazer "surf" todos os fins-de-semana.
Che piova o che ci sia sole, lui va a fare "surf" tutti i fine settimana.

Gli indefiniti

Gli indefiniti possono essere variabili o invariabili e possono fungere da aggettivi e da pronomi.

GLI INDEFINITI INVARIABILI

alguém	qualcuno	nada	niente, nulla
ninguém	nessuno	cada	ogni
tudo	tutto	algo	qualcosa

Gli indefiniti **alguém**, **ninguém**, **algo** e **nada** fungono soltanto da **pronomi**.

• **Alguém e ninguém** si riferiscono soltanto a persone:

Alguém sabe onde estão as minhas chaves?
Qualcuno sa dove sono le mie chiavi?
Depois da meia-noite não se vê ninguém na rua.
Dopo la mezzanotte non si vede più nessuno per strada.

• **Nada** si riferisce soltanto a cose:

Não há nada para comer no frigorífico.
Non c'è niente da mangiare nel frigorifero.

Davanti ad un aggettivo qualificativo o dopo un verbo intransitivo **nada** acquisisce un valore avverbiale:

Este casaco não é nada caro. Questa giacca non è per niente cara.
Não me concentrei nada. Non mi sono concentrato/a per niente.

• **Tudo** si può riferire sia a persone sia a cose:

Arrumei tudo antes de sair. Ho ordinato tutto prima di uscire.
Quando o professor sai da sala, põe-se tudo a conversar.
Quando il professore esce dall'aula, tutti cominciano a parlare.

Tudo è solitamente pronome, tranne quando accompagnato da alcune parole: **tudo isto** (tutto questo), **tudo isso** (tutto ciò), **tudo aquilo** (tutto quello), **tudo o que** (tutto quello che), **tudo o mais** (tutto il resto):

Compraste tudo o que te pedi? Hai comprato tutto quello che ti ho chiesto?
Tudo isto é para deitar fora. Tutto questo è da buttare.

• **Cada** funge soltanto da aggettivo e può riferirsi sia a persone sia a cose:

Cada dia que passa há menos esperanças de encontrar sobreviventes.
Ogni giorno che passa c'è meno speranza di trovare dei sopravvissuti.

Cada aluno recebeu um diploma no fim do curso.
Ogni studente ha ricevuto un diploma alla fine del corso.

Diversamente dall'italiano, molte espressioni temporali usano soltanto l'indefinito variabile **todos/todas** e non **cada**:

Todos os dias corro dez quilómetros.
Ogni giorno/tutti i giorni corro dieci chilometri.
Fazemos doce de tomate todos os anos.
Facciamo la marmellata di pomodori ogni anno/tutti gli anni.

Cada può essere accompagnato da **um/uma** o **qual**:

Cada qual sabe o que é melhor para si.
Ognuno/ciascuno sa quello che è meglio per sé.
Pediram a cada um que dissesse porque estava ali.
Chiesero ad ognuno di dire perché era lì.

Cada può essere usato davanti ad un cardinale:

Quanto custa cada dúzia de ovos? Quanto costa una dozzina di uova?

• **Algo** può riferirsi soltanto a cose:

Acho que se passa algo na ourivesaria aqui em frente.
Credo che stia succedendo qualcosa nell'oreficeria qui davanti.

Quando è seguito da un aggettivo qualificativo significa "qualcosa di":

Viste algo de suspeito? Hai visto qualcosa di sospetto?

In questo caso si preferisce usare l'indefinito variabile **alguma + coisa**.

GLI INDEFINITI VARIABILI

Singolare		Plurale		
MASCHILE	FEMMINILE	MASCHILE	FEMMINILE	
algum	alguma	alguns	algumas	alcuno/a/i/e, qualche
nenhum	nenhuma	nenhuns	nenhumas	nessuno/a/i/e
todo	toda	todos	todas	tutto/a/i/e
outro	outra	outros	outras	altro/a/i/e
muito	muita	muitos	muitas	molto/i/a/e
pouco	pouca	poucos	poucas	poco/a/pochi/e
certo	certa	certos	certas	certo/a/i/e
vário	vária	vários	várias	diversi/e
tal	tal	tais	tais	tanto/a/i/e
tanto	tanta	tantos	tantas	tanto/a/i/e
qualquer	qualquer	quaisquer	quaisquer	qualsiasi, qualunque

Gli indefiniti **algum, nenhum, todo, outro, muito, pouco, vário, tal, tanto** e **qualquer** possono fungere sia da aggettivi sia da pronomi. (Per **tanto** vedere anche l'Unità 6). Si riferiscono sia a persone sia a cose.

• **Algum** davanti a un sostantivo ha un **valore positivo**:

> **Há algumas calculadoras que são verdadeiros computadores.**
> Ci sono alcune calcolatrici che sono veri e propri computer.
> **Tens algum livro sobre borboletas?** Hai un libro sulle farfalle?

Quando posposto ad un sostantivo presenta un **valore negativo** e va accompagnato da forme negative:

> **Não aceito de forma alguma a decisão deles.**
> Non accetto in nessun modo la loro decisione.

• **Nenhum** è l'opposto di **algum** e ha sempre un **significato negativo**:

> **No centro não há nenhuma rua fechada ao trânsito.**
> In centro non c'è nessuna strada chiusa al traffico.

• **Todo** al singolare e posposto al sostantivo indica la totalità delle parti:

> **Li o livro todo numa semana.** Ho letto tutto il libro in una settimana.

Al plurale, anteposto o posposto al sostantivo, indica la totalità numerica:

> **Vimos os filmes todos daquele realizador.**
> Abbiamo visto tutti i film di quel regista.
> **Todas as sapatarias agora vendem sapatos daqueles.**
> Tutti i negozi di scarpe adesso vendono scarpe di quel tipo.

Al singolare e usato davanti ad un pronome personale indica la totalità delle parti:

> **Toda ela tremia da cabeça aos pés.** Tremava tutta dalla testa ai piedi.

• **Outro** può fungere da pronome o aggettivo:

Pronome: **Namorava com a Cláudia, mas casou-se com outra.**
    Era fidanzato con Cláudia ma ha sposato un'altra.
Aggettivo: **Também organizam outros espectáculos para quem não gosta de circo.**
    Organizzano anche altri spettacoli per chi non ama il circo.

Va spesso usato in espressioni temporali con la parola **dia**:

(O) outro dia significa un giorno passato ma ancora vicino:

> **(O) outro dia lembrei-me dela.** L'altro giorno mi sono ricordato/a di lei.

No outro dia o **ao outro dia** significa "il giorno dopo":

> **Dormi em casa dele e, ao outro dia, fui-me embora.**
> Dormii da lui e, il giorno dopo, me ne andai.

Si usa in espressioni di reciprocità, insieme alle preposizioni rette dal verbo rispettivo e in genere nella forma maschile:

Não falam um com o outro, porque se zangaram.
Non si parlano, perché hanno litigato.
No Natal demos um ao outro coisas para a casa.
Per Natale ci siamo scambiati delle cose per la casa.

È spesso preceduto da articolo determinativo e in rapporto con l'articolo indeterminativo (in senso distributivo):

Um é louro, o outro moreno. Uno è biondo, l'altro moro.

• **Muito/pouco** possono fungere da:
– Pronomi:

Muitos consideram-no o pintor mais original do século 20.
Molti lo considerano il pittore più originale del novecento.
Gostava de a conhecer mas a coragem é pouca.
Gli piacerebbe conoscerla ma ha poco coraggio.

– Aggettivi:

Tenho muitas coisas para te contar. Ho molte cose da raccontarti.
Temos poucas ocasiões para nos encontrarmos.
Abbiamo poche occasioni per incontrarci.

• **Certo** funge soltanto da aggettivo:

Em certos dias não se devia sair de casa.
In certi giorni uno non dovrebbe uscire di casa.
Certas pessoas são muito desconfiadas.
Certe persone sono molto diffidenti.

Preceduto da articolo indeterminativo diventa meno vago:

Tenho uma certa pena de ter de partir. Mi dispiace un po' andarmene.

• **Vário**

Há várias maneiras de contar mentiras. Ci sono vari modi di dire bugie.
Só o consegui contactar vários dias depois. Sono riuscito/a a contattarlo
soltanto vari giorni dopo.

• **Qualquer** davanti ad un sostantivo ha un **valore positivo**:

Qualquer pessoa sabe como usar uma máquina de lavar roupa.
Qualsiasi persona sa come usare una lavatrice.

Preceduto da articolo indeterminativo può avere un **valore dispregiativo**:

> **Não fales comigo assim! Não sou uma qualquer.**
> Non parlare con me così! Non sono una qualsiasi.

Può indicare indifferenza:

> **Qual das revistas queres? – Uma qualquer.**
> Quale delle riviste vuoi? – Una qualsiasi.

• **Tal**

Come aggettivo e preceduto da articolo indeterminativo è equivalente a "certo"; senza articolo significa "così":

> **Conheces um tal Rodrigues?** Conosci un certo Rodrigo?
> **Não me digas tal coisa!** Non dirmi una cosa così!

Come pronome significa "una cosa così":

> **Nunca tinha pensado em tal.** Non ci avevo mai pensato.

Glossario e fraseologia

Acquisti

TABACARIA | TABACCHI

caixa de fósforos	*scatola di fiammiferi*
charuto	*sigaro*
isqueiro	*accendino*
maço de cigarros	*pacchetto di sigarette*
postal	*cartolina*

LOJA DE FOTOGRAFIA | NEGOZIO DEL FOTOGRAFO

máquina fotográfica	*macchina fotografica*
pilha	*pila*
rolo (de fotografias)	*rullino*
rolo (de slides)	*rullino da diapositive*

PAPELARIA | CANCELLERIA

borracha	*gomma*	*lápis*	*matita*
caneta	*penna*	*papel*	*carta*
esferográfica	*biro*	*papel de carta*	*carta da lettera*
envelope	*busta*	*régua*	*righello*
folha	*foglio*		

LOJA DE ROUPA   NEGOZIO D'ABBIGLIAMENTO

biquini	bikini	gabardina	impermeabile
blusa	blusa	gravata	cravatta
botas	stivali	luvas	guanti
calças	pantaloni	mala	borsa; valigia
calções	pantaloni corti	meias	calzini
camisa	camicia	pijama	pigiama
camisa de dormir	camicia da notte	porta-moedas	portafoglio
camisola	maglia, maglione	pulôver	maglia
casaco	giacca	roupa interior	abbigliamento intimo
chapéu	cappello	saia	gonna
chapéu-de-chuva/ guarda-chuva	ombrello	sapatos	scarpe
cinto	cintura	sobretudo	capotto
collants	calze	soutien	reggiseno
cuecas	mutande	relógio	orologio
fato	abito	roupão	accappatoio
fato de banho	costume da bagno	vestido	abito

CORES   COLORI

amarelo	giallo	cor de laranja	arancione
azul	azzurro; blu	cor de rosa	rosa
beige	beige	lilás	lilla
branco	bianco	preto	nero
castanho	marrone	verde	verde
cinzento	grigio	vermelho/encarnado	rosso

MATERIAIS   MATERIALI

algodão	cotone	seda	seta
veludo	velluto	"tweed"	tweed

PADRÕES   DISEGNI DI UN TESSUTO

às riscas	a righe	aos quadrados	a quadri
liso	tinta unita	às bolas	a pois; a pallini
às flores	a fiori	de xadrez	a scacchi

Fraseologia

Fare richieste in un negozio:

Queria ver um casaco/uma camisola, ...
Vorrei vedere una giacca/una maglia...

Precisava de um casaco, uma saia, ...
Avrei bisogno di una giacca, una gonna, ...
Procurava um chapéu, uma gravata, ...
Cercavo un cappello, una cravatta, ...
Posso experimentar o casaco, os sapatos, ...
Posso provare la giacca, le scarpe, ...

Chiedere e ricevere informazioni su misure/taglie:

Visto o número 38. Vesto la taglia 38.
Calço o número 40. Calzo un 40.
Tem um tamanho maior? Ha una taglia più grande?

Esprimere un'opinione:

O casaco fica-lhe bem. La giacca Le sta bene.
Gosto muito de jeans. Mi piacciono molto i jeans.

Esprimere la causa:

Como sou alérgica a fibras, só visto roupa de algodão. Siccome sono allergica alle fibre sintetiche, indosso soltanto abbigliamento in cotone.
Vou àquela loja, porque está em saldos. Vado in quel negozio, perché stanno facendo i saldi.

Esprimere l'alternativa:

Ou compro umas calças de ganga ou umas calças de veludo.
O compro un jeans o un pantalone di velluto.
Não gosto nem de amarelo nem de verde.
Non mi piace né il giallo né il verde.

ESERCIZI

1. Completate le frasi coniugando i verbi tra parentesi al congiuntivo imperfetto:

1. Gostava que tu (ir) .... comigo apresentar queixa à polícia.
2. Já era tempo que vocês (fazer) .... opções de vida.
3. Era bom que depois da obra na rua (plantar) .... algumas árvores.
4. Pediram ao pescador que lhes (vender) .... o peixe que trazia no barco.
5. Recomendei-lhes que (tomar) .... cuidado ao atravessarem a estrada.
6. Ele não acreditava que eu (saber) .... o nome dele.
7. Tive pena que vocês não (poder) .... acompanhar-nos à inauguração.

2. Completate le frasi condizionali coniugando i verbi tra parentesi al congiuntivo imperfetto:

1. Se as autoridades (restaurar) .... o convento, podiam usá-lo como museu.
2. Se tu (admitir) .... o teu erro, eles perdoavam-te.
3. Se os meus pais (descobrir) .... que namoro com ele, ficavam muito zangados.

4. Comprávamos aquela cómoda, se o dono da loja (baixar) ………… um pouco o preço.

5. Se a Paula (começar) ………… já a treinar intensivamente, ainda podia ir aos Jogos Olímpicos.

6. Se (eu/ter) ………… talento, gostava de ser actriz.

7. Ele disse que se despedia, se nós (pôr) ………… em dúvida a lealdade dele.

3.   Completate con l'aggettivo o pronome indefinito adeguato:

1. O dono de ………… cão deve desfilar com ele durante um minuto.

2. Não estou ………… interessada em saber o que é que eles andam a dizer de mim.

3. Depois da tentativa de assalto pus ………… as minhas jóias no banco.

4. ………… a gente sabia que iam fazer uma festa surpresa ao Flávio, mas ………… lhe contou.

5. Enquanto fui dar um mergulho, ………… me levou a toalha e o chapéu-de-sol.

6. Quando estavam ………… na rua, a porta fechou-se com o vento.

7. Desde que soube que tem diabetes, ele nunca mais pôs açúcar ………… no café ou no chá.

8. Passa-se ………… que eu não consigo entender. Não tens a mesma sensação?

9. Ele deitou ………… a perder ao aparecer naquele momento.

10. O CD já chegou ao fim. Não te importas de o tirar e pôr …………?

11. O médico só lhe receitou uns comprimidos, mas ele tomou outra coisa ………… sem o consultar.

4.   Completate le frasi con una congiunzione/locuzione di causa:

1. Tive de levar o relógio a arranjar, ………… começou a adiantar-se.

2. ………… haver índicios de corrupção, toda a repartição vai ser investigada.

3. ………… és o único com carro, podias dar boleia a duas ou três pessoas.

4. Tiraram-lhe a carta de condução ………… ter sido apanhado a conduzir bêbedo.

5. Os controladores de tráfego aéreo estão em greve ………… das más condições de trabalho.

6. ………… ser alérgico a gatos, não pode entrar na minha casa.

5.   Trasformate le frasi, usando la congiunzione COMO:

O livro está esgotado. Por conseguinte não o posso comprar.
Como o livro está esgotado, não o posso comprar.

1. Tenho de mudar de colchão, porque com este durmo mal.

2. Põe o chapéu, visto o sol estar muito quente.

3. Decidiu aceitar o lugar numa universidade estrangeira, por não ser reconhecido no seu próprio país.

4. A poluição nesta cidade é insuportável e, por isso, vou viver para o campo.

5. O carro nunca pega de manhã, e então acabo sempre por ter de apanhar um táxi.

6. Dado o aumento global da temperatura, brevemente haverá restrições no consumo de água.

7. À noite eles lêem e conversam, uma vez que os programas de televisão são de má qualidade.

UNITÀ 14
NO MUSEU
NEL MUSEO

No Rio de Janeiro, Jorge vai visitar um museu com Maurício, um brasileiro.
A Rio de Janeiro, Jorge va a visitare un museo con Maurício, un brasiliano.

Jorge: **Nunca pensei que este museu fosse tão bom. Tenho visto muitos, mas poucos têm uma colecção tão rica. Para mim, está ao nível dos melhores museus de Paris, Londres ou Nova Iorque.**
Nunka pen'sai ke éſte muzéu fose tãu bõ. Taŋu viſtu mũtuſ, maſpokuſ tãiãi uma kulè'sãu tãu Rika. Para mim, ſtà au nivèl duſ meλòreſ muzéuſ de pa'riſ, lõdrez o nòva iòrke.
Non avrei mai creduto che questo museo fosse così bello. Ne ho visti molti, ma pochi hanno una collezione così ricca. Per me è al livello dei migliori musei di Parigi, Londra o New York.

Maurício: **Você ainda não viu nada. O espólio do museu é tão grande que algumas destas peças nunca tinham sido expostas por falta de espaço. Daí que muitas só sejam exibidas quando há exposições temporárias, como é o caso desta.**
Vosé ainda nãu viu nàda. U ſpòliu du muzéu è tãu gràde ke àlgumaſ dèſtaſ pèsaſ nunka tiŋãu sidu ſpòſtaſ pur fàlta de ſpàsu. Da'i ke mũtaſ sò saizãu izibidaſ kuãdu à ſpuzi'sõiſ tempu'ràriaſ, komu è u kàzu dèſta.
Non hai ancora visto niente. Il deposito del museo è così grande che alcuni pezzi non erano mai stati esibiti per mancanza di spazio. Perciò molti di loro vengono esibiti soltanto quando ci sono delle mostre temporanee come questa.

Jorge: **Este museu já existe há muito tempo?**
Éſte muzéu ʒà iziſte à mũtu tempu?
È da molto che esiste questo museo?

Maurício: **Foi inaugurado em 1950. A colecção tem vindo a crescer. É por isso que todos os anos é visitado por vários milhares de pessoas, que sabem que vão encontrar aqui peças raras e de grande valor.**

Foi inàuguràdu ãi mil nòvesentuʃ i sinkuenta A kulè'sãu tãi vindu a creʃ'sér. È pur isu ke toduz uz anuʃ è vizitàdu pur 'vàriuʃ miλàreʃ de pesoaʃ, ke sàbãi ke vãu enkõ'tràr aki pèsaʃ Ràraʃ i de grãde valor.

Fu inaugurato nel 1950. La collezione sta crescendo. È per questo che ogni anno è visitato da tante migliaia di persone, che sanno che ci troveranno dei pezzi rari e di grande valore.

Jorge: **Não sei para que lado é que me hei-de virar. Aquelas máscaras feitas pelos índios da Amazónia são impressionantes. Há pouco tempo o museu Gulbenkian fez uma mostra de arte indígena brasileira na qual estavam incluídas algumas máscaras, mas não tão bonitas como estas.**

Nãu sai para ke làdu è ke me aide vi'ràr. Akèlaʃ 'màʃkaraʃ faitaʃ peluz 'indiuʃ da ama'zònia sãu impresiunãteʃ. À poku tempu u muzeu gulbenkian féz uma mòʃtra de àrte in'diʒena brazilaira na kuàl ʃtàvãu inklu'idaʃ àlgumaʃ 'màskaraʃ, maʃ nãu tãu bunitaʃ komu èʃtaʃ.

Non so dove girare gli occhi. Quelle maschere fatte dagli indiani dell'Amazzonia sono impressionanti. Poco tempo fa il Museo Gulbenkian ha organizzato una mostra di arte indigena brasiliana in cui erano incluse alcune maschere, ma non così belle come queste.

Maurício: **Já ouvi falar nesse museu. Se um dia for a Lisboa, você tem de me levar a visitá-lo.**

ʒà ovi fa'làr nése muzéu. Se um dia for a liʒboa, vòsé tãi de me le'vàr a vizitàlu.

Ho già sentito parlare di quel museo. Se verrò a Lisbona un giorno, mi devi portare a visitarlo.

Jorge: **Fá-lo-ei com todo o prazer. Quem quer que vá será bem recebido.**

'Fàluai kõ todu u prazér. Kãi kèr ke và serà bãi Resebidu.

Lo farò con molto piacere. Chiunque venga sarà il benvenuto.

Maurício: **Não me vou esquecer da promessa. Vamos ver a secção de arte moderna?**

Nãu me vo ʃkèsér da prumèsa. Vamuʃ vér a sèksãu de àrte mudèrna?

Non dimenticherò la promessa. Andiamo a vedere la sezione d'arte moderna?

Jorge: **Espera só um minuto. Queria voltar atrás para dar uma olhadela aos instrumentos de trabalho.**

ʃpèra sò um minutu. Keria vòl'tàr a'tràʃ para dàr uma òλadèla àuz inʃtrumentuʃ de trabàλu.

Aspetta solo un minuto. Vorrei tornare indietro per dare un'occhiata agli strumenti di lavoro.

Maurício: **Quando tivermos visto esta parte, já não temos tempo para mais nada. Podíamos cá voltar, se você quisesse. O museu está aberto todos os dias, menos à segunda-feira. Perguntamos também à Teresa se quer vir connosco. Ela é uma grande apreciadora de pintura.**

Kuãdu tivèrmuʃ viʃtu èʃta pàrte, ʒà nãu témuʃ tempu para màiʃ nàda. Pu'diamuʃ kà vòl'tàr, se vòsé kizése. U muzéu ʃtà abèrtu toduz uʃ diaʃ, ménuz à segunda faira. Perguntamuʃ tã'bãi à teréza se kèr vir kõnosku. Èla è uma grãde apresiadora de pintura.

Quando avremo visto questa parte, non avremo il tempo per niente altro. Potremo tornarci, se vorrai. Il museo è aperto tutti i giorni, tranne il lunedì. Chiediamo a Teresa se vuole venire con noi. Lei è una grande amante di pittura.

Jorge: **Desde que tu possas. Por mim volto já amanhã. Para ver um museu destes é preciso vir cá pelo menos duas ou três vezes.**

Déʒde ke tu pòsaʃ. Pur mim vòltu ʒà àma'ɲã. Para vér um muʒéu désteʃ è presizu vir kà pélu ménuʃ duaz o tréʃ véʒeʃ.

Se tu puoi, per me torno anche domani. Per vedere un museo così bisogna venirci almeno due o tre volte.

Maurício: **Talvez fosse também interessante para você ir ver o Museu de Arte Moderna. Se tivermos tempo, ainda vamos lá. E olhe, assim que você estiver cansado, avise!**

Tàl'véʃfose tã'bãi interesãte para vòsé ir vér u muʒéu de àrte mudèrna. Se tivèrmuʃ tempu, ainda vamuʃ là. I òλe, asim ke vòsé ʃti'vèr kàsàdu, avize!

Forse sarebbe anche interessante per te andare a vedere il Museo di Arte Moderna. Se ci sarà ancora tempo, ci andremo. Quando sei stanco dimmelo!

Elementi grammaticali

La forma passiva

Come in italiano, la forma passiva si costruisce con:
ser (essere) **+ participio passato**

Forma attiva	**Inauguraram** o museu nos anos 50. (Inaugurarono il museo negli anni Cinquanta.)
Forma passiva	O museu **foi inaugurado** nos anos 50. (Il museo fu inaugurato negli anni Cinquanta.)

Nella forma passiva, il participio passato concorda in genere e numero col soggetto:

> **A** exposição **foi vista por milhares de turistas.**   La mostra fu vista da migliaia di turisti.
> **O** telefone **foi inventado por Bell.** Il telefono fu inventato da Bell.

Il complemento d'agente viene espresso con la preposizione **por** che quando è davanti all'articolo determinativo si articola:
por + o = **pelo**
por + a = **pela**
por + os = **pelos**
por + as = **pelas**

> **A meta foi cortada em primeiro lugar pelo corredor argentino.**
> Il traguardo fu tagliato per primo dal corridore argentino.

O jantar vai ser preparado pela melhor cozinheira da cidade.
La cena sarà preparata dalla migliore cuoca della città.
O sul da Península Ibérica foi ocupado pelos árabes.
Il Sud della penisola iberica fu occupato dagli arabi.
O sufrágio universal foi obtido pelas sufragistas.
Il suffragio universale fu ottenuto dalle suffragette.

Il concetto passivo viene spesso espresso con il pronome **se (si) + verbo nella terza persona singolare o plurale**, a seconda del soggetto:

Vêem-se muitas igrejas góticas. Si vedono molte chiese gotiche.
Pôs-se sal na água, quando esta estava a ferver. Si mise sale nell'acqua, quando stava bollendo.

Ci sono altri ausiliari che, accompagnati dal participio, possono formare la forma passiva, in genere verbi che esprimono lo stato, (**estar, andar, viver**), il cambio di stato, (**ficar**), e il movimento, (**ir** e **vir**):

Na exposição estavam incluídas algumas máscaras. Nella mostra erano incluse alcune maschere.
Ficou ofendido com o desprezo dela. Rimase offeso dal suo disprezzo.
Os alunos iam (o estavam) acompanhados pelos professores. Gli alunni erano accompagnati dagli insegnanti.

I verbi con doppio participio

Alcuni verbi hanno due forme di participio, una regolare e una irregolare:

INFINITO		PARTICIPIO REGOLARE	PARTICIPIO IRREGOLARE
1° coniugazione	aceitar (accettare)	aceitado	aceito *
	entregar (consegnare)	entregado	entregue
	enxugar (asciugare)	enxugado	enxuto
	expressar (esprimere)	expressado	expresso
	matar (uccidere)	matado	morto
	salvar (salvare)	salvado	salvo
	soltar (slegare, liberare)	soltado	solto
2° coniugazione	acender (accendere)	acendido	aceso
	eleger (eleggere)	elegido	eleito
	morrer (morire)	morrido	morto
	prender (legare; arrestare)	prendido	preso
	romper (rompere; bucare)	rompido	roto
	suspender (sospendere)	suspendido	suspenso
3° coniugazione	emergir (emergere)	emergido	emerso
	imergir (immergere)	imergido	imerso
	imprimir (stampare)	imprimido	impresso

* **aceite** (forma più utilizzata)

Os alunos foram suspensos por mau comportamento. Gli alunni furono sospesi per cattivo comportamento.
Quando cheguei a casa a luz estava acesa. Quando arrivai a casa, la luce era accesa.
Tinha salvado duas crianças durante um incêndio e por isso recebera uma condecoração. Aveva salvato due bambini durante un incendio e perciò aveva ricevuto una decorazione.

ATTENZIONE!

Sia **matar** che **morrer** hanno il participio irregolare **morto**.

La forma regolare va usata nei tempi composti nella **forma attiva**, accompagnata dagli ausiliari **ter** o **haver**.
La forma irregolare va usata nella **forma passiva** (accompagnata dall'ausiliare **ser**), oppure funge da aggettivo, quando è accompagnata da **estar**, **ficar**, **andar**, **ir** e **vir**:

Forma regolare	**Eu tinha prendido o cão porque esperava visitas.** (Avevo legato il cane perché aspettavo degli ospiti.)
Forma irregolare	**Os bandidos foram presos quando tentavam passar a fronteira.** (I banditi furono arrestati mentre cercavano di passare il confine.) **Ele está preso por tráfico de droga.** (Egli è in prigione per traffico di droga.)

Per i verbi **ganhar**, **gastar** e **pagar**, benché abbiano un participio regolare e uno irregolare, è meglio usare quello irregolare: **ganho**, **gasto** e **pago**.

Le preposizioni PARA e POR

Queste preposizioni possono presentare delle difficoltà nella traduzione italiana, visto che hanno vari significati:

Para può indicare:
• Il moto a luogo (vedere l'Unità 5):

Foi para África quando tinha 10 anos.
Andò in Africa quando aveva dieci anni.

• La finalità:

Arranjei um emprego em "part-time" para poder pagar as propinas.
Mi sono trovato/a un lavoro "part-time" per poter pagare le tasse universitarie.

• L'opinione:

Para mim, foi o cão que roubou o bife.
Secondo me, è stato il cane a rubare la bistecca.

• Il destinatario di un'azione:

   Esta garrafa é para vocês. Questa bottiglia è per voi.

Por può indicare:
• La causa:

   O jogo foi interrompido por o campo estar alagado. La partita fu interrotta visto che il campo era allagato.

• Il moto per luogo:

   Fomos pela passagem subterrânea. Siamo passati dal sottopassaggio.
   Andei pelo parque até à hora do jantar. Camminai per il parco fino all'ora di cena.

• Il complemento di tempo determinato e/o indeterminato:

   Pelo Natal costumo ir uma semana para a montanha. A Natale di solito vado in montagna per una settimana.
   Havemos de receber uma carta deles por estes dias. Dovremmo ricevere una lettera da loro in questi giorni.

• La durata di un'azione:

   Por muito tempo não tive coragem de o enfrentar. Per molto tempo non ho avuto il coraggio di affrontarlo.

• Il complemento di mezzo:

   Comunicamos por fax, sempre que precisamos. Comunichiamo per fax, tutte le volte che abbiamo bisogno.

• Lo stato in luogo:

   O açucareiro está na prateleira por cima do lava-loiça. La zuccheriera è sullo scaffale sopra il lavello.

• Una sostituzione:

   Enquanto estás doente, eu faço o trabalho por ti. Mentre sei ammalato/a, faccio il lavoro al tuo posto.

• Il complemento d'agente:

   Foi pintado por um pintor da escola flamenga. Fu dipinto da un pittore fiammingo.

Espressioni con **por**:
por acaso   per caso
por agora/por enquanto   per ora
por favor   per favore
pelo menos   per lo meno

La frase complessa – IX: esprimere la condizione
Periodo ipotetico – III

L'idea di condizione va espressa con le **congiunzioni/locuzioni subordinanti condizionali.**

Alcune di queste congiunzioni/locuzioni richiedono il congiuntivo, altre l'infinito (personale o impersonale):

Congiunzione + congiuntivo	Congiunzione + infinito
desde que (purché)	**na condição de/com a condição de** (a condizione che)
se (se)	**em/no caso de**
caso (se)	(nel caso in cui)
contanto que (purché)	
sem que (senza che)	
a menos que/a não ser que/salvo se/excepto se (a meno che)	

• **Desde/Desde que/Contanto que** richiedono il congiuntivo presente, imperfetto o trapassato:

As crianças podem ficar, desde que não façam barulho.
I bambini possono rimanere, purché non facciano rumore.
Ficávamos sempre em parques de campismo, contanto que não chovesse.
Rimanevamo sempre nei campeggi purché non piovesse.

• **Se** richiede il congiuntivo quando esprime una condizione ipotetica e l'indicativo quando esprime una condizione reale.
Nel periodo ipotetico regge il "futuro do conjuntivo" (vedere l'Unità 10), il congiuntivo imperfetto (vedere l'Unità 13) o trapassato (vedere l'Unità 15):

Se tenho tempo, vou para o trabalho a pé.
Se ho tempo, vado a lavoro a piedi.
Se estiveres cansado, diz. Se sei stanco dimmelo.

• **Caso** richiede il congiuntivo presente, imperfetto o trapassato ed esprime una condizione ipotetica:

Caso fosse necessário, podíamos vir cá outro dia.
Nel caso (che) fosse necessario, potremmo venire qui un altro giorno.

• **Salvo se/Excepto se** esprimono la restrizione e richiedono il **futuro do conjuntivo**, il congiuntivo imperfetto o trapassato, quando la condizione è ipotetica, e l'indicativo quando la condizione è reale:

Nunca vai à cidade excepto se tem de ir ao mercado.
Non va mai in città tranne che quando deve andare al mercato.

Vou contigo salvo se fores de madrugada.
Vengo con te, a meno che tu non vada all'alba.

• **Sem que/A menos que/A não ser que** esprimono la restrizione e reggono il congiuntivo presente, imperfetto o trapassato:

Já deviam ter chegado! A menos que o trânsito esteja muito intenso.
Dovrebbero essere arrivati! A meno che il traffico non sia molto intenso.
Volto para casa cedo, a não ser que haja algum contratempo.
Torno a casa presto, a meno che non ci sia qualche contrattempo.
Não saíam sem que os autorizassem. Non uscivano senza che li autorizzassero.

• **Com a condição de/Na condição de** richiedono l'infinito ed esprimono una condizione reale:

Podes ir à discoteca na condição de vires dormir a casa.
Puoi andare in discoteca a condizione che venga a dormire a casa.

• **Em/No caso de** esprimono una condizione ipotetica:

No caso de teres um furo, é bom teres um pneu sobresselente.
Se dovessi forare, sarebbe opportuno avere una ruota di scorta.
Levo o guarda-chuva em caso de chover. Porto l'ombrello in caso di pioggia.

ESPRIMERE LA CONDIZIONE: IL GERUNDIO

Si può esprimere la condizione usando il gerundio nella proposizione secondaria e il condizionale presente, l'indicativo presente o futuro nella proposizione principale.

FRASE PRINCIPALE	FRASE SECONDARIA
Pouparíamos dinheiro, (Risparmieremmo soldi,)	comprando nos saldos (se comprássemos nos saldos). (comprando nei saldi.)
Chegamos lá mais depressa, (Ci arriviamo prima,)	indo a correr (=se corrermos). (correndo.)
condizionale presente o indicativo (presente o futuro)	**gerundio**

ESPRIMERE LA CONDIZIONE: L'INVERSIONE DEL SOGGETTO

Si può esprimere la condizione ipotetica possibile o irreale omettendo la congiunzione se e facendo l'inversione del verbo col soggetto:

Fosse eu mais jovem, quanto viajaria! = Se eu fosse mais jovem.
Fossi io più giovane, quanto viaggerei!
Pudesse eu passar umas férias numa ilha deserta, levaria só a minha cana de pesca.
Potessi io passare le ferie in un'isola deserta, porterei solo la mia canna da pesca.

La posizione dei pronomi (con l'indicativo futuro e il condizionale)

Nell'indicativo futuro e nel condizionale presente il pronome va inserito **all'interno del verbo**, cioè, tra la radice e la desinenza, e separato da esso da lineette:

Ver-nos-ão no próximo ano. Ci vedranno il prossimo anno.
Escrever-me-ás todas as semanas? Mi scriverai ogni settimana?
Mostrar-vos-ia uma fotografia dos meus netos. Vi farei vedere una foto dei miei nipoti.

Siccome la radice termina sempre in **-r**, quando il pronome è della terza persona (singolare o plurale), questa consonante sparisce e il pronome prende la forma **-lo, -la, -los, -las**:

Eu contaria o que aconteceu com todos os pormenores. Io racconterei ciò che è successo con tutti i dettagli.
= **Eu contá-lo-ia com todos os pormenores.** Io lo racconterei con tutti i dettagli.
O meu pai venderá a nossa casa ao teu. Mio padre venderà la nostra casa al tuo.
= **O meu pai vendê-la-á ao teu.** Mio padre la venderà al tuo.

Glossario e fraseologia

Città: cultura e arte

ARTE E CULTURA

arquitectura	architettura	*exposição*	mostra
artista	artista	*galeria*	galleria
capela	cappella	*igreja*	chiesa
castelo	castello	*mosteiro*	monastero
catálogo	catalogo	*museu*	museo
catedral	cattedrale	*palácio*	palazzo
claustro	chiostro	*pintor*	pittore
convento	convento	*pintura*	pittura
escultor	scultore	*quadro*	quadro
escultura	scultura	*sé*	duomo
estátua	statua	*torre*	torre

STILI ARCHITETTONICI/MOVIMENTI ARTISTICI

barroco	barocco	*manuelino*	manuelino
gótico	gotico	*modernismo*	modernismo
impressionismo	impressionismo	*renascentista*	rinascimentale
impressionista	impressionista	*românico*	romanico
maneirismo	manierismo	*surrealismo*	surrealismo
maneirista	manierista		

Fraseologia

Esprimere una condizione:

> **Se conseguir ir a Bilbao, vou ver o museu Guggenheim.** Se riuscirò ad an-
> dare a Bilbao, andrò a vedere il museo Guggenheim.
> **A menos que haja obras de restauro, este monumento acabará por desa-
> parecer.** Se non ci saranno lavori di restauro, questo monumento finirà per
> sparire.

Esprimere sorpresa:

> **Nunca pensei que este museu fosse tão bom!** Non credevo che questo mu-
> seo fosse così bello!

Chiedere informazioni su un quadro/un museo/una statua/un monumento...:

> **Quem (é que) pintou este quadro?** Chi ha dipinto questo quadro?
> **De quem é este quadro?** Di chi è questo quadro?
> **Quem é o autor desta estátua?** Chi è l'autore di questa statua?
> **Quando (é que) o museu foi inaugurado?** Quando fu inaugurato il museo?
> **Quando (é que) esta exposição acaba?** Quando finisce questa mostra?

Dare delle informazioni su un quadro/monumento/...:

> **Esta igreja é do século XII.** Questa chiesa è del millecento.
> **O claustro é em estilo manuelino.** Il chiostro è in stile "manuelino".
> **Este quadro foi pintado por Vieira da Silva.** Questo quadro fu dipinto da
> Vieira da Silva.
> **O museu foi inaugurado nos anos quarenta.** Il museo fu inaugurato negli
> anni Quaranta.
> **O convento está a ser restaurado.** Il convento è in fase di restauro.

ESERCIZI

1. Volgete alla forma passiva:

1. Deixaram o abre-latas dentro do lava-loiça.
2. Vão inaugurar uma nova galeria de arte ao pé do museu.
3. Um grupo de jovens artistas fez esta instalação.
4. O mesmo construtor vai construir um novo bloco de apartamentos.
5. O buraco na camada de ozono provoca sérias alterações climáticas.
6. Em 1998 José Saramago recebeu o prémio Nobel para a literatura.
7. A Câmara Municipal abrirá brevemente um espaço para acolher os turistas.
8. Um milhão de espectadores viu o espectáculo via satélite.
9. Antigamente o leiteiro punha o leite à porta dos clientes.
10. Deficientes motores produzem estes artigos de artesanato.

2. Completate con il participio passato del verbo tra parentesi:

1. Os sapatos do mendigo eram tão velhos que estavam (romper) ....
2. Quando a roupa estiver (enxugar) .... apanha-a, não vá chover.
3. Depois de ter (soltar) .... o cão, levou-o a dar uma volta.
4. A medalha de ouro foi (entregar) .... pelo presidente do Comité Olímpico.
5. Um indivíduo enlouquecido já tinha (matar) .... três pessoas, quando foi localizado.
6. Ao intervalo o jogo foi (suspender) .... devido ao mau estado do campo.
7. Embora eles sejam pobres, os filhos andam sempre (limpar) ....
8. Acho muito estranho que as luzes da casa deles estejam (acender) .... Eles não estão de férias?
9. A nova directora tem (imprimir) .... uma forte dinâmica na empresa.
10. As exigências dos piratas aéreos não foram (aceitar) .... e acabaram por ser (prender) .... por elementos da polícia anti-terrorismo.

3. Completate con congiunzioni/locuzioni di condizione:

1. Pago com cheque, ... exijam cartão de crédito.
2. Contratamo-lo imediatamente .... se comprometa a fazer um curso de informática.
3. .... o ginásio decida oferecer aulas de sapateado, já há várias pessoas em lista de espera.
4. Esta noite os pescadores sairão para o mar .... houver rajadas de vento muito fortes.
5. A greve será cancelada .... serem atendidas as reclamações dos trabalhadores.
6. .... pusessem uma cerca à volta da quinta, o gado já não passaria para o terreno adjacente.

4. Trasformate le frasi usando le congiunzioni/locuzioni di condizione tra parentesi:

1. Todas as casas da zona serão demolidas, a não ser que sejam legalizadas. (excepto se)
2. A associação de estudantes irá protestar, se os laboratórios não forem equipados. (caso)
3. Os objectos deixados nos comboios são vendidos em leilão, excepto se os donos os reclamarem. (a não ser que)
4. Podes ficar no albergue da juventude, se fores membro da associação. (desde que)
5. Toda a gente pode consultar livros na biblioteca municipal, desde que peça uma autorização à entrada. (na condição de)
6. Se te fizerem alguma pergunta, diz que vens falar comigo. (no caso de)

5. Sostituite le parti in grassetto dall'indicativo futuro o condizionale presente, facendo attenzione alla collocazione del pronome:

Indicava-lhe um médico, se conhecesse algum.
Indicar-lhe-ia um médico, se conhecesse algum.

Vai-se organizar uma recepção no Palácio de Queluz.
Organizar-se-á uma recepção no Palácio de Queluz.

1. **Vão procurá-lo** em todos os aeroportos e estações.
2. **Vemo-nos** a próxima vez que cá vieres.
3. Se ele perguntasse a minha opinião, **dizia-lhe** o que penso com toda a sinceri-dade.
4. **Damos-te** todo o nosso apoio, quando fores defender a tese.
5. **Prometia-te** fidelidade, se soubesse que podia cumprir a promessa.
6. Vamos **trazer-vos** uma lembrança da nossa viagem ao Japão.

6. Completate con le preposizioni POR (forma semplice o articolata) o PARA:

1. Lê os parágrafos um .... um, com atenção, e depois responde às minhas perguntas.
2. Parto .... Angola logo que assine o contrato.
3. O responsável .... exposição nega qualquer responsabilidade.
4. Foi solicitado .... ajudar no combate ao analfabetismo.
5. Foi inventada uma máquina .... ajudar a desenvolver a capacidade inte-lectual.
6. Estou feliz .... ver que superaste o desgosto.
7. As novas "boys bands" são um produto concebido .... o mercado de ado-lescentes.
8. Depois da última jornada a minha equipa passou .... o terceiro lugar da classificação.

UNITÀ 15
UMA CONSULTA MÉDICA
UNA VISITA MEDICA

Pouco tempo depois de voltar de férias, Jorge está doente e chama o médico a casa.
Poco dopo che è tornato dalla vacanza, Jorge è ammalato e chiama il dottore a casa.

Médico: **Então Jorge, como é que isso vai? Conte-me lá, o que é que sente?**
En'tãu ʒòrʒe komu è ke isu vài? 'Kõteme là, u ke è ke sente?
Allora, come vanno le cose? Dica pure, come si sente?

Jorge: **Obrigado por ter vindo tão depressa, Doutor Santana. Há uns dias que ando com dores de cabeça e de garganta, perdi o apetite. E tenho um peso sobre os olhos, como se me estivessem a apertar a cabeça.**
Òbrigàdu pur tér vindu tãu deprèsa, dotor sãtana. À unʃ diaʃ ke ãdu kõ doreʃ de kabésa i de gargãta, per'di u apetite. I taŋu um pézu sobre uz òʎuʃ, komu se me ʃtivèsãi a aper'tàr a kabésa.
Grazie di esser venuto così presto, Dottor Santana. È da alcuni giorni che ho mal di testa e di gola e ho perso l'appetito. E ho un peso sugli occhi come se avessi un cerchio alla testa.

Médico: **Sabe se esteve em contacto com alguém doente?**
Sàbe se ʃtéve ãi kõtàktu kõ àl'gãi duente?
Sa se è stato in contatto con qualcuno che fosse ammalato?

Jorge: **Que eu saiba, não.**
Ke éu sàiba nãu.
Che io sappia no.

Médico: **Tem tido febre ou tosse?**
Tãi tidu fèbre o tòse?
Ha avuto la febbre o la tosse?

Jorge: **Febre sim, uns trinta e oito trinta e oito e meio. Tosse não.**
Fèbre sim, unʃ trinta i oito trinta i oitu i maiu. Tòse nãu.
Febbre sì, circa trentotto, trentotto e mezzo. Tosse no.

Médico: **Vamos lá ver como estão esses pulmões. Não se importa de se despir**

da cintura para cima para eu o auscultar? Inspire, expire. Mais uma vez... muito bem.

Vamuʃ là vér komu ʃtãu éseʃ pul'mõiʃ. Nãu se impòrta de se deʃ'pir da sintura para sima para éu u auʃkul'tàr? Inʃpire, ʃpire. Màiz uma véʃ ... Mũũtu bãi.

Vediamo come stanno i suoi polmoni. Le dispiace svestirsi dalla cinta in su affinché io La possa auscultare? Inspiri e respiri. Ancora una volta... molto bene.   \

Jorge: **Acha que é alguma coisa de grave?**

Àʃa ke è àlguma koiza de gràve?

Pensa che sia qualcosa di grave?

Médico: **Esteja descansado. É só uma gripe. Vou-lhe passar uma receita de um anti-inflamatório de modo a aliviar essa sensação de ardor. O outro medicamento é um anti-biótico que deve tomar de doze em doze horas durante dez dias.**

ʃtaʒa deʃkãsàdu. È sò uma gripe. Voλe pa'sàr uma resaita de um àti inflama'tòriu de mòdu a alivi'àr èsa sensa'sãu de ar'dor. U otru medikamentu è um àti bi'òtiku ke dève tu'màr de doze ãi doze òraʃ durãte dèʃ diaʃ.

Non si preoccupi. È soltanto un'influenza. Adesso Le scrivo una ricetta per un antinfiammatorio in modo da alleviarLe la sensazione di bruciore. L'altra medicina è un antibiotico che deve prendere ogni dodici ore per dieci giorni.

Jorge: **Acha que posso sair de casa ou tenho de continuar de cama?**

Àʃa ke pòsu sa'ir de kàza o taŋu de kõtinu'àr de kama?

Crede che possa uscire di casa o devo rimanere a letto?

Médico: **Precisa de ter paciência três ou quatro dias, até a febre baixar. Depois pode começar a sair, mas agasalhando-se muito bem para que não tenha uma recaída. Seja como for, durante umas semanas vai ter de ter cuidado.**

Presiza de tér pasi'ensia tréz o kuàtru diaʃ, atè a fèbre bài'ʃàr. De'poiʃ pòde kume'sàr a sa'ir, maz agaza'λãduse mũũtu bãi para ke nãu taŋa uma reka'ida. Saʒa komu for, durãte umaʃ semanaʃ vài tér de tér kuidàdu.

Deve avere pazienza per tre o quattro giorni, finché la febbre si abbassa. Dopo può cominciare ad uscire, ma coprendosi molto bene per non avere una ricaduta. Comunque sia dovrà fare attenzione per qualche settimana.

Jorge: **Já estou farto de estar em casa.**

ʒà ʃto fàrtu de ʃtàr ãi kàza.

Sono già stufo di stare in casa.

Médico: **É pena não me ter chamado mais cedo. Se tivesse atacado a gripe logo de início, não teria uma recuperação tão longa. Já sabe como são as gripes. E nesta altura do ano é fácil ser contagiado com a quantidade de pessoas que estão com gripe.**

È péna nãu me tér ʃamàdu màiʃ sédu. Se tivèse atakàdu a gripe lògu de i'nisiu, nãu te'ria uma rekupera'sãu tãu lõga. ʒà sàbe komu sãu aʃ gripeʃ. I nèʃta àltura du anu è fàsil sér kõtaʒiàdu kõ a kuàtidàde de pesoaʃ ke ʃtãu kõ gripe.

È un peccato che non mi abbia chiamato prima. Se avesse stroncato l'influenza fin dall'inizio, non avrebbe dovuto sopportare un decorso così lungo. Lei sa come sono le influenze. E in questo momento dell'anno è facile essere contagiato con la quantità di gente che ha l'influenza.

Jorge: **É, não devia ter esperado tanto tempo.**

È, nãu devia tér ∫peràdu tãtu tempu.

Già, non avrei dovuto aspettare tanto.

Médico: Se não tiver melhorado dentro de três ou quatro dias ou começar a ter outros sintomas, ligue-me para o meu consultório ou para o meu telemóvel. Tem os números, não tem?

Se nãu ti'vèr meλuràdu dentru de tréz o kuàtru dia∫ o kume'sàr a tér otru∫ sintoma∫, 'ligeme para u meu kōsul'tòriu o para u meu tèlèmòvèl. Tãi u∫ 'numeru∫, nãu tãi?

Se non dovesse migliorare tra tre o quattro giorni o dovesse avere altri sintomi, mi chiami nel mio studio o sul mio cellulare. Ha i numeri, vero?

Elementi grammaticali

Il discorso indiretto

Come in italiano, si usa il discorso indiretto per riportare affermazioni o domande altrui. Questa trasposizione comporta dei cambiamenti in alcuni elementi del discorso diretto:

	DISCORSO DIRETTO	DISCORSO INDIRETTO
Modi e tempi verbali	indicativo presente	indicativo imperfetto
	indicativo passato	indicativo trapassato
	indicativo futuro	condizionale presente
	congiuntivo presente	congiuntivo imperfetto
	congiuntivo imperfetto	congiuntivo imperfetto
	congiuntivo futuro	congiuntivo imperfetto
	imperativo	congiuntivo imperfetto o infinito
Pronomi personali e possessivi	1° e 2° persona	3° persona
Dimostrativi	este, esta, … esse, essa, …	aquele, aquela, …
	isto, isso	aquilo
Avverbi di luogo	cá	lá
	aqui	ali, naquele lugar
Avverbi di tempo	hoje	nesse dia, naquele dia
	ontem	no dia anterior
	amanhã	no dia seguinte
	agora	naquele momento

Il discorso indiretto viene introdotto da verbi che variano a seconda l'intenzione del discorso:

aconselhar	consigliare	contar	raccontare
acrescentar	aggiungere	dizer	dire
anunciar	annunciare	implorar	implorare
comunicar	comunicare	lamentar	lamentare
confessar	confessare	prometer	promettere
confirmar	confermare	recomendar	raccomandare

Nelle affermazioni il verbo è solitamente seguito dalla congiunzione integrante **que** e, nelle domande non introdotte da un interrogativo, da **se**.
Ecco alcuni esempi di affermazioni dirette e indirette:

DISCORSO DIRETTO	DISCORSO INDIRETTO
"Sim, fui eu que matei esse homem." ("Sì, sono stato io a uccidere quell'uomo".)	**O criminoso confessou que tinha sido ele que tinha matado aquele homem.** (Il criminale confessò di essere stato lui a uccidere quell'uomo.)
"Conheci o Henrique, quando estive de férias nos Açores." ("Ho conosciuto Henrique quando ero in vacanza nelle Azzorre".)	**A Joana contou a uma amiga que tinha conhecido o Henrique quando tinha estado de férias nos Açores.** (Joana raccontò/ha raccontato a un'amica di aver conosciuto Henrique quando era in vacanza nelle Azzorre.)
"Espero que ela chegue a horas." ("Spero che lei arrivi in orario".)	**Ele disse que esperava que ela chegasse a horas.** (Disse che sperava che lei arrivasse in orario.)
"Faremos o possível para o ajudar." ("Faremo il possibile per aiutarlo".)	**As autoridades prometeram que fariam tudo para o ajudar.** (Le autorità promisero di fare di tutto per aiutarlo.)
"Amanhã chega a minha prima." ("Domani arriva una mia cugina".)	**A Célia comunicou que a (sua) prima chegava no dia seguinte.** (Célia comunicò che sua cugina sarebbe arrivata il giorno successivo.)
"Tenho a certeza que ele ainda vem." (Sono certa che lui verrà ancora.)	**Ela garantiu que ele ainda vinha.** (Assicurò che lui sarebbe venuto ancora.)

RIPORTARE L'IMPERATIVO

L'imperativo può essere riportato con il congiuntivo imperfetto o l'infinito, a seconda che il verbo usato per introdurre il discorso indiretto regga uno o l'altro. Alcuni verbi reggono solo il congiuntivo, altri sia l'infinito sia **que + congiuntivo**:

Discorso diretto	Discorso indiretto
"Não saias sozinho à noite!" **que** ("Non uscire da solo la sera!")	**A mãe proibiu o filho de sair (proibiu que o filho saísse) sozinho à noite.** (La madre proibì al figlio di uscire – che il figlio uscisse – da solo la sera.)
"Faz isto com cuidado!" ("Fallo con cura!")	**Ele pediu-me para fazer (que fizesse) aquilo com cuidado.** (Lui mi chiese di farlo – che fosse fatto – con cura.)
"Ponham protector solar no nariz!" ("Mettetevi la protezione solare sul naso!")	**A mãe recomendou aos filhos para porem (que pusessem) protector solar no nariz.** (La madre raccomandò ai figli di mettere – che si mettessero – la protezione solare sul naso.)
"Entreguem-me essa encomenda amanhã!" ("Consegnatemi questo pacco domani!")	**Ele exigiu que lhe entregassem aquela encomenda no dia seguinte.** (Lui ordinò che gli consegnassero quel pacco il giorno successivo.)

Riportare le domande

• Introdotte da un interrogativo:

Discorso diretto	Discorso indiretto
"O que (é que) estás a fazer?" ("Che cosa stai facendo?")	**O Armindo perguntou à irmã o que (é que) estava a fazer.** (Armindo chiese alla sorella che cosa stesse facendo.)
"Onde (é que) é a paragem do autocarro?" ("Dov'è la fermata dell'autobus?")	**Um estrangeiro perguntou-me onde (é que) era a paragem do autocarro.** (Uno straniero mi chiese/mi ha chiesto dove fosse la fermata dell'autobus.)
"Quando (é que) viu este homem pela primeira vez?" ("Quando ha visto quest'uomo per la prima volta?")	**O juiz perguntou ao réu quando (é que) tinha visto aquele homem pela primeira vez.** (Il giudice chiese all'imputato quando avesse visto quell'uomo per la prima volta.)

• Con **se**:

Discorso diretto	Discorso indiretto
"O horário do comboio ainda é o mesmo?" ("L'orario del treno è ancora lo stesso?")	**O passageiro quis saber se o horário do comboio ainda era o mesmo.** (Il passeggero volle/ha voluto sapere se l'orario del treno era ancora lo stesso.)

Discorso diretto	Discorso indiretto
"O tempo na Madeira estará bom?" ("Il tempo a Madera sarà bello?")	**Ela tinha curisosidade em saber se o tempo na Madeira estaria bom.** (Era curiosa di sapere se il tempo a Madera sarebbe stato bello.)
"Este filme ganhou algum óscar?" ("Questo film ha vinto qualche Oscar?")	**Ele estava interessado em saber se o filme tinha ganhado/ganho algum óscar.** (Gli interessava sapere se il film avesse vinto qualche Oscar.)

I verbi modali

I verbi ausiliari di modo possono esprimere:

• Probabilità, **dever** (dovere).
• Possibilità, **poder** (potere).
• Permesso/divieto, **poder** (potere).
• Necessità, **precisar de** (necessitare), **ter que/de** (dovere).
• Obbligo, **ter que/de** (dovere), **dever** (dovere).

Questi verbi sono seguiti da un verbo all'infinito:

Probabilità	**Amanhã deve chover.** (Mi sa che domani piove.) **Oiço passos na rua. Deve ser o carteiro.** (Sento dei passi nella strada. Sarà il postino.)
Possibilità	**Enquanto estiver doente, não pode sair de casa.** (Finché sarà ammalato non potrà uscire di casa.) **Não posso ir ter convosco, porque estou à espera de um telefonema.** (Non posso venire da voi perché sto aspettando una telefonata.)
Permesso/Divieto	**Não se pode estacionar deste lado do jardim.** (Non si può parcheggiare da questo lato del giardino.)
Necessità	**O meu cabelo está muito comprido. Preciso de o cortar.** (I miei capelli sono troppo lunghi. Li devo tagliare.) **Este relatório tem que/de estar pronto amanhã de manhã.** (Questa relazione dovrà essere pronta domattina.)
Obbligo	**Deve-se dizer sempre a verdade.** (*obbligo morale*) (Si deve sempre dire la verità.)

Il passato

I verbi modali si possono riferire ad un fatto passato, nel qual caso vanno seguiti da infinito (personale o impersonale) composto:

Devias ter feito o telefonema depois das 9.
Avresti dovuto fare la telefonata dopo le 9.

Podia ter ido de comboio, se a estação fosse mais perto.
Sarei potuto andare in treno, se la stazione fosse più vicina.
Precisávamos de ter pendurado o candeeiro antes do anoitecer.
Avremmo dovuto appendere la lampada prima dell'imbrunire.

Si osservi che le strutture portoghese e italiana sono, in questo caso, diverse, visto che in italiano il verbo modale va collocato tra l'ausiliare e il verbo principale e in portoghese davanti ad entrambi.

L'infinitivo pessoal composto

È formato da:

Ter + desinenze dell'infinito personale + participio passato

Apesar de termos feito uma viagem de 7 horas, não estamos muito cansados.
Nonostante abbiamo fatto un viaggio di sette ore, non siamo molto stanchi.
Depois de terem corrido os 10 km, começaram a correr a maratona.
Dopo che hanno corso i 10 km, cominciarono a correre la maratona.

Si usa negli stessi casi della forma semplice, quando l'azione è anteriore a quella della frase principale.

La frase complessa – X: esprimere la condizione
Periodo ipotetico – IV (periodo ipotetico dell'irrealtà)

Per esprimere una condizione irreale, si usa:

Se + congiuntivo trapassato (frase secondaria) e **condizionale passato o indicativo imperfetto o trapassato** (frase principale):

FRASE PRINCIPALE	PERIODO IPOTETICO
Teríamos sabido/tínhamos sabido/ sabíamos da notícia mais cedo, (Avremmo saputo prima della notizia,)	se tivéssemos lido o jornal. (se avessimo letto il giornale.)
Não te terias arrependido /tinhas arrependido /arrependias, (Non ti saresti pentito,)	se tivesses feito caso do que te disse. (se avessi fatto caso a quelloche ti dissi.)
condizionale passato o indicativo (imperfetto o trapassato)	**congiuntivo trapassato**

Si osservi che, diversamente dall'italiano, nella frase principale si può usare non soltanto il condizionale passato ma anche l'indicativo imperfetto o trapassato.

Il trapassato congiuntivo

Va formato con l'ausiliare **ter** (imperfetto congiuntivo) + **participio passato**:

tivesse	
tivesses	
tivesse	**+ falado/feito/proposto/ido**
tivéssemos	
tivésseis	
tivessem	

Si usa per esprimere:
• Un'azione anteriore ad un'altra azione passata:

> **Pensava que ela tivesse feito um operação plástica.** Pensavo che lei avesse fatto una chirurgia plastica.
> **Preferíamos que tu tivesses convidado toda a gente.** Preferiremmo che avessi invitato tutti.

• Un desiderio rispetto al passato:

> **Queme me dera que se tivessem lembrado me mim!** Magari si fossero ricordati di me!

Il condizionale passato (condicional composto)

Il condizionale passato va formato con **ter** (condizionale) + **participio passato**:

teria	
terias	
teria	**+ lavado/lido/aberto**
teríamos	
teríeis	
teriam	

Si usa per:
• Esprimere la possibilità non realizzata di un fatto passato:

> **Teria sido melhor esperar por ela.** Sarebbe stato meglio aspettarla.

• Indicare l'incertezza nel passato, in frasi interrogative:

> **Onde teria ido o gato? Há dois dias que não voltava para casa.** Dove sarebbe andato il gatto? Era da due giorni che non tornava a casa.

La frase complessa – XI: esprimere la finalità

Si può esprimere l'idea di finalità con la preposizione **para + infinito** (personale o impersonale):

> **Despacha-te para não chegares atrasada!** Sbrigati per non arrivare in ritardo!

Fomos de propósito a Lisboa para vermos aquele espectáculo.
Siamo andati a Lisbona apposta per vedere quello spettacolo.

Le locuzioni **a fim de**, **de maneira a**, **de modo a**, **de forma a**, **com o propósito de** (col proposito di) + **infinito** (personale o impersonale):

Vamos informatizar os serviços a fim de servirmos melhor os nossos clientes. Informatizzeremo i nostri servizi per servire meglio i nostri clienti.
Será aberta uma nova faculdade de Medicina de modo a formar mais médicos. Sarà aperta una nuova facoltà di Medicina per formare più medici.

Locuzioni + congiuntivo (presente, imperfetto o trapassato):

• **Para que**	Affinché, perché.
• **A fim de que**	Affinché.
• **De maneira a que**	In maniera che.
• **De modo a que**	Di modo che.
• **De forma a que**	In forma che.

Devias ter mudado a data do jantar, para que ele tivesse vindo também. Avresti dovuto cambiare la data della cena, affinché anche lui potesse venire.
Foi criada uma reserva natural naquela zona, a fim de que algumas espécies possam/pudessem sobreviver. Fu creata una riserva naturale, affinché alcune specie possano/potessero sopravvivere.
Deixei-lhes o almoço quase pronto, de modo a que só tivessem de o aquecer. Gli ho lasciato il pranzo quasi pronto in maniera che lo dovessero soltanto riscaldare.

La frase complessa – XII: la condizione – V

Le seguenti locuzioni reggono un'azione ipotetica:

quem , com quem, a quem, ...		
onde, aonde		
o que	**+ quer que**	**+ congiuntivo (presente,**
quando		**imperfetto)**

Queste espressioni corrispondono all'italiano "chiunque", "ovunque", "qualunque cosa":

Onde quer que vá todos gostam dele. Dovunque vada tutti lo amano.
Quem quer que compre este produto terá um bónus de desconto.
Chiunque compri questo prodotto avrà un buono sconto.
Fico ofendido com quem quer que seja agressivo comigo.
Mi offendo con chiunque sia aggressivo con me.
Vamos sair juntos quando quer que tu estejas livre.
Usciremo insieme tutte le volte che tu sarai libero/a.

Si può anche usare l'indefinito **qualquer/quaisquer + que +** verbo **ser** al congiuntivo (presente o imperfetto):

> **Qualquer que seja a tua decisão, teremos de a aceitar.**
> Qualunque dovesse essere la tua decisione, la dovremo accettare.
> **Quaisquer que fossem os obstáculos, não podíamos desistir.**
> Qualunque fossero gli ostacoli, non potevamo desistere.

Le perifrasi verbali

Sono forme verbali composte da un verbo coniugato seguito da un altro all'infinito, gerundio o participio, in cui il verbo coniugato cambia l'aspetto della forma nominale.
Le perifrasi con participio in genere esprimono l'aspetto compiuto e quelle con infinito o gerundio l'aspetto inconcluso.

LE PERIFRASI CON INFINITO

Alcune delle perifrasi con infinito più comuni sono le seguenti:

• **Estar a**

Esprime un'azione in svolgimento (vedi l'Unità 4).

• **Estar por**

Indica un'azione incompiuta:

> **Os pratos estão por lavar e o chão está por lavar.** I piatti non sono stati lavati e il pavimento non è stato lavato.

• **Estar para**

Esprime un'azione imminente:

> **Os nossos pais estão para chegar.** I nostri genitori stanno per arrivare.

• **Andar a**

Come **estar a**, indica un'azione in svolgimento:

> **Primeiro li a sua obra poética. Agora ando a ler a sua obra narrativa.**
> Prima ho letto la sua opera poetica. Adesso sto leggendo la sua opera narrativa.

• **Acabar de**
Indica che un'azione si è appena o recentemente compiuta:

> **Acabámos de saber que a conferência foi adiada.** Abbiamo appena saputo che la conferenza è stata rimandata.

• **Voltar a/Tornar a**

Esprime la ripetizione:

Voltaste a deixar o telefone mal desligado. Hai lasciato di nuovo il telefono staccato.

• **Começar a**

Indica l'inizio di un'azione:

O público começou a aplaudir a meio do discurso. Il pubblico cominciò ad applaudire a metà del discorso.

• **Deixar de**

Indica l'interruzione di un'azione:

Vou deixar de fumar. Smetto di fumare.

• **Desatar a**

Indica che un'azione è avvenuta inaspettatamente:

Íamos a meio do caminho, quando desatou a chover. Eravamo a metà strada quando cominciò a piovere.

• **Ir + infinito**

Esprime un'azione futura (vedere l'Unità 5).

• **Continuar a**

Indica il proseguimento di un'azione:

Ela continua a chuchar no dedo, apesar de já ter quinze anos. Lei continua a succhiarsi il dito, nonostante ormai abbia quindici anni.

LE PERIFRASI CON GERUNDIO

• **Ir** (vedere l'Unità 11).

• **Vir** (vedere l'Unità 11).

• **Estar** (vedere l'Unità 4).

PERIFRASI CON PARTICIPIO

• **Ficar** (vedere l'Unità 14, forma passiva).

• **Ir** (vedere l'Unità 14, forma passiva).

• **Dar por** indica la conclusione di un'azione:

Podemos dar por concluído o discurso. Possiamo considerare il discorso concluso.

Glossario e fraseologia

Salute, malattie, medicamenti

PARTI DEL CORPO E ORGANI INTERNI

anca	*anca*	*mão*	*mano*
barriga	*pancia*	*nariz*	*naso*
boca	*bocca*	*olho*	*occhio*
braço	*braccio*	*ombro*	*spalla*
cabeça	*testa*	*orelha*	*orecchio*
coração	*cuore*	*ouvido*	*udito*
costas	*schiena*	*pé*	*piede*
cotovelo	*gomito*	*peito*	*petto*
dedo	*dito*	*perna*	*gamba*
dente	*dente*	*pescoço*	*collo*
estômago	*stomaco*	*pulmão*	*polmone*
fígado	*fegato*	*pulso*	*polso*
garganta	*gola*	*rim*	*rene*
joelho	*ginocchio*	*tornozelo*	*caviglia*

MALATTIE E SINTOMI

ardor	*bruciore*
comichão	*prurito*
constipação	*raffreddore*
dores de cabeça/garganta/ouvidos	*mal di testa/gola/d'orecchio*
febre	*febbre*
gripe	*influenza*
papeira	*orecchioni*
sarampo	*morbillo*
tontura	*vertigine*
varicela	*varicella*

MEDICAMENTI

água oxigenada	*acqua ossigenata*	*injecção*	*iniezione*
álcool	*alcol*	*penso*	*cerotto*
algodão	*cotone*	*pomada*	*pomata*
comprimido	*compressa*	*supositório*	*supposta*
gota	*goccia*	*xarope*	*sciroppo*

Fraseologia

Descrivere sintomi:

Dói-me a cabeça. Tenho dores de cabeça. Ho mal di testa.
Doem-me as costas. Ho mal di schiena.
Dói-me a garganta. Ho mal di gola.
Sinto-me mal. Mio sento male.
Tenho tonturas. Mi gira la testa.
Tenho um ardor na garganta. Ho un bruciore alla gola.

Fare richieste in una farmacia:

Tem alguma coisa para as dores de ouvidos? Ha qualcosa contro il mal d'orecchio?
Queria uma caixa de aspirinas. Vorrei una scatola di aspirina.
Precisava de um xarope para a tosse.
Avrei bisogno di uno sciroppo contro la tosse.

Dare consigli:

Tem de descansar. Deve riposarsi.
Não pode sair de casa. Non può uscire.
Deve agasalhar-se bem. Deve coprirsi bene.
Deve tomar um comprimido destes de 12 em 12 horas.
Deve prendere una di queste compresse ogni 12 ore.

Esercizi

1. Volgete al discorso indiretto, usando nella frase introduttiva il verbo tra parentesi:

"Desculpa ter chegado atrasado", disse o Filipe. (pedir)
O Filipe pediu desculpa por ter chegado atrasado.

1. "Amanhã temos de assinar este contrato", disse um sócio para o outro. (comunicar)
2. "Vamo-nos casar no próximo mês", anunciaram o António e a Judite à família. (anunciar)
3. "No próximo ano os impostos não aumentarão", disse o ministro das finanças. (prometer)
4. "Ganhámos o jogo, porque temos melhores jogadores", disse o treinador. (afirmar)
5. "Embora aqui não haja muitos automóveis, o ar é bastante poluído", disse o representante da organização ecologista. (confirmar)

2. Volgete al discorso indiretto le seguenti frasi all'imperativo, usando nella frase introduttiva il verbo tra parentesi:

"Saia daqui imediatamente!", disse o professor ao aluno. (mandar)

O professor mandou o aluno sair dali imediatamente.

1. "Nunca mais me contes uma mentira!", disse a mãe ao filho. (dizer)
2. "Coma menos chocolates e beba mais água", disse o médico à doente. (aconselhar)
3. "Ponha as mãos no ar!", disse o polícia ao ladrão. (ordenar)
4. "Faz meia hora de ioga antes de ires para a cama", disse a Célia à amiga. (sugerir)
5. "Não me faça mal!", disse a Isabel ao assaltante. (implorar)

3. Riportate le domande, usando nella frase introduttiva il verbo tra parentesi:

"Quando é que chegaste?", perguntou-lhe o Paulo. (perguntar)
O Paulo perguntou-lhe quando (é que) tinha chegado.

1. "Onde é que escondeu a arma?", perguntou o juiz ao réu. (querer saber)
2. "Por que razão não haverá vida em Marte?", perguntou o professor aos alunos. (perguntar)
3. "Quando é que descobriu o seu dom para a música?", perguntou-lhe o entrevistador. (inquirir)
4. "Hoje há algum filme bom na televisão?", perguntou a Filipa ao irmão. (perguntar)
5. "Achas que eu ponha o nosso carro na garagem?", perguntou-lhe ela. (perguntar)

4. Completate con un verbo ausiliare di modo al tempo adeguato:

1. Não vês que aqui não se .... atravessar? Não há nenhuma passadeira.
2. Nós .... chegar por volta da meia-noite, se tudo correr bem.
3. Antes de ir para a cama ainda .... apanhar a roupa e passá-la a ferro.
4. Nunca fui ao Canadá, mas acho que .... ser muito bonito.
5. Eu .... emagrecer uns quilos antes do Verão.
6. Pensei que nós .... vê-la logo a seguir à operação, mas afinal não nos deixaram entrar.

5. Completate i periodi ipotetici, coniugando il verbo tra parentesi al tempo adeguato:

1. Se (nós/descobrir) .... a cura para esta doença, ficávamos famosos.
2. Usa farinha de trigo, se não (ter) .... farinha de milho.
3. Não teríamos perdido o comboio, se (sair) .... de casa mais cedo.
4. Se (tu/saber) .... de alguém que ande à procura de casa, diz-lhe que a minha está à venda.
5. Se o livro dele (ser) .... publicado, a mãe ia sentir-se muito orgulhosa.
6. Se tivesses usado um bom protector solar, não (ficar) .... toda vermelha.
7. Eu não tinha estragado a máquina, se (ler) .... as instruções com cuidado.
8. Se tapassem aquele buraco na estrada, (haver) .... com certeza menos acidentes.

6. Completate le frasi con una congiunzione/locuzione/preposizione di finalità:

1. O percurso da comitiva será estudado previamente, ... a visita decorra sem qualquer percalço.
2. Trabalhamos intensivamente durante a semana .... deixarmos o fim-de-semana livre.
3. O trânsito vai ser desviado do centro, ... permitir uma melhor circulação dos peões.
4. Tens de vir cá a casa .... te mostrar a nova decoração.
5. Os visitantes são acompanhados por um guia .... possam receber toda a informação necessária.

7. Completate le frasi con QUEM QUER QUE, ONDE QUER QUE, QUAL-QUER/QUAISQUER QUE, QUANDO QUER QUE E O QUE QUER QUE:

1. .... haja um concerto deste grupo, há uma multidão a assistir.
2. Encontramo-nos para tomar um café .... tu não estejas muito ocupado.
3. .... ela vista, fica-lhe sempre bem.
4. .... ouse desafiá-lo é imediatamente punido.
5. .... sejam as provas contra ele, a mulher recusa-se a acreditar que ele é um delinquente.

8. Sostituite le parole in grassetto da una perifrasi verbale:

1. Neste momento **leio** a obra poética completa de Herberto Hélder.
2. **Almocei** mesmo agora, se não ia almoçar contigo.
3. Porque é que a tua cama ainda **não está feita** a estas horas?
4. Amanhã de manhã **procuro** a morada dele.
5. **Jantámos de novo** naquele restaurante chinês.
6. **Ainda bebes** um copo de leite antes de te deitares?

SECONDA PARTE
APPENDICE
GRAMMATICALE
E
VOCABOLARIO

TABELLE RIEPILOGATIVE

ARTICOLO: DETERMINATIVO E INDETERMINATIVO

	MASCHILE		FEMMINILE	
	SINGOLARE	PLURALE	SINGOLARE	PLURALE
Determinativo	o	os	a	as
Indeterminativo	um	uns	uma	umas

PRONOMI PERSONALI

SOGGETTO	COMPLEMENTO			
	FORME ATONE		FORME TONICHE	
	OGGETTO	TERMINE	DOPO UNA PREPOSIZIONE	DOPO "COM"
eu	me	me	mim	comigo
tu	te	te	ti	contigo
você	o/a; lo/la; no/na	lhe	si	consigo
ele	o, lo, no	lhe	ele	com ele
ela	a, la, na	lhe	ela	com ela
nós	nos	nos	nós	connosco
vós/vocês	vos/os, as	vos/lhes	vós/vocês	convosco
eles	os, los, nos	lhes	eles	com eles
elas	as, las, nas	lhes	elas	com elas

PRONOMI RIFLESSIVI

PRONOME PERSONALE	PRONOME RIFLESSIVO
eu	**me**
tu	**te**
você	**se**
ele/ela	**se**
nós	**nos**
vós	**vos**
vocês	**se**
eles/elas	**se**

PRONOMI RELATIVI

	VARIABILI		INVARIABILI
	SINGOLARE	PLURALE	
Maschile	**cujo**	**cujos**	que
	quanto	quantos	quem
	o qual	os quais	onde/aonde
Femminile	**cuja**	**cujas**	
	quanta	quantas	
	a qual	**as quais**	

POSSESSIVI

	SINGOLARE		PLURALE	
	MASCHILE	FEMMINILE	MASCHILE	FEMMINILE
eu	**meu**	**minha**	**meus**	**minhas**
tu	**teu**	**tua**	**teus**	**tuas**
você	**seu**	**sua**	**seus**	**suas**
ele,ela	**seu**	**sua**	**seus**	**suas**
nós	**nosso**	**nossa**	**nossos**	**nossas**
vós/vocês	**vosso**	**vossa**	**vossos**	**vossas**
eles, elas	**seu**	**sua**	**seus**	**suas**

DIMOSTRATIVI

	VARIABILI		INVARIABILI
	SINGOLARE	PLURALE	
Maschile	este	estes	
	esse	esses	
	aquele	aqueles	isto
			isso
			aquilo
Femminile	esta	estas	
	essa	essas	
	aquela	aquelas	

INDEFINITI

VARIABILI				INVARIABILI
MASCHILE		**FEMMINILE**		
SINGOLARE	**PLURALE**	**SINGOLARE**	**PLURALE**	
algum	alguns	alguma	algumas	alguém
nenhum	nenhuns	nenhuma	nenhumas	ninguém
todo	todos	toda	todas	tudo
outro	outros	outra	outras	nada
certo	certos	certa	certas	algo
muito	muitos	muita	muitas	cada
pouco	poucos	pouca	poucas	
mesmo	mesmos	mesma	mesmas	
próprio	próprios	própria	próprias	
qualquer	quaisquer	qualquer	quaisquer	
tal	tais	tal	tais	
tanto	tantos	tanta	tantas	
vário	vários	vária	várias	
	ambos		ambas	

INTERROGATIVI

PRONOMI		AVVERBI
INVARIABILI	**VARIABILI**	
(**O**) **Que**? (*Che cosa?*)	**Qual/quais**? (*Quale/quali?*)	**Porque**? (*Perché?*)
Quem? (*Chi?*)	**Quanto/quanta/quantos/ quantas**? (*Quanto/quanta/ quanti/quante?*)	**Onde**? (*Dove?*) (stato in luogo)
		Aonde? (*Dove?*) (moto a luogo)
		Donde? (*Dove?*) (moto da luogo)
		Como? (*Come?*)
		Quando? (*Quando?*)

PREPOSIZIONI

PREPOSIZIONI	LOCUZIONI
a, ante, após, até, com, contra, de, desde, em, entre, para, perante, por, sem, sob, sobre, trás	abaixo de, acerca de, acima de, a despeito de, adiante de, a fim de, além de, antes de, ao lado de, ao redor de, a par de, apesar de, a respeito de, atrás de, através de, de acordo com, debaixo de, de cima de, defronte de, dentro de, depois de, diante de, em baixo de, em cima de, em frente a/de, em lugar de, em redor de, em torno de, em vez de, graças a, junto a/de, para baixo de, para cima de, para com, perto de, por baixo de, por causa de, por cima de, por detrás de, por diante de, por entre, por trás de

PREPOSIZIONI ARTICOLATE

PREPOSIZIONE +	de	a	em	por
ARTICOLO DETERMINATIVO				
MASC	do(s)	ao(s)	no(s)	pelo(s)
FEMM.	da(s)	à(s)	na(s)	pela(s)
ARTICOLO INDETERMINATIVO				
MASC	dum(duns)		num(nuns)	
FEMM.	duma(s)		numa(s)	
DIMOSTRATIVO				
MASC	deste(s) daquele(s) desse(s)		neste(s) naquele(s) nesse(s)	
FEMM.	desta(s) daquela(s) dessa(s)		nesta(s) naquela(s) nessa(s)	
NEUT.	disto daquilo disso		nisto naquilo nisso	
INDEFINITO "OUTRO"				
MASC	doutro(s)		noutro(s)	
FEMM.	doutra(s)		noutra(s)	
PRON. PERSONALE 3° PERS. (ELE, ELA, ELES, ELAS)				
MASC	dele(s)		nele(s)	
FEMM.	dela(s)		nela(s)	

AVVERBI

AVVERBIO/LOCUZIONE	ESEMPIO
d'affermazione	
sim, certamente, efectivamente, realmente, com certeza, sem dúvida	Este ano vai **certamente** chover menos. (*Quest'anno pioverà sicuramente meno.*)
di dubbio	
acaso, porventura, possivelmente, provavelmente, talvez, …	**Talvez** o correio já tenha chegado. (*Forse la posta è già arrivata.*)
di quantità	
assaz, bastante, bem, demais, mais, menos, muito, pouco, quanto, quase, tão, tanto, de muito, de pouco…	Ainda se sabe **pouco** sobre a origem desta doença. (*Si sa ancora poco sull'origine di questa malattia.*)
di luogo	
abaixo, acima, adiante, aí, além, ali, aqui, atrás, através, cá, defronte, dentro, detrás, fora, junto, lá, longe, perto, à direita, à esquerda, à distância, ao lado…	Fica **aqui** enquanto eu vou ver o que se passa. (*Rimani qui mentre vado a vedere cosa succede.*)
di modo	
assim, bem, depressa, devagar, mal, melhor, pior, fielmente, levemente, à vontade, ao contrário, com gosto, de cor, em geral, por acaso…	Ele sabe **de cor** as datas dos aniversários de todos os amigos. (*Lui sa a memoria le date dei compleanni di tutti gli amici.*)
di negazione	
não, de forma alguma, de modo nenhum, …	Não podemos **de modo nenhum** abrir uma excepção. (*Non possiamo in nessun modo fare un'eccezione.*)
di tempo	
agora, ainda, amanhã, anteontem, antes, breve, cedo, depois, então, hoje, já, jamais, logo, nunca, ontem, sempre, tarde, à noite, à tarde, de tempos em tempos, de vez em quando…	**De vez em quando** organizamos um jantar com os colegas de escola. (*Ogni tanto organizziamo una cena con i colleghi di scuola.*)

CONGIUNZIONI COORDINANTI

Congiunzioni/Locuzioni	Esempio
copulative	
e, nem	Não fala inglês **nem** francês. (*Non parla inglese né francese.*)
avversative	
mas, porém, todavia, contudo, no entanto, entretanto	É Verão **mas** chove como se fosse Inverno. (*È estate ma piove come se fosse inverno.*)
distributive	
ou ...(ou), ora ... ora, quer ... quer, seja ... seja, nem ... nem, ...	**Quer** ele **quer** a irmã são professores de educação física. (*Sia lui sia sua sorella sono insegnanti d'educazione fisica.*)
conclusive	
logo, pois, portanto, por conseguinte, por isso, assim, ...	Faltou a luz e **por isso** todo o quarto caiu na escuridão. (*È mancata la luce e perciò tutta la stanza è caduta nell'oscurità.*)
esplicative	
que, porque, pois, porquanto	Não te vás embora, **que** eu ainda preciso de ti. (*Non andare via, che io ho ancora bisogno di te.*)

CONGIUNZIONI SUBORDINANTI

Congiunzioni/Locuzioni	Esempio
causali	
porque, pois, porquanto, como, pois que, por isso que, já que, uma vez que, visto que, visto como, que, ...	Mando a carta amanhã, **visto que** a esta hora o correio já está fechado. (*Invio la lettera domani visto che a quest'ora la posta è già chiusa.*)
concessive	
embora, conquanto, ainda que, mesmo que, posto que, bem que, por mais que, por menos que, apesar de que, nem que, que, ...	**Mesmo que** o telefone toque, agora não o posso atender. (*Anche se il telefono dovesse suonare, adesso non posso rispondere.*)
condizionali	
se, caso, contanto que, salvo se, sem que, desde que, a menos que, a não ser que, ...	O espectáculo não começa **sem que** o público esteja todo sentado. (*Lo spettacolo non comincia senza che tutto il pubblico sia seduto.*)
finali	
para que, a fim de que, porque (= para que)	Vou-me embora, **para que** tu possas trabalhar. (*Me ne vado, affinché tu possa lavorare.*)

Congiunzioni/Locuzioni	Esempio
temporali	
quando, antes que, depois que, até que, logo que, sempre que, assim que, desde que, todas as vezes que, cada vez que, apenas, mal, que (= desde que), ...	**Mal** o sol apareceu, foi toda a gente para a praia. (*Non appena il sole è comparso, tutti sono andati al mare.*)
consecutive	
tal, tanto, tão + que..., de forma que, de maneira que, de modo que, de sorte que, ...	Está **tanto** vento **que** quase não se consegue andar. (*Tira tanto vento che quasi non si riesce a camminare.*)
comparative	
mais, menos, maior, menor, melhor, pior + que (do que)..., como, assim como, bem como, como se, que nem, ...	Venderam o quadro **como se** fosse um original. (*Hanno venduto il quadro come se fosse un originale.*)
integranti	
que, se	Agradeço **que** me digam quando a encomenda chegar. (*Gradirei che mi dicessero quando arriverà il pacco.*)

VERBI: MODI E TEMPI

Modi	Tempi semplici	Tempi composti
Indicativo	**Presente**: canto	
	Pretérito Perfeito: cantei	**Pretérito Perfeito composto**: tenho cantado
	Pretérito Imperfeito: cantava	
	Pretérito mais-que-perfeito: cantara	**Pretérito mais-que-perfeito composto**: tinha cantado
	Futuro simples: cantarei	**Futuro composto**: terei cantado
	Condicional simples: cantaria	**Condicional composto**: teria cantado
Congiuntivo	**Presente**: cante	
	Pretérito Imperfeito: cantasse	
	Futuro simples: cantar	**Futuro composto**: tiver cantado
		Pretérito perfeito: tenha cantado
		Pretérito mais-que-perfeito: tivesse cantado
Imperativo	canta(tu); cante (você); cantemos (nós); cantai (vós); cantem (vocês)	

FORME NOMINALI DEL VERBO

Infinito	**Impessoal simples**: cantar	**Impessoal composto**: ter cantado
	Pessoal simples: cantar	**Pessoal composto**: ter cantado
Participio	**Presente e passato**	
Gerundio	**Simples:** cantando	**Composto:** tendo cantado

CHIAVE DEGLI ESERCIZI

Unità 1

Esercizio 1 1. silêncio; 2. igreja; 3. alguém; 4. café; 5. búzio; 6. maré; 7. máquina; 8. binóculo; 9. título; 10. raposa; 11. frágil; 12. conteúdo; 13. carácter; 14. convés; 15. língua; 16. inútil; 17. ânsia; 18. lêem; 19. braço; 20. homem; 21. ódio; 22. músculo; 23. bebe; 24. bambu

Unità 2

Esercizio 1 1. a; 2. a; 3. o; 4. o; 5. o; 6. o; 7. o; 8. o; 9. a; 10. o; 11. o; 12. o; 13. o; 14. a; 15. a; 16. o; 17. a; 18. o; 19 a; 20. o

Esercizio 2 1. um; 2. uma; 3. um; 4. um; 5. uma; 6. uma; 7. uma; 8. uma; 9. um; 10. uma; 11. uma; 12. um

Esercizio 3 1. as pontes; 2. as janelas; 3. os mapas; 4. os vales; 5. os carros; 6. os ananases; 7. os rios; 8. os cães; 9. as raparigas; 10. os canais; 11. os aviões; 12. os telefones; 13. os fins; 14. as mãos; 15. as flores; 16. os sistemas; 17. as garagens; 18. os anéis; 19. as cruzes; 20. os caracóis; 21. uns exames; 22. umas mesas; 23. uns livros; 24. uns chapéus; 25. umas montanhas; 26. umas pessoas; 27. umas invenções; 28. umas maçãs; 29. uns homens; 30. umas vezes; 31. umas ruas; 32. uns hotéis

Esercizio 4 1. mulher; 2. professora; 3. advogada; 4. campeã; 5. avó; 6. nora; 7. galinha; 8. cadela; 9. actriz; 10. ladra; 11. mulher; 12. jornalista

Unità 3

Esercizio 1 1. começa; 2. jantamos; 3. assino; 4. escreve; 5. abre; 6. conhecem; 7. chamaste; chamo-me; 8. parte; 9. almoço; 10. bebem

Esercizio 2 1. é ; está; 2. estás; estou; 3. é ; estão; 4. é; estamos; 5. é; estou; 6. é ; está; 7. está; está; 8. somos; estamos; 9. são; estão; 20. está; é

Esercizio 3 1. Estou.; 2. Somos.; 3. Moro.; 4. Estudam.; 5. Sou.; 6. Vivemos.; 7. Começa.

Esercizio 4	1. nos; 2. me; 3. te; 4. se; 5. se; 6. se
Esercizio 5	1. a) O (que é) que faz?/Qual (é que) é a sua profissão? b) O (que é) que fazes?/Qual (é que) é a tua profissão?
	2. a) Onde (é que) mora? b) Onde (é que) moras?
	3. a) Como (é que) se chama?/Qual (é que) é o seu nome? b) Como (é que) te chamas?/Qual (é que) é o teu nome?
	4. a) Donde (é que) é? b) Donde (é que) és?
	5. Qual (é que) é a sua morada? b) Qual (é que) é a tua morada?
Esercizio 6	1. (Eu) sou de Angola.
	2. (Nós) somos cabo-verdianos.
	3. (Ele) é mecânico.
	4. Não, são brasileiros./ Não, não são portugueses, são brasileiros.
	5. (Nós) vivemos no Canadá.
	6. Não, sou professor. /Não, não sou estudante, sou professor.
Esercizio 7	1. em; no; 2. na; nos; 3. num; 4. nos; 5. em; 6. no; 7. em; em; 8. nas
Esercizio 8	1. essas cartas; 2. aqueles homens; 3. estas igrejas; 4. estes aquecedores; 5. aquelas canções; 6. esses camiões; 7. aqueles postais; 8. essas árvores
Esercizio 9	Risposta individuale.

Unità 4

Esercizio 1	Risposta individuale.
Esercizio 2	1. vossa; 2. minha; 3. nosso; 4. teu; 5. sua; 6. seu; 7. nossas; 8. tua
Esercizio 3	1. a cadela dela; 2. os amigos deles; 3. o dinheiro dele; 4. o marido dela; 5. a família deles
Esercizio 4	1. o bailarino espanhol; 2. o gulache húngaro; 3. a praia brasileira; 4. as igrejas italianas; 5. os cossacos russos; 6. os desertos argelinos; 7. os bazares marroquinos; 8. a actriz norte-americana; 9. a neve sueca; 10. o computador japonês
Esercizio 5	1. a pirâmide do Egipto; 2. os chocolates da Bélgica; 3. o templo da Grécia; 4. a muralha da China; 5. as mulheres da Holanda; 6. o poeta de Portugal; 7. a rainha de Inglaterra; 8. o café da Turquia; 9. a sereia da Dinamarca; 10. o queijo de França
Esercizio 6	1. feroz; 2. leal; 3. verde; 4. inglesa; 5. nova; 6. inteligente; 7. moderna; 8. boa; 9. comilona; 10. espanhola
Esercizio 7	1. as cerimónias oficiais; 2. os compositores alemães; 3. os marinheiros portugueses; 4. as viagens baratas; 5. os lápis azuis; 6. os exercícios simples; 7. os fogões eléctricos; 8. as flores secas; 9. as chávenas antigas; 10. os lençóis maiores
Esercizio 8	1. o sofá cómodo; 2. a saia justa; 3. a cadeira partida; 4. o livro policial; 5. o feijão branco; 6. a casa abandonada; 7. o jantar amigável; 8. o cão feroz; 9. a criança sensível; 10. o tratamento eficaz
Esercizio 9	1. estão a aprender; 2. estás a arrumar; 3. estou a ver; 4. está a tomar; 5. estão a dormir; 6. estamos a preparar
Esercizio 10	1. no; de; 2. numa; 3. de; de; 4. de; na; do; 5. em; em; 6. no; de

Unità 5

Esercizio 1	1. passeio; durmo; 2. diz; traz; 3. ouço/oiço; estás; podes; 4. vêm; têm; 5. pomos; fazem; 6. lêem; vêem; 7. sobe; quer; 8. dou; 9. tenho; perco; 10. sei; venho

Esercizio 2	1. gosto; 2. preparo; 3. dá; 4. veste; 5. vai; 6. vem; 7. levamos; 8. chego; 9. abro; 10. escrevo; 11. é; 12. costuma; 13. tomamos; 14. vamos; 15. voltamos; 16. vêem; 17. arrumamos; 18. fazemos; 19. deitam-se; 20. ficamos; 21. ouvimos; 22. conversamos
Esercizio 3	1. vamos passear; 2. vais ficar; 3. vão visitar; 4. vai continuar; 5. vou começar; 6. vão aparecer
Esercizio 4	1. quarenta e cinco; 2. cento e vinte e três; 3. quinhentos e noventa e dois; 4. dois mil seiscentos e setenta e um; 5. quinze mil trezentos e oitenta e nove; 6. duzentos e vinte e seis mil novecentos e trinta e sete; 7. oitenta e sete; 8. quinze; 9. mil cento e trinta e nove; 10. quatro mil duzentos e sessenta e oito; 11. doze mil quinhentos e setenta e cinco; 12. quatrocentos e sessenta e dois; 13. dez; 14. seis; 15. um
Esercizio 5	1. às; à; 2. aos; 3. no; 4. de; a; 5. em; 6. na; 7. em; 8. de; 9. a; 10. na; 11. nos
Esercizio 6	1. Risposta individuale; 2. vinte e cinco de Dezembro; 3. vinte e um de Março; 4. vinte de Setembro
Esercizio 7	1. Vou para a cama à meia-noite.; 2. Encontramo-nos às seis e um quarto.; 3. A aula começa às onze e meia.; 4. A consulta é ao meio-dia.; 5. O avião parte às vinte para as nove/às nove menos vinte.; 6. O filme acaba às nove (horas).; 7. O Nuno chega ao quarto para as onze/às onze menos um quarto.
Esercizio 8	1. Onde; 2. Quem; 3. Donde; 4. Quando; 5. Aonde; 6. Porque; 7. De quem

Unità 6

Esercizio 1	1. mais longe; 2. melhor (do) que; 3. mais cedo (do) que; 4. mais barata (do) que; 5. maiores (do) que; 6. pior (do) que; 7. mais perto (do) que
Esercizio 2	1. tão; 2. tanto; 3. tanto; 4. tão; 5. tão; 6. tanto
Esercizio 3	1. avisares; 2. estarem; 3. concluirmos; 4. perceberem; 5. irem; 6. saíres; 7. serem
Esercizio 4	1. Quanto (é que) custa um quilo de bananas?; 2. Quanto (é que) pesa este ananás?; 3. Quanto alunos (é que) há na turma de português?; 4. Quantos convidados (é que) vão estar no casamento?; 5. Quantas capitais europeias (é que) conheces?; 6. Quanta água (é que) bebes por dia?
Esercizio 5	Risposta individuale.

Unità 7

Esercizio 1	1. percebeste; percebi; 2. compraste; encontrei; 3. comeram; abrimos; 4. trabalhei; passei; 5. sentiu-se; comeu; 6. descansámos; dormimos; almoçaram
Esercizio 2	1. houve; puseram; 2. saíste; fiquei; 3. viste; veio; 4. disseram; estivemos; 5. soubeste; disse; 6. trouxeram; tivemos; 7. foste; tiveste; quis; 8. foram; fizeram; 9. dei; tiveste; 10. vieram; quisemos
Esercizio 3	1. desde; 2. há; 3. há; desde; 4. desde; 5. desde; 6. há
Esercizio 4	1. O campeonato já acabou?; 2. Eles ainda não decidiram onde querem viver. 3. Ainda não se sabem os resultados das eleições. 4. O Inverno já acabou. 5. Ficaram preocupados quando ouviram a notícia. 6. Ficámos muito desiludidos com o espectáculo. 7. O escritório é perto da minha casa.
Esercizio 5	1. poderes; 2. estarmos; 3. voltares; 4. escolherem; 5. termos; 6. quererem; telefonarem
Esercizio 6	1. lhe; 2. vos/lhes; 3. me; 4. te; 5. lhe; 6. nos

Unità 8

Esercizio 1   1. trabalhavam; 2. ouvíamos; havia; 3. faziam; 4. optavam; 5. cos-tumava; preferia; 6. andavam; 7. liam; iam; 8. vestia; gostava

Esercizio 2   1. eras; tinhas; 2. vínhamos; 3. punha; 4. tinha; era; 5. tinha; 6. eram; tinham;
7. vinham; era

Esercizio 3   1. riquíssima; 2. simplicíssima/simplíssima; 3. tardíssimo; 4. celebérrimas;
5. cansadíssimo/a; 6. facílimo; 7. confortabilíssimas; 8. antiquíssimo; 9. ópti-
mas; 10. péssimo

Esercizio 4   1. ti; 2. lhes/vos; 3. me; 4. lhe; 5. me; mim; 6. nos; 7.ele

Esercizio 5   1. com ele; 2. consigo; 3. connosco; 4. comigo; 5. convosco; 6. com nós; 7. com
ela; 8. contigo

Esercizio 6   1. amores-perfeitos (*viola del pensiero*); 2. saca-rolhas (*cavatappi*); 3. luas-
de-mel; 4. aguardentes (*grappa*); 5. arco-íris (*arcobaleno*); 6. ferrovias; 7. bi-
chos-de-conta; 8. ouriços-caixeiros (*riccio*)

Unità 9

Esercizio 1   1. ouças/oiças; 2. façamos; 3. leia; 4. sejam; 5. perca; 6. partam; 7. venha;
8. cumpra; 9. dê; 10. vás

Esercizio 2   1. mantenha; 2. corra; 3. consigam; 4. seja

Esercizio 3   1. faremos; 2. choverá; sofrerão; 3. sairá; 4. poderás; 5. trarão; acompanhará;
6. ficará; terá; 7. dirá

Esercizio 4   1. mostrem-nos; 2. ouvi-los; 3. vi-a; pu-la; 4. põe-no; 5. trá-lo; 6. lê-lo; 7. pu-
seram-no; 8. entregamo-la; 9. uso-as; 10. pusemo-lo

Esercizio 5   1. me; 2. a; 3. o; 4. vos/as; 5. te; 6. nos

Esercizio 6   1. voluntariamente; 2. optimamente; 3. novamente; 4. secretamente; 5. since-
ramente; 6. confortavelmente

Unità 10

Esercizio 1   1. fizermos; 2. nascer; 3. puderes; 4. houver; 5. quiserem; 6. vier; 7. tiveres

Esercizio 2   1. pouparmos; 2. lavares; 3. forem; 4. aparecerem; 5. puseres; 6. levares; 7. fizer

Esercizio 3   1. poderemos; 2. conseguirás; 3. -; 4. teremos; 5. ficará; 6. poderá; 7. terá

Esercizio 4   1. vierem; 2. sermos; 3. vermos; 4. fores; 5. podermos; 6. tomares; 7. dizeres;
8. terem; 9. der; 10. vivermos

Esercizio 5   1. Apesar de preferir a literatura inglesa, também costumo ler autores portugueses. 2. Embora trabalhe mais de oito horas por dia, nunca recebo horas extraordinárias. 3. Ainda que seja proibido estacionar nesta rua, as pessoas continuam a fazê-lo. 4. Conquanto saiba que não vai ser reeeleito, continua a não
fazer nada. 5. Se bem que tenha confiança no novo governo, não concordo
com a política cultural.

Esercizio 6   1. Apesar de não gostarmos de fado, gostávamos de ir a uma casa de fado.
2. Apesar de estar muito cansado, ainda voltou a sair depois do jantar. 3. Apesar de a luz ser fraca, ainda consigo ler. 4. Apesar de vocês falarem mal dele,
depois saem todos juntos. 5. Apesar de tu saberes a verdade, fazes de conta
que não.

Esercizio 7   1. que; 2. aonde; 3. que; 4. que; 5. cujo; 6. que; 7. quem; 8. qual

Esercizio 8   1. deixe; 2. esteja; 3. seja; 4. haja; 5. explique; 6. tenham; 7. queira; 8. saiba

Unità 11

Esercizio 1	1. vá; 2. compare; 3. compre; 4. verifique; 5. faça; 6. leve; 7. ponha	
Esercizio 2	1. a) traz	b) tragam
	2. a) chega	b) cheguem
	3. a) prepara	b) preparem
	4. a) faz	b) façam
	5. a) toma	b) tomem
	6. a) mantém-te	b) mantenham-se
Esercizio 3	1. a) Não atravesse	b) Não atravessem
	2. a) Não ultrapasse	b) Não ultrapassem
	3. a) Não estacione	b) Não estacionem
	4. a) Não se esqueça	b) Não se esqueçam
	5. a) Não se distraia	b) Não se distraiam

Esercizio 4 1. tiverem; 2. forem; 3. souber; 4. houver; 5. pedirem; 6. provar; 7. trouxer

Esercizio 5 1. Vai enchendo; 2. Ia pondo; 3. Construindo; 4. Tendo; 5. Chegando

Esercizio 6 1. Mostrei-lha. 2. Ele ainda não no-la devolveu. 3. Emprestei-lhos. 4. Vão-mos mandar pelo correio. 5. Espero que ela vo-lo conte. 6. Pode explicar-no-la de novo?

Esercizio 7 1. puseram-na; 2. o virem; 3. a encontrei; 4. apagou-o; 5. as conhece; 6. trá-lo; 7. a consertou; 8. se mantenha; 9. pendurá-las/vou-as pendurar; 10. varremo-la

Unità 12

Esercizio 1 1. tem estado; 2. tenho tido; começou; 3. desfizemo-nos; 4. assinaste; 5. têm visto; têm lido; 6. têm tido; 7. se estragou; tive; 8. tem havido; deixou

Esercizio 2	1. a) acabara	b) tinha acabado
	2. a) disseram	b) tinham dito
	3. a) fora	b) tinha sido
	4. a) estivéramos	b) tínhamos estado
	5. a) estacionara	b) tinha estacionado
	6. a) dera	b) tinha dado
	7. a) se queixaram	b) se tinham queixado

Esercizio 3 1. Tenho um pé tão grande que tenho muita dificuldade em encontrar o meu número. 2. A vida dele foi tão movimentada que hoje não consegue estar muito tempo no mesmo sítio. 3. Temos tantas coisas para vos contar que não sabemos por onde começar. 4. Ele lê tanto que já precisa de usar óculos. 5. Os interessados são tantos que vão ter de abrir uma outra turma. 6. Perdeu tanto dinheiro ao jogo que teve de hipotecar a casa.

Esercizio 4 1. Por muito desporto que pratique, continua a ser pouco ágil. 2. Por mais cartas que lhes escrevamos, não nos respondem a nenhuma. 3. Por mais que a gasolina aumente, as pessoas não deixam de andar de carro. 4. Por mais/muito necessário que ele seja no escritório, uma vez por semana tem de ir à fábrica. 5. Por muitas casas da zona que vão ver , nenhuma lhes agrada.

Esercizio 5 1. Por muito/mais que fale, ninguém me ouve. 2. Por pouco/menos que coma, não consigo perder peso. 3. Por muito/mais que queira não o convenço a pedir-te desculpa. 4. Por mais/muito que os preços baixem, os quadros dele continuam a ser caros. 5. Por muito/mais que carregue no botão de alarme, não aparece ninguém para abrir a porta do elevador.

Esercizio 6	1. Quanto melhores são as uvas, melhor é o vinho. 2. Quanto mais graves são as feridas, maior é o tempo de recuperação. 3. Quanto mais rigorosos são os Invernos, mais morrem sem-abrigo nas cidades. 4. Quanto mais pequenas são as crianças, com mais facilidade aprendem línguas. 5. Quanto pior é a alimentaçao, mais lento é o desenvolvimento da criança. 6. Quanto mais se investe na carreira, menos tempo se tem para outras coisas.
Esercizio 7	1. ouço/oiço; 2. tivermos; 3. soube; 4. voltares; 5. vermos; 6. for; 7. tínhamos; 8. comece

Unità 13

Esercizio 1	1. fosses; 2. fizessem; 3. plantassem; 4. vendesse; 5. tomassem; 6. soubesse; 7. pudessem
Esercizio 2	1. restaurassem; 2. admitisses; 3. descobrissem; 4. baixasse; 5. começasse; 6. tivesse; 7. puséssemos
Esercizio 3	1. cada; 2. nada; 3. todas; 4. toda; ninguém; 5. alguém; 6. todos; 7. nenhum; 8. algo; 9. tudo; 10. outro; 11. qualquer
Esercizio 4	1. Porque/dado que/visto que/já que/uma vez que; 2. Visto/da-do/por; 3. Como/dado que/visto que/já que/uma vez que; 4. Por/dado/visto; 5. Por causa; 6. Por/dado/visto
Esercizio 5	1. Como durmo mal com este colchão, tenho de o mudar. 2. Como o sol está muito quente, põe o chapéu. 3. Como não é reconhecido no seu próprio país, decidiu aceitar o lugar numa universidade estrangeira. 4. Como a poluição nesta cidade é insuportável, vou viver para o campo. 5. Como o carro nunca pega de manhã, acabo sempre por ter de apanhar um táxi. 6. Como a temperatura tem aumentado, brevemente haverá restrições no consumo de água. 7. Como os programas de televisão são de má qualidade, à noite eles lêem e conversam.

Unità 14

Esercizio 1	1. O abre-latas foi deixado dentro do lava-loiça. 2. Vai ser inaugurada uma nova galeria de arte ao pé do museu. 3. Esta instalação foi feita por um grupo de jovens artistas. 4. Um novo bloco de apartamentos vai ser construído pelo mesmo construtor. 5. Sérias alterações climáticas são provocadas pelo buraco na camada de ozono. 6. O prémio Nobel para a literatura foi recebido em 1998 por José Saramago. 7. Brevemente um espaço para acolher os turistas será aberto pela Câmara Municipal. 8. O espectáculo foi visto via satélite por um milhão de espectadores. 9. Antigamente o leite era posto à porta dos clientes pelo leiteiro. 10. Estes artigos de artesanato são produzidos por deficientes motores.
Esercizio 2	1. rotos; 2. enxuta; 3. soltado; 4. entregue; 5. matado; 6. suspenso; 7. limpos; 8. acesas; 9. imprimido; 10. aceites/aceitas; presos
Esercizio 3	1. a menos que/a não ser que; 2. desde que/contanto que/caso; 3. caso; 4. excepto se/salvo se; 5. na condição de; 6. se/caso/desde que/contanto que
Esercizio 4	1. Todas as casas da zona serão demolidas, excepto se forem legalizadas. 2. A associação de estudantes irá protestar, caso os laboratórios não sejam equipados.; 3. Os objectos deixados nos comboios são vendidos em leilão, a não ser que os donos os reclamem. 4. Podes ficar no albergue da juventude, desde que sejas membro da associação. 5. Toda a gente pode consultar livros na biblio-

teca municipal, na condição de pedirem uma autorização à entrada. 6. No caso de te fazerem uma pergunta, diz que vens falar comigo.

Esercizio 5   1. Procurá-lo-ão; 2. Ver-nos-emos; 3. Dir-lhe-ia; 4. Dar-te-emos; 5. Prometer-te-ia; 6. Trar-vos-emos

Esercizio 6   1. por; 2. para; 3. pela; 4. para; 5. para; 6. por; 7. para; 8. para

Unità 15

Esercizio 1   1. Um sócio comunicou ao outro que no dia seguinte tinham de assinar aquele contrato. 2. O António e a Judite anunciaram à família que se iam casar no mês seguinte. 3. O ministro das finanças prometeu que no ano seguinte os impostos não aumentariam. 4. O treinador afirmou que tinham ganhado/ganho o jogo, porque tinham melhores jogadores. 5. O representante da organização ecologista confirmou que o ar era bastante poluído, embora ali não houvesse muitos automóveis.

Esercizio 2   1. A mãe disse ao filho para nunca mais lhe contar uma mentira. / A mãe disse ao filho que nunca mais lhe contasse uma mentira. 2. O médico aconselhou a doente a comer menos chocolates. 3. O polícia ordenou ao ladrão que pusesse as mãos no ar. 4. A Célia sugeriu à amiga que fizesse meia hora de ioga antes de ir para a cama. 5. A Isabel implorou ao assaltante que não lhe fizesse mal.

Esercizio 3   1. O juiz quis saber onde (é que) o réu tinha escondido a arma. 2. O professor perguntou aos alunos por que razão não haveria vida em Marte. 3. O entrevistador inquiriu quando (é que) tinha descoberto o seu dom para a música. 4. A Filipa perguntou ao irmão se naquele dia havia algum filme bom na televisão. 5. Ela perguntou-lhe se achava que ela pusesse o carro deles na garagem.

Esercizio 4   1. pode; 2. devemos; 3. tenho de/que; 4. deve; 5. preciso de/tenho de/que; 6. pudéssemos

Esercizio 5   1. descobríssemos; 2. tiveres; 3. tivéssemos saído; 4. souberes; 5. fosse; 6. tinhas ficado/terias ficado; 7. tivesse lido; 8. haveria/havia

Esercizio 6   1. para que/a fim de que/de maneira a que/de modo a que/de forma a que; 2. para/a fim de/de modo a/de forma a/com o propósito de; 3. para/a fim de/de modo a/de forma a/com o propósito de; 4. para; 5. para que/a fim de que/de maneira a que/de modo a que/de forma a que

Esercizio 7   1. onde quer que; 2. quando quer que; 3. o que quer que; 4. quem quer que; 5. quaisquer que

Esercizio 8   1. ando a ler/estou a ler; 2. acabei de almoçar; 3. está por fazer; 4. vou procurar; 5. voltámos/tornámos a jantar; 6. continuas a beber

PORTUGUÊS-ITALIANO

A

abadia [*abadia*]: s.f. abbazia
abafado [*abafàdu*]: agg. afoso
abaixo [*abàiʃu*]: avv. giù, sotto
abandonar [*abãdu'nàr*]: v. abbandonare, lasciare
abastecer [*abaʃte'sér*]: v. fornire
abelha [*abaλa*]: s.f. ape
aberto [*abèrtu*]: agg. aperto
abóbora [*a'bòbura*]: s.f. zucca
aborrecer-se [*abuResérse*]: v.r. annoiarsi
aborrecido [*abuResidu*]: agg. noioso, annoiato
abraçar [*abra'sàr*]: v. abbracciare
abraço [*abràsu*]: s.m. abbraccio
abre-latas [*àbrelàtaʃ*]: s.m. apriscatole
abrigar [*abri'gàr*]: v. riparare
Abril [*a'bril*]: s.m. aprile
abrir [*a'brir*]: v. aprire
absorvente [*absòrvente*]: agg. assorbente
absurdo [*absurdu*]: agg. e s.m. assurdo
abundante [*abundàte*]: agg. abbondante
acabar [*aka'Bàr*]: v. finire
açafrão [*asa'fràu*]: s.m. zafferano
acampar [*akã'pàr*]: v. accampare
acaso [*akàzu*]: s.m. caso
 por– per caso
acção [*à'sãu*]: s.f. azione
aceitar [*asai'tàr*]: v. accettare
acender [*asen'dèr*]: v. accendere
acento [*asentu*]: s.m. accento
achar [*a'ʃàr*]: v. trovare
 – que: v. pensare
acidente [*asidente*]: s.m. incidente
acima [*asima*]: avv. sopra, su, di sopra, al di sopra
acolhedor [*akuλe'dor*]: agg. accogliente
acompanhar [*akõpa'ɲàr*]: v. accompagnare
aconselhar [*akõse'λàr*]: v. consigliare
acontecer [*akõte'sér*]: v. succedere, accadere, avvenire, capitare
acontecimento [*akõtesimentu*]: s.m. avvenimento
acordar [*akur'dàr*]: v.t. svegliare; v.i. svegliarsi

acostumar [*akuʃtu'màr*]: v. abituare; v.r. abituarsi
acreditar [*akredi'tàr*]: v. credere
acrescentar [*akreʃsen'tàr*]: v. aggiungere
activo [*àtivu*]: agg. attivo
actor [*à'tor*]: s.m. attore
actriz [*à'triʃ*]: s.f. attrice
açúcar [*asukàr*]: s.m. zucchero
adeus [*adéuʃ*]: inter. addio! arrivederci
adiantar [*adiã'tàr*]: v. anticipare
adiar [*adi'àr*]: v. rinviare, rimandare
adição [*adi'sãu*]: s.f. addizione
administração [*admeniʃtra'sãu*]: s.f. amministrazione
adoçante [*adusāte*]: s.m. dolcificante
adoecer [*adui'sér*]: v. ammalarsi
adormecer [*adurme'sér*]: v.t. addormentare; v.i. addormentarsi
advertência [*adver'tensia*]: s.f. avvertenza
advogada/o [*advugàdu/a*]: s.m./f. avvocato, legale
aeroporto [*àèroportu*]: s.m. aeroporto
afastar-se [*afaʃtàrse*]: v.r. allontanarsi
agarrar [*aga'Ràr*]: v. tenere, afferrare
agência [*a'ʒensia*]: s.f. agenzia
 – de viagens: agenzia di viaggi
agenda [*aʒenda*]: s.f. agenda, taccuino
agora [*agòra*]: avv. ora, adesso
Agosto [*agoʃtu*]: s.m. agosto
agradar [*agra'dàr*]: v. piacere, far piacere
agradável [*agradàvèl*]: agg. gradevole, piacevole
agradecer [*agrade'sér*]: v. ringraziare
agricultor [*agrikul'tor*]: s.m. agricoltore
água [*àgua*]: s.f. acqua
aguaceiro [*àguasairu*]: s.m. acquazzone
aguardente [*àguardente*]: s.f. acquavite
aguentar [*aguen'tàr*]: v. sopportare, subire
agulha [*aguλa*]: s.f. ago
ainda [*ainda*]: avv. ancora
ajuda [*aʒuda*]: s.f. aiuto
ajudar [*aʒu'dàr*]: v. aiutare
alameda [*alaméda*]: s.f. viale
alcançar [*àlkã'sàr*]: v. raggiungere

alcatifa [*àlkatifa*]: s.f. moquette
alcoólico [*àlku'òliku*]: agg.e s.m. alcoolico
aldeia [*àldaia*]: s.f. villaggio
alegrar [*ale'gràr*]: v. rallegrare
alegre [*alègre*]: agg. allegro
alegria [*alegria*]: s.f. gioia
aleijar-se [*alaiჳàrse*]: v.r. farsi male
alemão [*ale'mãu*]: agg. e s.m. tedesco
alface [*àlfàse*]: s.f. lattuga
alfaiate [*àlfaiàte*]: s.m. sarto
alfândega [*àl'fãdega*]: s.f. dogana
algibeira [*àlჳibaira*]: s.f. tasca
algo [*àlgu*]: pron.indef. qualcosa, qualche cosa
algodão [*àlgu'dãu*]: s.m. cotone
alguém [*àl'gãi*]: pron. indef. qualcuno
algum [*àl'gum*]: agg.indef. qualche; pl. qualche, alcuni; alcune
alho [*àλu*]: s.m. aglio
ali [*ali*]: avv. li, là
aliás [*ali'àʃ*]: avv. d'altronde; del resto; d'altra parte; peraltro
alimento [*alimentu*]: s.m. vitto
alívio [*a'liviu*]: s.m. sollievo
almoçar [*àlmu'sàr*]: v. pranzare
almoço [*àlmosu*]: s.m. pranzo
almofada [*àlmufàda*]: s.f. cuscino
alojamento [*aluჳamentu*]: s.m. alloggio
alto [*àltu*]: agg. e avv. alto
    falar –: parlare ad alta voce
altura [*àltura*]: s.f. altezza
alugar [*alu'gàr*]: v. noleggiare
aluguer [*alu'gèr*]: s.m. noleggio
aluno [*alunu*]: s.m. alunno; allievo
alvo [*àlvu*]: 1 s.m. bersaglio
    2 agg. bianco
amabilidade [*amabilidàde*]: s.f. gentilezza
amanhã [*àma'ŋã*]: avv. domani
amar [*a'màr*]: v. amare
amarelo [*amarèlu*]: agg. giallo
amargo [*amàrgu*]: agg. amaro
amável [*amàvèl*]: agg. gentile
ambiente [*ãbiente*]: s.m. ambiente
ambos [*ãbuʃ*]: pron. pl. entrambi
ambulância [*ãbu'lãsia*]: s.f. ambulanza
ameaçar [*amia'sàr*]: v. minacciare
amêijoa [*a'maiჳua*]: s.f. vongola
ameixa [*amaiʃa*]: s.f. prugna
amêndoa [*a'mendua*]: s.f. mandorla
amendoim [*amendu'im*]: s.m. arachide
americano [*amerikanu*]: agg. e s.m. americano
amiga/o [*amiga/u*]: s.f./m. amica/o
amigdalite [*amigdalite*]: s.f. tonsillite
amizade [*amizàde*]: s.f. amicizia
amor [*a'mor*]: s.m. amore
amplo [*ãplu*]: agg. ampio
analgésico [*anàl'ჳèziku*]: agg. e s.m. analgesico, antidolorifico
anchova [*ãʃova*]: s.f. acciuga
andar [*ã'dàr*]: v. 1 v. camminare
    2 **– a cavalo, de bicicleta, de patins, de moto**: andare a cavallo, in bicicletta ecc.
    3 s.m. appartamento
    4 s.m. piano
andebol [*ãde'bòl*]: s.m. pallamano

anedota [*anedòta*]: s.f. barzelletta
anel [*a'nèl*]: s.m. annello
animal [*ani'màl*]: s.m. animale
aniversário [*aniver'sàriu*]: s.m. anniversario, compleanno
ano [*anu*]: s.m. anno
anoitecer [*anoite'sér*]: v. farsi sera; farsi notte
antecipar [*ãtesi'pàr*]: v. anticipare
anteontem [*ãtiōtãi*]: avv. l'altro ieri
anterior [*ãteri'or*]: agg. anteriore
antes [*ãteʃ*]: avv. 1 prima
    2 piuttosto
    3 invece
antialérgico [*ãtia'lèrჳiku*]: agg. e s.m. antiallergico
antibiótico [*ãtibi'òtiku*]: agg. e s.m. antibiotico
anticoncepcional [*ãtikōsèsiu'nàl*]: agg. e s.m. contraccettivo
antifurto [*ãtifurtu*]: s.m. antifurto
antigamente [*ãtigamente*]: avv. una volta
antigo [*ãtigu*]: agg. antico, vecchio
antigripal [*ãtigri'pàl*]: agg. e s.m. antinfluenzale
antiguidade [*ãtiguidàde*]: s.f. antichità
anunciar [*anunsi'àr*]: v. annunciare
anúncio [*a'nunsiu*]: s.m. annuncio; pubblicità
aonde [*aóde*]: avv. dove
apagar [*apa'gàr*]: v. 1 cancellare
    2 spegnere
apaixonar-se [*apàiʃunàrse*]: v.r. innamorarsi
apanhar [*apa'ŋàr*]: v. prendere
    1 **– o autocarro, o comboio**: prendere l'autobus, il treno
    2 **– uma flor**: cogliere
    3 **– boleia**: prendere un passaggio; fare l'autostop
aparecer [*apare'sér*]: v. apparire
apartamento [*apartamentu*]: s.m. appartamento
apelido [*apelidu*]: s.m. cognome
apenas [*apénaʃ*]: 1 avv. appena, soltanto
    2 cong. appena; subito che
aperceber-se [*apersebérse*]: v. accorgersi; rendersi conto
aperitivo [*aperitivu*]: s.m. aperitivo
apertar [*aper'tàr*]: v. stringere
    1 **– a mão**, stringere la mano
    2 **– o casaco**, abbottonare la giacca
    3 **– o cinto de segurança**, allacciare la giacca
apesar (de) [*ape'zàr*]: loc. prep. nonostante; sebbene
apetecer [*apete'sér*]: v. avere voglia
apetite [*apetite*]: s.m. appetito
apontamento [*apōtamentu*]: s.m. appunto
apreciar [*apresi'àr*]: v. apprezzare
aprender [*apren'dér*]: v. imparare
apresentar [*aprezen'tàr*]: v. presentare; far conoscere
aproveitar [*apruvai'tàr*]: v. approfittare
aproximar-se [*apròsimàrse*]: v.r. avvicinarsi
aquecer [*akè'sér*]: v. scaldare; riscaldare
aquele [*akéle*]: agg. e pron. dem. quello
aqui [*a'ki*]: avv. qui, qua
aquilo [*akilu*]: pron. dem. ciò
ar [*àr*]: s.m. aria
árabe [*'àrabe*]: agg. e s.m. arabo
aranha [*araŋa*]: s.f. ragno

arder [ar'dér]: v. bruciare
ardor [ar'dor]: s.m. bruciore
areia [araia]: s.f. sabbia
armadilha [àrmadiλa]: s.f. trappola
armário [ar'màriu]: s.m. armadio
armazém [àrma'zãi]: s.m. magazzino
arquitecto [arkitètu]: s.m. architetto
arranjar [aRã'ʒàr]: v. 1 aggiustare
  2 – emprego: trovarsi un lavoro 3 trovare
arredores [aRedòreʃ]: s.m. pl. dintorni
arrefecer [aRefè'sér]: v. raffreddare
arrendar [aRen'dàr]: v. affittare
arrepender-se [aRependérse]: v.r. pentirsi
arroz [a'Roʃ]: s.m. riso
arrumar [aRu'màr]: v. sistemare; mettere in ordine
artesanato [artezanàtu]: s.m. artigianato
artigo [artigu]: s.m. articolo
árvore ['àrvure]: s.f. albero
aspirador [aʃpira'dor]: s.m. aspirapolvere
assado [asàdu]: agg. e s.m. arrosto
assegurar [asegu'ràr]: v. assicurare
assemelhar-se [asemeλàrse]: v.r. assomigliarsi
assim [a'sim]: 1 avv. così
  2 loc. cong. – que, non appena
assinar [asi'nàr]: v. firmare
até [a'tè]: 1 prep. fino a
  2 avv. perfino; addirittura
atenção [aten'sãu]: s.f. attenzione
atender [aten'dér]: v. 1 ascoltare
  2 servire (un cliente) 3- o telefone, rispondere al telefono
aterragem [ateRàʒãi]: s.f. atterraggio
aterrar [ate'Ràr]: v. atterrare
atirar [ati'ràr]: v. 1– uma pedra, gettare
  2– fora, buttare
  3 sparare v.i.
atitude [atitude]: s.f. atteggiamento; attitudine
atlas [àtlaʃ]: s.m. atlante
atrair [atra'ir]: v. attirare
atrás [a'tràʃ]: avv. dietro; indietro
atrasar [atra'zàr]: v. ritardare
atraso [atràzu]: s.m. ritardo
através [atra'vèʃ]: avv. attraverso
atravessar [atrave'sàr]: v. attraversare
átrio ['àtriu]: s.m. atrio, vestibolo
atum [a'tum]: s.m. tonno
aula [àula]: s.f. lezione
auscultadores [àuʃkultadoreʃ]: s.m. pl. cuffia
autocarro [àutòkàRu]: s.m. autobus
auto-estrada [àutòʃtràda]: s.f. autostrada
automóvel [àutumòvèl]: s.m. automobile, macchina
autorização [auturiza'sãu]: s.f. autorizzazione; permesso
autorizar [àuturi'zàr]: v. autorizzare; permettere
avaria [avaria]: s.f. avaria, guasto
ave [àve]: s.f. uccello
avelã [ave'lã]: s.f. nocciola
avenida [avenida]: s.f. viale
avental [aven'tàl]: s.m. grembiule
avião [avi'ãu]: s.m. aereo
avisar [avi'zàr]: v. avvisare
avô [a'vo]: s.m. nonno
avó [a'vò]: s.f. nonna
azeite [azaite]: s.m. olio d'oliva

azeitona [azaitona]: s.f. oliva
azul [a'zul]: agg. azzurro; blu

B

bacalhau [baka'λàu]: s.m. baccalà; merluzzo
bagagem [bagàʒãi]: s.f. bagaglio
baía [ba'ia]: s.f. baia
baile [bàile]: s.m. ballo
bairro [bàiRu]: s.m. quartiere
baixar [bài'ʃàr]: v.t. abbassare; v.i. calare, scendere
baixo [bàiʃu]: 1 agg. um homem –: piccolo, basso
  2 avv. falar –: a voce bassa
balcão [bàl'kãu]: s.m. banco
banana [banana]: s.f. banana
banco [bàku]: s.m. 1 sedile; panchina; 2 banca
bandeja [bãdaiʒa]: s.f. vassoio
banheira [baɲaira]: s.f. vasca da bagno
banho [baɲu]: s.m. 1 bagno
  2 casa de –: bagno
  3 tomar –: fare il bagno
baptizado [bàtizàdu]: s.m. battesimo
barato [baràtu]: agg. a buon mercato
barba [bàrba]: s.f. barba
barbear-se [barbiàrse]: v.r. rasarsi
barbeiro [barbairu]: s.m. barbiere
barco [bàrku]: s.m. barca; nave; battello; imbarcazione
barragem [baRàʒãi]: s.f. diga
barreira [baRaira]: s.f. barriera
barriga [baRiga]: s.f. pancia
barulho [baruλu]: s.m. rumore; baccano
basquetebol [bàʃkèt'bòl]: s.m. pallacanestro
bastante [baʃtàte]: avv. abbastanza
batata [batàta]: s.f. patata
bater [ba'tér]: v. 1 battere; picchiare
  2 vincere
batido [batidu]: s.m. frullato
bebedeira [bebedaira]: s.f. sbornia
bêbedo/bêbado ['bébedu]: agg. e s.m. ubriaco
beber [be'bér]: v. bere
bebida [bebida]: s.f. bevanda
beco [béku]: s.m. vicolo
beijar [bai'ʒàr]: v. baciare
beijo [baiʒu]: s.m. bacio
beleza [beléʒa]: s.f. bellezza
bem [bãi]: avv. e s.m. bene
bem-vindo [bãivindu]: agg. benvenuto
beringela [berinʒèla]: s.f. melanzana
biblioteca [bibliutèka]: s.f. biblioteca
bica [bika]: s.f. caffè
bicho [biʃu]: s.m. animale
bicicleta [bisiklèta]: s.f. bicicletta
bife [bife]: s.m. bistecca
bigode [bigòde]: s.m. baffi
bijutaria/bijuteria [biʒutaria]: s.f. bigiotteria
bilhete [beλéte]: s.m. 1 biglietto
  2 – de identidade, carta d'identità
bilheteira [biλetaira]: s.f. biglietteria
bilião [bili'ãu]: s.m. miliardo
blusa [bluza]: s.f. camicetta
boca [boka]: s.f. bocca
bola [bòla]: s.f. palla
bolacha [bulàʃa]: s.f. biscotto

boleia [*bulaia*]: s.f. passaggio; autostop
bolo [*bolu*]: s.m. torta; dolce
bolsa [*bolsa*]: s.f. borsa
bolso [*bolsu*]: s.m. 1 tasca
  2 **livro de –**, libro tascabile
bom / boa [*bõ/boa*]: agg. buono/a
bomba [*bõba*]: s.f. 1 bomba
  2 **– de gasolina**, benzinaio
bombeiro [*bõbairu*]: s.m. vigile del fuoco
boneca [*bunèka*]: s.f. bambola
bonito [*bunitu*]: agg. bello; carino
borboleta [*burbuléta*]: s.f. farfalla
borracha [*buRàʃa*]: s.f. gomma
borrego [*buRégu*]: s.m. agnello
bota [*bòta*]: s.f. stivale
botão [*bu'tãu*]: s.m. bottone
braço [*bràsu*]: s.m. braccio
branco [*brãku*]: s.m. e agg. bianco
brasileiro [*brazilairu*]: agg. e s.m. brasiliano
breve [*brève*]: agg. breve
brincar [*brin'kàr*]: v. 1 giocare
  2 scherzare
brinco [*brinku*]: s.m. orecchino
bronzeador [*brõzia'dor*]: s.m. abbronzante
buraco [*buràku*]: s.m. buco
burro [*buRu*]: s.m. asino
busca [*buʃka*]: s.f. ricerca
buscar [*buʃ'kàr*]: v. prendere; andare in cerca

C

cá [*kà*]: avv. qua; qui
cabeça [*kabésa*]: s.f. testa
cabeleireira/o [*kabelairaira/u*]: s.f./m. parrucchiera/e
cabelo [*kabélu*]: s.m. capello; capelli
caber [*ka'bér*]: v. entrarci
caça [*kàsa*]: s.f. 1 caccia
  2 selvaggina
cachimbo [*kaʃimbu*]: s.m. pipa
cada [*kada*]: agg. indef. 1 ogni
  2 **– um, – qual**, ognuno, ciascuno
cadeado [*kadiàdu*]: s.m. lucchetto
cadeira [*kadaira*]: s.f. sedia
cadela [*kadèla*]: s.f. cagna
caderno [*kadèrnu*]: s.m. quaderno
café [*ka'fè*]: s.m. caffè
cair [*ka'ir*]: v. cadere, cascare
caixa [*kàiʃa*]: s.f. 1 scatola
  2 cassa
  3 **– automática**, bancomat
  4 **– do correio**, cassetta postale
calar [*ka'làr*]: v. tacere
calçado [*kàlsàdu*]: s.m. calzatura
calçar [*kàl'sàr*]: v. calzare
calças [*kàlsaʃ*]: s.f.pl. pantaloni
  – de ganga, blue-jeans
calções [*kàlsõiʃ*]: s.m. pl. pantaloni corti
calculadora [*kàlkuladora*]: s.f. calcolatrice
calcular [*kàlku'làr*]: v. calcolare
caldo [*kàldu*]: s.m. brodo
calor [*ka'lor*]: s.m. caldo

cama [*kama*]: s.f. letto
camarão [*kama'rãu*]: s.m. gambero
cambiar [*kābi'àr*]: v. cambiare
câmbio [*'kābiu*]: s.m. cambio
camião [*kàmi'ãu*]: s.m. autocarro; camion
caminho [*kamiɲu*]: s.m. via
caminho-de-ferro [*kamiɲu de fèRu*]: s.m. ferrovia
camisa [*kamiza*]: s.f. camicia
camisola [*kamizòla*]: s.f. maglia; maglione
campainha [*kãpaiɲa*]: s.f. campanello
campo [*kãpu*]: s.m. campagna
canadiano [*kanadianu*]: agg. e s.m. canadese
canalizador [*kanaliza'dor*]: s.m. idraulico
canção [*kã'sãu*]: s.f. canzone
cancelar [*kãse'làr*]: v. cancellare
candeeiro [*kãdiairu*]: s.m. lampadario
cansaço [*kãsàsu*]: s.m. stanchezza; fatica
cansar [*kã'sàr*]: v. stancare
cansativo [*kãsativu*]: agg. stancante
cantar [*kã'tàr*]: v. cantare
cantina [*kãtina*]: s.f. mensa
cantor/a [*kã'tor*]: s.m./f. cantante
cão [*kãu*]: s.m. cane
cara [*kàra*]: s.f. faccia, viso
caramba [*karàba*]: inter. perbacco
caranguejo [*karãgaiʒu*]: s.m. granchio
carne [*kàrne*]: s.f. carne
caro [*kàru*]: agg. caro; costoso
carregar [*kaRe'gàr*]: v. caricare
carro [*kàRu*]: s.m. macchina; automobile
carta [*kàrta*]: s.f. 1 lettera 2
  – registada: raccomandata
  3 **– de condução**: patente
carteirista [*kartairiʃta*]: s.m. borseggiatore
carteiro [*kartairu*]: s.m. postino
casa [*kàza*]: s.f. casa
  –de banho: bagno
casaco [*kazàku*]: s.m. giacca
casal [*ka'zàl*]: s.m. coppia
casamento [*kazamentu*]: s.m. matrimonio
casar-se [*kazàrse*]: v.r. sposarsi
castanho [*kaʃtaɲu*]: 1 agg. castano; marrone
  2 s.m. castagno
castelo [*kaʃtèlu*]: s.m. castello
catedral [*kate'dràl*]: s.f. duomo
catorze [*katorze*]: agg. num. card. e s.m. quattordici
cavalo [*kavàlu*]: s.m. cavallo
cebola [*sebola*]: s.f. cipolla
cedo [*sédu*]: avv. presto
cem [*sãi*]: agg. num. card. e s.m. cento
cena [*séna*]: s.f. scena
cenoura [*senora*]: s.f. carota
central [*sen'tràl*]: agg. e s.f. centrale
centro [*sentru*]: s.m. centro
cereja [*seraiʒa*]: s.f. ciliegia
certo [*sèrtu*]: agg. giusto
cerveja [*servaiʒa*]: s.f. birra
cervejaria [*serveʒaria*]: s.f. birreria
céu [*sèu*]: s.m. cielo
chá [*ʃà*]: s.m. tè; infusione
chamar [*ʃa'màr*]: v. chiamare; v.r. chiamarsi
champô [*ʃã'po*]: s.m. shampoo
chão [*ʃãu*]: s.m. pavimento
chapéu [*ʃa'pèu*]: s.m. cappello

– **de-chuva**, ombrello
charuto [ʃarutu]: s.m. sigaro
chato [ʃàtu]: agg. **1** piatto; piano
2 (colloq.) noioso
chave [ʃàve]: s.f. chiave
chávena ['ʃàvena]: s.f. tazza
chefe [ʃèfe]: s.m. capo
– **de estação**, capo stazione
chegada [ʃegàda]: s.f. arrivo
chegar [ʃe'gàr]: v. **1** arrivare; giungere
2 bastare
cheio [ʃaiu]: agg. pieno
cheirar [ʃai'ràr]: v. annusare; odorare
cheiro [ʃairu]: s.m. odore; profumo
cheque [ʃèke]: s.m. assegno
chinês [ʃi'néʃ]: agg. e s.m. cinese
chocolate [ʃukulàte]: s.m. cioccolata
choque [ʃòke]: s.m. **1** scontro (autom.)
2 choc
chorar [ʃu'ràr]: v. piangere
chouriço [ʃorisu]: s.m. salame; salsiccia
chover [ʃu'vér]: v. piovere
chumbo [ʃumbu]: s.m. piombo
chuva [ʃuva]: s.f. pioggia
chuveiro [ʃuvairu]: s.m. doccia
cidadão [sida'dãu]: s.m. cittadino
cidade [sidàde]: s.f. città
ciência [si'ensia]: s.f. scienza
cientista [sientiʃta]: s.m./f. scienziato/a
cigarro [sigàRu]: s.m. sigaretta
cima [sima]: loc. avv. **em –**, su
cimo [simu]: s.m. cima
cinco [sinku]: agg. num. card. cinque
cinema [sinéma]: s.m. cinema
cinquenta [sinkuenta]: agg. num. card. cinquanta
cinto [sintu]: s.m. cintura
cinzeiro [sinzairu]: s.m. portacenere
cinzento [sinzentu]: agg. grigio
cirurgião [sirurʒi'ãu]: s.m. chirurgo
citrinos [sitrinuʃ]: s.m.pl. agrumi
ciúme [siume]: s.m. gelosia
ciumento [siumentu]: agg. geloso
claro [klàru]: **1** agg. e avv. chiaro
2 inter. certo
cliente [kliente]: s.m. e f. cliente
clima [klima]: s.m. clima
cobertor [kuber'tor]: s.m. coperta
cobra [kòbra]: s.f. serpente
cobrar [ku'bràr]: v. incassare
cobrir [ku'brir]: v. coprire
código ['kòdigu]: s.m. codice
– **postal**, codice postale
coelho [kuaλu]: s.m. coniglio
coentros [kuentruʃ]: s.m. pl. coriandoli
cogumelo [kugumèlu]: s.m. fungo
coincidência [kuinsi'densia]: s.f. coincidenza
coisa [koiza]: s.f. cosa
colar [ku'làr]: **1** v. incollare, appiccicare, attaccare
2 s.m. collana
colchão [kol'ʃãu]: s.m. materasso
colher [ku'λér]: **1** v. cogliere; raccogliere
2 s.f. cucchiaio
colina [kulina]: s.f. collina
colocar [kulu'kàr]: v. porre

com [kõ]: prep. con
combate [kõbàte]: s.m. scontro
combinar [kõbi'nàr]: v. mettersi d'accordo; fissare un incontro
comboio [kõbòiu]: s.m. treno
começar [kume'sàr]: v. cominciare
comer [ku'mér]: v. mangiare
comichão [kumi'ʃãu]: s.f. prurito; pizzicore
comida [kumida]: s.f. cibo
como [komu]: **1** avv. come
2 cong. siccome; poiché
cómoda ['kòmuda]: s.f. cassettone
cómodo ['kòmudu]: agg. comodo
comparar [kõpa'ràr]: v. paragonare; confrontare
compota [kõpòta]: s.f. marmellata
compra [kõpra]: s.f. acquisto; spesa
comprar [kõ'pràr]: v. comprare
compreender [kõprien'dér]: v. capire
comprido [kõpridu]: agg. lungo
comprimido [kõprimidu]: s.m. compressa
computador [kõputa'dor]: s.m. computer
concerto [kõsértu]: s.m. concerto
concordar [kõkur'dàr]: v.t. concordare; v.i. essere d'accordo
condutor [kõdu'tor]: s.m. conducente; autista
conduzir [kõdu'zir]: v. condurre; guidare
confiança [kõfiansa]: s.f. fiducia
confiar [kõfi'àr]: v. fidarsi
confirmação [kõfirma'sãu]: s.f. conferma
confirmar [kõfir'màr]: v. confermare
congelador [kõʒela'dor]: s.m. freezer
conhecer [kuɲe'sér]: v. conoscere
conjugação [kõʒuga'sãu]: s.f. coniugazione
conjunto [kõʒuntu]: s.m. insieme
conseguir [kõse'gir]: v. riuscire
constipação [kõʃtipa'sãu]: s.f. raffreddore
constipar-se [kõʃtipàrse]: v.r. raffreddarsi; prendere un raffreddore
construir [kõʃtru'ir]: v. costruire
consulta [kõsulta]: s.f. visita
consultório [kõsul'tòriu]: s.m. ambulatorio
consumir [kõsu'mir]: v. consumare
conta [kõta]: s.f. conto
contabilista [kõtabiliʃta]: s.m. e f. ragioniere
contar [kõ'tàr]: **1** v.i. contare **2** v.t. raccontare
contente [kõtente]: agg. contento
conter [kõ'tér]: v. contenere
continuar [kõtinu'àr]: v. continuare
conto [kõtu]: s.m. novella; racconto
contra [kõtra]: avv. e prep. contro
contratempo [kõtratempu]: s.m. contrattempo
controlar [kõtru'làr]: v. controllare
contudo [kõtudu]: cong. tuttavia; però
convencer [kõven'sér]: v. convincere
conversar [kõver'sàr]: v. parlare
convidar [kõvi'dàr]: v. invitare
convite [kõvite]: s.m. invito
copo [kòpu]: s.m. bicchiere
cor [kor]: **1** s.f. colore
2 de [de kor]**–**: loc. avv. a memoria
coração [kura'sãu]: s.m. cuore
corpo [korpu]: s.m. corpo
correcto [kuRètu]: agg. corretto
correio [kuRaiu]: s.m. posta

correr [*ku'Rér*]: v. correre
cortar [*kur'tàr*]: v. tagliare
corte [*kòrte*]: s.m. taglio
cortina [*kurtina*]: s.f. tenda
coser [*ku'zér*]: v. cucire
costa [*kòʃta*]: s.f. costa
costas [*kòʃtaʃ*]: s.f. pl. **1** schiena
  2 (de uma cadeira) schienale
costumar [*kuʃtu'màr*]: v. essere solito; avere l'abitudine
costume [*kuʃtume*]: s.m. abitudine; usanza
costureira [*kuʃturaira*]: s.f. sarta
cotovelo [*kutuvélu*]: s.m. gomito
couve [*kove*]: s.f. cavolo;
couve-flor [*kove flor*]: s.f. cavolfiore
cozer [*ku'zér*]: v. lessare
cozido [*kuzidu*]: **1** agg. cotto
  2 s.m. bollito
cozinha [*kuziŋa*]: s.f. cucina
cozinhar [*kuzi'ŋàr*]: v. cucinare
cozinheira/o [*kuziŋaira/u*]: s.f./m. cuoca/o
creme [*krème*]: s.m. crema
  – **hidratante**: crema idratante
crescer [*kreʃ'sér*]: v. crescere
criança [*kriãsa*]: s.f. bambino; bambina
cru [*kru*]: agg. crudo
cruz [*kruʃ*]: s.f. croce
cruzamento [*kruzamentu*]: s.m. incrocio
cuecas [*kuèkaʃ*]: s.f. pl. mutande
cuidado [*kuidàdu*]: **1** s.m. attenzione
  2 inter. attenzione!
cujo [*kuʒu*]: pron.rel. il cui
cumprimentar [*kumprimen'tàr*]: v. salutare
cunhado/a [*kuŋàdu/a*]: s.m./f. cognato/a
curar [*ku'ràr*]: v. guarire
curso [*kursu*]: s.m. corso
curva [*kurva*]: s.f. curva; svolta
custar [*kuʃ'tàr*]: **1** v.t. costare
  2 v.i. far fatica

D

dançar [*dã'sàr*]: v. ballare
dantes [*dāteʃ*]: avv. prima; un tempo
dar [*dàr*]: v. dare
data [*dàta*]: s.f. **1** data; **2** mucchio; sacco
de [*de*]: prep. da, di
debaixo [*debàiʃu*]: avv. sotto; giù
debruçar-se [*debrusàrse*]: v.r. affacciarsi
decidir [*desi'dir*]: v. decidere
declarar [*dekla'ràr*]: v. dichiarare
decoração [*dekura'sãu*]: s.f. arredamento
decorar [*deku'ràr*]: **1** v.t. arredare
  2 v.i. imparare a memoria
dedo [*dédu*]: s.m. dito
defeituoso [*defaituozu*]: agg. difettoso
definir [*defe'nir*]: v. definire
degrau [*de'gràu*]: s.m. gradino
deitar [*dai'tàr*]: v. **1** – **fora**, buttare
  2 v.t. versare
  3 v.t. coricare; sdraiare;
  4 v.r. coricarsi; sdraiarsi
deitar-se [*daitàrse*]: coricarsi; sdraiarsi

deixar [*dai'fàr*]: v. **1** lasciare
  2 abbandonare
  3 smettere
demais [*de'màiʃ*]: avv. troppo; eccessivamente
demasiado [*demaziàdu*]: agg. e pron. troppo; eccessivo
demorar-se [*demuràrse*]: v.r. tardare
denso [*densu*]: agg. denso
dente [*dente*]: s.m. dente
dentista [*dentiʃta*]: s.m. dentista
dentro [*dentru*]: prep. dentro, fra, tra
denúncia [*de'nunsia*]: s.f. denuncia
denunciar [*denunsi'àr*]: v. denunciare
depois [*de'poiʃ*]: avv. dopo; poi
depósito [*de'pòzitu*]: s.m. deposito
depressa [*deprèsa*]: avv. in fretta; subito
derreter [*deRe'tér*]: v. sciogliere
derrota [*deRòta*]: s.f. sconfitta
derrotar [*deRu'tàr*]: v. sconfiggere
desabafar [*dezaba'fàr*]: v.t. e i. sfogare; sfogarsi
desafiar [*dezafi'àr*]: v. sfidare
desagradável [*dezagradàvèl*]: agg. spiacevole
desaparecer [*dezapare'sér*]: v. sparire
desaparecimento [*dezaparesimentu*]: s.m. scomparsa
descalçar [*deʃkàl'sàr*]: v. scalzare; togliere le scarpe
descansar [*deʃkã'sàr*]: v. riposare; riposarsi
descer [*deʃ'sér*]: v. scendere; calare
descida [*deʃsida*]: s.f. discesa; calo
descobrimento [*deʃkubrimentu*]: s.m. scoperta
descolar [*deʃku'làr*]: v.t. scollare;
  v.i. decollare
desconfiar [*deʃkõfi'àr*]: **1** v.t. supporre; aver l'impressione; **2** v.i. diffidare; sospettare
descongelar [*deʃkõʒe'làr*]: v. scongelare
desconhecido [*deʃkuŋesidu*]: s.m. e agg. sconosciuto
descontar [*deʃkõ'tàr*]: v. scontare
desconto [*deʃkõtu*]: s.m. sconto
desculpa [*deʃkulpa*]: s.f. scusa
desculpar [*deʃkul'pàr*]: v. scusare
desde [*déʒde*]: **1** prep. da; fin da
  2 loc. cong. –**que**, da quando
desejar [*deze'ʒàr*]: v. desiderare; volere
desejo [*dezaiʒu*]: s.m. **1** desiderio
  2 pl. augurio
desembarque [*dezembàrke*]: s.m. sbarco
desempate [*dezempàte*]: s.m. spareggio
desempregado [*dezempregàdu*]: agg. e s.m. disoccupato
desemprego [*dezemprégu*]: s.m. disoccupazione
desenhar [*deze'ŋàr*]: v. disegnare
desenvolver [*dezenvòl'vér*]: v. sviluppare
desesperar [*dezeʃpe'ràr*]: v. disperare
desfazer [*deʃfa'zér*]: v. disfare
desfrutar [*deʃfru'tàr*]: v. godere
desinfectante [*dezinfètàte*]: s.m. disinfettante
desistir [*dezeʃ'tir*]: v. desistere
deslumbrante [*deʃlumbràte*]: agg. abbagliante
desmaiar [*deʒmai'àr*]: v. svenire
desobedecer [*dezòbede'sér*]: v. disubbidire
desodorizante [*dezòdurizàte*]: s.m. e agg. deodorante

desonesto [dezonèʃtu]: agg. disonesto
desordem [dezòrdãi]: s.f. disordine
despachar-se [deʃpaʃàrse]: v.r. sbrigarsi
despedir [deʃpe'dir]: **1** v.t. licenziare
2 v.r. congedarsi
despejar [deʃpe'ʒàr]: v. svuotare
despertador [deʃperta'dor]: s.m. sveglia
despir [deʃ'pir]: v.t. spogliare; svestire; v.r. spogliarsi
desporto [deʃportu]: s.m. sport
desvantagem [deʒvãtàʒãi]: s.f. svantaggio
desvio [deʒviu]: s.m. deviazione
detergente [deterʒente]: s.m.detersivo
devagar [deva'gàr]: avv. piano; adagio
dever [de'vér]: v. e s.m. dovere
devolver [devòl'vér]: v. rendere; restituire
dez [dèʃ]: agg. num. card. e s.m.e f. dieci
dezanove [dezanòve]: agg. num. card. e s.m.e f. dicianove
dezasseis [dezasaiʃ]: agg. num. card. e s.m.e f. sedici
dezassete [dezasète]: agg. num. card. e s.m.e f. diciassette
Dezembro [dezembru]: s.m. dicembre
dezena [dezéna]: s.f. decina
dezoito [dezòitu]: agg. num. card. e s.m.e f. diciotto
dia [dia]: s.m. giornata; giorno
diabo [diàbu]: s.m.diavolo
diálogo [di'àlugu]: s.m. dialogo
diapositivo [diapuzitivu]: s.m. diapositiva
diária [di'ària]: s.f. spesa giornaliera; costo giornaliero
diário [di'àriu]: **1** agg.quotidiano; giornaliero
2 s.m. giornale
dicionário [disiu'nàriu]: s.m. vocabolario; dizionario
diferença [diferensa]: s.f. differenza
diferente [diferente]: agg. differente; diverso
difícil [difisil]: agg. difficile
dificuldade [difikuldàde]: s.f. difficoltà
digestivo [diʒeʃtivu]: agg. e s.m. digestivo
dinamarquês [dinamar'kéʃ]: agg. e s.m. danese
dinheiro [diɲairu]: s.m. denaro; soldi
direcção [dirè'sãu]: s.f. **1** direzione
2 indirizzo
directo [dirètu]: agg. diretto
director [dirè'tor]: s.m. direttore
direita [diraita]: **1** s.f. destra
2 avv. à –, a destra
direito [diraitu]: **1** s.m. diritto
2 agg. diritto, destro
3 avv. dritto
disco [diʃku]: s.m. disco
discordar [diʃkur'dàr]: v. discordare
discoteca [diʃkutèka]: s.f. **1** discoteca
2 negozio di dischi
discutir [diʃku'tir]: v. discutere
disposição [diʃpuzi'sãu]: s.f. provvedimento
distância [diʃ'tãsia]: s.f. distanza
distante [diʃtãte]: agg. distante; lontano
distinguir [diʃtin'gir]: v. distinguere
diurno [diurnu]: agg. diurno
diversão [diver'sãu]: s.f. divertimento
divertido [divertidu]: agg. divertente

divertir-se [divertirse]: v.r. divertirsi; svagarsi
dívida ['divida]: s.f. debito
divisa [deviza]: s.f. valuta
divórcio [di'vòrsiu]: s.m. divorzio
dizer [di'zér]: v. dire
doar [du'àr]: v. donare
dobrar [du'bràr]: v. **1** piegare
2 raddoppiare
dobro [dobru]: s.m. doppio
doce [dose]: **1** agg. dolce
2 s.m. dolce; dolciume
doença [duensa]: s.f. malattia
doente [duente]: agg. malato; ammalato
doer [du'ér]: v. far male
dois [doiʃ]: agg. num. card. e s.m. due
dólar [dòlàr]: s.m. dollaro
domingo [dumingu]: s.m. domenica
dona [dona]: s.f. **1** padrona; proprietaria
2 signora
3 – de casa, casalinga
donde [dõde]: avv. dove; da cui
dor [dor]: s.f. dolore
– de cabeça, mal di testa
dormir [dur'mir]: v. dormire
doze [doze]: agg. num. card. e s.m. e f. dodici
drogaria [drugaria]: s.f. negozio di articoli chemico-farmaceutici e di articoli casalinghi
duas [duaʃ]: agg. num. card. e s. f. due
duche [duʃe]: s.m. doccia
duração [dura'sãu]: s.f. durata
durante [durãte]: prep. durante
duro [duru]: agg. duro
dúvida ['duvida]: s.f. dubbio
duvidar [duvi'dàr]: v. dubitare
dúzia ['duzia]: s.f. dozzina

E

e [i]: cong. e
edifício [ide'fisiu]: s.m. edificio
edredão [idre'dãu]: s.m. piumino
educar [idu'kàr]: v. educare
efeito [ifaitu]: s.m. effetto
efervescente [iferveʃsente]: agg. effervescente
eficaz, eficiente [ifi'kàʃ, ifesiente]: agg. efficace
egípcio [i'ʒipsiu]: agg. e s.m. egiziano
ela [èla]: pron.pes. f. lei; essa
ele [éle]: pron. pes. m. egli; lui; esso
electricidade [ilètresidàde]: s.f. elettricità
electricista [ilètresiʃta]: s.m. e f. elettricista
eléctrico [i'lètriku]: **1** agg. elettrico
2 s.m. tram
elegância [ile'gàsia]: s.f. eleganza
eleição [ilai'sãu]: s.f. elezione
elementar [ilemen'tàr]: agg. elementare
elevador [ileva'dor]: s.m. ascensore
eliminar [ilemi'nàr]: v. eliminare
em [ãi]: prep. in; su
emagrecer [imagre'sér]: v. dimagrire
embaixada [embài'fàda]: s.f. ambasciata
embora [embòra]: **1** cong. benché; sebbene
2 avv. via
embriagado [embriagàdu]: agg. ubriaco

ementa [*imenta*]: s.f. menu
emergência [*imer'ʒensia*]: s.f. emergenza
empatar [*empa'tàr*]: v. pareggiare
empregado [*empregàdu*]: s.m. 1 – de mesa, cameriere
2 – de balcão, commesso
emprego [*emprégu*]: s.m. posto; lavoro
empresa [*empréza*]: s.f. azienda
empresário [*empre'zàriu*]: s.m. imprenditore
emprestar [*empreʃ'tàr*]: v. prestare
empréstimo [*em'prèʃtimu*]: (banc.) s.m. mutuo
empurrar [*empu'Ràr*]: v. spingere
encarnado [*enkarnàdu*]: agg. rosso
enchidos [*enʃiduʃ*]: s.m. pl. insaccati; salumi
encomendar [*enkumen'dàr*]: v. ordinare
encontrar [*enkõ'tràr*]: v. trovare; incontrare
encontro [*enkõtru*]: s.m. 1 appuntamento
2 incontro
encosta [*enkòʃta*]: s.f. versante; pendio
enevoado [*inevuàdu*]: agg. annuvolato
enfermeiro [*enfermairu*]: s.m. infermiere
enfim [*en'fim*]: avv. insomma
enganar-se [*enganàrse*]: v.r. sbagliarsi
engarrafamento [*engaRafamentu*]: s.m. imbottigliamento
engenheiro [*enʒeɲairu*]: s.m. ingegnere
engolir [*engu'lir*]: v. inghiottire; mandare giù
engordar [*engur'dàr*]: v. ingrassare
enjoo [*enʒou*]: s.m. nausea; mal di mare
enlouquecer [*enloke'sér*]: v. impazzire
enquanto [*enkuàtu*]: 1 cong. mentre
2 por –, per ora; intanto
ensaio [*ensàiu*]: s.m. 1 saggio; 2 prova
ensinar [*ensi'nàr*]: v. insegnare
entanto [*entàtu*]: 1 avv. intanto; frattanto
2 no – loc., intanto; frattanto; tuttavia; però
então [*en'tãu*]: avv. allora; dunque
entender [*enten'dér*]: v. capire
enterrar [*ente'Ràr*]: v. seppellire; sotterrare
enterro [*entéRu*]: s.m. funerale
entrada [*entràda*]: s.f. 1 ingresso
2 antipasto
entrar [*en'tràr*]: v. entrare
entre [*entre*]: prep. fra; tra
entrega [*entrèga*]: s.f. consegna
entregar [*entre'gàr*]: v. consegnare
entretanto [*entretàtu*]: avv. nel frattempo
entrevista [*entreviʃta*]: s.f. 1 intervista
2 colloquio
envelope [*envelòpe*]: s.m. busta
enviar [*envi'àr*]: v. spedire
equipa [*ikipa*]: s.f. squadra
equipamento [*ikipamentu*]: s.m. attrezzatura
equívoco [*i'kivuku*]: s.m. malinteso; errore
errado [*iRàdu*]: agg. sbagliato
erro [*éRu*]: s.m. errore; sbaglio
ervilha [*irviλa*]: s.f. pisello
escada [*ʃkàda*]: s.f. scala
escala [*ʃkàla*]: s.f. scalo
escasso [*ʃkàsu*]: agg. scarso
esclarecimento [*ʃklaresimentu*]: s.m. chiarimento
escola [*ʃkòla*]: s.f. scuola
escolha [*ʃkoλa*]: s.f. scelta
escolher [*ʃku'λér*]: v. scegliere

esconder [*ʃkõ'dér*]: v. nascondere
escorrer [*ʃku'Rér*]: v. scolare
escova [*ʃkova*]: s.f. spazzola
– de dentes, spazzolino
escrever [*ʃkre'vér*]: v. scrivere
escritor [*ʃkri'tor*]: s.m. scrittore
escritório [*ʃkri'tòriu*]: s.m. ufficio
escultor [*ʃkul'tor*]: s.m. scultore
escultura [*ʃkultura*]: s.f. scultura
escuridão [*ʃkuri'dãu*]: s.f. buio
escuro [*ʃkuru*]: 1 agg. scuro
2 s.m. buio
escutar [*ʃku'tàr*]: v. ascoltare
esferográfica [*ʃferò'gràfika*]: s.f. biro
esgotado [*ʃgutàdu*]: agg. 1 esausto; 2 esaurito
espaço [*ʃpàsu*]: s.m. spazio
espanhol [*ʃpa'ɲòl*]: agg.e s.m. spagnolo
espantado [*ʃpãtàdu*]: agg. 1 meravigliato
2 spaventato; impaurito
espargo [*ʃpàrgu*]: s.m. asparago
esparguete [*ʃpàrgète*]: s.m. spaghetto/spaghetti
especial [*ʃpesi'àl*]: agg. speciale
especialidade [*ʃpesialidàde*]: s.f. specialità
especiaria [*ʃpesiaria*]: s.f. spezie
espectáculo [*ʃpè'tàkulu*]: s.m. spettacolo
espelho [*ʃpaλu*]: s.m. specchio
espera [*ʃpèra*]: s.f. attesa
esperar [*ʃpe'ràr*]: v. aspettare; attendere
esperto [*ʃpèrtu*]: agg. sveglio; furbo
espesso [*ʃpésu*]: agg. denso; spesso
espião [*ʃpi'ãu*]: s.m. spia
espinafre [*ʃpinàfre*]: s.m. spinacio
espingarda [*ʃpingàrda*]: s.f. fucile
espirrar [*ʃpi'Ràr*]: v. starnutire
esplanada [*ʃplanàda*]: s.f. piazzale
esponja [*ʃpõʒa*]: s.f. spugna
esposa [*ʃpoza*]: s.f. moglie
esquadra [*ʃkuàdra*]: s.f. – de polícia, posto di polizia
esquecer [*ʃkè'sér*]: v. dimenticare
esquerda [*ʃkérda*]: 1 s.f. sinistra; 2 loc. avv. à –, a sinistra
esqui [*ʃki*]: s.m. sci
esquiar [*ʃki'àr*]: v. sciare
esquina [*ʃkina*]: s.f. angolo
esse, essa [*ése, èsa*]: agg. e pron. dim. m. e f. codesto, codesta
estabelecer [*ʃtabele'sér*]: v. stabilire
estação [*ʃta'sãu*]: s.f. 1 stazione
2 stagione
estacionamento [*ʃtasiunamentu*]: s.m. parcheggio
estacionar [*ʃtasiu'nàr*]: v. parcheggiare
estadia [*ʃtadia*]: s.f. soggiorno
estádio [*ʃ'tàdiu*]: s.m. stadio
estar [*ʃ'tàr*]: v. essere; stare
estátua [*ʃ'tàtua*]: s.f. statua
este, esta [*éʃte, èʃta*]: agg. e pron. dim. m. e f. questo, questa
esticar [*ʃti'kàr*]: v. tendere; stendere
estômago [*ʃ'tomagu*]: s.m. stomaco
estrada [*ʃtràda*]: s.f. strada
estragado [*ʃtragàdu*]: agg. guasto
estrangeiro [*ʃtrãʒairu*]: 1 s.m. straniero
2 agg. straniero; estero

estranho [ʃtraɲu]: **1** agg. strano
  2 s.m. estraneo
estreia [ʃtraia]: s.f. esordio
estreito [ʃtraitu]: agg. stretto
estudante [ʃtudāte]: s.m. e f. studente; studentessa
estudantil [ʃtudā'til]: agg. studentesco
estudar [ʃtu'dàr]: v. studiare
estufado [ʃtufàdu]: agg. e s.m. stufato
europeu [éuru'péu]: agg. e s.m. europeo
evitar [ivi'tàr]: v. evitare
exacto [izàtu]: agg. esatto
exagerar [izaʒe'ràr]: v. esagerare
exagero [izaʒéru]: s.m. esagerazione
exame [izame]: s.m. esame
exaustivo [izauʃtivu]: agg. esauriente
excelente [eʃselente]: agg. eccellente
excepto [eʃsètu]: prep. tranne
excluir [eʃklu'ir]: v. escludere
excursão [eʃkur'sāu]: s.f. gita
exemplo [izemplu]: s.m. esempio
exercício [izer'sisiu]: s.m. esercizio
exigência [ize'ʒensia]: s.f. esigenza
exigir [ize'ʒir]: v. esigere
êxito ['aizitu]: s.m. riuscita; esito
explicar [aiʃpli'kàr]: v. spiegare
exportar [aiʃpur'tàr]: v. esportare
exposição [aiʃpuzi'sāu]: s.f. mostra
exprimir [aiʃpri'mir]: v. esprimere
exterior [aiʃteri'or]: agg. esterno; esteriore

F

fábrica ['fàbrika]: s.f. fabbrica
faca [fàka]: s.f. coltello
fachada [faʃàda]: s.f. facciata
fácil [fàsil]: agg. facile
facto [fàktu]: s.m. fatto
  de –, infatti
factura [fàtura]: s.f. fattura
faculdade [fakuldàde]: s.f facoltà
falar [fa'làr]: v. parlare
falta [fàlta]: s.f. mancanza
faltar [fàl'tàr]: v. mancare
família [fa'milia]: s.f. famiglia
farinha [fariɲa]: s.f. farina
farmácia [far'màsia]: s.f. farmacia
farol [fa'ròl]: s.m. faro
farto [fàrtu]: agg. estar – de, essere stufo di
fatia [fatia]: s.f. fetta
fato [fàtu]: s.m. abito, vestito
  – **de banho**, costume da bagno
fava [fàva]: s.f. fava
favor [fa'vor]: s.m. favore
  por–, faça –, façam –, per piacere; per favore; prego
fazer [fa'zér]: v. fare
febre [fèbre]: s.f. febbre
fechadura [feʃadura]: s.f. serratura
fechar [fe'ʃàr]: v. chiudere
fecho [faiʃu]: s.m. chiusura
  – **éclair**, cerniera
feijão [fai'ʒāu]: s.m. fagiolo
feijão-verde [fai'ʒāu vérde]: s.m. fagiolino

feio [faiu]: agg. brutto
feira [faira]: s.f. fiera; mercato
felicidade [felisidàde]: s.f. felicità
feliz [fe'liʃ]: agg. felice
felizmente [feliʒmente]: avv. per fortuna
fêmea ['fémia]: s.f. femmina
feminino [femeninu]: agg. e s.m. femminile
feriado [feriàdu]: **1** s.m. giorno festivo
  2 agg. festivo
férias ['fèriaʃ]: s.f. pl. vacanza; vacanze; ferie
ferida [ferida]: s.f. ferita
ferir [fe'rir]: v. ferire
feroz [fe'ròʃ]: agg. feroce
ferro [fèRu]: s.m. ferro
  – **de engomar**, ferro da stiro
fértil [fèrtil]: agg. fertile
ferver [fer'vér]: v. bollire
festa [fèʃta]: s.f. **1** festa
  2 carezza
festejar [feʃte'ʒàr]: v. festeggiare
Fevereiro [feverairu]: s.m. febbraio
fiambre [fiàbre]: s.m. prosciutto cotto
fiança [fiàsa]: s.f. cauzione
ficar [fi'kàr]: v. **1** rimanere; restare
  2 – **doente**, ammalarsi
ficha [fiʃa]: s.f. **1** scheda
  2 gettone
fígado ['fígadu]: s.m. fegato
figo [figu]: s.m. fico
filha/o [fiλa/u]: s.f. figlia; figlio
filme [filme]: s.m. film
fim [fim]: **1** s.m. fine
  2 s.m. scopo
  3 a – **de**, loc. cong. affinché
fim-de-semana [fim de semana]: s.m. fine settimana
fingir [fin'ʒir]: v. fingere; far finta
firma [firma]: s.f. ditta; azienda
fixo [fiksu]: agg. fisso
flor [flor]: s.f. fiore
floresta [flurèʃta]: s.f. foresta
florista [fluriʃta]: s.m. e f. fioraio
flutuar [flutu'àr]: v. galleggiare
fogo [fogu]: s.m. fuoco
folha [foλa]: s.f. **1** foglia
  2 foglio
folheto [fuλétu]: s.m. opuscolo
fome [fome]: s.f. fame
fonte [fōte]: s.f. **1** fontana
  2 sorgente
fora [fòra]: avv. e prep. fuori
força [forsa]: s.f. forza
fornecer [furne'sér]: v. fornire
forno [fornu]: s.m. forno
fortalecer [furtale'sér]: v. rinforzare
forte [fòrte]: agg. forte
fortuna [furtuna]: s.f. fortuna
fósforo ['fòʃfuru]: s.m. fiammifero
fotografar [futugra'fàr]: v. fotografare
fraco [fràku]: agg. debole
frágil [fràʒil]: agg. fragile
francês [frã'séʃ]: agg. e s.m. e f. francese
frango [frãgu]: s.m. pollo
frente [frente]: **1** s.f. fronte **2** à-, davanti
frequentemente [frekuentemente]: avv. spesso

fresco [*fréʃku*]: **1** agg. fresco
  2 s.m. affresco
frigorífico [*frigu'rifiku*]: s.m. frigorifero
frio [*friu*]: s.m. e agg. freddo
fritar [*fri'tàr*]: v. friggere
fronteira [*frõtaira*]: s.f. frontiera; confine
fruta [*fruta*]: s.f. frutta
fugir [*fu'ʒir*]: v. fuggire; scappare
fumador [*fuma'dor*]: s.m. fumatore
fumar [*fu'màr*]: v. fumare
funcho [*funʃu*]: s.m. finocchio
fundo [*fundu*]: agg. e s.m. fondo
futebol [*fute'bòl*]: s.m. calcio
futebolista [*futebuliʃta*]: s.m. calciatore

G

gabardina [*gabàrdina*]: s.f. impermeabile
galão [*ga'lãu*]: s.m. caffelatte
galeria [*galeria*]: s.f. galleria
galinha [*galiŋa*]: s.f. gallina
galo [*gàlu*]: s.m. gallo
gamba [*gãba*]: s.f. gambero
ganhar [*gà'ŋàr*]: v. **1** guadagnare
  2 vincere
garagem [*garàʒãi*]: s.f. **1** garage; **2** autorimessa
garfo [*gàrfu*]: s.m. forchetta
garganta [*gargãta*]: s.f. gola
garoto [*garotu*]: s.m. **1** bambino
  2 caffè macchiato
garrafa [*gaRàfa*]: s.f. bottiglia
gás [*gàʃ*]: s.m. gas
gasóleo [*gà'zòliu*]: s.m. gasolio
gasolina [*gazulina*]: s.f. benzina
gastar [*gaʃ'tàr*]: v. spendere
gato [*gàtu*]: s.m. gatto
gaveta [*gavéta*]: s.f. cassetto
gelado [*ʒelàdu*]: agg. e s.m. gelato
gelo [*ʒélu*]: s.m. gelo; ghiaccio
gémeo [*'ʒèmiu*]: s.m. gemello
género [*'ʒèneru*]: s.m. genere
genro [*ʒenRu*]: s.m. genero
gente [*ʒente*]: s.f. gente
gentil [*ʒen'til*]: agg. gentile
gentileza [*ʒentiléza*]: s.f. gentilezza
gerir [*ʒe'rir*]: v. amministrare; gestire
ginásio [*ʒi'nàziu*]: s.m. palestra
ginástica [*ʒi'nàʃtika*]: s.f. ginnastica
giro [*ʒiru*]: agg. carino
golfinho [*golfiŋu*]: s.m. delfino
golo [*golu*]: s.m. goal
golpe [*gòlpe*]: s.m. colpo
gordo [*gordu*]: agg. grasso
gorjeta [*gurʒéta*]: s.f. mancia
gostar [*guʃ'tàr*]: v. piacere; avere piacere; gradire;
  amare; voler bene
gosto [*goʃtu*]: s.m. gusto; piacere
governar [*guver'nàr*]: v. governare
governo [*guvérnu*]: s.m. governo
gozar [*gu'zàr*]: v. godere
graça [*gràsa*]: s.f. **1** grazia; **2 de–**, gratis
grama [*grama*]: s.m. grammo
gramática [*gra'màtika*]: s.f. grammatica

grande [*grãde*]: agg. grande
granizo [*granizu*]: s.m. grandine
grão-de-bico [*grãu de biku*]: s.m. cece
grátis [*gràtiʃ*]: avv. gratis
gravador [*grava'dor*]: s.m. registratore
gravar [*gra'vàr*]: v. registrare
gravata [*gravàta*]: s.f. cravatta
grave [*gràve*]: agg. grave
grávida [*'gràvida*]: agg. e s.f. incinta
gravidade [*gravidàde*]: s.f. gravità
gravidez [*gravi'déʃ*]: s.f. gravidanza
graxa [*gràʃa*]: s.f. lucido
grego [*grégu*]: agg. e s.m. greco
grelos [*gréluʃ*]: s.m. pl. cime di rapa
greve [*grève*]: s.f. sciopero
gripe [*gripe*]: s.f. influenza
gritar [*gri'tàr*]: v. gridare
grito [*gritu*]: s.m. grido
gruta [*gruta*]: s.f. grotta
guarda-chuva [*guàrda ʃuva*]: s.m. ombrello
guarda-fatos [*guàrda fàtuʃ*]: s.m. guardaroba
guardanapo [*guardanàpu*]: s.m. tovagliolo
guardar [*guar'dàr*]: v. **1** custodire; sorvegliare
  2 conservare; mantenere
  3 riporre
guarda-sol [*guàrda sòl*]: s.m. ombrellone
guia [*gia*]: s.m. e f. guida
guiar [*gi'àr*]: v. guidare
guiché [*gi'ʃè*]: s.m. sportello
guisado [*gizàdu*]: s.m. stufato; umido
guitarra [*gitàRa*]: s.f. chitarra
guloso [*gulozu*]: agg. goloso

H

hábito [*'àbitu*]: s.m. abitudine
habitual [*abitu'àl*]: agg. abituale; solito
habituar-se [*abituàrse*]: v.r. abituarsi
haver [*a'vér*]: **1** v. impers. esserci; esistere
  2 – de/que dovere; essere necessario
herdade [*èrdàde*]: s.f. fattoria
herdar [*er'dàr*]: v. ereditare
herói [*i'ròi*]: s.m. eroe
hesitar [*izi'tàr*]: v. esitare
higiénico [*iʒi'èniku*]: agg. igienico
hipermercado [*ipèrmerkàdu*]: s.m. ipermercato
hipismo [*ipiʒmu*]: s.m. ippismo
história [*ʃ'tòria*]: s.f. **1** storia
  2 favola
historiador [*ʃturia'dor*]: s.m. storico
hoje [*oʒe*]: avv. oggi
– em dia: al giorno d'oggi
holandês [*òlà'déʃ*]: agg. e s.m. olandese
homem [*òmãi*]: s.m. uomo
homicida [*òmisida*]: agg. e s.m. e f. omicida
honesto [*onèʃtu*]: agg. onesto
honra [*õRa*]: s.f. onore
hora [*òra*]: s.f. ora
horário [*ò'ràriu*]: s.m. orario
horta [*òrta*]: s.f. orto
hortaliça [*òrtalisa*]: s.f. ortaggio
hortelã [*òrte'lã*]: s.f. menta

hospedar [òʃpe'dàr]: v. ospitare; alloggiare
hóspede ['òʃpede]: s.m. e f. ospite
hospedeira [òʃpedaira]: s.f. hostess
hospital [òʃpi'tàl]: s.m. ospedale
hotel [ò'tèl]: s.m. albergo
humidade [umidàde]: s.f. umidità
húmido ['umidu]: agg. umido
humilde [umilde]: agg. umile
humor [u'mor]: s.m. umore
húngaro ['ungaru]: agg. e s.m. ungherese

I

ida [ida]: s.f. andata
– **e volta**: andata e ritorno
idade [idàde]: s.f. età
de –: anziano
ideal [idi'àl]: agg. e s.m. ideale
ideia [idaia]: s.f. idea
identidade [identidàde]: s.f. identità
bilhete de –: carta d'identità
idoso [idozu]: agg. anziano
ignorar [ignu'ràr]: v. ignorare
igreja [igraiʒa]: s.f. chiesa
igual [i'guàl]: agg. uguale
ilegal [ile'gàl]: agg. illegale
ilha [iλa]: s.f. isola
iluminar [ilumi'nàr]: v. illuminare
imagem [imàʒãi]: s.f. immagine
imaginar [imaʒi'nàr]: v. immaginare
imediatamente [imediàtamente]: avv. subito
imediato [imediàtu]: agg. immediato
imitar [imi'tàr]: v. imitare
impedir [impe'dir]: v. impedire; ostacolare
impermeável [impermiàvèl]: agg. e s.m. impermeabile
impor [im'por]: v. imporre
importância [impur'tãsia]: s.f. importanza
importante [impurtãte]: agg. importante
impossível [impusivèl]: agg. impossibile
imposto [impoʃtu]: s.m. tassa
imprensa [imprensa]: s.f. stampa
impresso [imprèsu]: s.m. modulo
impressora [impresora]: s.f. stampante
imprimir [impri'mir]: v. imprimere; stampare
imprudência [impru'densia]: s.f. imprudenza
incêndio [in'sendiu]: s.m. incendio
incerteza [insertéza]: s.f. incertezza
inchar [in'ʃàr]: v. gonfiare
incomodar [inkumu'dàr]: v. disturbare
inconsciente [inkõʃsiente]: agg. inconsapevole
indicação [indika'sãu]: s.f. indicazione
indicar [indi'kàr]: v. indicare
individual [individu'àl]: agg. individuale
indústria [in'duʃtria]: s.f. industria
infantário [infã'tàriu]: s.m. asilo
infecção [infe'sãu]: s.f. infezione
infeliz [infe'liʃ]: agg. infelice
infelizmente [infeliʒmente]: avv. purtroppo
inferior [inferi'or]: agg. inferiore
inflamação [inflama'sãu]: s.f. infiammazione
influência [influ'ensia]: s.f. influenza

informação [infurma'sãu]: s.f. informazione
informar [infur'màr]: v. informare
inglês [in'gléʃ]: agg. e s.m. inglese
inimigo [inemigu]: s.m. nemico
injecção [inʒè'sãu]: s.f. iniezione
inocente [inusente]: agg. innocente
inquérito [in'kèritu]: s.m. inchiesta; indagine
inquilino [inkelinu]: s.m. inquilino
inscrição [inʃkri'sãu]: s.f. iscrizione
insecticida [insètisida]: s.m. insetticida
insecto [insètu]: s.m. insetto
insistir [inseʃ'tir]: v. insistere
insónia [in'sònia]: s.f. insonnia
insosso [insosu]: agg. insipido
instrumento [inʃtrumentu]: s.m. strumento
insultar [insul'tàr]: v. insultare; offendere
integral [inte'gràl]: agg. integrale
inteiro [intairu]: agg. intero
inteligente [inteliʒente]: agg. intelligente
interessar [intere'sàr]: v. interessar
interesse [interése]: s.m. interesse
interior [interi'or]: agg. e s.m. interno
internacional [internasiu'nàl]: agg. internazionale
interno [intèrnu]: agg. interno
interromper [inteRõ'pér]: v. interrompere
interruptor [inteRup'tor]: s.m. interruttore
intervalo [intervàlu]: s.m. intervallo
inútil [inutil]: agg. inutile
inutilmente [inutilmente]: avv. invano
inveja [invèʒa]: s.f. invidia
invejoso [inveʒozu]: agg. invidioso
inventar [inven'tàr]: v. inventare
Inverno [invèrnu]: s.m. inverno
investigação [inveʃtiga'sãu]: s.f. ricerca
iogurte [iògurte]: s.m. yogurt
ir [ir]: v. andare
– **às compras**, fare la spesa
– **de férias**, andare in vacanza
v.r. andarsene
irmã [ir'mã]: s.f. sorella
irmão [ir'mãu]: s.m. fratello
irritar [iRi'tàr]: v. irritare
isqueiro [iʃkairu]: s.m. accendino
isso [isu]: pron. dem. ciò; questo
por –, perciò
isto [iʃtu]: pron. dem. ciò; questo
– **é**, cioè
por –, perciò
italiano [italianu]: agg. e s.m. italiano

J

já [ʒà]: avv.**1** già
2 ormai
3 subito;
4 adesso
– **não**: non....più
Janeiro [ʒanairu]: s.m. gennaio
janela [ʒanèla]: s.f. finestra
jantar [ʒã'tàr]: **1** v. cenare
2 s.m. cena
japonês [ʒapu'néʃ]: agg. e s.m. giapponese
jardim [ʒar'dim]: s.m. giardino

– **zoológico**: zoo
jardineiro [ʒardinairu]: s.m. giardiniere
jarro [ʒàRu]: s.m. brocca
Jesus [ʒe'zuʃ]: n.m. Gesù
joalharia [ʒuaʎaria]: s.f. gioielleria
joelho [ʒuaʎu]: s.m. ginocchio
jogador [ʒuga'dor]: s.m. giocatore
– **de futebol**: calciatore
jogar [ʒu'gàr]: v. giocare
jogo [ʒogu]: s.m. 1 gioco
  2 partita
jóia [ʒòia]: s.f. gioiello
jornal [ʒur'nàl]: s.m. giornale
jornalista [ʒurnaliʃta]: s.m. e f. giornalista
jovem [ʒòvãi]: agg. e s.m. e f. giovane
judo [ʒudu]: s.m. judo
juiz [ʒu'iʃ]: s.m. giudice
julgar [ʒul'gàr]: v. giudicare
Julho [ʒuʎu]: s.m. luglio
Junho [ʒuɳu]: s.m. giugno
juntamente [ʒuntamente]: avv. insieme
juntar [ʒun'tàr]: v. 1 unire
  2 raccogliere
  3 aggiungere
– **dinheiro**: risparmiare
juntos [ʒuntuʃ]: agg. pl. insieme
jurar [ʒu'ràr]: v. giurare
júri [ʒuri]: s.m. giuria
juro [ʒuru]: s.m. interesse
justo [ʒuʃtu]: agg. giusto
juventude [ʒuventude]: s.f. gioventù

L

lã [lã]: s.f. lana
lá [là]: avv. là; lì
lábio ['làbiu]: s.m. labbro
laca [làka]: s.f. lacca
lado [làdu]: 1 s.m. lato
  2 loc. avv. **ao** –: accanto
ladrão [la'drãu]: s.m. ladro
ladrar [la'dràr]: v. abbaiare
lago [làgu]: s.m. lago
lagosta [lagoʃta]: s.f. aragosta
lagostim [laguʃ'tim]: s.m. scampo
lágrima ['làgrima]: s.f. lacrima
lama [lama]: s.f. fango
lamber [lã'bér]: v. leccare
lamentar [lamen'tàr]: v. lamentare
lâmina ['lamina]: s.f. lama
lâmpada ['lãpada]: s.f. lampada; lampadina; lume
lançar [lã'sàr]: v. lanciare
lanchar [lã'ʃàr]: v. mangiare a la merenda
lanche [lãʃe]: s.m. merenda
lápis [làpiʃ]: s.m. matita
lar [làr]: 1 s.m. focolare
  2 – **universitário**: studentato
  3 – **para idosos**: ospizio
laranja [larãʒa]: s.f. arancia
laranjada [larãʒàda]: s.f. 1 aranciata
  2 spremuta d'arancia
largar [lar'gàr]: v. lasciar andare

largo [làrgu]: 1 agg. largo
  2 s.m. largo; piazzale
largura [largura]: s.f. larghezza
lata [làta]: s.f. lattina
latitude [latitude]: s.f. latitudine
lavagem [lavàʒãi]: s.f. lavaggio
lava-loiças [làva loisaʃ]: s.m. lavello
lavandaria [lavãdaria]: s.f. lavanderia
lavar [la'vàr]: v. lavare
lavatório [lava'tòriu]: s.m. lavandino
lavrador [lavra'dor]: s.m. agricoltore; contadino
leão [li'ãu]: s.m. leone
lectivo [lètivu]: agg. scolastico
  ano –: anno scolastico
legume [legume]: s.m. legume; ortaggio
lei [lai]: s.f. legge
leilão [lai'lãu]: s.m. asta
leite [laite]: s.m. latte
lembrar [lem'bràr]: v. ricordare; v.r. ricordarsi
lenço [lensu]: s.m. fazzoletto
lençol [len'sòl]: s.m. lenzuolo
lenda [lenda]: s.f. leggenda
lenha [laɳa]: s.f. legna
lente [lente]: s.f. lente
– **de contacto**: lente a contatto
lentilha [lentiʎa]: s.f. lenticchia
lento [lentu]: agg. lento
leque [lèke]: s.m. ventaglio
ler [lér]: v. leggere
leste [lèʃte]: s.m. est
letra [létra]: s.f. lettera (dell'alfabeto)
levantar [levã'tàr]: 1 v. alzare
  2 – **a mesa**: sparecchiare
  3 – **dinheiro**: prelevare
  4 – v.r. alzarsi
levar [le'vàr]: v. portare
leve [lève]: agg. leggero
léxico ['lèksiku]: s.m. lessico
libertar [liber'tàr]: v. liberare
lição [li'sãu]: s.f. lezione
licença [lisensa]: s.f. permesso; autorizzazione
  com–: (con) permesso
licenciar-se [lisensiàrse]: v.r. laurearsi
licenciatura [lisensiatura]: s.f. laurea
lícito [lisitu]: agg. lecito
licor [li'kor]: s.m. liquore
limão [li'mãu]: s.m. limone
limonada [limunàda]: s.f. limonata
limpa-pára-brisas [limpa pàra brizaʃ]: s.m. tergicristallo
limpar [lim'pàr]: v. pulire
limpeza [limpéza]: s.f. pulizia
limpo [limpu]: agg. pulito
lindo [lindu]: agg. bello
língua ['lingua]: s.f. lingua
linguagem [linguàʒãi]: s.f. linguaggio
linha [liɳa]: s.f. 1 riga
  2 binario
liso [lizu]: agg. liscio
lista [liʃta]: s.f. 1 elenco
  2 menu
literatura [literatura]: s.f. letteratura
livraria [livraria]: s.f. libreria
livre [livre]: agg. vacante; libero

livro [*livru*]: s.m. libro
lixo [*liʃu*]: s.m. immondizia; spazzatura
  caixote do –: bidone della spazzatura
lobo [*lobu*]: s.m. lupo
localidade [*lukalidàde*]: s.f. località
localizar [*lukali'zàr*]: v. rintracciare
loção [*lu'sãu*]: s.f. lozione
  – **para a barba**: dopobarba
logo [*lògu*]: **1** avv. subito; presto; fra poco
  2 cong. dunque; quindi; perciò
  3 loc. cong. – **que**: appena
loja [*lòʒa*]: s.f. negozio
longe [*lõʒe*]: avv. lontano
longitude [*lõʒitude*]: s.f. longitudine
louça [*losa*]: s.f. stoviglie
louro [*loru*]: agg. biondo
lua [*lua*]: s.f. luna
luar [*lu'àr*]: s.m. chiaro di luna
lugar [*lu'gàr*]: s.m. luogo; posto
lula [*lula*]: s.f. calamaro
luta [*luta*]: s.f. lotta
lutar [*lu'tàr*]: v. lottare
luva [*luva*]: s.f. guanto
luxo [*luʃu*]: s.m. lusso
luz [*luʃ*]: s.f. luce

M

maçã [*ma'sã*]: s.f. mela
macaco [*makàku*]: s.m. scimmia
macarrão [*maka'Rãu*]: s.m. maccheroni
macio [*masiu*]: agg. morbido
maço [*màsu*]: s.m. – **de cigarros**, pacchetto di sigarette
madeira [*madaira*]: s.f. legno
madrugada [*madrugàda*]: s.f. alba
madrugador [*madruga'dor*]: agg. mattiniero
maduro [*maduru*]: agg. maturo
mãe [*mãi*]: s.f. madre
magro [*màgru*]: agg. magro
Maio [*màiu*]: s.m. maggio
maior [*mai'òr*]: **1** agg. più grande; maggiore
  2 s.m. maggiorenne
mais [*màiʃ*]: avv., agg. e s.m. più; **de** –, troppo
mal [*màl*]: **1** avv. e s.m. male
  2 cong. appena
maldade [*màldàde*]: s.f. cattiveria
mala [*màla*]: s.f. **1** borsa; **2** valigia
maluco [*maluku*]: agg. e s.m. matto; pazzo
mandar [*mã'dàr*]: v. **1** mandare
  2 ordinare
  3 inviare
maneira [*manaira*]: s.f. modo; maniera
manga [*mãga*]: s.f. **1** manica
  2 mango
manjericão [*mãʒeri'kãu*]: s.m. basilico
manhã [*ma'ɲã*]: s.f. mattina
manobra [*manòbra*]: s.f. manovra
manta [*mãta*]: s.f. coperta
manteiga [*mãtaiga*]: s.f. burro
manter [*mã'ter*]: v. mantenere
manual [*manu'àl*]: agg. e s.m. manuale

mão [*mãu*]: s.f. mano
mapa [*màpa*]: s.m. mappa; carta geografica
maquilhagem [*màkiλàʒãi*]: s.f. trucco
máquina ['*màkina*]: s.f. macchina
  – **de lavar louça**: lavastoviglie
  – **de lavar roupa**: lavatrice
  – **de barbear**: rasoio
mar [*màr*]: s.m. mare
maravilha [*maraviλa*]: s.f. meraviglia
marca [*màrka*]: s.f. **1** segno
  2 marca
marcar [*mar'kàr*]: v. **1** segnare
  2 fissare (un appuntamento)
  3 determinare
  4 prenotare
  5 –**um número de telefone**: comporre un numero telefonico
marceneiro [*marsenairu*]: s.m. falegname
marcha [*màrʃa*]: s.f. marcia
  – **atrás**, retromarcia
marchar [*mar'ʃàr*]: v. marciare
Março [*màrsu*]: s.m. marzo
marfim [*mar'fĩ*]: s.m. avorio
margem [*màrʒãi*]: s.f. **1** margine
  2 riva
marido [*maridu*]: s.m. marito
marinheiro [*mariɲairu*]: s.m. marinaio
marisco [*mariʃku*]: s.m. frutto di mare
marisqueira [*mariʃkaira*]: s.f. ristorante di frutti di mare
marmelada [*marmelàda*]: s.f. cotognata
marroquino [*maRukinu*]: agg. e s.m. marocchino
martelo [*martèlu*]: s.m. martello
mas [*maʃ*]: cong. ma; però
masculino [*maʃkulinu*]: agg. maschile
massa [*màsa*]: s.f. **1** pasta
  2 (colloq.) denaro
matar [*ma'tàr*]: v. uccidere; ammazzare
matemática [*mate'màtika*]: s.f. matematica
material [*materi'àl*]: s.m. materiale
matrícula [*ma'trikula*]: s.f. **1** immatricolazione
  2 – **do carro**: targa
matrimónio [*matri'mòniu*]: s.m. matrimonio
mau [*màu*]: agg. cattivo
máximo [*màsimu*]: agg. e s.m. massimo
mecânico [*me'kaniku*]: s.m. meccanico
mediante [*mediàte*]: prep. mediante
medicamento [*medikamentu*]: s.m. medicina; farmaco
médico ['*mèdiku*]: s.m. medico
medida [*medida*]: **1** s.f. misura; provvedimento
  2 à – que, man mano
medir [*me'dir*]: v. misurare
medo [*mèdu*]: s.m. paura
meia [*maia*]: s.f. calza
meia-idade [*maia idàde*]: s.f. mezz'età
meia-noite [*maia noite*]: s.f. mezzanotte
meigo [*maigu*]: agg. tenero; dolce; affettuoso
meio [*maiu*]: **1** agg. mezzo
  2 avv. mezzo; a metà
meio-dia [*maiu dia*]: s.m. mezzogiorno
mel [*mèl*]: s.m. miele
melancia [*melãsia*]: s.f. anguria; cocomero
melão [*me'lãu*]: s.m. melone

melhor [me'λòr]: **1** agg. migliore
 2 avv. meglio
melhorar [meλu'ràr]: v. migliorare
mencionar [mensiu'nàr]: v. menzionare
menor [me'nòr]: **1** agg. minore; più piccolo
 2 s.m. minorenne
menos [ménuʃ]: **1** prep. e avv. meno
 pelo, ao –: almeno; per lo meno
 2 prep. tranne
mensal [men'sàl]: agg. mensile
mentir [men'tir]: v. mentire
mentira [mentira]: s.f. menzogna
mentiroso [mentirozu]: agg. bugiardo
menu [mè'nu]: s.m. menu
mercado [merkàdu]: s.m. mercato
mercadoria [merkaduria]: s.f. merce
mercearia [mersiaria]: s.f. drogheria
merecer [mere'sér]: v. meritare
merengue [merenge]: s.m. meringa
mergulhar [mergu'λàr]: **1** v. t. tuffare;
 2 v. i. tuffarsi
mês [méʃ]: s.m. mese
mesa [méza]: s.f. **1** tavolo
 2 – **de cabeceira**, comodino
mesmo [méʒmu]: **1** agg. stesso
 2 avv. stesso; proprio
 3 avv. anche; pure; perfino
 4 pron. lo stesso;
 5 cong. – **que**: anche se
mesquita [meʃkita]: s.f. moschea
meta [mèta]: s.f. meta
metade [metàde]: s.f. metà
metal [me'tàl]: s.m. metallo
meter [me'tér]: v. mettere; porre
metro [mètru]: s.m. metro; metropolitana
mexer [me'ʃér]: **1** v.t. muovere
 2 v.i. toccare
 3 v.r. muoversi
mexicano [meʃikanu]: agg. e s.m. messicano
mexilhão [meʃì'λãu]: s.m. cozza
mil [mil]: agg. num. card. e s.m. mille
milagre [milàgre]: s.m. miracolo
milhão [mi'λãu]: s.m. milione
milho [miλu]: s.m. mais
mínimo ['minimu]: agg. e s.m. minimo
mini-saia [mini sàia]: s.f. minigonna
minuto [minutu]: s.m. minuto
misturar [meʃtu'ràr]: v. mescolare; mischiare
mochila [muʃila]: s.f. zaino
moderar [mude'ràr]: **1** v. moderare
 2 – **a velocidade**, rallentare
moderno [mudèrnu]: agg. moderno
moeda [muèda]: s.f. moneta; valuta
moinho [muiɲu]: s.m. **1** molino
 2 macinino
mole [mòle]: agg. molle; tenero
molhar [mu'λàr]: v. bagnare
molho [moλu]: s.m. salsa; sugo
molusco [muluʃku]: s.m. mollusco
momento [mumentu]: s.m. momento
monge [mõʒe]: s.m. monaco; frate
montanha [mõtaɲa]: s.f. montagna
montra [mõtra]: s.f. vetrina
monumento [munumentu]: s.m. monumento

morada [muràda]: s.f. indirizzo
morango [muràgu]: s.m. fragola
morar [mu'ràr]: v. abitare
mórbido ['mòrbidu]: agg. morboso
morder [mur'dér]: v. mordere
moreno [murénu]: agg. bruno
morno [mornu]: agg. tiepido
morrer [mu'Rér]: v. morire
mosquito [muʃkitu]: s.m. zanzara
mosteiro [muʃtairu]: s.m. monastero
mostrar [muʃ'tràr]: v. mostrare; far vedere
moto [mòto]: s.f. moto; motocicletta
motor [mu'tor]: agg. e s.m. motore
motorista [muturiʃta]: s.m. e f. autista
 – **de táxi**: tassista
mudar [mu'dàr]: v. **1** cambiare
 2 traslocare
muito [müitu]: **1** avv. molto; assai
 2 agg. e pron. indef. molto; parecchio
mulher [mu'λèr]: s.f. **1** donna
 2 moglie
multa [multa]: s.f. multa
multidão [multi'dãu]: s.f. folla
mundo [mundu]: s.m. mondo
município [muni'sipiu]: s.m. municipio
museu [mu'zéu]: s.m. museo
música ['muzika]: s.f. musica
músico ['muziku]: s.m. musicista
mútuo ['mutuu]: agg. mutuo

N

nabo [nàbu]: s.m. rapa
nacionalidade [nasiunalidàde]: s.f. nazionalità
nada [nàda]: avv. e pron. indef. niente; nulla
nadar [na'dàr]: v. nuotare
namorada/o [namuràda/u]: s.f. ragazza/o
 (amata/o)
não [nãu]: avv. no; non
nariz [na'riʃ]: s.m. naso
narrar [na'Ràr]: v. raccontare
nascer [naʃ'sér]: v. nascere
nascido [naʃsidu]: agg. nato
nascimento [naʃsimentu]: s.m. nascita
nata [nàta]: s.f. panna
natação [nata'sãu]: s.f. nuoto
natal [na'tàl]: agg. natale; s.m. natale
natureza [naturéza]: s.f. natura
navio [naviu]: s.m. nave
neblina [neblina]: s.f. foschia
necessário [nese'sàriu]: agg. necessario
necessidade [nesesidàde]: s.f. necessità; bisogno
negar [ne'gàr]: v. negare
negócio [ne'gòsiu]: s.m. affare
nem [nãi]: cong. ne; neanche; neppure; nemmeno
nenhum [ne'ɲum]: pron. e agg. indef. nessuno
nervoso [nervozu]: agg. nervoso
nêspera ['néʃpera]: s.f. nespola
neta [nèta]: s.f. nipote (di nonni)
nevar [ne'vàr]: v. nevicare
neve [nève]: s.f. neve
nevoeiro [nevuairu]: s.m. nebbia
ninguém [nin'gãi]: pron. indef. nessuno

nível [nivèl]: s.m. livello
nó [nò]: s.m. nodo
nocturno [nòturnu]: agg. notturno
nódoa ['nòdua]: 1 s.f. macchia
  2 – negra, livido
noite [noite]: s.f. 1 notte
  2 sera
noiva/o [noiva/u]: s.f./m. fidanzata/o
nojento [nuʒentu]: agg. schifoso
nojo [noʒu]: s.m. schifo
nome [nome]: s.m. nome
nora [nòra]: s.f. nuora
norte [nòrte]: s.m. nord
noticiário [nutisi'àriu]: s.m. notiziario
nove [nòve]: agg. num. card. e s.m. nove
Novembro [nuvembru]: s.m. novembre
noventa [nuventa]: agg. num. card. e s.m. novanta
novidade [nuvidàde]: s.f. novità
novo [novu]: agg. nuovo; giovane
noz [nòʃ]: s.f. noce
nu [nu]: agg. e s.m. nudo
nublado [nublàdu]: agg. nuvoloso
número ['numeru]: s.m. numero
nunca [nunka]: avv. mai
nuvem [nuvãi]: s.f. nuvola

O

oásis [òàziʃ]: s.m. oasi
obedecer [òbede'sér]: v. obbidire
objectivo [òbʒètivu]: 1 agg. oggettivo;
  2 s.m. obiettivo; scopo
objecto [òbʒètu]: s.m. oggetto
obra [òbra]: s.f. opera
obra-prima [òbra prima]: s.f. capolavoro
obrigação [òbriga'sãu]: s.f. dovere; obbligo
obrigado [òbrigàdu]: inter. grazie
obrigar [òbri'gàr]: v. obbligare; costringere
observar [òbser'vàr]: v. osservare
obter [òb'tér]: v. ottenere
ocasião [òkasi'ãu]: s.f. occasione
oceano [òsianu]: s.m. oceano
ocorrer [òku'Rér]: v. accadere; venire in mente
oculista [òkuliʃta]: s.m. e f. ottico
óculos ['òkuluʃ]: s.m. pl. occhiali
ocupar [òku'pàr]: v. occupare
odiar [òdi'àr]: v. odiare
oeste [òèʃte]: s.m. ovest
ofender [òfen'dér]: v. offendere
oferecer [òfere'sér]: v. offrire; regalare
oferta [òfèrta]: s.f. offerta
oficina [ofesina]: s.f. officina
ofício [ò'fisiu]: s.m. mestiere
oitenta [oitenta]: agg. num. card. e s.m. ottanta
oito [oitu]: agg. num. card. e s.m. otto
oitocentos [oitusentuʃ]: agg. num. card. e s.m. ottocento
olá [ò'là]: inter. ciao!
óleo ['òliu]: s.m. olio di semi
olhar [ò'λàr]: v. guardare
  – por: badare
olho [oλu]: s.m. occhio
oliveira [òlivaira]: s.f. olivo

ombro [òbru]: s.m. spalla
omeleta [òmelèta]: s.f. frittata
onda [òda]: s.f. onda
onde [òde]: avv. e prep. dove
ontem [òtãi]: avv. ieri
onze [òze]: agg. num. card. e s.m. undici
ópera ['òpera]: s.f. (mus.) opera
operação [òpera'sãu]: s.f. operazione
operário [ope'ràriu]: s.m. operaio
opinião [òpeni'ãu]: s.f. opinione; parere
opor [ò'por]: v. opporre
oportunidade [òpurtunidàde]: s.f. opportunità
oposto [òpoʃtu]: agg. opposto
óptimo ['òtimu]: agg. ottimo
ordem [òrdãi]: s.f. ordine
ordenado [òrdenàdu]: s.m. stipendio
ordenar [òrde'nàr]: v. ordinare
orelha [oraλa]: s.f. orecchio
organizar [òrgani'zàr]: v. organizzare
orgulho [òrguλu]: s.m. orgoglio
orquestra [òrkèʃtra]: s.f. orchestra
ou [o]: cong. o; oppure
  – então: oppure
ourivesaria [orivezaria]: s.f. orificeria
Outono [otonu]: s.m. autunno
outro [otru]: agg. e pron.indef. altro
Outubro [otubru]: s.m. ottobre
ouvido [ovidu]: s.m. udito; orecchio
ouvir [o'vir]: 1 v. udire
  2 – um ruído: sentire un rumore
  3 – música: ascoltare la musica
ovelha [ovaλa]: s.f. pecora
ovo [ovu]: s.m. uovo
  – mexido: uovo strapazzato
  – estrelado: uovo al tegamino
oxalá [oʃa'là]: inter. magari

P

paciente [pasiente]: agg. e s.m. paziente
pacote [pakòte]: s.m. pacchetto
padaria [pàdaria]: s.f. panetteria
padeiro [pàdairu]: s.m. fornaio
padre [pàdre]: s.m. prete
pagar [pa'gàr]: v. pagare
página ['pàʒina]: s.f. pagina
pai [pài]: 1 s.m. padre
  2 s.m. pl. genitori
país [pa'iʃ]: s.m. paese
paisagem [pàizàʒãi]: s.f. paesaggio
palácio [pa'làsiu]: s.m. palazzo
palavra [palàvra]: s.f. parola
palavrão [pala'vrãu]: s.m. parolaccia
palito [palitu]: s.m. stecchino
panela [panèla]: s.f. pentola
pantufa [pàtufa]: s.f. pantofola
pão [pãu]: s.m. pane
papel [pa'pèl]: s.m. 1 carta
  – de carta: carta da lettera
  – selado: carta bollata
  2 ruolo
papelaria [papelaria]: s.f. cartoleria
par [pàr]: s.m. paio

para [para]: 1 prep. per
  2 cong. – que: affinché
parabéns [para'bãiʃ]: s.m. pl. congratulazioni; auguri
paragem [paràʒãi]: s.f. fermata
parar [pa'ràr]: 1 v.t. fermare
  2 v.i. smettere
  3 v.i. fermarsi
parecer [pare'sér]: 1 v. parere; sembrare
  2 v.r. somigliare
parque [pàrke]: s.m. 1 parco
  2 – de campismo: campeggio
  3 – de estacionamento: parcheggio
participar [partesi'pàr]: v. partecipare
particular [partiku'làr]: agg. privato
partida [partida]: s.f. partenza
partido [partidu]: 1 s.m. partito
  2 agg. rotto; diviso
partir [par'tir]: v. 1 partire
  2 dividere
  3 rompere
parvo [pàrvu]: agg. e s.m. scemo
parvoíce [parvu'ise]: s.f. stupidaggine; sciocchezza
Páscoa ['pàʃkua]: s.f. pasqua
passado [pasàdu]: agg. e s.m. scorso; passato
passageiro [pasaʒairu]: s.m. e agg. passeggero
passaporte [pàsapòrte]: s.m. passaporto
passar [pa'sàr]: 1 v.t. e i. passare; accadere
  2 v.r. passare; accadere
  3 a ferro: stirare
pássaro ['pàsaru]: s.m. uccello
passatempo [pàsatempu]: s.m. passatempo
passe [pàse]: s.m. abbonamento
passear [pasi'àr]: v. passeggiare
passeio [pasaiu]: s.m. 1 gita; passeggiata
  2 marciapiede
pasta [pàʃta]: s.f. 1 borsa
  2 – de dentes: dentrifício
pastel [paʃ'tèl]: s.m. pasta dolce; pastello
pastelaria [paʃtelaria]: s.f. pasticceria
pata [pàta]: s.f. zampa
pátio ['pàtiu]: s.m. cortile
pato [pàtu]: s.m. anatra
patrão [pa'trãu]: s.m.padrone
pausa [pàuza]: s.f. intervallo
paz [pàʃ]: s.f. pace
pé [pè]: s.m. 1 piede;
  a –: a piedi
  de –: in piedi
  2 loc. prep. .ao – de: vicino a; accanto
peça [pèsa]: s.f. opera teatrale
pecado [pekàdu]: s.m. peccato
pedaço [pedàsu]: s.m. pezzo
pedido [pedidu]: s.m. richiesta
pedir [pe'dir]: v. 1 chiedere
  2 pregare
  3 mendicare
pedra [pèdra]: s.f. pietra
pedreiro [pedrairu]: s.m. muratore
pegar [pegàr]: v. 1 attaccare
  2 prendere
peixe [paiʃe]: s.m. pesce
peixeiro [paiʃairu]: s.m. pescivendolo
pena [péna]: 1 s.f. piuma

2 inter. que –!: che peccato!
pendurar [pendu'ràr]: v. appendere
pensão [pen'sãu]: s.f. pensione
pensar [pen'sàr]: v. pensare
penso [pensu]: s.m. cerotto
pente [pente]: s.m. pettine
pepino [pepinu]: s.m. cetriolo
pequeno [pekénu]: agg. piccolo
pequeno-almoço [pekénu almosu]: s.m. colazione
pêra [péra]: s.f. pera
perceber [perse'bér]: v. capire
percentagem [persentàʒãi]: s.f. percentuale
perda [pérda]: s.f. perdita
perder [per'dér]: v. perdere
perdoar [perdu'àr]: v. perdonare
perfumaria [perfumaria]: s.f. profumeria
perfume [perfume]: s.m. profumo
pergunta [pergunta]: s.f. domanda
perguntar [pergun'tàr]: v. domandare
periferia [periferia]: s.f. periferia
perigoso [perigozu]: agg. pericoloso
periódico [peri'òdiku]: agg. e s.m. periodico
perito [peritu]: s.m. esperto
perna [pèrna]: s.f. gamba
perseguir [perse'gir]: v. inseguire
personagem [persunàʒãi]: s.f. o m. personaggio
pertencer [perten'sér]: v. appartenere
perto [pèrtu]: avv. vicino
peru [pe'ru]: s.m. tacchino
pesado [pezàdu]: agg. pesante
pesca [pèʃka]: s.f. pesca
pescada [peʃkàda]: s.f. merluzzo
pescoço [peʃkosu]: s.m. collo
peso [pézu]: s.m. peso
pesquisa [peʃkiza]: s.f. ricerca; indagine
pêssego ['pésegu]: s.m. pesca (frutto)
pessoa [pesoa]: s.f. persona
pessoal [pesu'àl]: agg. e s.m. personale
peúga [pe'uga]: s.f. calzino
piada [pidda]: s.f. scherzo
pianista [pianiʃta]: s.m. e f. pianista
piano [pianu]: s.m. pianoforte
picante [pikàte]: agg. piccante
pijama [piʒama]: s.m. pigiama
pilha [piλa]: s.f. pila
piloto [pilotu]: s.m. pilota
pimenta [pimenta]: s.f. pepe
pimento [pimentu]: s.m. peperone
pingar [pin'gàr]: v. gocciolare
pinhal [pi'ŋàl]: s.m. pineta
pintar [pin'tàr]: v. dipingere
pintar-se [pintàrse]: v.r. truccarsi
pintor [pin'tor]: s.m. 1 pittore
  2 imbianchino
pintura [pintura]: s.f. pittura
pior [pi'òr]: 1 agg. peggiore
  2 avv. peggio
piorar [piu'ràr]: v. peggiorare
piri-piri [piri piri]: s.m. peperoncino
pisar [pi'zàr]: v. calpestare
piscina [piʃsina]: s.f. piscina
planície [pla'nisi]: s.f. pianura
plano [planu]: agg. e s.m. piano
planta [plàta]: s.f. pianta

plástico [*'plàʃtiku*]: s.m. plastica
pneu [*pneu*]: s.m. pneumatico; gomma
pó [*pò*]: s.m. polvere
pobre [*pòbre*]: agg. e s.m. e f. povero
poder [*pu'dér*]: v. e s.m. potere
podre [*podre*]: agg. marcio
poeta [*puèta*]: s.m. poeta
pois [*poiʃ*]: **1** cong. poiché; perché; dunque; quindi
  2 inter. certo!
polaco [*pulàku*]: agg. e s.m. polacco
polícia [*pu'lisia*]: **1** s.f. polizia; **2** s.m. poliziotto;
  vigile urbano
policial [*pulisi'àl*]: agg. poliziesco; **livro** –, giallo
polir [*pu'lir*]: v. brunire
poluição [*pului'sãu*]: s.f. inquinamento
poluir [*pulu'ir*]: v. inquinare
polvo [*polvu*]: s.m. polpo
pomada [*pumàda*]: s.f. pomata
pontapé [*põta'pè*]: s.m. calcio
ponte [*põte*]: s.f. ponte
pontual [*põtu'àl*]: agg. puntuale
pôr [*por*]: **1** mettere; porre
  2 – a mesa: apparecchiare
por [*pur*]: prep. per
  – isso, isto: perciò
  – que: perché
  – conseguinte: quindi
  pelo menos: almeno
  – outro lado: d'altra parte; peraltro
porco [*porku*]: **1** agg. sporco
  2 s.m. maiale
porém [*pu'rãi*]: cong. però; tuttavia
pormenor [*purme'nòr*]: s.m. dettaglio
porque [*purke*]: avv. e cong. perché; poiché
porta [*pòrta*]: s.f. porta
porta-bagagens [*pòrta bagàʒãiʃ*]: s.m. portabagagli
portagem [*purtàʒãi*]: s.f. pedaggio
portanto [*purtàtu*]: cong. quindi; dunque
portar-se [*purtàrse*]: v.r. comportarsi
porteiro [*purtairu*]: s.m. portinaio
porto [*portu*]: s.m. porto
português [*purtu'géʃ*]: agg. e s.m. portoghese
possuir [*pusu'ir*]: v. possedere
postal [*puʃ'tàl*]: **1** s.m. cartolina
  2 agg. postale
pouco [*poku*]: avv., agg., pron. e s.m. poco
poupar [*po'pàr*]: v. risparmiare
pousada [*pozàda*]: s.f. albergo
  – da juventude, ostello della gioventù
povo [*povu*]: s.m. popolo
praça [*pràsa*]: s.f. **1** piazza
  2 mercato
praia [*pràia*]: s.f. spiaggia
prata [*pràta*]: s.f. argento
prateleira [*pratelaira*]: s.f. scaffale
prático [*'pràtiku*]: agg. pratico
prato [*pràtu*]: s.m. **1** piatto
  2 pietanza
prazer [*pra'zér*]: s.m. piacere
precisar [*presi'zàr*]: v. **1** precisare
  2 aver bisogno
preço [*presu*]: s.m. prezzo
prédio [*'prèdiu*]: s.m. edificio; palazzo

preencher [*prien'fér*]: v. **1** compilare
  2 riempire
preferir [*prefe'rir*]: v. preferire
pregar [*pregàr*]: v. inchiodare
prego [*prègu*]: s.m. **1** chiodo
  2 panino con bistecca
preguiça [*pregisa*]: s.f. pigrizia
preguiçoso [*pregisozu*]: agg. pigro
prejuízo [*preʒu'izu*]: s.m. danno
prenda [*prenda*]: s.f. regalo
prender [*pren'dér*]: v.t. **1** arrestare
  2 attaccare; legare
  3 attirare
preocupar [*prièku'pàr*]: v. preoccupare
preparar [*prepa'ràr*]: v. preparare
pressa [*prèsa*]: s.f. fretta
presunto [*prezuntu*]: s.m. prosciutto crudo
preto [*prétu*]: agg. nero
Primavera [*primavèra*]: s.f. primavera
primeiro [*primairu*]: **1** agg. e s.m. primo
  2 avv. prima; per primo
primo [*primu*]: s.m. cugino
prisão [*pri'zãu*]: s.f. **1** arresto
  2 carcere
problema [*prublèma*]: s.m. problema
procurar [*pròku'ràr*]: v. cercare
professor [*prufe'sor*]: **1** s.m. insegnante
  2 – primário: maestro
  3 – universitário: professore
profissão [*prufi'sãu*]: s.f. professione
progenitor [*pruʒeni'tor*]: s.m. genitore
proibição [*pruibi'sãu*]: s.f. divieto
proibido [*pruibidu*]: agg. vietato
proibir [*prui'bir*]: v. proibire; vietare
prometer [*prume'tér*]: v. promettere
pronto [*prõtu*]: **1** agg. pronto; **2** s.m.**-a-vestir**, pret-
  a-porter
pronúncia [*pru'nunsia*]: s.f. pronuncia
pronunciar [*prununsi'àr*]: v. pronunziare
propinas [*prupinaʃ*]: s.f. pl. tasse scolastiche
propor [*pru'por*]: v. proporre
proposta [*prupòʃta*]: s.f. proposta
próprio [*'pròpriu*]: agg. **1** proprio; stesso
  2 appropriato; adatto
provar [*pru'vàr*]: v. **1** provare
  2 assaggiare
provável [*pruvàvèl*]: agg. probabile
provisório [*pruvi'zòriu*]: agg. provvisorio
proximidade [*pròsimidàde*]: s.f. prossimità
próximo [*'pròsimu*]: agg. prossimo
publicar [*publi'kàr*]: v. pubblicare
pudim [*pu'dim*]: s.m. budino
puré [*pu'rè*]: s.m. purè; purea
puro [*puru*]: agg. puro
puxar [*pu'fàr*]: v. tirare

Q

quadro [*kuàdru*]: s.m. **1** quadro
  2 lavagna
qual [*kuàl*]: agg. e pron. interr. quale
qualidade [*kualidàde*]: s.f. qualità

qualquer [kuàl'kèr]: agg. e pron. indef. qualche; qualunque; qualsiasi
quando [kuãdu]: avv. e cong. quando
quantidade [kuãtidàde]: s.f. quantità
quarenta [kuarenta]: agg. num. card. e s.m. quaranta
quarta-feira [kuàrta faira]: s.f. mercoledì
quarto [kuàrtu]: s.m. camera; stanza
quase [kuàze]: avv. quasi
quatro [kuàtru]: agg. num. card. e s.m. quattro
quatrocentos [kuàtrusentuʃ]: agg. num. card. e s.m. quattrocento
que [ke]: pron, rel., agg. e cong. che
   de –, di cui; da cui; **a –**, a cui
   em –, in cui
queda [kèda]: s.f. caduta
queijo [kaiʒu]: s.m. formaggio
queimadura [kaimadura]: s.f. bruciatura; scottatura
queimar [kai'màr]: v. bruciare; scottare
queixar [kai'ʃàr]: v. lamentare
queixo [kaiʃu]: s.m. mento
quem [kãi]: pron. rel. e interr. chi
quente [kente]: agg. caldo
quer [kèr]: cong. sia che ....sia che
querer [ke'rér]: v. **1** volere
   2 amare
querido [keridu]: agg. caro
quieto [kiètu]: agg. fermo
quilo [kilu]: s.m. chilo
quilómetro [ki'lòmetru]: s.m. chilometro
quinhentos [kiɲentuʃ]: agg. num. card. e s.m. cinquecento
quinta-feira [kinta faira]: s.f. giovedì
quinze [kinze]: agg. num. card. e s.m. quindici
quiosque [kiòʃke]: s.m. edicola

R

rádio ['Ràdiu]: s.m. o f. radio
rainha [Ra'iɲa]: s.f. regina
rapariga [Rapariga]: s.f. ragazza
rapaz [Ra'pàʃ]: s.m. ragazzo
rápido ['Ràpidu]: **1** agg. rapido; veloce
   2 s.m. rapido
raro [Ràru]: agg. raro
rato [Ràtu]: s.m. topo
razão [Ra'zãu]: s.f. ragione
realidade [Rialidàde]: s.f. realtà
   na –, in realtà
realizador [Rializa'dor]: s.m. regista
rebentar [Reben'tàr]: v. scoppiare
reboque [Rebòke]: s.m. rimorchio
rebuçado [Rebusàdu]: s.m. caramella
recado [Rekàdu]: s.m. messaggio
receber [Rese'bér]: v. ricevere
receita [Resaita]: s.f. **1** ricetta
   2 incasso
recente [Resente]: agg. recente
rechear [Reʃi'àr]: v. farcire
recheio [Reʃaiu]: s.m. ripieno
recibo [Resibu]: s.m. **1** ricevuta
   2 bolletta
reclamação [Reklama'sãu]: s.f. reclamo

recolher [Reku'λér]: v. raccogliere
recomendar [Rekumen'dàr]: v. raccomandare
recordação [Rekurda'sãu]: s.f. ricordo
recordar [Rekur'dàr]: v. ricordare
rectangular [Rètãgu'làr]: agg. rettangolare
recto [Rètu]: agg. retto
recusar [Reku'zàr]: v. rifiutare
redondezas [Redõdezaʃ]: s.f. pl. pressi; dintorni
redondo [Redõdu]: agg. tondo
reduzir [Redu'zir]: v. **1** ridurre
   2 rallentare
refeição [Refai'sãu]: s.f. pasto
referir [Refe'rir]: v. riferire; fare riferimento
reforçar [Refur'sàr]: v. rinforzare
reforma [Refòrma]: s.f. pensione
refrescar [Refreʃ'kàr]: v. rinfrescare
refresco [Refréʃku]: s.m. rinfresco
refúgio [Re'fuʒiu]: s.m. rifugio
regar [Re'gàr]: v. innaffiare
região [Reʒi'ãu]: s.f. regione
regra [Règra]: s.f. regola
regressar [Regre'sàr]: v. tornare
regresso [Regrèsu]: s.m. ritorno
rei [Rai]: s.m. re
relação [Rela'sãu]: s.f. rapporto
relâmpago [Re'lãpagu]: s.m. lampo
relógio [Re'lòʒiu]: s.m. orologio
relva [Rèlva]: s.f. erba
remetente [Remetente]: s.m. mittente
renda [Renda]: s.f. **1** affitto
   2 merletto
renovação [Renuva'sãu]: s.f. rinnovo
renovar [Renu'vàr]: v. rinnovare
renúncia [Re'nunsia]: s.f. rinuncia
reparação [Repara'sãu]: s.f. riparazione
reparar [Repa'ràr]: v. riparare
repente [Repente]: s.m. **de –**, all'improvviso
repousar [Repo'zàr]: v. riposare
representar [Reprezen'tàr]: v. **1** rappresentare
   2 recitare
requeijão [Rekai'ʒãu]: s.m. ricotta
rés-do-chão [Rèʃ du ʃãu]: s.m. piano terra
reserva [Rezèrva]: s.f. **1** riserva
   2 prenotazione
reservar [Rezer'vàr]: v. riservare; prenotare
resistir [Reziʃ'tir]: v. resistere
resolver [Rezòl'vér]: v. risolvere
respeitar [Reʃpai'tàr]: v. rispettare
respiração [Reʃpira'sãu]: s.f. respiro
respirar [Reʃpi'ràr]: v. respirare
responder [Reʃpõ'dér]: v. rispondere
resposta [Reʃpòʃta]: s.f. risposta
restaurante [Reʃtàurãte]: s.m. ristorante; trattoria
restituir [Reʃtitu'ir]: v. restituire; rendere
resto [Rèʃtu]: s.m. resto
resultado [Rezultàdu]: s.m. risultato
retirar [Reti'ràr]: v. ritirare
revelar [Reve'làr]: v. **1** rivelare
   2 (fot.) sviluppare
revista [Reviʃta]: s.f. rivista
rezar [Re'zàr]: v. pregare
rico [Riku]: agg. e s.m. ricco
rim [Rĩ]: s.m. rene
rio [Riu]: s.m. fiume

rir [Rir]: v. ridere
risco [Riʃku]: s.m. rischio
rocha [Ròʃa]: s.f. roccia
roda [Ròda]: 1 s.f. ruota
  2 loc. em – de: intorno a
rodear [Rudi'àr]: v. circondare; fare il giro
rolo [Rolu]: s.m. rotolo
romance [Rumãse]: s.m. romanzo
romper [Rõ'pér]: v. strappare
rosa [Ròza]: 1 s.f. rosa
  2 cor de –: rosa (colore)
roto [Rotu]: agg. stracciato
rotunda [Rutunda]: s.f. rotonda
roubar [Ro'bàr]: v. rubare
roubo [Robu]: s.m. furto; rapina
roupa [Ropa]: s.f. abbigliamento
rua [Rua]: s.f. via; strada
ruído [Ru'idu]: s.m. rumore
russo [Rusu]: agg. e s.m. russo

S

sábado ['sàbadu]: s.m. sabato
saber [sa'bér]: v. sapere
sabonete [sabunéte]: s.m. saponetta
sabor [sa'bor]: s.m. gusto
saboroso [saburozu]: agg. saporito
saia [sàia]: s.f. gonna
saída [sa'ida]: s.f. uscita
sair [sa'ir]: v. uscire
sal [sàl]: s.m. sale
sala [sàla]: s.f. sala
  – de estar: soggiorno
  – de aulas: aula
salada [salàda]: s.f. insalata
saldo [sàldu]: s.m. saldo
salgado [sàlgàdu]: agg. salato
salmão [sàl'mãu]: s.m. salmone
salsa [sàlsa]: s.f. prezzemolo
salsicha [sàlsiʃa]: s.f. salsiccia; würstel
saltar [sàl'tàr]: v. saltare
sandália [sã'dàlia]: s.f. sandalo
sandes [sãdeʃ]: s.f. panino
sangue [sãge]: s.m. sangue
sapataria [sapataria]: s.f. negozio di calzature
sapato [sapàtu]: s.m. scarpa
sardinha [sardiɲa]: s.f. sardina
sarilho [sariλu]: s.m. guaio; pasticcio
satisfazer [satiʃfa'zér]: v. soddisfare
saudade [saudàde]: s.f. nostalgia
saúde [sa'ude]: s.f. salute
se [se]: 1 cong. se
  2 pron. si
sé [sè]: s.f. cattedrale
secador de cabelo [seka'dor de kabélu]: s.m.
  asciugacapelli
secar [se'kàr]: v. asciugare
seco [séku]: agg. asciutto
secretaria [sekretaria]: s.f. segreteria
secretária [sekre'tària]: s.f. 1 segretaria
  2 scrivania
século ['sèkulu]: s.m. secolo
seda [séda]: s.f. seta

sede [séde]: s.f. sete
seguida [segida]: s.f. 1 loc. em –, dopo; poi
  2 loc. de –, di seguito
seguir [se'gir]: v. seguire
segunda-feira [segunda faira]: s.f. lunedì
segundo [segundu]: agg., s.m. e prep. secondo
segurança [segurãsa]: s.f. sicurezza
segurar [segu'ràr]: v. 1 tenere
  2 assicurare
seguro [seguru]: 1 agg. sicuro
  2 s.m. assicurazione
seis [saiʃ]: agg. num card. e s.m. sei
seiscentos [saiʃsentuʃ]: agg. num card. e s.m. seicento
seja [saʒa]: cong. sia
selo [sélu]: s.m. francobollo; bollo
sem [sãi]: prep. senza
semáforo [se'màfuru]: s.m. semaforo
semana [semana]: s.f. settimana
semanada [semanàda]: s.f. paghetta
semanal [sema'nàl]: agg. settimanale
semelhante [semeλãte]: agg. simile
sempre [sempre]: avv. sempre
senão [se'nãu]: 1 cong. se no; altrimenti; ma; bensì
  2 avv. se non; eccetto
senhor [se'ɳor]: s.m. signore
senhora [seɳora]: s.f. 1 signora
  2 Nossa S–: Madonna
senhorio [seɳoriu]: s.m. padrone di casa
sentar-se [sentàrse]: v.r. sedersi
sentido [sentidu]: s.m. senso
sentir [sen'tir]: v. sentire
separar [sepa'ràr]: 1 v. separare; dividere;
  2 v.r. separarsi
sequer [se'kèr]: 1 avv. almeno; per lo meno
  2 nem –: neanche
ser [sér]: v. essere
serra [sèRa]: s.f. 1 sega
  2 catena di montagne
servir [ser'vir]: v. servire
sete [sète]: agg. num. card. e s.m. sette
setecentos [sètesentuʃ]: agg. num. card. e s.m. settecento
Setembro [setembru]: s.m. settembre
setenta [setenta]: agg. num. card. e s.m. settanta
setentrional [setentriu'nàl]: agg. settentrionale
sexta-feira [saiʃta faira]: s.f. venerdì
si [si]: pron. pers. se
significar [signifi'kàr]: v. significare; voler dire
silêncio [si'lensiu]: s.m. silenzio
sim [sim]: avv. sì
simples [simpleʃ]: agg. semplice
sincero [sinsèru]: agg. sincero
sítio ['sitiu]: s.m. posto
só [sò]: agg. e avv. solo
sob [sob]: prep. sotto
sobrar [su'bràr]: v. avanzare
sobre [sobre]: prep. su
sobremesa [sobreméza]: s.f. dessert
sobretudo [sobretudu]: 1 avv. soprattutto
  2 s.m. cappotto
sobrinha/o [subriɲa/u]: s.f./m. nipote (di zii)
socorro [sukoRu]: 1 s.m. soccorso
  2 inter. aiuto!

sofá [su'fà]: s.m. divano
sofrer [su'frér]: v. 1 soffrire
  2 subire
sogra/o [sògra/sogru]: s.f./m. suocera/o
sol [sòl]: s.m. sole
soltar [sòl'tàr]: v. liberare
solteira [sòltaira]: agg. nubile
solteiro [sòltairu]: agg. celibe
soluçar [sulu'sàr]: v. singhiozzare
som [sō]: s.m. suono
soma [soma]: s.f. addizione
sombra [sōbra]: s.f. ombra
sonho [soɲu]: s.m. sogno
sono [sonu]: s.m. sonno
sopa [sopa]: s.f. minestra; zuppa
sorrir [su'Rir]: v. sorridere
sorte [sòrte]: s.f. fortuna
soutien [suti'ã]: s.m. reggiseno
sozinho [sòziɲu]: agg. solo; da solo
suar [su'àr]: v. sudare
subida [subida]: s.f. salita
subir [su'bir]: v. salire
súbito ['subitu]: agg. subito
substituir [subʃtitu'ir]: v. sostituire
suceder [suse'dér]: v. accadere
sueco [suèku]: agg. e s.m. svedese
suíço [su'isu]: agg. e s.m. svizzero
sujar [su'ʒàr]: v. sporcare
sujidade [suʒidàde]: s.f. sporcizia
sujo [suʒu]: agg. sporco
sul [sul]: s.m. sud
sumo [sumu]: s.m. 1 succo
  2 spremuta
supermercado [supèrmerkàdu]: s.m. supermercato
suportar [supur'tàr]: v. subire
supositório [supuzi'tòriu]: s.m. supposta
surpresa [surpréza]: s.f. sorpresa
susto [suʃtu]: s.m. spavento

T

tabacaria [tabakaria]: s.f. tabaccheria
tabaco [tabàku]: s.m. tabacco
taberna [tabèrna]: s.f. osteria
taça [tàsa]: s.f. coppa
talão [ta'lãu]: s.m. scontrino
talher [ta'ʎèr]: s.m. posata
talho [tàʎu]: s.m. macelleria
talvez [tàl'véʃ]: avv. forse; può darsi
tamanho [tamaɲu]: s.m. grandezza; misura
também [tã'bãi]: avv. e cong. anche; pure
  – não, neanche
tangerina [tãʒerina]: s.f. mandarino
tanto [tãtu]: avv., agg., pron. e s.m. tanto
tão [tãu]: avv. tanto
tapar [ta'pàr]: v. coprire
tapete [tapéte]: s.m. tappeto
tarde [tàrde]: 1 avv. tardi
  2 s.f. pomeriggio; sera
tarefa [tarèfa]: s.f. compito
tarifa [tarifa]: s.f. tariffa
tasca [tàʃka]: s.f. bettola; taverna; osteria
táxi [tàksi]: s.m. taxi

teatro [tiàtru]: s.m. teatro
tecto [tètu]: s.m. soffitto
teleférico [tele'fèriku]: s.m. teleferica
telefonar [telefu'nàr]: v. telefonare
telefone [telefòne]: s.m. telefono
telefonema [telefunéma]: s.m. telefonata
telegrama [telegrama]: s.m. telegramma
telejornal [tèlèʒur'nàl]: s.m. telegiornale
televisão [televi'zãu]: s.f. televisione
telhado [teʎàdu]: s.m. tetto
temer [te'mér]: v. temere
temor [te'mor]: s.m. timore
temperar [tempe'ràr]: v. condire
temperatura [temperatura]: s.f. temperatura
tempestade [tempeʃtàde]: s.f. tempesta
templo [templu]: s.m. tempio
tempo [tempu]: s.m. tempo
tencionar [tensiu'nàr]: v. avere l'intenzione di
tenda [tenda]: s.f. tenda
ténis [tèniʃ]: s.m. tennis
tenro [tenRu]: agg. tenero; morbido
tentar [ten'tàr]: v. tentare
tépido ['tèpidu]: agg. tiepido
ter [tér]: v. 1 avere
  2 – de/que, dovere
terça-feira [térsa faira]: s.f. martedì
termas [térmaʃ]: s.f. pl. terme
terminal [termi'nàl]: 1 agg. terminale
  2 s.m. capolinea
terra [tèRa]: s.f. 1 terra
  2 paese
terraço [teRàsu]: s.m. terrazza
tesoura [tezora]: s.f. forbice
texto [taiʃtu]: s.m. testo
tia/o [tia/u]: s.f./m. zia/o
típico ['tipiku]: agg. tipico
tirar [ti'ràr]: v. 1 togliere
  2 estrarre
toalha [tuàʎa]: s.f. 1 asciugamano
  2 tovaglia
tocar [tu'kàr]: v. 1 suonare
  2 toccare
todavia [tudavia]: avv. tuttavia
todo [todu]: agg. indef., avv. e s.m. tutto
tomada [tumàda]: s.f. presa
tomar [tu'màr]: v. 1 bere
  2 – duche/banho: fare la doccia/il bagno
tomate [tumàte]: s.m. pomodoro
tornar [tur'nàr]: 1 v.t. rendere
  2 v.r. diventare
  3 – a: fare di nuovo
torrada [tuRàda]: s.f. toast
torre [toRe]: s.f. torre
tosse [tòse]: s.f. tosse
tossir [tu'sir]: v. tossire
toucinho [tosiɲu]: s.m. pancetta; lardo
tóxico ['tòksiku]: agg. tossico
trabalhar [traba'ʎàr]: v. lavorare
trabalho [trabàʎu]: s.m. lavoro
tradutor [tradu'tor]: s.m. traduttore
traduzir [tradu'zir]: v. tradurre
tráfico ['tràfiku]: s.m. traffico
trajecto [traʒètu]: s.m. tragitto
transformar [trãʃfur'màr]: v. trasformare

transporte [trãʃpòrte]: s.m. trasporto
trás [tràʃ]: prep. e avv. dietro; indietro
tratar [tra'tàr]: v. 1 curare
  2 – por tu: dare del tu
travar [tra'vàr]: v. frenare
trazer [tra'zér]: v. portare
treinar [trai'nàr]: v. allenarsi; allenare
treino [trainu]: s.m. allenamento
três [tréʃ]: agg. num card. e s.m. tre
treze [tréze]: agg. num card. e s.m. tredici
trezentos [trezentuʃ]: agg. num card. e s.m. trecento
trinta [trinta]: agg. num card. e s.m. trenta
tripulação [tripula'sãu]: s.f. equipaggio
triste [triʃte]: agg. triste
troca [tròka]: s.f. scambio
trocar [tru'kàr]: v. scambiare
troco [tròku]: s.m. resto
trocos [tròkuʃ]: s.m. pl. spiccioli
trovoada [truvuàda]: s.f. temporale con tuoni
trufa [trufa]: s.f. tartufo
truta [truta]: s.f. trota
tudo [tudu]: pron. indef. e s.m. tutto
túnel [tunèl]: s.m. galleria

U

último ['ultimu]: agg. ultimo
ultrapassar [ultrapa'sàr]: v. superare; sorpassare
um [um]: 1 agg. num. card. uno
  2 art. un; uno; pl. alcuni; dei; degli
unha [uɲa]: s.f. unghia
único ['uniku]: agg. unico
unir [u'nir]: v. unire
universidade [universidàde]: s.f. università
urgência [ur'ʒensia]: s.f. urgenza
urgente [urʒente]: agg. urgente
usar [u'zàr]: v. usare
usual [uzu'àl]: agg. usuale
útil [util]: agg. utile
utilizar [utili'zàr]: v. utilizzare
uva [uva]: s.f. uva

V

vaca [vàka]: s.f. mucca
vacina [vasina]: s.f. vaccino
vale [vàle]: s.m. valle
valer [va'lér]: v. valere
vantagem [vãtàʒãi]: s.f. vantaggio
varanda [varãda]: s.f. balcone
vário ['vàriu]: agg. e pron. indef. vario
varrer [va'Rér]: v. spazzare
vazio [vaziu]: agg. e s.m. vuoto
vegetariano [veʒetarianu]: agg. vegetariano
velho [vèʎu]: agg. vecchio
velocidade [velusidàde]: s.f. velocità

vencer [ven'sér]: v. vincere
vender [ven'dér]: v. vendere
vento [ventu]: s.m. vento
ver [vér]: v. vedere
Verão [ve'rãu]: s.m. estate
verdadeiro [verdadairu]: agg. vero
verde [vérde]: agg. e s.m. verde
vermelho [vermaʎu]: agg. e s.m. rosso
véspera ['vèʃpera]: s.f. vigilia
vestido [veʃtidu]: s.m. vestito; abito
vestir [veʃ'tir]: v. vestire; indossare; v.r. vestirsi
vestuário [veʃtu'àriu]: s.m. abbigliamento
veterinário [veteri'nàriu]: s.m. veterinario
vez [véʒ]: s.f. vita
viagem [vià ʒ ãi]: s.f. viaggio
viajar [via'ʒàr]: v. viaggiare
vida [vida]: s.f. vita
videocassete [vidiokàsète]: s.f. videocassetta
vidro [vidru]: s.m. vetro
vigilante [veʒilàte]: s.m. vigile
vinagre [vinàgre]: s.m. aceto
vingar [vin'gàr]: v. vendicare
vinho [viɲu]: s.m. vino
  – tinto: rosso
  – branco, bianco
vinte [vinte]: agg. num. card. e s.m. venti
vir [vir]: v. venire
virar [vi'ràr]: v. girare
visita [vezita]: s.f. visita
visitar [vezi'tàr]: v. visitare
viúva/o [vi'uva/u]: s.f./m. vedova/o
vivenda [vivenda]: s.f. villa; casa
viver [vi'vér]: v. vivere
vizinho [veziɲu]: s.m. vicino
voar [vu'àr]: v. volare
volta [vòlta]: s.f. 1 giro
  2 ritorno
voltar [vòl'tàr]: v. 1 tornare
  2 – a: fare di nuovo
  3 girare
vontade [võtàde]: s.f. voglia
voo [vou]: s.m. volo
voz [vòʃ]: s.f. voce
vulgar [vul'gàr]: agg. comune; ordinario

X

xadrez [ʃa'dréʃ]: s.m. scacchi
xarope [ʃaròpe]: s.m. sciroppo

Z

zangar [zã'gàr]: v. infastidire; arrabiare; v.r. arrabbiarsi
zero [zèru]: s.m. zero
zona [zona]: s.f. zona

ITALIANO-PORTUGUÊS

A

abbagliante: deslumbrante [deſ lumbrãte]
abbandonare: abandonar [abãdu'nàr]
abbassare: baixar; abaixar [bai'ſàr; abai'ſàr]
abbastanza: bastante [baſtãte]
abbattere: abater [aba'tér]
abbazia: abadia s.f. [abadia]
abbigliamento: roupa s.f. [Ropa]
abbonamento: passe s.m. [pàse]
abbondante: abundante [abundãte]
abbracciare: abraçar [abra'sàr]
abbraccio: abraço s.m. [abràsu]
abbronzante: bronzeador agg. e .s.m. [brõzia'dor]
abitante: habitante s.m. e f. [abitãte]
abitare: habitar [abi'tàr]
abitazione: habitação s.f. [abita'sãu]
abito: fato s.m. [ſàtu]
abituarsi: habituar-se; acostumar-se [abituàrse; akuſtumàrse]
abitudine: hábito; costume s.m. ['àbitu, kuſtume]
accadere: acontecer; passar; suceder; [akõte'sér; pa'sàr; suse'dér]
accanto: ao lado; ao pé; junto a, ao lado de [àu làdu; àu pè; ʒuntu a; àu làdu de]
accappatoio: roupão s.m. [Ro'pãu]
accendere: acender [asen'dér]
accendino: isqueiro s.m. [iʃ kairu]
accento: acento s.m. [asentu]
accettare: aceitar [asai'tàr]
acciuga: anchova s.f. [āſ ova]
accogliente: acolhedor [akuʎe'dor]
accompagnare: acompanhar [akõpa'ɳàr]
accontentare: contentar [kõten'tàr]
acconto: sinal; adiantamento s.m. [si'nàl; adiãtamentu]
accorciare: encurtar [enkur'tàr]
accordo, essere d'accordo: acordo; estar de acordo [akordu; eſtàr de akordu]
accorgersi: aperceber-se [apersebérse]
aceto: vinagre s.m. [vinàgre]
acqua: água s.f. ['àgua]

acquistare: comprar; adquirir [kõ'pràr; adki'rir]
adagio: devagar [deva'gàr]
addio: adeus; até à vista [adéuſ ; atè à viſ ta]
addirittura: até [atè]
addizione: soma; adição s.f. [soma; adi'sãu]
addormentarsi: adormecer [adurme'sér]
addosso: em cima [ãi sima]
adesso: agora; já [agòra; ʒà]
aeroplano: avião s.m. [avi'ãu]
aeroporto: aeroporto s.m. [aèròportu]
affacciarsi: debruçar-se [debrusàrse]
affamato: esfomeado [ſfòmiàdu]
affare: negócio s.m. [ne'gòsiu]
afferrare: agarrar [aga'Ràr]
affittare: alugar [alu'gàr]
affitto: aluguer s.m. [alu'gèr]; renda s.f. [Renda]
affollato: cheio de gente; apinhado [ſaiu de ʒente; apiɳàdu]
affresco: fresco s.m. [freſ ku]
affrettarsi: despachar-se [deſ paſ àrse]
affumicato: fumado [fumàdu]
afoso: sufocante; pesado [sufukãte; pezàdu]
agenda: agenda s.f. [aʒenda]
agenzia: agência s.f. [a'ʒensia]
aggiungere: acrescentar [akreſ sen'tàr]
aglio: alho s.m. [àʎu]
agnello: borrego s.m. [buRegu]
ago: agulha s.f. [aguʎa]
agosto: Agosto s.m. [agoſ tu]
agricoltore: agricultor s.m. [agrikul'tor]
agrumi: citrinos s.m. pl. [sitrinuſ]
aiutare: ajudar [aʒu'dàr]
aiuto: ajuda s.f.; socorro! inter. [aʒuda; sukoRu]
alba: madrugada s.f. [madrugàda]
albergo: hotel s.m. [ò'tèl]; pousada s.f. [pozàda]
albero: árvore s.f. ['àrvure]
albicocca: damasco s.m. [damàſ ku]
alcolico: alcoólico [àlku'òliku]
allarme: alarme s.m. [alàrme]
allegro: alegre [alègre]
allenamento: treino s.m. [trainu]
allenare: treinar [trai'nàr]
alloggio: alojamento s.m. [aluʒamentu]

allora: então [*en'tāu*]
almeno: pelo menos [*pélu ménuʃ*]
altezza: altura s.f. [*àltura*]
alto: alto [*àltu*]
altrimenti: senão [*se'nāu*]
altro: outro [*otru*]
altro ieri: anteontem [*ātiŏtāi*]
altrove: noutro sítio; noutro lugar [*notru 'sitiu; notru lu'gàr*]
altrui: dos outros [*duz otruʃ*]
alzare: levantar [*levā'tàr*]
alzarsi: levantar-se [*levātàrse*]
amare: amar [*a'màr*]
amaro: amargo [*amàrgu*]
ambasciata: embaixada s.f. [*embàiʃàda*]
ambulanza: ambulância s.f. [*ābu'lāsia*]
amica/o: amiga/o s.f./m. [*amiga/u*]
amicizia: amizade s.f. [*amizàde*]
ammalarsi: adoecer [*adui'sér*]
amministrare: administrar [*admeniʃ'tràr*]
amore: amor s.m. [*amor*]
ampio: amplo [*āplu*]
analcolico: não-alcoólico [*nāu àlku'òliku*]
analgesico: analgésico agg. e s.m. [*anàl'ʒèziku*]
anatra: pato s.m. [*pàtu*]
anche: também [*tā'bāi*]
ancora: ainda [*ainda*]
andare: ir [*ir*]
andarsene: ir-se embora [*irse embòra*]
andata: ida s.f. [*ida*]
anguria: melancia s.f. [*melāsia*]
animale: animal s.m. [*ani'màl*]
anno: ano s.m. [*anu*]
annoiarsi: aborrecer-se [*abuResérse*]
annullamento: anulação s.f. [*anula'sāu*]
annullare: anular [*anu'làr*]
annunciare: anunciar [*anunsi'àr*]
anteprima: ante-estreia s.f. [*āte ʃ traia*]
anteriore: anterior; antecedente [*āterior; ātesedente*]
antiallergico: antialérgico agg. e s.m. [*ātia'lèrʒiku*]
antibiotico: antibiótico agg. e s.m. [*ātibi'òtiku*]
antichità: antiguidade s.f. [*ātiguidàde*]
anticipare: antecipar; adiantar [*ātesi'pàr; adiā'tàr*]
anticipo: adiantamento s.m. [*adiātamentu*]
antico: antigo [*ātigu*]
anticoncezionale: anticoncepcional agg. e s.m. [*ātikŏsèsiu'nàl*]
antidolorifico: analgésico agg. e s.m. [*anàl'ʒèziku*]
antifurto: anti-roubo [*āti Robu*]
antinfluenzale: antigripal agg. e s.m. [*āti gri'pàl*]
antipasto: entrada s.f. [*entràda*]
anzi: ou melhor; pelo contrário [*o me'lòr; pélu kŏ'tràriu*]
anziano: idoso agg. e s.m. [*idozu*]
ape: abelha s.f. [*abaλa*]
aperitivo: aperitivo s.m. [*aperitivu*]
aperto: aberto [*abèrtu*]
all'–: ao ar livre [*àu àr livre*]
apparire: aparecer [*apare'sér*]
appartamento: apartamento; andar s.m. [*apartamentu; ā'dàr*]
appartenere: pertencer [*perten'sér*]

appena: mal [*màl*]
appendere: pendurar [*pendu'ràr*]
appetito: apetite s.m. [*apetite*]
apprezzare: apreciar [*apresi'àr*]
approfittare: aproveitar [*apruvai'tàr*]
appuntamento: encontro s.m. [*enkŏtru*]
aprile: Abril s.m. [*a'bril*]
aprire: abrir [*a'brir*]
apriscatole: abrelatas s.m. [*àbrelàtaʃ*]
arabo: árabe agg. e s.m. e f. [*'àrabe*]
arachide: amendoim s.m. [*amendu'im*]
aragosta: lagosta s.f. [*lagoʃta*]
arancia: laranja s.f. [*larāʒa*]
aranciata: laranjada s.f. [*larāʒàda*]
arancione: cor de laranja [*kor de larāʒa*]
architetto: arquitecto s.m. [*arkitètu*]
argento: prata s.f. [*pràta*]
aria: ar s.m. [*àr*]
armadio: armário s.m. [*ar'màriu*]
arrabbiarsi: zangar-se [*zāgàrse*]
arredamento: decoração s.f. [*dekura'sāu*]
arrestare: prender [*pren'dér*]
arrivare: chegar [*ʃe'gàr*]
arrivederci: adeus!; até à vista! [*adéuʃ; atè à viʃta*]
arrivo: chegada s.f. [*ʃegàda*]
arrosto: assado agg. e s.m. [*asàdu*]
articolo: artigo s.m. [*artigu*]
artigianato: artesanato s.m. [*artezanàtu*]
ascensore: elevador s.m. [*ileva'dor*]
asciugacapelli: secador de cabelo s.m. [*seka'dor de kabélu*]
asciugamano: toalha s.f. [*tuàλa*]
asciugare: secar [*se'kàr*]
asciutto: seco [*séku*]
ascoltare: ouvir; escutar [*o'vir; ʃku'tàr*]
asino: burro s.m. [*buRu*]
asparago: espargo s.m. [*ʃpàrgu*]
aspettare: esperar [*ʃpe'ràr*]
aspirapolvere: aspirador s.m. [*aʃpira'dor*]
assai: muito; bastante [*mũitu; baʃtàte*]
assegno: cheque s.m. [*ʃèke*]
assicurare: assegurar [*asegu'ràr*]
assicurazione: seguro s.m. [*seguru*]
assomigliarsi: parecer-se [*paresérse*]
assorbente: penso higiénico s.m. [*pensu iʒi'èniku*]
asta: leilão s.f. [*lei'lāu*]
atlante: atlas s.m. [*àtlaʃ*]
atrio: átrio; vestíbulo s.m. [*'àtriu; veʃ'tibulu*]
attendere: esperar [*ʃ pe'ràr*]
attento: atento [*atentu*]
attenzione: atenção s.f. [*aten'sāu*]
atterraggio: aterragem s.f. [*ateRàʒāi*]
atterrare: aterrar [*ate'Ràr*]
attesa: espera s.f. [*ʃ pèra*]
attirare: atrair [*atra'ir*]
attivo: activo [*àtivu*]
attore: actor s.m. [*à'tor*]
attraversare: atravessar [*atrave'sàr*]
attraverso: através de [*atravèʒ de*]
attrezzatura: equipamento s.m. [*ikipamentu*]
attrice: actriz s.f. [*à'triʃ*]
augurio: desejo s.m. [*dezaiʒu*]
auguri: parabéns! s.m. pl. [*para'bāiʃ*]
autista: condutor s.m. [*kŏdu'tor*]

autobus: autocarro s.m. [àutòkàRu].
automatico: automático [àutu'màtiku]
automobile: carro; automóvel s.m. [kàRu; àutumòvèl]
autonoleggio: aluguer de automóveis s.m. [alu'gèr de àutumòveiʃ]
autorimessa: garagem s.f. [garàʒãi]
autorizzare: autorizar [àuturi'zàr]
autorizzazione: autorização s.f. [àuturiza'sãu]
autostop: boleia s.f. [bulaia]
autostrada: auto-estrada s.f. [àutòʃtràda]
autunno: Outono s.m. [otonu]
avanti: para a frente [para a frente]
– a, : antes de; em frente de [ãteʒ de; ãi frente de]
avanzare: sobrar [su'bràr]
avaria: avaria s.f. [avaria]
avere: ter [tér]
avvenimento: acontecimento s.m. [akõtesimentu]
avvertenza: advertência s.f. [adver'tensia]
avvicinare: aproximar [apròsi'màr]
avvisare: avisar [avi'zàr]
avvocato: advogado s.m. [advugàdu]
avvolgere: envolver [envòl'vér]
azienda: empresa s.f. [empréza]
azione: acção s.f. [à'sãu]
azzurro: azul claro agg. e s.m. [azul klàru]

B

babbo: papá s.m. [pa'pà]
baccalà: bacalhau s.m. [baka'làu]
bacio: beijo s.m. [baiʒu]
bagaglio: bagagem s.f. [bagàʒãi]
bagnare: molhar [mu'λàr]
bagno: banho s.m.; casa-de-banho s.f. [baɲu; kàza de baɲu]
baia: baía s.f. [ba'ia]
balcone: varanda s.f. [varãda]
ballare: dançar [dã'sàr]
ballo: baile s.m. [bàile]
balneare: balneário [bàlni'àriu]
bambino: criança s.f. [kriãsa]
bambola: boneca s.f. [bunèka]
banana: banana s.f. [banana]
banca: banco s.m. [bãku]
banchina: cais s.m. [kàiʃ]
banco: balcão s.m. [bàl'kãu]
bancomat: caixa multibanco s.f. [kàiʃa multibàku]
banconota: nota de banco s.f. [nòta de bàku]
barba: barba s.f. [bàrba]
barbiere: barbeiro s.m. [barbairu]
barca: barco s.m. [bàrku]
barriera: barreira s.f. [baRaira]
barzelletta: anedota s.f. [anedòta]
basilico: manjericão s.m. [mãʒeri'kãu]
basso: baixo [bàiʃu]
battere: bater [ba'tér]
bellezza: beleza s.f. [beléza]
bello: bonito [bunitu]
benché: embora; apesar de [embòra; ape'zàr de]
bene: bem avv. e s.f. [bãi]
benzina: gasolina s.f. [gazulina]
benzinaio: bomba de gasolina s.f. [bõba de gazulina]

bere: beber; tomar [be'bér; tu'màr]
bevanda: bebida s.f. [bebida]
biancheria: roupa de casa s.f. [Ropa de kàza]
bianco: branco agg. e s.m. [brãku]
biblioteca: biblioteca s.f. [bibliutèka]
bicchiere: copo s.m. [kòpu]
bicicletta: bicicleta s.f. [bisiklèta]
bigiotteria: bijutaria s.f. [biʒutaria]
biglietteria: bilheteria s.f. [biλetaira]
biglietto: bilhete s.m. [beλéte]
bimbo: criança s.f. ; miúdo s.m. [kriãsa; mi'udu]
binario: plataforma s.f. [platafòrma]
biondo: louro [loru]
biro: esferográfica s.f. [ʃferò'gràfika]
birra: cerveja s.f. [servaiʒa]
birreria: cervejaria s.f. [serveʒaria]
biscotto: bolacha s.f., [bulàʃa]
bisognare: **1** precisar; ser preciso [presi'zàr; sér presizu]
   2 ter de/que [tér de/ke]
bistecca: bife s.m. [bife]
blu: azul escuro agg. e s.m. [azul ʃkuru]
bocca: boca s.f. [boka]
bollente: a ferver [a fer'vér]
bolletta: recibo s.m. [resibu]
bollire: ferver [fer'vér]
bollito: cozido s.m. [kuzidu]
bollo: selo; carimbo ʙ.m. [sélu, karĩmbu]
borsa: bolsa s.f. [bolsa]
– di studio: bolsa de estudo, s.f. [bolsa de ʃtudu]
borseggiatore: carteirista s.m. e f. [kartairiʃta]
bottiglia: garrafa s.f. [gaRàfa]
bottone: botão s.m. [bu'tãu]
braccio: braço s.m. [bràsu]
breve: breve [brève]
brocca: jarro s.m. [ʒàRu]
brodo: caldo s.m. [kàldu]
bruciare: queimar [kai'màr]
bruciatura: queimadura s.f. [kaimadura]
bruciore: ardor s.m. [ar'dor]
bruno: moreno [murénu]
brutto: feio [faiu]
buco: buraco s.m. [buràku]
budino: pudim s.m. [pu'dim]
bugiardo: mentiroso agg. e s.m. [mentirozu]
buio: escuridão s.f.; escuro s.m [ʃkuri'dãu; ʃkuru]
buono: bom [bõ]
burro: manteiga s.f. [mãtaiga]
busta: envelope s.m. [envelòpe]
buttare: deitar fora; atirar fora [dai'tàr fòra; ati'ràr fòra]
buttarsi: atirar-se [atiràrse]

C

cadere: cair [ka'ir]
caduta: queda s.f. [kèda]
caffè: café s.m. [ka'fè]
– decaffeinato: descafeinado s.m. [deʃ kafèinàdu]
– lungo: carioca de café s.m. [kariòka de kafè]
– macchiato: garoto s.m. [garotu]
cagna: cadela s.f. [kadèla]

calamaro: lula s.f. [*lula*]
calare: baixar [*bài'ʃàr*]
calciatore: futebolista, jogador de futebol s.m. [*futebuliʃta; ʒuga'dor de fute'bòl*]
calcio: 1 futebol s.m. [*fute'bòl*]
  2 pontapé s.m. [*pōta'pè*]
calcolare: calcular [*kàlku'làr*]
calcolatrice: máquina de calcular s.f. [*'màkina de kàlku'làr*]
caldo: 1 quente agg. [*kente*]
  2 calor s.m. [*ka'lor*]
calpestare: pisar [*pi'zàr*]
calza: meia s.f. [*maia*]
calzatura: calçado s. m. [*kàlsàdu*]
calzino: peúga s.f. [*pi'uga*]
calzolaio: sapateiro s.m. [*sapatairu*]
cambiale: letra de câmbio s.f. [*létra de 'kābiu*]
cambiamento: mudança s.f. [*mudāsa*]
cambiare: mudar [*mu'dàr*]
cambiavalute: cambista s.m. e f. [*kābiʃta*]
camera: quarto s.m. [*kuàrtu*]
cameriere: empregado de mesa s.m. [*empregàdu de méza*]
camicetta: blusa s.f. [*bluza*]
camicia: camisa s.f. [*kamiza*]
camion: camião s.m. [*kàmi'ãu*]
camminare: andar; caminhar [*ā'dàr; cami'ŋàr*]
campagna: campo s.m. [*kāpu*]
campanello: campainha s.f. [*kāpa'iŋa*]
campeggio: parque de campismo s.m. [*pàrke de kāpiʃmu*]
canadese: canadiano agg. e s.m. [*kanadianu*]
cancellare: 1 apagar [*apa'gàr*]
  2 cancelar [*kāse'làr*]
cane: cão s.m. [*kãu*]
cantante: cantor/a s.m./f. [*kā'tor/a*]
canzone: canção s.f. [*kā'sãu*]
capello: cabelo s.m. [*kabélu*]
capire: perceber; entender; compreender [*perse'bér; enten'dér; kōprien'dér*]
capolavoro: obra-prima s.f. [*òbra prima*]
capolinea: terminal s.m. [*termi'nàl*]
capostazione: chefe de estação s.m. [*ʃèfe de ʃta'sāu*]
cappello: chapéu s.m. [*ʃa'pèu*]
cappotto: sobretudo s.m. [*subretudu*]
caramella: rebuçado s.m. [*Rebusàdu*]
carino: giro; bonito [*ʒiru; bunitu*]
carne: carne s.f. [*kàrne*]
caro: 1 (costoso) caro [*kàru*]
  2 querido [keridu]
carota: cenoura s.f. [*senora*]
carta: papel s.m. [*pa'pèl*]
– **da lettera**: papel de carta s.m. [*papèl de kàrta*]
– **bollata**: papel selado s.m. [*pa'pèl selàdu*]
– **d'identità**: bilhete de identidade s.m. [*beλéte de identidàde*]
– **geografica**: mapa s.m. [*màpa*]
cartoleria: papelaria s.f. [*papelaria*]
cartolina: postal s.m. [*puʃ'tàl*]
casa: casa s.f. [*kàza*]
casalinga: dona-de-casa s.f. [*dona de kàza*]
cascata: cascata s.f. [*kaʃkàta*]
cassa: caixa s.f. [*kàiʃa*]
cassaforte: caixa forte s.f. [*kàiʃa fòrte*]

cassetta: cassete s.f. [*kàsète*]
cassetto: gaveta s.f. [*gavéta*]
castello: castelo s.m. [*kaʃtèlu*]
cattedrale: catedral s.f. [*kate'dràl*]
cattivo: mau [*màu*]
cauzione: fiança; caução s.f. [*fiāsa; kàu'sāu*]
cavolfiore: couve-flor s.f. [*kove flor*]
cavolo: couve s.f. [*kove*]
cece: grão s.m. [*grāu*]
celibe: solteiro [*sòltairu*]
cena: jantar s.m. [*ʒā'tàr*]
cenare: jantar [*ʒā'tàr*]
cento: cem; cento [*sāi; sentu*]
centrale: central [*sen'tràl*]
centro: centro s.m. [*sentru*]
cercare: procurar [*pròku'ràr*]
cerotto: penso s.m. [*pensu*]
certo: 1 certo agg. e pron. indef. [*sèrtu*]
  2 claro inter. [*klàru*]
cetriolo: pepino s.m. [*pepinu*]
che: que [*ke*]
chi: quem [*kāi*]
chiamare: chamar [*ʃa'màr*]
chiarimento: esclarecimento s.m. [*ʃklaresimentu*]
chiaro: claro [*klàru*]
chiave: chave s.f. [*ʃàve*]
chiedere: 1 pedir [*pe'dir*]
  2 perguntar [*pergun'tàr*]
chiesa: igreja s.f. [*igraiʒa*]
chilogrammo: quilograma s.m. [*kilugrama*]
chilometro: quilómetro s.m. [*ki'lòmetru*]
chirurgo: cirurgião s.m. [*sirurʒi'āu*]
chissà: quem sabe; não sei; sei lá; sabe-se lá; talvez [*kāi sàbe; nāu sai; sai là; sàbese là; tàl'véʃ*]
chitarra: guitarra s.f. [*gitàRa*]
chiudere: fechar [*fe'ʃàr*]
chiusura: encerramento; fecho s.m. [*enseRamentu; faiʃu*]
ciao: olá [*òlà*]
cibo: comida s.f. [*kumida*]
cielo: céu s.m. [*sèu*]
ciliegia: cereja s.f. [*seraiʒa*]
cinema: cinema s.m. [*sinéma*]
cinese: chinês agg. e s.m. [*ʃi'néʃ*]
cinquanta: cinquenta [*sinkuenta*]
cintura: cinto s.m. [*sintu*]
cioccolata: chocolate s.m. [*ʃukulàte*]
cipolla: cebola s.f. [*sebola*]
città: cidade s.f. [*sidàde*]
cittadino: cidadão s.m. [*sida'dāu*]
cliente: cliente s.m. e f. [*kliente*]
clima: clima s.m. [*klima*]
cocomero: melancia s.f. [*melansia*]
cofano: cofre s.m. [*kòfre*]
cogliere: apanhar [*apa'ŋàr*]
cognata/o: cunhada/o s.f./m. [*kuŋàdu*]
cognome: apelido s.m. [*apelidu*]
coincidenza: coincidência s.f. [*kuinsi'densia*]
colazione: pequeno-almoço s.m. [*pekénu àlmosu*]
collo: pescoço s.m. [*peʃkosu*]
colloquio: entrevista s.f. [*entreviʃta*]
colore: cor s.f. [*kor*]
coltello: faca s.f. [*fàka*]
come: como [*komu*]

cominciare: começar [kume'sàr]
commesso: empregado de balcão s.m. [empregàdu de bàl'kãu]
comodo: cómodo ['kòmudu]
compilare: preencher [prien'ʃér]
comprare: comprar [kõ'pràr]
comprensibile: compreensível [kõpriensivèl]
compressa: comprimido s.m. [kõprimidu]
computer: computador s.m. [kõputa'dor]
con: com [kõ]
concerto: concerto s.m. [kõsértu]
condire: temperar [tempe'ràr]
condurre: conduzir; guiar [kõdu'tor; gi'àr]
conferma: confirmação s.f. [kõfirma'sãu]
confermare: confirmar [kõfir'màr]
congelatore: congelador s.m. [kõʒela'dor]
congratulazione: felicitação s.f. [felisita'sãu]
coniglio: coelho s.m. [kuaλu]
conoscente: conhecido s.m. [kuɳesidu]
conoscere: conhecer [kuɳe'sér]
consegna: entrega s.f. [entrèga]
consegnare: entregar [entre'gàr]
consigliare: aconselhar [akõse'λàr]
contadino: camponês s.m. [kãpu'néʃ]
contante: a dinheiro [a diɳairu]
contare: contar [kõ'tàr]
continuare: continuar [kõtinu'àr]
conto: conta s.f. [kõta]
contraccettivo: anticoncepcional agg. e s.m. [atikõsèsiu'nàl]
contrattempo: contratempo s.m. [kõtratempu]
contro: contra [kõtra]
controllare: controlar [kõtru'làr]
convincere: convencer [kõven'sér]
coperta: cobertor s.m. [kuber'tor]
coppa: taça s.f. [tàsa]
coppia: casal s.m. [ka'zàl]
coprire: cobrir; tapar [ku'brir; ta'pàr]
corpo: corpo s.m. [korpu]
correre: correr [ku'Rér]
corriera: camioneta s.f. [kàmiunèta]
corso: curso s.m. [kursu]
cosa: coisa s.f. [koiza]
cosi: 1 assim [asim]
　　　2 tão [tãu]
costare: custar [kuʃ'tàr]
costruire: construir [kõʃtru'ir]
costume: fato s.m. [fàtu]
cotognata: marmelada s.f. [marmelàda]
cotone: algodão s.m. [àlgu'dãu]
cotto: cozido [kuzidu]
cottura: cozedura s.f.[kuzedura]
cozza: mexilhão s.m. [meʃi'λãu]
credere: acreditar [akredi'tàr]
crema: creme s.m. [krème]
crostacei: crustáceos s.m. pl. [kruʃ'tàsiuʃ]
crostata: tarte s.f. [tàrte]
crudo: cru [kru]
cucchiaio: colher s.f. [ku'lèr]
cucina: cozinha s.f. [kuziɳa]
cucinare: cozinhar [kuzi'ɳàr]
cucire: coser [ku'zér]
cuffia: 1 auscultadores s.m. pl. [àuʃkultadoreʃ]
　　　2 touca s.f. [toka]

cugina/o: prima/o s.f./m.[prima/u]: :
cuoco: cozinheiro s.m. [kuziɳairu]
cuore: coração s.m. [kura'sãu]
curare: tratar [tra'tàr]
curva: curva s.f. [kurva]
cuscino: almofada s.f. [àlmufàda]

D

da: de; desde; há; a partir de; por; por causa de; como; quando [de; déʒde; à; a par'tir de; pur; pur kàuza de; komu; kuãdu]
danese: dinamarquês agg. e s.m. [dinamar'kéʃ]
danno: prejuízo s.m. [preʒu'izu]
dare: dar [dàr]
data: data s.f. [dàta]
davanti: à frente; de frente [à frente; de frente]
– a: em frente de [ãi frente de]
debito: dívida s.f. ['divida]
debole: fraco [fràku]
decidere: decidir [desi'dir]
decollare: descolar [deʃ ku'làr]
decollo: descolagem s.f. [deʃ kulàʒãi]
definire: definir [defe'nir]
delfino: golfinho s.m. [golfiɳu]
denaro: dinheiro s.m. [deɳairu]
denso: denso; espesso [densu; ʃ pésu]
dente: dente s.m. [dente]
dentifricio: pasta dentífrica s.f. [pàʃ ta den'tifrika]
dentista: dentista s.m. e f. [dentiʃ ta]
dentro: dentro; dentro de [dentru; dentru de]
denuncia: denúncia s.f. [de'nunsia]
denunciare: denunciar [denunsi'àr]
deodorante: desodorizante s.m. [dezòdurizàte]
deposito: depósito s.m. [de'pòzitu]
derubare: roubar; furtar [Ro'bàr; fur'tàr]
descrivere: descrever [deʃ kre'vér]
desiderare: desejar [deze'ʒàr]
desiderio: desejo s.m. [dezaiʒu]
desistere: desistir [dezeʃ'tir]
dessert: sobremesa s.f. [sobreméza]
destra: direita agg. e s.f. [diraita]
a –: à direita [à diraita]
detersivo: detergente s.m. [deterʒente]
dettaglio: pormenor s.m. [purme'nòr]
deviazione: desvio s.m. [deʒviu]
di: de [de]
dialogo: diálogo s.m. [di'àlugu]
diapositiva: diapositivo; slide s.m. [diapuzitivu; slaide]
dicembre: Dezembro s.m. [dezembru]
dichiarare: declarar [dekla'ràr]
diciannove: dezanove [dezanòve]
diciassette: dezassete [dezasète]
diciotto: dezoito [dezòitu]
dieci: dez [dèʃ]
dietro: atrás; detrás [a'tràʃ ; de'tràʃ]
difettoso: defeituoso [defeituozu]
differente: diferente [diferente]
differenza: diferença s.f. [diferensa]
difficile: difícil [difisil]
difficoltà: dificuldade s.f. [difikuldàde]
diffidare: desconfiar [deʃ kõfi'àr]

diga: barragem s.f. [*baRàʒãi*]
digestivo: digestivo agg. e s.m. [*diʒeʃtivu*]
dimagrire: emagrecer [*imagre'sér*]
dimenticare: esquecer [*ʃkè'sér*]
dintorni: arredores s.m. pl. [*aRedòreʃ*]
dipingere: pintar [*pin'tàr*]
dire: dizer [*di'zér*]
diretto: directo agg. e s.m. [*dirètu*]
direzione: direcção s.f. [*dirè'sãu*]
diritto: direito agg. e s.m. [*diraitu*]
disagio: incómodo; mal-estar s.m. [*in'kòmudu; màlʃtàr*]
discesa: descida s.f. [*deʃsìda*]
disco: disco s.m. [*diʃku*]
discoteca: discoteca s.f. [*deʃkutèka*]
discutere: discutir [*deʃku'tir*]
disegnare: desenhar [*deze'pàr*]
disfare: desfazer [*deʃfa'zér*]
disinfettante: desinfectante agg. e s.m. [*dezinfètãte*]
disoccupato: desempregado agg. e s.m. [*dezempregàdu*]
disoccupazione: desemprego s.m. [*dezemprégu*]
disordine: desordem s.f. [*dezòrdãi*]
disperare: desesperar [*dezeʃpe'ràr*]
distante: distante [*deʃtãte*]
distanza: distância s.f. [*deʃtãsia*]
distributore: distribuidor s.m. [*deʃtribui'dor*]
– di benzina: bomba de gasolina s.f. [*bòba de gazulina*]
disturbare: incomodar; perturbar [*inkumu'dàr; pertur'bàr*]
disturbo: incómodo s.m. [*in'kòmudu*]
dito: dedo s.m. [*dédu*]
ditta: firma s.f. [*firma*]
diurno: diurno [*diurnu*]
divano: sofá s.m. [*su'fà*]
diventare: tornar-se [*turnàrse*]
divertente: divertido [*divertidu*]
divertimento: divertimento s.m.; diversão s.f. [*divertimentu; diver'sãu*]
divertirsi: divertir-se [*divertirse*]
divieto: proibição s.f. [*pruibi'sãu*]
divorzio: divórcio s.m. [*di'vòrsiu*]
dizionario: dicionário s.m. [*disiu'nàriu*]
doccia: duche s.m. [*duʃe*]
dodici: doze [*doze*]
dogana: alfândega s.f. [*àl'fãdega*]
dolce: doce agg. e s.m. [*dose*]
dolcificante: adoçante s.m. [*adusàte*]
dollaro: dólar s.m. [*dòlàr*]
dolore: dor s.f. [*dor*]
domanda: pergunta s.f. [*pergunta*]
domandare: perguntar [*pergun'tàr*]
domani: amanhã [*àma'pã*]
– mattina: amanhã de manhã [*àma'pã de ma'pã*]
domenica: domingo s.m. [*dumingu*]
donna: mulher s.f. [*mu'ʎèr*]
dopo: depois [*depoiʃ*]
dopobarba: loção de barbear s.f. [*lu'sãu de barbi'àr*]
dopodomani: depois de amanhã [*de'poiʃ de àma'pã*]
doppio: 1 duplo agg. e s.m. [*duplu*]
2 dobro s.m. [*dobru*]

dormire: dormir [*dur'mir*]
dottore: doutor s.m. [*do'tor*]
dove: onde; donde; aonde; em que [*õde; dõde; aõde; ãi ke*]
dovere: 1 dever [*de'vér*]
2 ter de /que [*tér de/ke*]
3 dever s.m. [*de'vér*]
4 obrigação s.f. [*òbriga'sãu*]
dozzina: dúzia s.f. [*'duzia*]
dubbio: dúvida s.f. [*'duvida*]
dunque: portanto; então [*purtãtu; en'tãu*]
duomo: catedral s.f. [*kate'dràl*]
durante: durante [*durãte*]
durata: duração s.f. [*dura'sãu*]
duro: duro [*duru*]

E

e: e [*i*]
ebbene: pois bem; pois; então [*poiʒ bãi; poiʃ; en'tãu*]
eccellente: excelente [*eʃselente*]
edicola: quiosque s.m. [*kiòʃke*]
edificio: edifício s.m. [*ide'fisiu*]
educare: educar [*idu'kàr*]
effervescente: efervescente [*iferveʃsente*]
effetto: efeito s.m. [*ifaitu*]
efficace: eficaz [*ifi'kàʃ*]
egiziano: egípcio agg. e s.m. [*i'ʒipsiu*]
eleganza: elegância s.f. [*ile'gãsia*]
elementare: elementar [*ilemen'tàr*]
elenco: lista s.f. [*liʃta*]
– telefonico: lista telefónica s.f. [*liʃta tele'fònika*]
elettricista: electricista s.m. e f. [*ilètresiʃta*]
elettricità: electricidade s.f. [*ilètresidàde*]
elevare: elevar; erguer [*ile'vàr; ir'gér*]
elezione: eleição s.f. [*ilai'sãu*]
eliminare: eliminar [*ilemi'nàr*]
emergenza: emergência s.f. [*imer'ʒensia*]
emicrania: enxaqueca s.f. [*enʃakéka*]
entrambi: ambos; os dois [*àbuʃ; uʒ doiʃ*]
entrare: entrar [*en'tràr*]
eppure: mas; contudo [*maʃ; kõtudu*]
equipaggio: tripulação s.f. [*tripula'sãu*]
erba: relva s.f. [*Rèlva*]
ereditare: herdar [*ir'dàr*]
eroe: herói s.m. [*i'ròi*]
errore: erro s.m. [*éRu*]
esagerare: exagerar [*izaʒe'ràr*]
esagerazione: exagero s.m. [*izaʒéru*]
esame: exame s.m. [*izame*]
esatto: exacto [*izàtu*]
esauriente: exaustivo [*izàuʃtivu*]
esaurito: esgotado [*ʃgutàdu*]
escludere: excluir [*aiʃklu'ir*]
escursione: excursão s.f. [*aiʃkur'sãu*]
esempio: exemplo s.m. [*izemplu*]
esercizio: exercício s.m. [*izer'sisiu*]
esigenza: exigência s.f. [*ize'ʒensia*]
esigere: exigir [*ize'ʒir*]
esitare: hesitar [*izi'tàr*]
esito: êxito s.m. [*'aizitu*]

esordio: estreia s.f. [ʃ traia]
esperto perito: especialista s.m. [ʃ pesialiʃ ta]
esprimere: exprimir [aiʃ pri'mir]
esserci: haver [a'vér]
essere: 1 ser [sér]
 2 estar [ʃ tàr]
est: leste; este s.m. [lèʃ te; èʃ te]
estate: Verão s.m. [ve'rãu]
esteriore: exterior agg. e s.m. [aiʃ teri'or]
esterno: externo [aiʃ tèrnu]
estero: estrangeiro agg. e s.m. [ʃ trãȝairu]
estivo: estival [ʃ ti'vàl]
età: idade s.f. [idàde]
europeo: europeu agg. e s.m. [éuru'péu]
evitare: evitar [ivi'tàr]

F

fabbisogno: necessidades s.f. pl. [nesesidàdeʃ]
fabbrica: fábrica s.f. ['fàbrika]
facchino: bagageiro s.m. [bagaȝairu]
faccia: cara s.f. [kàra]
facciata: fachada s.f. [faʃ àda]
facile: fácil [fàsil]
fagiolino: feijão verde s.m. [fei'ȝãu vérde]
fagiolo: feijão s.m. [fei'ȝãu]
falegname: marceneiro s,m. [marsenairu]
fame: fome s.t. [fome]
famiglia: família s.f. [fa'milia]
fango: lama s.f. [lama]
fantascienza: ficção científica s.f. [fik'sãu sien'ti-fika]
farcire: rechear [Reʃ i'àr]
fare: fazer [fa'zér]
 – **male**: doer [du'ér]
 –**(si) male**: aleijar-se [alaiȝàrse]
farfalla: borboleta s.f. [burbuléta]
farina: farinha s.f. [fariɲa]
farmacia: farmácia s.f. [far'màsia]
faro: farol s.m. [fa'ròl]
fatica: cansaço s.m. [kãsàsu]
fatto: facto s.m. [fàktu]
fattoria: 1 quinta s.f. [kinta]
 2 herdade s.f. [èrdàde]
fattorino: paquete s.m. [pakéte]
fattura: factura s.f. [fàtura]
fava: fava s.f. [fàva]
favola: história s.f. [ʃ 'tòria]
favore: favor s.m. [fa'vor]
fazzoletto: lenço s.m. [lensu]
febbraio: Fevereiro s.m. [feverairu]
febbre: febre s.f. [fèbre]
fegato: fígado s.m. ['figadu]
felice: feliz [fe'liʃ]
felicità: felicidade s.f. [felisidàde]
femminile: feminino [femeninu]
feriale: dia útil s.m. [dia util]
ferire: ferir [fe'rir]
ferita: ferida s.f. [ferida]
fermare: 1 parar v.t. o i. [pa'ràr]
 2 deter v.i. [de'tér]
fermata: paragem s.f. [paràȝãi]

fermo: quieto [kiètu]
feroce: feroz [fe'ròʃ]
ferro: ferro s.m. [fèRu]
 – **da stiro**: ferro de engomar s.m. [fèRu de en-gu'màr]
ferrovia: caminho-de-ferro s.m. [camiɲu de feRu]
fertile: fértil [fértil]
festa: festa s.f. [fèʃ ta]
festeggiare: festejar [feʃ te'ȝàr]
festivo: feriado s.m. [feriàdu]
fetta: fatia s.f. [fatia]
fiammifero: fósforo s.m. ['fòʃ furu]
fibbia: fivela s.f. [fivèla]
fico: figo s.m. [figu]
fidanzata/o: noiva/o s.f./m. [noiva/u]
fidarsi di: confiar em [kõfi'àr ãi]
fiducia: confiança s.f. [kõfiãsa]
fiera: feira s.f. [faira]
figlia/o: filha/o s.f./m. [fiλa/u]
film: filme s.m. [filme]
finché: até; até que; enquanto [atè; atè ke; enkuãtu]
fine: fim s.m. [fim]
 – **settimana**: fim-de-semana s.m. [fim de semana]
finestra: janela s.f. [ȝanèla]
finestrino: janela s.f. [ȝanèla]
fingere: fingir [fin'ȝir]
finire: acabar [aka'bàr]
fino: até [atè]
finocchio: funcho s.m. [funʃ u]
finora: até agora [atè agòra]
fioraio: florista s.m. e f. [fluriʃ ta]
fiore: flor s.f. [flor]
firmare: assinar [asi'nàr]
fisso: fixo [fiksu]
fiume: rio s.m. [Riu]
foglia: folha s.f. [foλa]
foglio: folha s.f. [foλa]
folla: multidão s.f. [multi'dãu]
fondo: fundo s.m. [fundu]
fontana: fonte s.f. [fõte]
forbice: tesoura s.f. [tezora]
forchetta: garfo s.m. [gàrfu]
formaggio: queijo s.m. [kaiȝu]
fornaio: padeiro s.m. [pàdairu]
forno: forno s.m. [fornu]
forse: talvez; por acaso [tàl'véʃ; pur akàzu]
forte: forte [fòrte]
fortuna: 1 sorte s.f. [sòrte]
 2 fortuna s.f. [furtuna]
per –: felizmente [feliʃ mente]
fortunatamente: felizmente [feliʃ mente]
forza: força s.f. [forsa]
foschia: neblina s.f. [neblina]
fotografare: fotografar [futugra'fàr]
fra: entre; dentro de; daqui a; de [entre; dentru de; daki a; de]
fragile: frágil [fràȝil]
fragola: morango s.m. [murãgu]
francese: francês agg. e s.m. [frã'séʃ]
francobollo: selo s.m. [sélu]
fratello: irmão s.m. [ir'mãu]
freddo: frio agg. e s.m. [friu]
freezer: congelador s.m. [kõȝela'dor]
frenare: travar [tra'vàr]

fretta: pressa s.f. [*près̄a*]
friggere: fritar [*fri'tàr*]
frigorifero: frigorífico s.m. [*frigu'rifiku*]
frittata: omeleta s.f. [*òmelèta*]
frizione: 1 fricção; massagem s.f. [*frik'sāu; masàʒāi*]
2 (autom.) embraiagem s.f. [*embraiàʒāi*]
frontiera: fronteira s.f. [*frõtaira*]
frullato: batido s.m. [*batidu*]
frumento: trigo s.m. [*trigu*]
frutta: fruta s.f. [*fruta*]
frutto di mare: marisco s.m. [*marif ku*]
fumare: fumar [*fu'màr*]
fumatore: fumador agg. e s.m. [*fuma'dor*]
fumo: fumo s.m. [*fumu*]
fungo: cogumelo s.m. [*kugumèlu*]
funicolare: funicular s.m. [*funiku'làr*]
fuoco: fogo s.m. [*fogu*]
fuori: fora [*fòra*]
furto: roubo; furto s.m. [*Robu; furtu*]

G

gabinetto: 1 gabinete s.m. [*gabinéte*]
2 consultório s.m. [*kõsul'tòriu*]: ;
3 casa de banho s.f. [*kàza de baŋu*]
galleria: 1 galeria s.f. [*galeria*]
2 túnel s.m. [*tunèl*]
gallina: galinha s.f. [*galiŋa*]
gamba: perna s.f. [*pèrna*]
gambero: gamba s.f.; camarão s.m. [*gāba; kama'rāu*]
garage: garagem s.f. [*garàʒāi*]
gas: gás s.m. [*gàf*]
gasolio: gasóleo s.m. [*gà'zòliu*]
gatto: gato s.m. [*gàtu*]
gelato: gelado s.m. [*ʒelàdu*]
gelo: gelo s.m. [*ʒélu*]
gemello: gémeo s.m. [*'ʒèmiu*]
generalmente: geralmente [*ʒeràlmente*]
genere: género s.m. [*'ʒèneru*]
genero: genro s.m. [*ʒenRu*]
genitore: pai; progenitor s.m. [*pài; pruʒeni'tor*]
gennaio: Janeiro s.m. [*ʒanairu*]
gente: gente s.f. [*ʒente*]
gentile: gentil; amável [*ʒentil; amàvèl*]
gentilezza: gentileza; amabilidade s.f. [*ʒentiléza; amabilidàde*]
gestire: gerir [*ʒe'rir*]
Gesù: Jesus [*ʒe'zuf*]
gettare: deitar; lançar [*dai'tàr; lā'sàr*]
gettone: ficha s.f. [*fif a*]
ghiacciato: gelado [*ʒelàdu*]
ghiaccio: gelo s.m. [*ʒélu*]
già: já [*ʒà*]
giacca: casaco s.m. [*kazàku*]
giacche: já que [*ʒà ke*]
giallo: 1 amarelo [*amarèlu*]
2 livro ou filme policial s.m. [*livru o filme pulisi'àl*]
giapponese: japonês agg. e s.m. [*ʒapu'néf*]
giardiniere: jardineiro s.m. [*ʒardinairu*]

ginnastica: ginástica s.f. [*ʒi'nàf tika*]
ginocchio: joelho s.m. [*ʒuaλu*]
giocare: jogar [*ʒu'gàr*]
giocatore: jogador s.m. [*ʒuga'dor*]
gioco: jogo s.m. [*ʒogu*]
gioia: alegria s.f. [*alegria*]
gioielleria: joalharia s.f. [*ʒuaλaria*]
gioiello: jóia s.f. [*ʒòia*]
giornalaio: vendedor de jornais s.m. [*vende'dor de ʒur'nàif*]
giornale: jornal s.m. [*ʒur'nàl*]
giornaliero: diário; quotidiano [*di'àriu; kuotidianu*]
giornalista: jornalista s.m.e f. [*ʒurnalif ta*]
giornata: dia s.m. [*dia*]
giorno: dia s.m. [*dia*]
giovane: jovem s.m. e f. [*ʒòvāi*]
giovedì: quinta-feira s.f. [*kinta faira*]
gioventù: juventude s.f. [*ʒuventude*]
giro: volta s.f.; passeio s.m. [*vòlta; pasaiu*]
gita: excursão s.f.; passeio s.m. [*aif kursāu; pasaiu*]
giù: em baixo; baixo; abaixo [*āi bàif u; bàif u; abàif u*]
giubbotto: blusão s.m. [*blu'zāu*]
giudice: juiz s.m. [*ʒu'if*]
giugno: Junho s.m. [*ʒuŋu*]
giungere: chegar [*f e'gàr*]
giusto: justo; certo [*ʒuf tu; sèrtu*]
godere: gozar; desfrutar [*gu'zàr; def fru'tàr*]
gola: garganta s.f. [*gargãta*]
goloso: guloso [*gulozu*]
gomma: 1 borracha s.f. [*buRàf a*]
2 pneu s.m. [*pnéu*]
gommone: barco de borracha s.m. [*bàrku de buRàf a*]
gonfiare: inchar [*in'f àr*]
gonna: saia s.f. [*sàia*]
governare: governar [*guver'nàr*]
governo: governo s.m. [*guvérnu*]
gradevole: agradável [*agradàvèl*]
gradino: degrau s.m. [*de'gràu*]
gradire: apetecer; gostar de [*apete'sér; guf 'tàr de*]
grammatica: gramática s.f. [*gra'màtika*]
grammo: grama s.m. [*grama*]
granchio: caranguejo s.m.; sapateira s.f. [*karāgaiʒu; sapataira*]
grande: grande [*grãde*]
grandezza: tamanho s.m. [*tamaŋu*]
grandine: granizo s.m. [*granizu*]
granoturco: milho s.m. [*miλu*]
grasso: gordo [*gordu*]
gratis: grátis; de graça [*gràtif ; de gràsa*]
grattacielo: arranha-céus s.m. [*aRaŋa sèuf*]
grave: grave [*gràve*]
gravidanza: gravidez s.f. [*gravi'déf*]
gravità: gravidade s.f. [*gravidàde*]
grazie: obrigada/o! [*òbrigàda/u*]
greco: grego agg. e s.m. [*grégu*]
gridare: gritar [*gri'tàr*]
grigio: cinzento agg. e s.m. [*sinzentu*]
grotta: gruta s.f. [*gruta*]
guadagnare: ganhar [*gà'ŋàr*]
guanto: luva s.f. [*luva*]
guardare: olhar; ver [*ò'làr; vér*]

guardaroba: guarda-fatos s.m. [*guàrda fàtuʃ*]
guarire: curar [*ku'ràr*]
guasto: avariado [*avariàdu*]
guida: guia s.m. e f. [*gia*]
guidare: conduzir; guiar [*kōdu'zir; gi'àr*]
gusto: gosto; sabor s.m. [*goʃtu; sa'bor*]

H

handicap: deficiência s.f. [*defisi'ensia*]
hostess: hospedeira s.f. [*òʃpedaira*]

I

idea: ideia s.f. [*idaia*]
ideale: ideal [*idi'àl*]
identità: identidade s.f. [*identidàde*]
idraulico: canalizador s.m. [*canaliza'dor*]
ieri: ontem [*ōtāi*]
ieri l'altro: anteontem [*ātiōtāi*]
igienico: higiénico [*iʒi'èniku*]
illuminare: iluminar [*ilumi'nàr*]
imbarcadero: embarcadouro s.m. [*embarkadoru*]
imbroglio: sarilho s.m. [*sariλu*]
imitare: imitar [*imi'tàr*]
immediato: imediato [*imediàtu*]
imparare: aprender [*apren'dér*]
impazzire: enlouquecer [*enloke'sér*]
impedire: impedir [*impe'dir*]
impermeabile: gabardina s.f.; impermeável s.m.; impermeável agg. [*gabàrdina; impermiàvèl*]
impiego: emprego s.m. [*emprégu*]
importante: importante [*impurtāte*]
importanza: importância s.f. [*impur'tāsia*]
impossibile: impossibile [*impusivèl*]
imprenditore: empresário s.m. [*empre'zàriu*]
improvviso (all' –): de repente [*de Repente*]
imprudenza: imprudência s.f. [*impru'densia*]
incassare: receber [*Rese'bér*]
incertezza: incerteza s.f. [*insertéza*]
inchiesta: inquérito s.m. [*in'kèritu*]
inchiodare: pregar [*pre'gàr*]
incidente: acidente s.m. [*asidente*]
incinta: grávida agg. e s.f. [*'gràvida*]
incollare: colar [*ku'làr*]
incrocio: cruzamento s.m. [*kruzamentu*]
indicare: indicar [*indi'kàr*]
indicazione: indicação s.f. [*indika'sāu*]
indietro: para trás; atrás [*para tràʃ; atràʃ*]
indirizzo: morada s.f. [*muràda*]
individuale: individual [*individu'àl*]
industria: indústria s.f. [*in'duʃtria*]
infatti: de facto [*de fàktu*]
infelice: infeliz [*infe'liʃ*]
inferiore: inferior [*inferi'or*]
infermiere: enfermeiro s.m. [*enfermairu*]
infiammazione: inflamação s.f. [*inflama'sāu*]
informare: informar [*infur'màr*]
informazione: informação s.f. [*infurma'sāu*]

influenza: 1 gripe s.f. [*gripe*]
2 influência s.f. [*influ'ensia*]
ingegnere: engenheiro s.m. [*enʒeŋairu*]
inglese: inglês agg. e s.m [*in'gléʃ*]
ingrassare: engordar [*engur'dàr*]
ingresso: entrada s.f. [*entràda*]
innamorarsi: apaixonar-se [*apàiʃunàrse*]
inoltre: além disso [*àlāi disu*]
inquilino: inquilino s.m. [*inkelinu*]
inquinamento: poluição s.f. [*pului'sāu*]
inquinare: poluir [*pulu'ir*]
insaccato: enchido(s) s.m. pl. [*enʃiduʃ*]
insalata: salada s.f. [*salàda*]
insegnante: professor s.m. [*prufe'sor*]
insegnare: ensinar [*ensi'nàr*]
insetticida: insecticida s.m. [*insètisida*]
insetto: insecto s.m. [*insètu*]
insieme: 1 juntos [*ʒuntuʃ*]
2 juntas [*ʒuntaʃ*]
3 ao mesmo tempo [*àu méʃmu tempu*]
insieme con: juntamente com [*ʒuntamente kō*]
insipido: insosso [*insosu*]
insistere: insistir [*inseʃ'tir*]
insomma: enfim [*en'fim*]
insonnia: insónia s.f. [*in'sònia*]
insultare: insultar [*insul'tàr*]
Integrale: integral [*inte'gràl*]
intelligente: inteligente [*inteliʒente*]
interessare: interessar [*intere'sàr*]
internazionale: internacional [*internasiu'nàl*]
interno: interno; interior [*intèrnu; interi'or*]
intero: inteiro [*intairu*]
interrompere: interromper [*inteRō'pér*]
interruttore: interruptor s.m. [*inteRup'tor*]
intervallo: intervalo s.m. [*intervàlu*]
intervista: entrevista s.f. [*entreviʃta*]
intorno: à volta; à volta de [*à vòlta; à vòlta de*]
intraprendere: empreender [*emprien'dér*]
inutile: inútil [*inutil*]
invano: em vão [*āi vāu*]
invece: 1 pelo contrário [*pélu kō'tràriu*]
2 porém [*pu'rāi*]
3 ~ di, em vez de [*āi véʒ de*]
inventare: inventar [*inven'tàr*]
inverno: Inverno s.m. [*invèrnu*]
invitare: convidar [*kōvi'dàr*]
invito: convite s.m. [*kōvite*]
ipermercato: hipermercado s.m. [*ipèrmerkàdu*]
ippismo: hipismo s.m. [*ipiʒmu*]
iscrizione: inscrição s.f. [*inʃkri'sāu*]
isola: ilha s.f. [*iλa*]
isolato: quarteirão s.m. [*kuartai'rāu*]
italiano: italiano agg. e s.m. [*italianu*]

J

jeans: jeans s.m. pl. ; calças de ganga s.f. pl. [*dʒinz; kàlsaʃ de gâga*]
judo: judo s.m. [*ʒudu*]

L

là: lá; aí; ali [*là; a'i; a'li*]
labbro: lábio s.m. [*'làbiu*]
lacca: laca s.f. [*làka*]
lacrima: lágrima s.f. [*'làgrima*]
ladro: ladrão s.m. [*la'dràu*]
laggiù: lá em baixo [*là ài bàiʃu*]
lago: lago s.m. [*làgu*]
lama: lâmina s.f. [*'lamina*]
lamentare: lamentar [*lamen'tàr*]
lamentarsi: queixar-se [*kaiʃàrse*]
lametta: lâmina de barbear s.f. [*'lamina de barbi'àr*]
lampadario: candeeiro s.m. [*kādiairu*]
lampadina: lâmpada s.f. [*'lāpada*]
lampo: relâmpago s.m. [*Re'lāpagu*]
lana: lã s.f. [*lā*]
lanciare: atirar; lançar [*ati'ràr; lā'sàr*]
lanterna: lanterna s.f. [*làtèrna*]
lardo: toucinho s.m. [*tosiŋu*]
larghezza: largura s.f. [*largura*]
largo: largo [*làrgu*]
lasciare: deixar [*dei'ʃàr*]
latitudine: latitude s.f. [*latitude*]
lato: lado s.m. [*làdu*]
latte: leite s.m. [*laite*]
lattina: lata s.f. [*làta*]
lattuga: alface s.f. [*àlfàse*]
laurea: licenciatura s.f. [*lisensiatura*]
laurearsi: licenciar-se [*lisensiàrse*]
lavaggio: lavagem s.f. [*lavàʒāi*]
lavagna: quadro s.m. [*kuàdru*]
lavanderia: lavandaria s.f. [*lavādaria*]
lavandino: lavatório s.m. [*lava'tòriu*]
lavare: lavar [*la'vàr*]
lavastoviglie: máquina de lavar louça s.f. [*'màkina de la'vàr losa*]
lavatrice: máquina de lavar roupa s.f. [*'màkina de la'vàr Ropa*]
lavorare: trabalhar [*traba'làr*]
lavoro: trabalho s.m. [*trabàλu*]
lecito: lícito [*'lisitu*]
legge: lei s.f. [*lai*]
leggenda: lenda s.f. [*lenda*]
leggere: ler [*lér*]
leggero: leve [*lève*]
legno: madeira s.f. [*madaira*]
legume: legume s.m. [*legume*]
lente a contatto: lente de contacto s.f. [*lente de kòtàktu*]
lenticchia: lentilha s.f. [*lentiλa*]
lento: lento [*lentu*]
lenzuolo: lençol s.m. [*len'sòl*]
leone: leão s.m. [*li'āu*]
lessare: cozer [*ku'zér*]
lessico: léxico s.m. [*'lèksiku*]
lesso: cozido [*kuzidu*]
lettera (dell'alfabeto): letra s.f. [*létra*]
lettera: carta s.f. [*kàrta*]
letteratura: literatura s.f. [*literatura*]
letto: cama s.f. [*kama*]
lezione: aula; lição s.f. [*àula; li'sāu*]

liberare: libertar; soltar [*liber'tàr; sòl'tàr*]
libero: livre [*livre*]
libreria: 1 livraria s.f. [*livraria*]
  2 estante s.f. [*ʃtāte*]
libretto degli assegni: livro de cheques s.m. [*livru de ʃèkeʃ*]
libro: livro s.m. [*livru*]
licenza: licença; autorização s.f. [*lisensa; àuturiza'sāu*]
licenziare: despedir [*deʃpe'dir*]
lieto: contente; feliz [*kōtente; fe'liʃ*]
limonata: limonada s.f. [*limunàda*]
limone: limão s.m. [*li'māu*]
lingua: língua s.f. [*'lingua*]
linguaggio: linguagem s.f. [*linguàʒāi*]
liquore: licor s.m. [*li'kor*]
liscio: liso [*lizu*]
lite: discussão s.f.; litígio s.m. [*deʃku'sāu; li'tiʒiu*]
litigare: discutir [*deʃku'tir*]
livello: nível s.m. [*nivèl*]
livido: nódoa negra s.f. [*'nòdua négra*]
località: localidade s.f. [*lukalidàde*]
locanda: estalagem; pousada s.f. [*ʃtalàʒāi; pozàda*]
lontano: longe [*lōʒe*]
lucchetto: cadeado s.m. [*kadiàdu*]
luce: luz s.f. [*luʃ*]
lucido: graxa s.f. [*gràʃa*]
luglio: Julho s.m. [*ʒuλu*]
luna: lua s.f. [*lua*]
chiaro di –: luar s.m. [*lu'àr*]
lunedì: segunda-feira s.f. [*segunda faira*]
lunghezza: comprimento s.m. [*koprimentu*]
lungo: comprido [*kōpridu*]
luogo: lugar s.m. [*lu'gàr*]
lupo: lobo s.m. [*lobu*]
lusso: luxo s.m. [*luʃu*]

M

ma: mas; porém [*maʃ; pu'rāi*]
maccheroni: macarrão s.m. [*maka'Rāu*]
macchia: nódoa s.f. [*'nòdua*]
macchina: 1 carro s.m. [*kàRu*]
  2 máquina s.f. [*'màkina*]
macelleria: talho s.m. [*tàλu*]
madre: mãe s.f. [*māi*]
madrelingua: língua materna s.f. [*'lingua matèrna*]
maestro: professor do 1° ciclo s.m. [*prufe'sor du primeiru siklu*]
magari: 1 oxalá!; quem me dera! [*oʃ alà; kāi me dèra*]
  2 talvez [*tàl'véʃ*]
magazzino: armazém s.m. [*àrma'zāi*]
maggio: Maio s.m. [*màiu*]
maggiore: maior [*mai'òr*]
maggiorenne: maior de idade [*mai'òr de idàde*]
maglia: camisola s.f. [*kamizòla*]
maglione: camisola s.f. ; camisolão s.m. [*kamizòla; kamizu'lāu*]
magro: magro [*màgru*]
mai: nunca [*nunka*]
maiale: porco s.m. [*porku*]
maionese: maionese s.f. [*màiònèze*]

mais: milho s.m. [*miλu*]
malattia: doença s.f. [*duensa*]
male: mal [*màl*]
malgrado: apesar de; não obstante [*ape'zàr de; nãu òbʃtãte*]
malinteso: mal-entendido s.m. [*màl entendidu*]
mamma: mamã s.f. [*ma'mã*]
mancanza: falta s.f. [*fàlta*]
mancia: gorjeta s.f. [*gurʒéta*]
mandarino: tangerina s.f. [*tãʒerina*]
mandorla: amêndoa s.f. [*a'mendua*]
mangiare: comer [*ku'mér*]
maniera: maneira s.f.; modo s.m. [*manaira; mòdu*]
mano: mão s.f. [*mãu*]
manovra: manobra s.f. [*manòbra*]
mantenere: manter [*mã'tér*]
manuale: manual [*manu'àl*]
manzo: novilho s.m. [*nuviλu*]
mappa: mapa s.m. [*màpa*]
mappamondo: mapa-mundi; globo s.m. [*màpa mundi; globu*]
marca: marca s.f. [*màrka*]
marcia: marcha s.f. [*màrʃa*]
marciapiede: passeio s.m. [*pasaiu*]
marcio: podre [*podre*]
mare: mar s.m. [*màr*]
margine: margem s.f. [*màrʒãi*]
marinaio: marinheiro s.m. [*mariɳairu*]
marito: marido s.m [*maridu*]
marmellata: doce s.m.; compota s.f. [*dose; kõpòta*]
marocchino: marroquino agg. e s.m. [*maRukinu*]
marrone: castanho agg. e s.m. [*kaʃtaɳu*]
martedì: terça-feira s.f. [*térsa faira*]
martello: martelo s.m. [*martèlu*]
marzo: Março s.m. [*màrsu*]
maschile: masculino [*maʃkulinu*]
massimo: máximo agg. e s.m. ['*màsimu*]
matematica: matemática s.f. [*mate'màtika*]
materasso: colchão s.m. [*kol'ʃãu*]
materiale: material agg. e s.m. [*materi'àl*]
matita: lápis s.m. [*làpiʃ*]
matricola: matrícula s.f. [*ma'trikula*]
matrimonio: casamento s.m. [*kazamentu*]
mattinata: manhã s.f. [*ma'ɳã*]
mattiniero: madrugador [*madruga'dor*]
mattino: manhã s.f. [*ma'ɳã*]
matto: maluco; doido [*maluku; doidu*]
maturo: maduro [*maduru*]
meccanico: mecânico s.m. [*me'kaniku*]
media: média agg. e s.f. ['*mèdia*]
mediante: graças a; mediante [*gràsaz a; mediãte*]
medicamento: medicamento s.m. [*medikamentu*]
medicare: medicar [*medi'kàr*]
medicina: 1 medicamento s.m. [*medikamentu*]
2 medicina s.f. [*medisina*]
medico: médico s.m. ['*mèdiku*]
meglio: melhor [*me'λòr*]
mela: maçã s.f. [*ma'sã*]
melagrana: romã s.f. [*Ru'mã*]
melanzana: beringela s.f. [*berinʒ èla*]
melone: 1 melão s.m. [*me'lãu*]
2 meloa s.f. [*meloa*]
meno: menos [*ménuʃ*]
– ancora: ainda menos [*ainda ménuʃ*]

mensa: cantina s.f. [*kãtina*]
mensile: mensal [*men'sàl*]
menta: hortelã-pimenta s.f. [*òrte'lã pimenta*]
mente: mente s.f. [*mente*]
venire in –: ocorrer [*òku'Rér*]
mentire: mentir [*men'tir*]
mento: queixo s.m. [*kaiʃu*]
mentre: enquanto [*enkuãtu*]
menu: menu s.m.; ementa s.f. [*mé'nu; imenta*]
menzogna: mentira s.f. [*mentira*]
mercato: mercado s.m.; praça s.f. [*merkàdu; pràsa*]
merce: mercadoria s.f. [*merkaduria*]
mercoledì: quarta-feira s.f. [*kuàrta faira*]
merenda: lanche s.m. [*lãʃ e*]
meridione: sul s.m. [*sul*]
meringa: merengue s.m. [*merenge*]
meritare: merecer [*mere'sér*]
merluzzo: pescada s.f. [*peʃkàda*]
mescolare: misturar [*meʃtu'ràr*]
mese: mês s.m. [*méʃ*]
messaggio: recado s.m.; mensagem s.f. [*Rekàdu; mensàʒãi*]
messicano: mexicano agg. e s.m. [*meʃikanu*]
mestiere: ofício s.m. [*ò'fisiu*]
meta: meta s.f. [*mèta*]
metà: metade s.f. [*metàde*]
metallo: metal s.m. [*me'tàl*]
metro: metro s.m. [*mètru*]
mettere: 1 pôr [*por*]
2 meter [*me'tér*]
mezzanotte: meia-noite s.f. [*maia noite*]
mezzo: meio [*maiu*]
mezzogiorno: meio-dia s.m. [*maiu dia*]
mezz'ora: meia hora [*maia òra*]
miele: mel s.m. [*mèl*]
migliorare: melhorar [*meλu'ràr*]
migliore: melhor [*me'λòr*]
miliardo: bilião s.m. [*bili'ãu*]
milione: milhão s.m. [*me'λãu*]
mille: mil [*mil*]
minestra: sopa s.f. [*sopa*]
minigonna: mini-saia s.f. [*mini sàia*]
minimo: mínimo agg. e s.m. ['*minimu*]
minorenne: menor de idade s.m. [*me'nòr de idàde*]
minuto: minuto s.m. [*minutu*]
miracolo: milagre s.m. [*milàgre*]
misto: misto; misturado [*miʃtu; meʃturàdu*]
misura: medida s.f. [*medida*]
misurare: medir [*me'dir*]
mittente: remetente s.m. [*Remetente*]
moderare: moderar [*mude'ràr*]
moderno: moderno [*mudèrnu*]
modulo: impresso; formulário s.m. [*imprèsu; furmu'làriu*]
moglie: mulher; esposa s.f. [*mu'λèr; ʃpoza*]
molino: moinho s.m. [*mu'iɳu*]
molle: mole; macio [*mòle; masiu*]
mollusco: molusco s.m. [*muluʃku*]
molo: molhe; cais s.m. [*mòle; kàiʃ*]
molto: muito [*mũitu*]
momento: momento s.m. [*mumentu*]
monaco: monge s.m. [*mõʒe*]
monastero: mosteiro s.m. [*muʃtairu*]
mondo: mundo s.m. [*mundu*]

moneta: moeda s.f. [*muèda*]
montagna: montanha s.f. [*mõtaɲa*]
monumento: monumento s.m. [*munumentu*]
moquette: alcatifa s.f. [*àlkatifa*]
morbido: macio [*masiu*]
mordere: morder [*mur'dér*]
morire: morrer [*mu'Rér*]
moschea: mesquita s.f. [*meʃkita*]
mostra: exposição; mostra s.f. [*eʃpuzisãu; mòʃtra*]
mostrare: mostrar [*muʃ'tràr*]
motocicletta: moto; mota s.f. [*mòtu; mòta*]
motore: motor s.m. [*mu'tor*]
mucca: vaca s.f. [*vàka*]
multa: multa s.f. [*multa*]
municipio: município s.m., câmara municipal s.f. [*muni'sipiu; 'kamara munisi'pàl*]
muovere: mexer [*me'ʃér*]
muratore: pedreiro s.m. [*pedrairu*]
museo: museu s.m. [*muzéu*]
musica: música s.f. ['*muzika*]
musicista: músico s.m. ['*muziku*]
mutande: cuecas s.f. pl. [*kuèkaʃ*]
mutuo: 1 mútuo agg. ['*mutuu*]
  2 empréstimo bancário s.m. [*em'prèʃ timu bã'kàriu*]

N

nascere: nascer [*naʃ'sér*]
nascita: nascimento s.m. [*naʃsimentu*]
nascondere: esconder [*ʃkõ'dér*]
naso: nariz s.m. [*na'rifʃ*]
natale: natal [*na'tàl*]
Natale: Natal s.m. [*na'tàl*]
nato: nascido [*naʃsidu*]
natura: natureza s.f. [*naturéza*]
nausea: enjoo s.m. [*enʒou*]
nave: 1 barco s.m. [*bàrku*]
  2 navio s.m. [*naviu*]
nazionalità: nacionalidade s.f. [*nasiunalidàde*]
ne: nem [*nãi*]
neanche: nem sequer; nem; também não [*nãi se'kèr; nãi; tã'bãi nãu*]
nebbia: névoa s.f.; nevoeiro s.m. ['*nèvua; nevuairu*]
necessario: necessário [*nesesàriu*]
necessità: necessidade s.f. [*nesesidàde*]
negare: negar [*ne'gàr*]
negozio: loja s.f. [*lòʒa*]
nemico: inimigo s.m. [*inemigu*]
nemmeno: nem sequer, nem; também não [*nãi se'kèr; nãi; tã'bãi nãu*]
neppure: nem sequer, nem; também não [*nãi se'kèr; nãi; tã'bãi nãu*]
nero: preto [*prétu*]
nervoso: nervoso [*nervozu*]
nespola: nêspera s.f. [*néʃpera*]
nessuno: 1 nenhum [*ne'ɲum*]
  2 ninguém [*nin'gãi*]
neve: neve s.f. [*nève*]
nevicare: nevar [*ne'vàr*]
niente: nada [*nàda*]
nipote (di nonni): neta/o s.f./m [*nèta/u*]
nipote (di zii): sobrinha/o s.f./m. [*subriɲa/u*]

no: não [*nãu*]
nocciola: avelã s.f. [*ave'lã*]
noce: noz s.f. [*nòʃ*]
nodo: nó s.m. [*nò*]
noioso: aborrecido; chato (coll.) [*abuResidu; ʃàtu*]
noleggiare: alugar [*alu'gàr*]
noleggio: aluguer s.m. [*alu'gèr*]
nome: nome s.m. [*nome*]
non: não [*nãu*]
nonché: não só...mas também [*nãu sò ... maʃ tã'bãi*]
nonna: avó s.f. [*avò*]
nonno: avô s.m. [*avo*]
nonostante: 1 apesar de [*ape'zàr de*]
  2 embora [*embòra*]
nord: norte s.m. [*nòrte*]
nostalgia: nostalgia; saudade s.f. [*nuʃ tàlʒia; saudàde*]
notiziario: noticiário s.m. [*nutisi'àriu*]
notte: noite s.f. [*noite*]
notturno: nocturno [*nòturnu*]
novanta: noventa [*nuventa*]
novella: conto s.m. [*kõtu*]
novembre: Novembro s.m. [*nuvembru*]
novità: novidade s.f. [*nuvidàde*]
nozze: boda s.f.; núpcias s.f. pl. [*boda; 'nupsiaʃ*]
nubile: solteira [*sòltaira*]
nudo: nu [*nu*]
nulla: nada [*nàda*]
numero: número s.m. ['*numeru*]
nuora: nora s.f. [*nòra*]
nuotare: nadar [*na'dàr*]
nuoto: natação s.f. [*nata'sãu*]
nuovo: novo [*novu*]
nuvola: nuvem s.f. [*nuvãi*]
nuvoloso: nublado [*nublàdu*]

O

o: ou [*o*]
oasi: oásis s.m. [*òàziʃ*]
obbligare: obrigar [*òbri'gàr*]
obbligo: obrigação s.f. [*òbriga'sãu*]
obiettivo: objectivo s.m. [*òbʒètivu*]
occasione: ocasião s.f. [*òkazi'ãu*]
occhiali: óculos s.m. pl. ['*òkuluʃ*]
occhio: olho s.m. [*oλu*]
occupare: ocupar [*òku'pàr*]
oceano: oceano s.m. [*òsianu*]
odiare: odiar [*òdi'àr*]
odore: odor; cheiro s.m. [*ò'dor; ʃairu*]
offendere: ofender [*òfen'dér*]
offerta: oferta s.f. [*òfèrta*]
officina: oficina s.f. [*òfèsina*]
offrire: oferecer [*òfere'sér*]
oggetto: objecto s.m. [*òbʒètu*]
oggi: hoje [*oʒe*]
oggigiorno: hoje em dia [*oʒe ãi dia*]
ogni: 1 cada [*kada*]
  2 todo/a/os/as [*todu/toda/toduʃ/todaʃ*]
ognuno: cada um [*kada um*]
olandese: holandês agg. e s.m. [*òlã'déʃ*]
olio: óleo s.m. ['*òliu*]

– d'oliva: azeite s.m. [*azaite*]
oliva: azeitona s.f. [*azaitona*]
olivo: oliveira s.f. [*òlivaira*]
oltre: **1** mais longe [*màiʃ lōȝe*]
  2 além de [*àlāi de*]
oltrepassare: ultrapassar [*ultrapa'sàr*]
ombra: sombra s.f. [*sōbra*]
ombrello: guarda-chuva; chapéu de chuva s.m. [*guàrda ʃuva; ʃa'pèu de ʃuva*]
ombrellone: guarda-sol; chapéu de sol s.m. [*guàrda sòl; ʃa'pèu de sòl*]
omicida: homicida s.m. e f. [*òmisida*]
onda: onda s.f. [*ōda*]
onesto: honesto [*ònèʃtu*]
opera: **1** obra s.f. [*òbra*]
  2 ópera (mus.) s.f. [*'òpera*]
operaio: operário s.m. [*òpe'ràriu*]
opinione: opinião s.f. [*òpeni'āu*]
opportunità: oportunidade s.f. [*òpurtunidàde*]
oppure: ou então [*o en'tāu*]
opuscolo: opúsculo s.m. [*ò'puʃkulu*]
ora: **1** hora s.f. [*òra*]
  2 agora avv. [*agòra*]
orario: horário s.m. [*ò'ràriu*]
orchestra: orquestra s.f. [*òrkèʃtra*]
ordinare: **1** encomendar; mandar vir [*enkumen'dàr; mā'dàr vir*]
  2 ordenar; pôr em ordem [*òrdenàr; por āi òrdāi*]
ordine: ordem s.f. [*òrdāi*]
orecchino: brinco s.m. [*brinku*]
orecchio: orelha s.f. [*oraλa*]
oreficeria: ourivesaria s.f. [*orivezaria*]
organizzare: organizar [*òrgani'zàr*]
orgoglio: orgulho s.m. [*òrguλu*]
ormai: **1** já [*ȝà*]
  2 agora [*agòra*]
orologio: relógio s.m. [*Re'lòȝiu*]
orto: horta s.f. [*òrta*]
ospedale: hospital s.m. [*òʃpi'tàl*]
ospitare: hospedar; alojar [*òʃpedàr; alu'ȝàr*]
ospite: hóspede s.m. [*'òʃpede*]
osservare: observar [*òbser'vàr*]
ossia: ou seja; isto é; ou melhor [*o saiȝa; iʃ tu è; o me'λòr*]
ostello: albergue s.m. [*àlbèrge*]
osteria: taberna; tasca s.f. [*tabèrna; tàʃka*]
ottanta: oitenta [*oitenta*]
ottenere: obter [*òb'tér*]
ottica: óptica [*'òtika*]
ottico: oculista s.m. [*òkuliʃta*]
ottimo: óptimo [*'òtimu*]
otto: oito [*oitu*]
ottobre: Outubro s.m. [*otubru*]
ottocento: oitocentos [*oitusentuʃ*]
ovest: oeste [*òèʃte*]
ovunque: seja onde for; por toda a parte [*saiȝa ōde for; pur toda a pàrte*]
ovvero: ou então [*o en'tāu*]

P

pacchetto: pacote s.m. [*pakòte*]
– di sigarette: maço de cigarros s.m. [*màsu de sigàRuʃ*]

pace: paz s.f. [*pàʃ*]
padre: pai s.m. [*pài*]
padrone di casa: senhorio s.m. [*seŋoriu*]
paesaggio: paisagem s.f. [*pàizàȝāi*]
paese: **1** país s.m. [*pa'iʃ*]
  2 aldeia; terra s.f. [*àldaia; tèRa*]
pagare: pagar [*pɐ'gàr*]
pagina: página s.f. [*'pàȝina*]
paio: par s.m. [*pàr*]
palazzo: **1** palácio s.m. [*pa'làsiu*]
  2 prédio s.m. [*'prèdiu*]
palese: evidente [*ividente*]
palestra: ginásio s.m. [*ȝi'nàziu*]
palla: bola s.f. [*bòla*]
pallacanestro: basquetebol s.m. [*bàʃkète'bòl*]
pallamano: andebol s.m. [*āde'bòl*]
pancetta: toucinho s.m. [*tosiŋu*]
pancia: barriga s.f. [*baRiga*]
pane: pão s.m. [*pāu*]
panetteria: padaria s.f. [*pàdaria*]
panino: **1** sandes s.f. [*sādeʃ*]
  2 papo-seco s.m. [*pàpu séku*]
panna: nata s.f. [*nàta*]
pannolino: fralda s.f. [*fràlda*]
pantaloni: calças s.f. pl. [*kàlsaʃ*]
pantofola: pantufa s.f. [*pàtufa*]
papa: papa s.f. [*pàpa*]
paragonare: comparar [*kōpa'ràr*]
parcheggiare: estacionar [*ʃtasiu'nàr*]
parcheggio: estacionamento s.m. [*ʃtasiunamentu*]
parco: parque s.m. [*pàrke*]
parere: **1** parecer v. [*pare'sér*]
  2 opinião s.f.; parecer s.m. [*òpeni'āu; pare'sér*]
parlare: falar [*fa'làr*]
parola: palavra s.f. [*palàvra*]
parolaccia: palavrão s.m. [*pala'vrāu*]
parrucchiere: cabeleireiro s.m. [*kabelairairu*]
partecipare: participar [*partesi'pàr*]
partenza: partida s.f. [*partida*]
partire: partir [*par'tir*]
partita: partida s.f.; jogo s.m. [*partida; ȝogu*]
partito: partido s.m. [*partidu*]
Pasqua: Páscoa s.f. [*'pàʃkua*]
passaggio: **1** passagem s.f. [*pasàȝāi*]
  2 boleia s.f. [*bulaia*]
passaporto: passaporte s.m. [*pàsapòrte*]
passare: passar [*pa'sàr*]
passatempo: passatempo s.m. [*pàsatempu*]
passato: passado s.m. [*pasàdu*]
passeggero: passageiro s.m. [*pasaȝairu*]
passeggiare: passear [*pasi'àr*]
passeggiata: passeio s.m. [*pasaiu*]
pastasciutta: massa s.f. [*màsa*]
pastello: pastel s.m. [*paʃ'tèl*]
pasticceria: pastelaria s.f. [*paʃtelaria*]
pasticcino: bolo s.m. [*bolu*]
pasticcio: sarilho s.m. [*sariλu*]
pasto: refeição s.f. [*Refai'sāu*]
patata: batata s.f. [*batàta*]
patente: carta de condução s.f. [*kàrta de kōdu'sāu*]
paura: medo s.m. [*médu*]
paziente: paciente agg. e s. m. e f. [*pasiente*]
peccato: pecado s.m. [*pekàdu*]

che –: que pena! [*ke péna*]
pedaggio: portagem s.f. [*purtàʒãi*]
peggio/peggiore: pior [*pi'òr*]
peggiorare: piorar [*piu'ràr*]
pellicola: película s.f. ; filme s.m. [*pe'likula; filme*]
penna: caneta s.f. [*kanéta*]
pensare: pensar [*pen'sàr*]
pensione: 1 pensão s.f. [*pen'sãu*]
   2 reforma s.f. [*Refòrma*]
pentirsi: arrepender-se [*aRependérse*]
pentola: panela s.f.; tacho s.m. [*panèla; tàʃu*]
pepe: pimenta s.f. [*pimenta*]
peperoncino: malagueta s.f.; piri-piri s.m. [*malagéta; piri piri*]
peperone: pimento s.m. [*pimentu*]
per: 1 por [*pur*]
   2 para [*para*]
pera: pêra s.f. [*péra*]
peraltro: aliás [*ali'àʃ*]
perbacco: diabo! caramba! [*diàbu; karàba*]
percentuale: percentagem s.f. [*persentàʒãi*]
perché: porque; porquê; por que [*purke; purké; purke*]
perciò: por isso; por isto [*pur isu; pur iʃtu*]
percorso: percurso; trajecto s.m. [*perkursu; traʒètu*]
perdere: perder [*per'dér*]
perdita: perda s.f. [*pérda*]
perdonare: perdoar [*perdu'àr*]
pericoloso: perigoso [*perigozu*]
periferia: periferia s.f.; arredores s.m. pl. [*periferia; aRedòreʃ*]
permesso: licença s.f. [*lisensa*]
però: mas; contudo [*maʃ; kõtudu*]
persino: até [*a'tè*]
personaggio: personagem s.f. e m. [*persunàʒãi*]
personale: pessoal [*pesu'àl*]
pertanto: portanto; por conseguinte [*purtãtu; pur kõseginte*]
pesante: pesado [*pezàdu*]
pesca (frutto): pêssego s.m. [*'pésegu*]
pesca: pesca s.f. [*pèʃka*]
pesce: peixe s.m. [*paiʃe*]
pescivendolo: peixeiro s.m. [*paiʃairu*]
peso: peso s.m. [*pézu*]
pettine: pente s.m. [*pente*]
pezzo: pedaço; bocado s.m. [*pedàsu; bukàdu*]
phon: secador de cabelo s.m. [*seka'dor de kabélu*]
piacere: 1 gostar v.[*guʃ'tàr*]: :
   2 agradar v. [*agra'dàr*]
   3 prazer; gosto s.m. [*pra'zér; goʃtu*]
piacevole: agradável [*agradàvèl*]
piangere: chorar [*ʃu'ràr*]
pianista: pianista s.m. e f. [*pianiʃta*]
piano: 1 plano agg. e s.m. [*planu*]
   2 baixo avv. [*bàiʃu*]
pianoforte: piano s.m. [*pianu*]
pianoterra: rés-do-chão s.m. [*rèʒ du ʃãu*]
pianta: planta s.f. [*plãta*]
piatto: prato s.m. [*pràtu*]
piazza: praça s.f. [*pràsa*]
piazzale: esplanada s.f. [*ʃplanàda*]
piccante: picante [*pikàte*]
piccolo: pequeno [*pekénu*]
piede: pé s.m. [*pè*]

a -(i): a pé [*a pè*]
in –(i): de pé [*de pè*]
pieno: cheio [*ʃaiu*]
pietanza: prato s.m. [*pràtu*]
pietra: pedra s.f. [*pèdra*]
pigiama: pijama s.m. [*piʒama*]
pigrizia: preguiça s.f. [*pregisa*]
pigro: preguiçoso [*pregisozu*]
pila: pilha s.f. [*piλa*]
pilota: piloto s.m. [*pilotu*]
pineta: pinhal s.m. [*pi'ɲàl*]
pioggia: chuva s.f. [*ʃuva*]
piombo: chumbo s.m. [*ʃumbu*]
piovere: chover [*ʃu'vér*]
pipa: cachimbo s.m. [*kaʃimbu*]
piscina: piscina s.f. [*peʃsina*]
pisello: ervilha s.f. [*érviλa*]
pittura: pintura s.f. [*pintura*]
più: mais [*màiʃ*]
piumino: edredão s.m. [*idre'dãu*]
plastica: plástico s.m. [*'plàʃtiku*]
poco: pouco [*poku*]
fra –: daqui a pouco [*daki a poku*]
poeta: poeta s.m. [*puèta*]
poi: 1 depois [*depoiʃ*]
   2 por outro lado [*pur otru làdu*]
poiché: como; dado que [*komu; dàdu ke*]
polacco: polaco agg. e s.m. [*pulàku*]
polizia: polícia s.f. [*pu'lisia*]
poliziotto: polícia s.m. [*pu'lisia*]
pollo: frango s.m. [*frãgu*]
polpo: polvo s.m. [*polvu*]
poltrona: poltrona s.f.; cadeirão s.m. [*poltrona; kadai'rãu*]
polvere: pó s.m. [*pò*]
pomata: pomada s.f. [*pumàda*]
pomeriggio: tarde s.f. [*tàrde*]
pomodoro: tomate s.m. [*tumàte*]
pompelmo: toranja s.f. [*turãʒa*]
ponte: ponte s.f. [*põte*]
popolo: povo s.m. [*povu*]
porre: pôr; colocar [*por; kulu'kàr*]
porta: porta s.f. [*pòrta*]
portabagagli: porta-bagagens s.m. [*pòrta bagàʒàiʃ*]
portacenere: cinzeiro s.m. [*sinzairu*]
portafoglio: carteira s.f. [*kartaira*]
portare: 1 levar [*le'vàr*]
   2 trazer [*tra'zér*]
portinaio: porteiro s.m. [*purtairu*]
porto: porto s.m. [*portu*]
portoghese: português agg. e s.m. [*purtu'géʃ*]
porzione: 1 porção s.f. [*pur'sãu*]
   2 dose s.f. [*dòze*]
posata: talher s.m. [*ta'λèr*]
possedere: possuir [*pusu'ir*]
posta: correio s.m. [*kuRaiu*]
postale: postal [*puʃ'tàl*]
posticipare: adiar [*adi'àr*]
postino: carteiro s.m. [*kartairu*]
posto: sítio; lugar s.m. [*'sitiu; lu'gàr*]
potere: poder v. e s.m. [*pu'dér*]
povero: pobre agg. e s.m. e f. [*pòbre*]

pranzare: almoçar [àlmu'sàr]
pranzo: almoço s.m. [àlmosu]
pratico: prático ['pràtiku]
prato: relvado s.m. [Rèlvàdu]
preferire: preferir [prefe'rir]
prefisso: 1 prefixo s.m. [prefiksu]
   2 indicativo s.m. [indikativu]
pregare: 1 pedir [pe'dir]
   2 rezar [Re'zàr]
prego: 1 de nada [de nàda]
   2 por favor [pur fa'vor]
prelevare: 1 levantar (dinheiro) [levà'tàr]
   2 tirar [ti'ràr]
premere: 1 carregar [kaRe'gàr]
   2 comprimir [kõpri'mir]
prendere: 1 apanhar [apa'ŋàr]
   2 tomar [tu'màr]
   3 buscar [buʃ'kàr]
   4 pegar [pe'gàr]
prenotare: marcar; reservar [mar'kàr; Rezer'vàr]
preoccupare: preocupar [priòku'pàr]
preparare: preparar [prepa'ràr]
presa: tomada s.f. [tumàda]
presentare: apresentar [aprezen'tàr]
pressoché: quase; mais ou menos [kuàze; maiz o ménuʃ]
prestare: emprestar [empreʃ'tàr]
presto: cedo [sédu]
prete: padre s.m. [pàdre]
prezzemolo: salsa s.f. [sàlsa]
prezzo: preço s.m. [présu]
prima: 1 primeiro [primairu]
   2 antes [àteʃ]
   3 dantes; antigamente [dàteʃ; ãtigamente]
primavera: Primavera s.f. [primavèra]
primo: primeiro [primairu]
privato: particular [partiku'làr]
privo: privado; desprovido [privàdu; deʃpruvidu]
probabile: provável [pruvàvèl]
problema: problema s.m. [prubléma]
professione: profissão s.f. [prufi'sãu]
professore: professor catedrático s.m. [prufe'sor kate'dràtiku]
profumeria: perfumaria s.f. [perfumaria]
profumo: perfume s.m. [perfume]
proibire: proibir [prui'bir]
promettere: prometer [prume'tèr]
pronto: pronto [prõtu]
pronuncia: pronúncia s.f. [pru'nunsia]
proporre: propor [pru'por]
proposta: proposta s.f. [prupòʃ'ta]
proprio: 1 próprio; seu ['pròpriu; séu]
   2 o próprio [u 'pròpriu]
   3 mesmo; exactamente [méʒmu; izàtamente]
prosciutto cotto: fiambre s.m. [fiãbre]
– crudo: presunto s.m. [prezuntu]
prossimità: proximidade s.f. [pròsimidàde]
prossimo: próximo ['pròsimu]
provare: provar; experimentar [pru'vàr; eʃ perimen'tàr]
provvedimento: medida; disposição s.f. [medida; deʃ puzi'sãu]

prugna: ameixa s.f. [amaiʃa]
prurito: comichão s.f. [kumi'ʃãu]
pubblicare: publicar [publi'kàr]
pulire: limpar [lim'pàr]
pulizia: limpeza s.f. [limpéza]
pullman: camioneta s.f. [kàmiunèta]
puntuale: pontual [põtu'àl]
purché: contanto que; com a condição de; desde que [kõtàtu ke; kõ a kõdi'sãu de; déʒ de ke]
pure: 1 mesmo; mesmo que; embora; mas [mèʒmu; méʒmu ke; embòra; maʃ]
   2 também; até [tã'bãi; a'tè]
purè: puré s.m. [pu'rè]
purtroppo: infelizmente [infeliʃ mente]

Q

qua: aqui; cá [aki; kà]
quaderno: caderno s.m. [kadèrnu]
quadro: quadro s.m. [kuàdru]
qualche: 1 qualquer [kuàl'kèr]
   2 algum; alguma alguns; algumas [àl'gum; àlguma; àl'gunʃ; àlgumaʃ]
qualcosa: 1 qualquer coisa [kuàl'kèr koiza]
   2 alguma coisa [àlguma koiza]
qualcuno: alguém [àl'gãi]
quale: qual; que; qualquer [kuàl; ke; kuàl'kèr]
qualità: qualidade s.f. [kualidàde]
qualora: no caso de; se [nu kàzu de; se]
qualsiasi: qualquer; seja qual for [kuàl'kèr; saiʒa kuàl for]
qualunque: qualquer; seja qual for; qualquer que seja [kuàl'kèr; saiʒa kuàl for; kuàl'kèr ke saiʒa]
quando: quando [kuàdu]
quantità: quantidade s.f. [kuãtidàde]
quanto: quanto [kuàtu]
quaranta: quarenta [kuarenta]
quartiere: bairro s.m. [bàiRu]
quasi: quase [kuàze]
quattordici: catorze [katorze]
quattrini: dinheiro s.m. [deŋairu]
quattro: quatro [kuàtru]
quattrocento: quatrocentos [kuàtrusentuʃ]
quel, quello: aquele; aquilo [akéle; akilu]
questo: 1 este [éʃ te]
   2 isto [iʃ tu]
qui: aqui; cá [a'ki; kà]
quindi: 1 portanto; por isso [purtàtu; pur isu]
   2 depois; em seguida [de'poiʃ; ãi segida]
quindici: quinze [kinze]
quotidiano: diário [di'àriu]

R

raccomandare: recomendar [Rekumen'dàr]
raccomandata: carta registada s.f. [kàrta Reʒiʃ tàda]
raccontare: contar [kõ'tàr]
racconto: 1 relato s.m. [Relàtu]
   2 conto s.m. [kõtu]
raccordo: ligação s.f. [liga'sãu]

radere: barbear [*barbi'àr*]
radicchio: chicória s.f. [ʃi'kòria]
radio: rádio s.f e m. ['*Ràdiu*]
radiosveglia: rádio despertador s.m. [*Ràdiu deʃ perta'dor*]
raffreddare: arrefecer [*aRefe'sér*]
raffreddarsi: constipar-se [*kōʃ tipàrse*]
raffreddore: constipação s.f. [*kōʃ tipa'sāu*]
ragazza: 1 rapariga s.f. [*Rapariga*]
2 namorada s.f. [*namuràda*]
ragazzo: 1 rapaz s.m. [*Ra'pàʃ*]
2 namorado s.m. [*namuràdu*]
raggiungere: alcançar [*àlkã'sàr*]
ragione: razão s.f. [*Ra'zāu*]
ragno: aranha s.f. [*araŋa*]
rallegrare: alegrar [*ale'gràr*]
rallentamento: redução da velocidade s.f. [*Redu'-sāu da velusidàde*]
rallentare: reduzir a velocidade [*Redu'zir a velusidàde*]
ramo: ramo s.m. [*Ramu*]
rapa: nabo s.m. [*nàbu*]
rapido: rápido ['*Ràpidu*]
rapina: roubo s.m. [*Robu*]
rapporto: relação s.f. [*Rela'sāu*]
rappresentare: representar [*Reprezen'tàr*]
raro: raro [*Ràru*]
rasarsi: barbear-se [*barbiàrse*]
rasoio: máquina de barbear s.f. ['*màkina de barbi'àr*]
rata: prestação s.f. [*preʃ ta'sāu*]
re: rei s.m. [*Rai*]
realtà: realidade s.f. [*Rialidàde*]
recapitare: entregar [*entre'gàr*]
recapito: entrega s.f. [*entrèga*]
recente: recente [*Resente*]
reclamo: reclamação s.f. [*Reklama'sāu*]
refrigerare: refrigerar; refrescar [*Refriʒe'ràr; Refreʃ'kàr*]
regalo: presente s.m. [*prezente*]
reggiseno: soutien s.m. [*suti'ã*]
regina: rainha s.f. [*Ra'iŋa*]
regione: região s.f. [*Reʒi'āu*]
registrare: gravar [*gra'vàr*]
registratore: gravador s.m. [*grava'dor*]
regola: regra s.f. [*Règra*]
rendere: devolver; restituir [*devòl'vér; Reʃ titu'ir*]
rendersi conto: aperceber-se [*apersebérse*]
rene: rim s.m. [*Rim*]
respirare: respirar [*Reʃ pi'ràr*]
respiro: respiração s.f. [*Reʃ pira'sāu*]
restare: ficar [*fi'kàr*]
resto: 1 troco s.m. [*troku*]
2 resto s.m. [*Rèʃtu*]
retro: traseira s.f. [*trazaira*]
retromarcia: marcha-atrás s.f. [*màrʃ a a'tràʃ*]
rettangolare: rectangular [*Rètàgu'làr*]
retto: recto; justo [*rètu; ʒuʃ tu*]
ricambio: 1 retribuição s.f. [*Retribui'sāu*]
2 substituição s.f. [*subʃ titui'são*]
ricco: rico [*Riku*]
ricerca: pesquisa; investigação s.f. [*peʃ kiza; inveʃ tiga'sāu*]
ricetta: receita s.f. [*Resaita*]

ricevere: receber [*Rese'bér*]
ricevuta: recibo s.m. [*Resibu*]
richiesta: pedido s.m. [*pedidu*]
ricordare: recordar; lembrar [*Rekur'dàr; lem'-bràr*]
ricordo: recordação; lembrança s.f. [*Rekurda'sāu; lembrāsa*]
ricotta: requeijão s.m. [*Rekai'ʒāu*]
ridere: rir [*Rir*]
ridurre: reduzir [*Redu'zir*]
rifiutare: recusar [*Reku'zàr*]
rifugio: refúgio s.m. [*Re'fuʒiu*]
rimandare: adiar [*adi'àr*]
rimanere: ficar [*fi'kàr*]
rimessa: garagem s.f. [*garàʒāi*]
rimorchio: reboque s.m. [*Rebòke*]
rinforzare: reforçar; fortalecer [*Refur'sàr; furtale'sér*]
rinfrescare: refrescar [*Refreʃ'kàr*]
rinfresco: refresco s.m. [*Refréʃ ku*]
ringraziare: agradecer [*agrade'sér*]
rinnovare: renovar [*Renu'vàr*]
rinnovo: renovação s.f. [*Renuva'sāu*]
rintracciare: encontrar; localizar [*enkō'tràr; lukali'zàr*]
rinuncia: renúncia s.f. [*Re'nunsia*]
riparare: 1 abrigar [*abri'gàr*]
2 consertar; reparar [*kōser'tàr; Repa'ràr*]
riparazione: reparação s.f.; conserto s.m.; arranjo s.m. [*Reparasāu; kōsértu; aRāʒu*]
ripieno: recheio s.m. [*Reʃ aiu*]
riposare: descansar [*deʃ kã'sàr*]
riscaldamento: aquecimento s.m. [*akèsimentu*]
rischio: risco s.m. [*Riʃ ku*]
riserva: reserva s.f. [*Rezèrva*]
riso: arroz s.m. [*a'Roʃ*]
risolvere: resolver [*Rezòl'vér*]
risparmiare: poupar [*po'pàr*]
rispettare: respeitar [*Reʃ pai'tàr*]
rispondere: responder [*Reʃ pō'dér*]
risposta: resposta s.f. [*Reʃ pòʃ ta*]
ristorante: restaurante s.m. [*Reʃ tàurāte*]
risultato: resultado s.m. [*Rezultàdu*]
risveglio: despertar s.m. [*deʃ per'tàr*]
ritardo: atraso s.m. [*atràzu*]
ritirare: retirar [*Reti'ràr*]
ritorno: volta s.f.; regresso s.m. [*vòlta; Regrèsu*]
andata e –, : ida e volta [*ida i vòlta*]
riuscire: conseguir [*kōse'gir*]
riuscita: êxito s.m. ['*aizitu*]
riva: margem s.f. [*màrʒāi*]
rivelare: revelar [*Reve'làr*]
rivista: revista s.f. [*Reviʃ ta*]
roccia: rocha s.f. [*Ròʃ a*]
romanzo: romance s.m. [*Rumāse*]
rompere: 1 partir [*par'tir*]
2 romper [*Rō'pér*]
rosa: 1 rosa s.f. [*Ròza*]
2 cor de rosa s.m. [*kor de Ròza*]
rosmarino: rosmaninho s.m. [*Ruʃ maniŋu*]
rosso: vermelho; encarnado s.m. [*vermaλu; enkarnàdu*]
rotolo: rolo s.m. [*Rolu*]
rotonda: rotunda s.f. [*Rutunda*]

rotta: rumo s.m. [*Rumu*]
rotto: 1 roto [*Rotu*]
  2 partido [*partidu*]
rubare: roubar [*Ro'bàr*]
rubinetto: torneira s.f. [*turnaira*]
rumore: ruído; barulho s.m. [*Ru'idu; baruλu*]
ruolo: papel s.m. [*pa'pèl*]
ruota: roda s.f. [*Ròda*]
ruscello: ribeiro s.m. [*Ribairu*]
russo: russo agg. e s.m. [*Rusu*]

S

sabato: sábado s.m. [*'sàbadu*]
sabbia: areia s.f. [*araia*]
saggio: ensaio s.m. [*ensàiu*]
sala: sala s.f. [*sàla*]
salame: chouriço; salpicão s.m. [*ʃorisu; sàlpi'kãu*]
salato: salgado [*sàlgàdu*]
saldo: saldo s.m. [*sàldu*]
sale: sal s.m. [*sàl*]
salire: subir [*su'bir*]
salita: subida s.f. [*subida*]
salmone: salmão s.m. [*sàl'mãu*]
salsa: molho s.m. [*moλu*]
salsiccia: salsicha s.f.; chouriço s.m. [*sàlsiʃ a; ʃ orisu*]
saltare: saltar [*sàl'tàr*]
salumeria: charcutaria s.f. [*ʃ àrkutaria*]
salumi: enchidos s.m. pl. [*enʃ iduʃ*]
salutare: 1 cumprimentar [*kumprimen'tàr*]
  2 despedir-se [*deʃ pedirse*]
salute: saúde s.f. [*sa'ude*]
saluto: cumprimento s.m. [*kumprimentu*]
salve: olá! [*ò'là*]
sandalo: sandália s.f. [*sã'dàlia*]
sangue: sangue s.m. [*sãge*]
sapere: saber [*sa'bér*]
sapone: sabão s.m. [*sa'bãu*]
saponetta: sabonete s.m. [*sabunéte*]
saporito: saboroso [*saburozu*]
sardina: sardinha s.f. [*sardiɲa*]
sarta: costureira s.f. [*kuʃ turaira*]
sarto: alfaiate s.m. [*àlfaiàte*]
sbagliarsi: enganar-se [*enganàrse*]
sbarco: desembarque s.m. [*dezembàrke*]
sbornia: bebedeira s.f. [*bebedaira*]
sbrigarsi: despachar-se [*deʃ paʃ àrse*]
sbronzo: bêbedo [*'bébedu*]
scacchi: xadrez s.m. [*ʃ adréʃ*]
scaffale: prateleira s.f. [*pratelaira*]
scala: escada s.f. [*ʃ kàda*]
scaldare: aquecer [*akè'sér*]
scalo: escala s.f. [*ʃ kàla*]
scalzare: descalçar [*deʃ kàl'sàr*]
scambiare: trocar [*tru'kàr*]
scambio: troca s.f. [*tròka*]
scampo: lagostim s.m. [*laguʃ 'tim*]
scarpa: sapato s.m. [*sapàtu*]
scarso: escasso [*ʃ kàsu*]
scatola: caixa s.f. [*kàiʃ a*]
scegliere: escolher [*ʃ ku'λér*]
scelta: escolha s.f. [*ʃ koλa*]

scemo: parvo agg. e s.m. [*pàrvu*]
scena: cena s.f. [*séna*]
scendere: descer [*deʃ 'sér*]
scheda: ficha s.f.; cartão s.m. [*fiʃ a; kar'tãu*]
scherzo: piada; brincadeira s.f. [*piàda; brinkadaira*]
schifoso: nojento [*nuʒentu*]
sci: esqui s.m. [*ʃ ki*]
sciare: esquiar [*ʃ ki'àr*]
sciarpa: cachecol s.m. [*kàʃ 'kòl*]
scienza: ciência s.f. [*si'ensia*]
scienziato: cientista s.m. e f. [*sientiʃ ta*]
scimmia: macaco s.m. [*makàku*]
sciocchezza: parvoíce s.f. [*parvu'ise*]
sciogliere: derreter [*deRe'tér*]
sciopero: greve s.f. [*grève*]
sciroppo: xarope s.m. [*ʃ aròpe*]
scogliera: recife s.m. [*Resife*]
scomparsa: desaparecimento s.m. [*dezaparesimentu*]
sconfiggere: derrotar [*deRu'tàr*]
sconforto: desconforto; desconsolo s.m. [*deʃ kõfortu; deʃ kõsolu*]
scongelare: descongelar [*deʃ kõʒe'làr*]
sconosciuto: desconhecido [*deʃ kuɲesidu*]
scontare: descontar [*deʃ kõ'tàr*]
sconto: desconto s.m. [*deʃ kõtu*]
scontrino: talão; recibo s.m. [*ta'lãu; Resibu*]
scontro: 1 (autom.) choque [*ʃ òke*]
  2 combate s.m. [*kõbàte*]
scoperta: descoberta s.f. [*deʃ kubèrta*]
scoppiare: rebentar; explodir [*Reben'tàr; eʃ plu'-dir*]
scordare: esquecer [*eʃ kè'sér*]
scorso: passado [*pasàdu*]
scortese: indelicado; malcriado [*indelikàdu; màlk-riàdu*]
scottare: queimar; escaldar [*kai'màr; ʃ kàl'dàr*]
scottatura: queimadura s.f. [*kaimadura*]
scrittore: escritor s.m. [*ʃ kri'tor*]
scrivania: escrivaninha; secretária s.f. [*ʃ krivaniɲa; sekre'tària*]
scrivere: escrever [*ʃ kre'vér*]
scultore: escultor s.m. [*ʃ kul'tor*]
scultura: escultura s.f. [*ʃ kultura*]
scuola: escola s.f. [*ʃ kòla*]
scuro: escuro [*ʃ kuru*]
scusa: desculpa s.f. [*deʃ kulpa*]
scusare: desculpar [*deʃ kul'pàr*]
sdraiarsi: estender-se [*ʃ tendérse*]
se: se [*se*]
anche –: mesmo que [*méʒmu ke*]
se, se stesso: si; si mesmo [*si; si méʒmu*]
sebbene: embora; apesar de; se bem que [*embòra; ape'zàr de; se bãi ke*]
secolo: século s.m. [*'sèkulu*]
secondo: segundo s.m. [*segundu*]
sedersi: sentar-se [*sentàrse*]
sedia: cadeira s.f. [*kadaira*]
sedici: dezasseis [*deza'saiʃ*]
sega: serra s.f. [*sèRa*]
segnare: marcar [*mar'kàr*]
segretaria: secretária s.f. [*sekre'tària*]
segreteria: secretaria s.f. [*sekretaria*]
seguire: seguir [*se'gir*]

sei: seis [*saiʃ*]
seicento: seiscentos [*saiʃ sentuʃ*]
selvaggina: caça s.f. [*kàsa*]
semaforo: semáforo s.m. [*se'màfuru*]
sempre: sempre [*sempre*]
senso: sentido s.m. [*sentidu*]
senza: sem [*sãi*]
separare: separar [*sepa'ràr*]
seppellire: enterrar [*ente'Ràr*]
sera: 1 tarde s.f. [*tàrde*]
    2 noite s.f. [*noite*]
serpente: cobra s.f. [*kòbra*]
serratura: fechadura s.f. [*feʃ adura*]
servire: servir [*ser'vir*]
seta: seda s.f. [*séda*]
sete: sede s.f. [*séde*]
settanta: setenta [*setenta*]
sette: *sete* [sète]
settecento: setecentos [*sètesentuʃ*]
settembre: Setembro s.m. [*setembru*]
settentrionale: setentrional [*setentriu'nàl*]
settimana: semana s.f. [*semana*]
settimanale: semanal [*sema'nàl*]
sfidare: desafiar [*dezafi'àr*]
sfortuna: azar s.m. [*a'zàr*]
shampoo: champô s.m. [*ʃ ã'po*]
si: sim [*sim*]
sicurezza: segurança s.f. [*seguràsa*]
sicuro: seguro [*seguru*]
sigaretta: cigarro s.m. [*sigàRu*]
sigaro: charuto s.m. [*ʃ arutu*]
signora: senhora s.f. [*seŋora*]
signore: senhor s.m. [*se'ŋor*]
signorina: menina s.f. [*menina*]
silenzio: silêncio s.m. [*si'lensiu*]
simile: parecido [*paresidu*]
sincero: sincero [*sinsèru*]
sindaco: presidente da Câmara s.m. [*prezidente da 'kamara*]
sinistra: esquerda [*ʃ kérda*]
sistemare: arrumar; organizar [*aRu'màr; òrgani'zàr*]
smettere: deixar de [*dai'ʃ àr de*]
snello: ágil; esbelto [*àʒil; ʒbèltu*]
soccorso: socorro s.m. [*sukoRu*]
pronto –: emergências [*imer'ʒensiaʃ*]
soddisfare: satisfazer [*satiʃfa'zér*]
soffitto: tecto s.m. [*tètu*]
soffrire: sofrer [*su'frér*]
soggiorno: 1 estadia s.f. [*ʃ tadia*]
    2 sala de estar s.f. [*sàla de ʃ 'tàr*]
sogno: sonho s.m. [*soŋu*]
soldi: dinheiro s.m. [*deŋairu*]
sole: sol s.m. [*sòl*]
solito: habitual [*abitu'àl*]
solo: só; sozinho [*sò; sòziŋu*]
soltanto: só; apenas [*sò; apénaʃ*]
solubile: solúvel [*suluvèl*]
somigliare: parecer-se; assemelhar-se [*paresérse; asemeλàrse*]
sonno: sono s.m. [*sonu*]
sopra: sobre; em cima; por cima; acima [*sobre; ãi sima; pur sima; asima*]

soprattutto: sobretudo [*sobretudu*]
sorella: irmã s.f. [*ir'mã*]
sorpresa: surpresa s.f. [*surpréza*]
sorridere: sorrir [*su'Rir*]
sosta: paragem s.f. [*paràʒãi*]
divieto di –: proibição de estacionamento s.f. [*pruibi'sãu de ʃ tasiunamentu*]
sostituire: substituir [*subʃ titu'ir*]
sotto: debaixo; por baixo; em baixo [*debàiʃ u; pur bàiʃ u; ãi bàiʃ u*]
sottopassaggio: passagem subterrânea s.f. [*pasàʒãi subte'Rania*]
spagnolo: espanhol agg. e s.m. [*ʃ pa'ŋòl*]
spalla: ombro s.m. [*ôbru*]
sparire: desaparecer [*desapare'sér*]
spavento: susto s.m. [*suʃ tu*]
spazio: espaço s.m. [*ʃ pàsu*]
spazzare: escovar [*ʃ ku'vàr*]
spazzolino: escova s.f. [*ʃ kova*]
– da denti: escova de dentes s.f. [*ʃ kova de denteʃ*]
specchio: espelho s.m. [*ʃ paλu*]
speciale: especial [*ʃ pesi'àl*]
specialità: especialidade s.f. [*ʃ pesialidàde*]
spedire: enviar [*envi'àr*]
spegnere: apagar [*apa'gàr*]
spendere: gastar [*gaʃ 'tàr*]
spesa: despesa s.f. [*deʃ péza*]
fare la –: fazer compras [*fa'zèr kōpraʃ*]
spesso: frequentemente [*frekuentemente*]
spettacolo: espectáculo s.m. [*ʃ pè'tàkulu*]
spezie: especiarias s.f. pl. [*ʃ pesiariaʃ*]
spezzatino: carne guisada s.f. [*kàrne gizàda*]
spia: espião s.m. [*ʃ pi'ãu*]
spiacevole: desagradável [*dezagradàvèl*]
spiaggia: praia s.f. [*pràia*]
spiccioli: trocos s.m. pl. [*tròkuʃ*]
spiedo: espeto s.m. [*ʃ pétu*]
spinacio: espinafre s.m. [*ʃ pinàfre*]
spingere: empurrar [*empu'Ràr*]
spogliare: despir [*deʃ 'pir*]
sporcare: sujar [*su'ʒàr*]
sporcizia: sujidade s.f. [*suʒidàde*]
sporco: sujo [*suʒu*]
sport: desporto s.m. [*deʃ portu*]
sposarsi: casar-se [*kazàrse*]
spremuta: sumo natural s.m. [*sumu natu'ràl*]
spugna: esponja s.f. [*ʃ pōʒa*]
squadra: equipa s.f. [*ikipa*]
stabilire: estabelecer [*ʃ tabele'sér*]
stadio: estádio s.m. [*ʃ 'tàdiu*]
stagione: estação s.f. [*ʃ ta'sãu*]
stampa: imprensa s.f. [*imprensa*]
stampante: impressora s.f. [*impresora*]
stampare: imprimir [*impri'mir*]
stancare: cansar [*kã'sàr*]
stanchezza: cansaço s.m. [*kãsàsu*]
stanotte: esta noite [*èʃ ta noite*]
stanza: 1 quarto s.m. [*kuàrtu*]
    2 divisão [*divi'zãu*]
stare: estar [*ʃ tàr*]
starnutire: espirrar [*ʃ pi'Ràr*]
stasera: esta tarde; esta noite [*èʃ ta tàrde; èʃ ta noite*]
statua: estátua s.f. [*ʃ 'tàtua*]

stavolta: esta vez [èʃ ta véʃ]
stazione: estação s.f. [ʃ ta'sãu]
stecchino: palito s.m. [palitu]
stesso: mesmo; próprio [méʒmu; 'pròpriu]
stipendio: ordenado; vencimento; salário s.m. [òr-denàdu; vensimentu; sa'làriu]
stirare: passar a ferro; engomar [pa'sàr a fèRu; en-gu'màr]
stomaco: estômago s.m. [ʃ 'tomagu]
storia: história s.f. [ʃ 'tòria]
storico: historiador s.m. [ʃ turia'dor]
strada: 1 estrada s.f. [ʃ tràda]
    2 rua s.f. [Rua]
straniero: estrangeiro s.m. [ʃ trãʒairu]
strano: estranho [ʃ traɳu]
stretto: estreito; apertado [ʃ traitu; apertàdu]
stringere: apertar [aper'tàr]
strumento: instrumento s.m. [inʃ trumentu]
studente: estudante s.m. e f. [ʃ tudãte]
studentesco: estudantil [ʃ tudã'til]
studiare: estudar [ʃ tu'dàr]
stufato: estufado; guisado agg. e s.m. [ʃ tufàdu; gizàdu]
stufo: farto [fàrtu]
su: sobre; em cima; cerca de; por volta de [sobre; ãi sima; sérka de; pur vòlta de]
subire: sofrer [su'frér]
subito: 1 já; imediatamente [ʒà; imediàtamente]
    2 logo [lògu]
succo: sumo s.m. [sumu]
sud: sul s.m. [sul]
sudare: suar [su'àr]
sugo: 1 molho s.m. [moλu]
    2 sumo s.m. [sumu]
suino: suíno agg. e s.m. [su'inu]
suocera/o: sogra/o s.f./m. [sògra/sogru]
suonare: tocar [tu'kàr]
suono: som s.m. [sõ]
superare: ultrapassar [ultrapa'sàr]
supermercato: supermercado s.m. [supèrmerkàdu]
supposta: supositório s.m. [supuzi'tòriu]
surgelato: congelado agg. e s.m. [kõʒelàdu]
svantaggio: desvantagem s.f. [deʒvãtàʒãi]
svedese: sueco agg. e s.m. [suèku]
sveglia: despertador s.m. [def perta'dor]
svegliare: acordar [akur'dàr]
svenire: desmaiar [deʒmai'àr]
sviluppare: 1 desenvolver [dezenvòl'vér]
    2 (fot.) revelar [Reve'làr]
svizzero: suíço agg. e s.m. [su'isu]
svolta: curva s.f. [kurva]
svoltare: virar [vi'ràr]
svuotare: despejar [def pe'ʒàr]

T

tabacco: tabaco s.m. [tabàku]
tacchino: peru s.m. [pe'ru]
taccuino: agenda s.f. [aʒenda]
tacere: calar [ka'làr]
taglia: medida s.f.; tamanho s.m. [medida; ta-maɳu]

tagliando: talão s.m. [ta'lãu]
tagliare: cortar [kur'tàr]
taglio: corte s.m. [kòrte]
talvolta: às vezes; de vez em quando [àʃ vézeʃ; de véz ãi kuãdu]
tanto: 1 tanto [tãtu]
    2 tão [tãu]
ogni –: de vez em quando [de véz ãi kuãdu]
tappeto: tapete s.m. [tapéte]
tardare: tardar; demorar [tar'dàr; demu'ràr]
tardi: tarde [tàrde]
targa (autom): matrícula s.f. [ma'trikula]
tariffa: tarifa s.f. [tarifa]
tartufo: trufa s.f. [trufa]
tasca: bolso s.m. [bolsu]
tassa: imposto s.m. [impoʃ tu]
tasso: juro s.m. [ʒuru]
tavolo: mesa s.f. [méza]
taxi: táxi s.m. [tàksi]
tazza: chávena s.f. ['ʃ àvena]
tè: chá s.m. [ʃ à]
teatro: teatro s.m. [tiàtru]
tedesco: alemão agg. e s.m. [ale'mãu]
teleferica: teleférico s.m. [tele'ʃèriku]
telefonare: telefonar [telefu'nàr]
telefonata: telefonema s.m. [telefunéma]
telefono: telefone s.m. [telefòne]
telegiornale: telejornal s.m. [tèlèʒur'nàl]
telegramma: telegrama s.m. [telegrama]
televisore: televisor s.m. [televi'zor]
temere: temer [te'mér]
temperatura: temperatura s.f. [temperatura]
tempesta: tempestade s.f. [tempeʃ tàde]
tempio: templo s.m. [templu]
tempo: tempo s.m. [tempu]
temporale: temporal s.m.; tempestade s.f. [tem-pu'ràl;tempeʃ tàde]
temporaneo: provisório [pruvi'zòriu]
tenda: cortina s.f. [kurtina]
tenere: 1 segurar [seguràr]
    2 aguentar [aguen'tàr]
tenero: terno; meigo [tèrnu; maigu]
tennis: ténis s.m. [tèniʃ]
tentare: tentar [ten'tàr]
tergicristallo: limpa pára-brisas s.m. [limpa pàra brizaʃ]
termale: termal [ter'màl]
terme: termas s.f. pl. [térmaʃ]
terminale: terminal [termi'nàl]
terra: terra s.f. [tèRa]
terrazza: terraço s.m. [teRàsu]
tessera: 1 cartão s.m. [kar'tãu]
    2 bilhete s.m. [beλéte]
    3 passe s.m. [pàse]
testa: cabeça s.f. [kabésa]
testo: texto s.m. [taiʃ tu]
tetto: telhado s.m. [teλàdu]
tiepido: tépido; morno ['tèpidu; mornu]
timbro: carimbo s.m. [karimbu]
timore: temor s.m. [te'mor]
tintarella: bronzeado s.m. [bròʒiàdu]
tintoria: tinturaria s.f. [tinturaria]
tipico: típico ['tipiku]
tirare: puxar [pu'ʃ àr]

toast: torrada s.f. [*tuRàda*]
togliere: tirar [*ti'ràr*]
tondo: redondo [*Redõdu*]
tonno: atum s.m. [*a'tum*]
tonsillite: amigdalite s.f. [*amigdalite*]
topo: rato s.m. [*Ràtu*]
tornare: voltar; regressar [*vòl'tàr; Regre'sàr*]
torre: torre s.f. [*toRe*]
torrente: torrente s.f. [*tuRente*]
torta: 1 bolo s.m. [*bolu*]
  2 torta s.f. [*tòrta*]
tosse: tosse s.f. [*tòse*]
tossico: tóxico [*'tòksiku*]
tostare: torrar; tostar [*tu'Ràr; tuʃ'tàr*]
tovaglia: toalha s.f. [*tuàλa*]
tovagliolo: guardanapo s.m. [*guardanàpu*]
tra: 1 entre [*entre*]
  2 dentro de [*dentru de*]
tradurre: traduzir [*tradu'zir*]
traduttore: tradutor s.m. [*tradu'tor*]
traffico: tráfico s.m. [*'tràfiku*]
tragitto: trajecto s.m. [*traʒètu*]
tram: eléctrico s.m. [*i'lètriku*]
trama: trama s.f.; enredo s.m. [*trama; enRédu*]
tramezzino: sandcs s.f. [*sãdeʃ*]
trancia: posta; fatia s.f. [*pòʃ ta; fatia*]
tranne: excepto [*eʃ sètu*]
tranquillo: calmo; tranquilo [*kàlmu; tràkuilu*]
transito: trânsito s.m. [*'tràzitu*]
trappola: armadilha s.f. [*àrmadiλa*]
trapunta: colcha s.f. [*kolʃa*]
trasformare: transformar [*trãʃfur'màr*]
trasporto: transporte s.m. [*trãʃ pòrte*]
trattare: tratar [*tra'tàr*]
trattoria: restaurante s.m. [*Reʃ tàurãte*]
traversare: atravessar [*atrave'sàr*]
treno: comboio s.m. [*kõbòiu*]
tre: três [*tréʃ*]
trecento: trezentos [*trezentuʃ*]
tredici: treze [*tréze*]
trenta: trinta [*trinta*]
triste: triste [*triʃ te*]
troppo: demasiado; de mais; demais; muito [*demaziàdu; de màiʃ; de'màiʃ; mũitu*]
trota: truta s.f. [*truta*]
trovare: encontrar [*enkõ'tràr*]
truccarsi: pintar-se [*pintàrse*]
trucco: maquilhagem s.f. [*màkilàʒãi*]
truffa: burla s.f. [*burla*]
tuono: trovão s.m. [*tru'vãu*]
tuorlo: gema s.f. [*ʒéma*]
tuttavia: todavia; contudo [*tudavia; kõtudu*]
tutto: 1 tudo [*tudu*]
  2 todo [*todu*]
tuttora: 1 ainda hoje [*ainda oʒe*]
  2 ainda [*ainda*]

U

ubbidire: obedecer [*òbede'sér*]
ubriaco: bêbedo [*'bébedu*]
uccello: pássaro s.m.; ave s.f. [*'pàsaru; àve*]

uccidere: matar [*ma'tàr*]
udire: ouvir [*o'vir*]
ufficio: escritório s.m. [*ʃkri'tòriu*]
uguale: igual [*i'guàl*]
ultimo: último [*'ultimu*]
umidità: humidade s.f. [*umidàde*]
umido: húmido [*'umidu*]
umile: humilde [*umilde*]
umore: humor s.m. [*u'mor*]
undici: onze [*õze*]
ungherese: húngaro agg. e s.m. [*'ungaru*]
unghia: unha s.f. [*uɳa*]
unico: único [*'uniku*]
unire: unir [*u'nir*]
università: universidade s.f. [*universidàde*]
uno: um [*um*]
uomo: homem s.m. [*òmãi*]
uovo: ovo s.m. [*ovu*]
urgente: urgente [*urʒente*]
urgenza: urgência s.f. [*ur'ʒensia*]
usanza: hábito s.m. [*'àbitu*]
usare: usar [*u'zàr*]
uscire: sair [*sa'ir*]
uscita: saída s.f. [*sa'ida*]
usuale: usual; habitual [*uzu'àl; abitu'àl*]
utile: útil [*util*]
utilizzare: utilizar [*utili'zàr*]
uva: uva s.f. [*uva*]

V

vacante: livre; desocupado [*livre; dezòkupàdu*]
vacanza: férias s.f. pl. [*fèriaʃ*]
vaccinazione: vacina s.f. [*vasina*]
vagone: carruagem s.f.; vagão s.m. [*kaRuàʒãi; và'gãu*]
valere: valer [*va'lér*]
valigia: mala s.f. [*màla*]
valle: vale s.m. [*vàle*]
valuta: moeda; divisa s.f. [*muèda; deviza*]
vantaggio: vantagem s.f. [*vàtàʒãi*]
vassoio: bandeja s.f. [*bàdaiʒa*]
vecchio: velho agg. e s.m. [*vèλu*]
vedere: ver [*vér*]
vedova/o: viúva/o s.f./m. [*vi'uva/u*]
vegetariano: vegetariano agg. e s.m. [*veʒetarianu*]
velocità: velocidade s.f. [*velusidàde*]
vendere: vender [*ven'dér*]
venerdì: sexta-feira s.f. [*saiʃ ta faira*]
venire: vir [*vir*]
venti: vinte [*vinte*]
ventilatore: ventilador s.m. [*ventila'dor*]
vento: vento s.m. [*ventu*]
verde: verde agg. e s.m. [*vérde*]
verdura: hortaliça s.f. [*òrtalisa*]
verità: verdade s.f. [*verdàde*]
vero: verdadeiro [*verdadairu*]
vestire: vestir [*veʃ tir*]
vestito: vestido; fato s.m. [*veʃ tidu; fàtu*]
veterinario: veterinário s.m. [*veteri'nàriu*]
vetrina di negozio: montra s.f. [*mõtra*]
vetro: vidro s.m. [*vidru*]

via: rua s.f. [*Rua*]
viaggiare: viajar [*via'ʒàr*]
viaggio: viagem s.f. [*vià'ʒãi*]
viale: avenida s.f. [*avenida*]
vicino: 1 próximo agg. [*'pròsimu*]
  2 perto avv. [*pèrtu*]
  3 vizinho s.m. [*veziɳu*]
vicolo: beco s.m.; ruela s.f. [*béku; Ruèla*]
videocassetta: cassete de vídeo s.f. [*kàsète de 'vi-diu*]
vietare: proibir [*prui'bir*]
vietato: proibido [*pruibidu*]
vigile: vigilante s.m. e f. [*veʒilāte*]
  – **del fuoco**: bombeiro s.m. [*bõbairu*]
vigilia: véspera s.f. ['*vèʃpera*]
villa: vivenda s.f. [*vivenda*]
vincere: ganhar; vencer [*gà'ɳàr; ven'sér*]
vino: vinho s.m. [*viɳu*]
visita: 1 visita s.f. [*vezita*]
  2 (med.) consulta s.f. [*kõsulta*]
visitare: visitar [*vezi'tàr*]
viso: cara s.f. [*kàra*]
vita: vida s.f. [*vida*]
vitello: vitela s.f. [*vitèla*]
vitto: comida; alimentação s.f. [*kumida; alimenta'-sãu*]
vivere: viver [*vi'vér*]
vocabolario: dicionário s.m. [*disiu'nàriu*]
voce: voz s.f. [*vòʃ*]
voglia: vontade s.f. [*võtàde*]
volare: voar [*vu'àr*]
volentieri: de boa vontade; com todo o gosto [*de boa võtàde; kõ todu u goʃtu*]

volere: querer [*ke'rér*]
volo: voo s.m. [*vou*]
volta: vez s.f. [*véʃ*]
vongola: amêijoa s.f. [*a'maiʒua*]
vuoto: vazio agg. e s.m. [*vaziu*]

W

würstel: salsicha de lata s.f. [*sàlsiʃa de làta*]

Y

yacht: iate s.m. [*iàte*]
yogurt: iogurte s.m. [*iògurte*]

Z

zafferano: açafrão s.m. [*asa'frãu*]
zaino: mochila s.f. [*muʃila*]
zampa: pata s.f. [*pàta*]
zanzara: mosquito s.m. [*muʃkitu*]
zero: zero [*zèru*]
zia/o: tia/o s.f./m. [*tia/u*]
zona: zona s.f. [*zona*]
zoo: jardim zoológico s.m. [*ʒar'dim zuu'lòʒiku*]
zucca: abóbora s.f. [*a'bòbura*]
zucchero: açúcar s.m. [*asukàr*]
zucchina: courgette s.f. [*kurʒète*]
zuppa: sopa s.f. [*sopa*]

INDICE

SECONDA PARTE – Appendice grammaticale e vocabolario